Emmery de Lyere
et
Marnix de Sainte Aldegonde

ARCHIVES INTERNATIONALES D'HISTOIRE DES IDÉES

INTERNATIONAL ARCHIVES OF THE HISTORY OF IDEAS

42

C. KRAMER

Emmery de Lyere
et
Marnix de Sainte Aldegonde

Directeurs: P. Dibon (Paris) et R. Popkin (Univ. of California, La Jolla)
Comité de rédaction: J. Aubin (Paris); J. Collins (St. Louis Univ.); P. Costabel (Paris);
A. Crombie (Oxford); I. Dambska (Cracovie); H. de la Fontaine-Verwey (Amsterdam);
H. Gadamer (Heidelberg); H. Gouhier (Paris); T. Gregory (Rome); T. E. Jessop (Hull);
P. O. Kristeller (Columbia Univ.); Elisabeth Labrousse (Paris); S. Lindroth (Upsala);
A. Lossky (Los Angeles); J. Orcibal (Paris); I. S. Révah (Paris); J. Roger (Paris); H. Rowen
(Rutgers Univ., N.Y.); G. Sebba (Emory Univ., Atlanta); R. Shackleton (Oxford); J. Tans
(Groningue); G. Tonelli (Binghamton, N.Y.).

C. KRAMER

Emmery de Lyere
et
Marnix de Sainte Aldegonde

*Un admirateur de Sébastien Franck
et de Montaigne aux prises avec
le champion des calvinistes néerlandais*

[Emmery de Lyere] Antidote ou contrepoison
contre les conseils sanguinaires et envenimez
de Philippe de Marnix Sr. de Ste. Aldegonde

MARTINUS NIJHOFF / LA HAYE / 1971

Publié avec subvention de l'Organisation néerlandaise
pour le développement de la Recherche Pure (Z.W.O.)

ISBN 90 247 5136 5

PRINTED IN THE NETHERLANDS

TABLE DES MATIERES

AVANT-PROPOS

Le pamphlet qui fait l'objet de la présente étude et dont nous présentons le texte ici, contient une violente attaque contre Philippe de Marnix, seigneur de Sainte-Aldegonde.

Quoique relativement peu connu de nos jours hors des Pays-Bas et de la Belgique, Marnix est un personnage important de l'époque mouvementée que fut la seconde moitié du XVIe siècle. Né en 1540, il a pu jouer, dès le commencement, un rôle de premier ordre dans le mouvement qui débuta peu après 1560 et qui aboutit à la constitution des Pays-Bas comme un Etat indépendant. Marnix a participé au «compromis» des nobles, qui groupa, en 1566, les hommes qui devinrent, quelques années plus tard, les chefs du mouvement, dont l'âme était le prince d'Orange. Lorsque celui-ci retourne aux Pays-Bas, en 1572, Marnix est son confident et son principal représentant. Peu avant de mourir assassiné, en 1584, le Prince nomme Marnix premier bourgmestre d'Anvers, la ville la plus importante du pays. Déjà menacée par les succès du duc de Parme, le nouveau régent du roi d'Espagne, la ville sera bientôt assiégée, pour tomber aux mains des Espagnols après un siège de treize mois. La position de Marnix est gravement compromise par cet échec, dont on le tient responsable. Désormais, jusqu'à sa mort en 1598, il ne participera plus à la vie politique du pays.

La renommée dont jouit Marnix en tant qu'écrivain, repose surtout sur le traité qu'il écrivit en 1569 pour combattre l'Eglise catholique: *Biënkorf der H. Roomsche Kercke*. C'est une satire d'une extrême violence, pleine de verve, où les prêtres sont dépeints sous de bien vilaines couleurs. Du reste, le pseudonyme dont il se couvrait, n'a été dévoilé qu'après sa mort, au moment où parut aussi, en 1599, le premier tome du *Tableau des differens de la Religion*, dans lequel l'auteur reprend, en se servant de sa deuxième langue maternelle, la matière du *Biënkorf*. Ainsi, il a lutté toute sa vie contre la doctrine de l'Eglise catholique, la grande ennemie des calvinistes, préparant en même temps l'attaque contre d'autres ennemis plus divers et donnant moins de prise. Sur ce front, celui du spiritualisme, Marnix n'attaquera qu'en 1595, mais non sans avoir accumulé des munitions pendant près de trente ans: dès 1566, l'on voit qu'il a reconnu le danger qui menace la jeune église calviniste des Pays-Bas du côté des spiritualistes et qu'il s'apprête à le détourner. Que le danger fût réel, rien ne le prouve mieux que les contre-attaques qui suivirent de près la publication de l'écrit de Marnix. De ces contre-attaques, la plus violente fut le pamphlet qui fait l'objet de la présente étude, *Antidote ou contrepoison*.

Ce pamphlet se trouve mentionné, et même cité dans bien des études qui s'occupent de l'histoire des Pays-Bas du XVIe siècle. Aussi, l'édition que nous en présentons ici, peut-elle paraître superflue à ceux qui estiment que le conflit dans lequel le pamphlet a joué un rôle «a été passionnément étudié sous toutes ses faces».[1] Si, néanmoins, nous avons passé outre à cet avis, c'est que l'examen des problèmes que pose le pamphlet, nous a montré que cette affirmation n'est rien moins que fondée. Il est vrai qu'on a accordé son attention à l'attaque de Marnix contre les spiritualistes, mais, en revanche, on ne s'est guère occupé des contre-attaques qu'elle a provoquées; la mention qui est faite par les savants de l'*Antidote* ne doit pas faire illusion: en effet, on s'est d'autant mieux passé de l'étudier qu'on pouvait croire en connaître le contenu par les passages du pamphlet que Marnix cite dans l'écrit qu'il composa pour répliquer à l'*Antidote*, la *Response apologeticque*. Evidemment, le moins qu'on puisse dire, c'est que l'idée qu'on se fait de l'*Antidote* d'après ces citations est fort incomplète. De toute façon, le fait est que le pamphlet n'a été lu que par très peu de personnes: Pierre Bayle, J. J. van Toorenenbergen, l'éditeur des *Godsdienstige en kerkelijke geschriften* de Marnix, les historiens Kervyn de Lettenhove,[2] Robert Fruin[3] et Paulina W. Havelaar,[4] et par l'éminent connaisseur de la vie religieuse du XVIe siècle, Bruno Becker. Ce dernier est le seul qui ait étudié le pamplet en lui-même et qui ait reconnu la valeur originale de ce document. Le voeu qu'il a formulé en 1935 pour qu'on fasse paraître une édition de l'*Antidote*[5] se trouve réalisé par la publication de notre étude.

[1] Frans van Kalken et Tobie Jonckheere, *Marnix de Sainte Aldegonde*, Bruxelles 1952, p. 109 (note 83).

[2] *Revue générale*, **XXXVIII**, pp. 176-177.

[3] *Tien jaren uit den Tachtigjarigen oorlog, 1588-1598*, 6e uitgaaf, 's-Gravenhage 1904, blz. 255, n.2.

[4] *Bijdragen voor Vaderlandsche Geschiedenis en Oudheidkunde*, VIIe Reeks, deel VII (1936).

[5] *Handelingen van het zestiende Nederlandsche Philologencongres*, Groningen 1935, blz. 4: «Ik heb het boekje van den anonymen Edelman gelezen en gecopieerd ... en beschouw het als een zeer belangrijk document, waaruit men de denkbeelden van een veelzijdig ontwikkelden vertegenwoordiger van den Nederlandschen adel van dien tijd kan leeren kennen. Een herdruk zou zeer gewenscht zijn.»

L'importance de l'*Antidote* tient à plusieurs causes. D'abord, c'est un des rares textes écrits en français illustrant les idées des penseurs spiritualistes, qui occupent une place très particulière dans l'évolution de la pensée du XVIe siècle et qui ont exercé leur influence surtout en Allemagne et aux Pays-Bas. Ce qui rend le livre particulièrement digne d'attention, c'est le fait d'y rencontrer, intimement liées aux idées spiritualistes, prises pour la plupart dans l'oeuvre de Sébastien Franck, des pensées que l'auteur emprunte aux *Essais* de Montaigne. Sans doute, il serait exagéré d'affirmer que cela ajoute une dimension nouvelle à l'image qu'on s'est faite du grand écrivain français, mais du moins cela suffit-il à montrer que les savants humanistes comme Juste-Lipse, ou les penseurs fidéistes comme Pierre Charron ne sont pas les seuls qui aient fait bon accueil à la surprenante nouveauté des *Essais*.

L'auteur du pamphlet ne s'est pas contenté de réfuter les idées de son adversaire sur la légitimité de la persécution des hétérodoxes, mais il a lancé en même temps une attaque personnelle contre Marnix. Même si cette attaque n'ajoute aucun détail nouveau à la connaissance qu'on avait déjà du rôle politique de Marnix, elle permet du moins de préciser et de nuancer l'image qu'on s'en était faite jusqu'ici.

Nous avons été à même de prouver que l'auteur du pamphlet est Emmery de Lyere, membre d'une famille noble, originaire d'Anvers, engagé depuis sa jeunesse au service du prince Guillaume d'Orange et des Etats-Généraux des Pays-Bas. Marnix avait déjà deviné qui se cachait sous le pseudonyme du «Gentilhomme allemand», et l'avait désigné comme l'auteur du pamphlet de façon assez transparente dans sa *Response apologeticque*; cependant, comme De Lyere s'est défendu d'avoir écrit le pamphlet, il demeurait nécessaire de prouver de façon irréfutable qu'il en était bien l'auteur. Nous avons réussi à tracer dans les grandes lignes, et quelquefois dans le détail, la biographie de cet homme intéressant par sa descendance – son père fut un ami intime d'un des personnages les plus curieux de ce siècle mouvementé, l'hérésiarque David Joris – et remarquable par sa culture.

Pour présenter le texte du pamphlet – comme, du reste, pour justifier les données que nous apportons dans notre introduction – nous nous sommes vu obligé d'ajouter des notes de nature très variée: tantôt il suffisait d'un simple renvoi à un texte facilement accessible, tantôt, pour élucider la situation politique ou militaire à laquelle le pamphlétaire fait allusion, il nous fallait citer, et même confronter, des textes peu connus. Dans les notes, nous présentons les citations dans la langue où elles ont été écrites. En ce qui concerne notre introduction, au risque d'effaroucher le

lecteur, nous avons gardé les citations latines, allemandes et anglaises;
quant aux passages de textes écrits en néerlandais, nous les présentons en
traduction française, en ajoutant dans les notes le texte de l'original.

Là où dans les notes nous nous référons à l'*Antidote,* les chiffres renvoient aux pages du pamphlet.

Bien que nous ayons donné tout notre soin à identifier les textes auxquels le Gentilhomme allemand a fait des emprunts, il est possible que
certaines allusions nous aient échappé. L'auteur de l'*Antidote* ne cite
jamais les sources où il puise, suivant du reste l'habitude de ses contemporains, qui prennent dans un ouvrage ce qui peut leur servir à étoffer
leur texte. Qu'on songe à la phrase que Castellion écrit dans la préface
de ses *Dialogi IIII*: «Multa legi et observavi, verum non unde quidque
depromptum, sed quo iudicio et ratione dictum sit, quaerendum est. Cu-
riosis et sophistis ne Deus quidem satisfecerit».[6]

Si nous avons réussi à résoudre la plupart des problèmes que posaient
le texte du pamphlet et les circonstances dans lesquelles il a été publié,
c'est grâce à plusieurs personnes qui nous ont permis de profiter de leur
expérience et de leur érudition. Nous ne pouvons les nommer toutes;
cependant nous tenons à mentionner les savants, tous les deux décédés,
qui nous ont aidé de leurs conseils depuis le début de nos travaux. B. Becker
nous a signalé le conflit entre Marnix et le Gentilhomme allemand comme
un sujet qui demandait à être étudié, et nous a fait profiter de sa vaste
érudition. Les conseils que nous a prodigués J. Presser nous ont permis
d'éviter maint écueil et de trouver des précisions sur plus d'un détail. En
déplorant que nous ne puissions leur présenter le texte achevé de notre
étude, nous demeurons très reconnaissant de l'intérêt que tous deux ont
pris à notre travail.

---

[6] S. Castellio, *Dialogi IIII*, Aresdorfii 1578, fol. 3 ro.

SIGLES ET ABREVIATIONS

Corr. et Mél.	Ph. de Marnix, *Œuvres; Correspondance et Mélanges*, Paris - Bruxelles - Genève 1860.
C.R.	*Corpus Reformatorum*, 98 vol., Halle 1834-1928.
Dict. Nat. Biogr.	*Dictionary of national biography*, 63 vols. & suppl., London 1885-1912.
Ecrits pol. et hist.	Ph. de Marnix, *Œuvres; Ecrits politiques et historiques*, Bruxelles 1859.
Knuttel	W. P. C. Knuttel, *Catalogus van de pamfletten-verzameling berustende in de Koninklijke Bibliotheek*, deel I, 's-Gravenhage 1889.
N.N.B.W.	*Nieuw Nederlandsch Biografisch Woordenboek*, 10 dln., Leiden 1911-1937.
A. Otto	A. Otto, *Die Sprichwörter der Römer*, Leipzig 1890.
P.G.	Migne, *Patrologia graeca*.
P.L.	Migne, *Patrologia latina*.
Van der Wulp	J. K. van der Wulp, *Catalogus van de tractaten, pamfletten, enz. over de geschiedenis van Nederland, aanwezig in de bibliotheek van Isaac Meulman*, 3 dln., Amsterdam 1866-1868.

INTRODUCTION

I. MARNIX ET LES SPIRITUALISTES ('ENTHOUSIASTES')

Vers la fin de sa vie, en 1595, Philippe de Marnix, seigneur de Sainte-Aldegonde, publie son «Examen et réfutation radicale des enthousiastes».[1] Parmi les nombreux ouvrages grands et petits de l'auteur, celui-ci occupe une place de choix; en effet, c'est sans doute celui qu'il a le plus longuement préparé: dès 1566, nous voyons, par une lettre qu'il écrit à Théodore de Bèze, que le sujet le préoccupe.[2] «Puto ad vos perlatum esse», écrit-il le 10 janvier de cette année, «nos his locis ab hominibus quibusdam et novis et impuris ita lacessi atque vexari, ut etiamsi a Principibus aliqua libertatis facies aliquando affulgeat, ab illorum tamen tum calumniis tum impiis commentis Ecclesia aegre videatur posse asseri. Est enim genus novum ἐνϑουσιαστῶν qui tum ex illa, quam nosti, Theologia Germanica dudum a Castellione Latine reddita, tum ex Taulero deliro sane Monacho, tum porro ex aliorum quorundam et veterum et recentiorum haereticorum furoribus, eas consuunt rhapsodias, quae non iam superstitiosae ac rudi plebeculae, sed ipsis etiam viris, et mediocri eruditione, et non contemnenda pietatis specie praestantibus, ita vehementer arrident, ut certatim omnes ad eorum libros quasi ad reconditum aliquem thesaurum accurrant».[3] Et quelques lignes plus bas nous trouvons sous sa plume le nom

[1] *Ondersoeckinge ende grondelycke wederlegginge der geestdryvische leere, aengaende het geschrevene woort Godes, in het Oude ende Nieuwe Testament vervatet: mitsgaders oock van de beproevinge der leeren aenden richtsnoer desselven. Waerinne wort gehandelt van Godes geopenbaerde Woort. Wat het is. Ende of het selve genoechsaem is tot de onderwijsinge der salicheyt. Item hoe men het wel verstaen ende schriftmatichlijck uytleggen sal.* Door PH. DE MARNIX, HEERE VAN S. ALDEGONDE. In 's-Gravenhage, By Aelbrecht Heyndricks Zoon. CIƆ. IƆ. XCV. Dans la suite de cette étude nous désignerons cet ouvrage par le mot *Ondersoeckinge*; nous citerons d'après l'édition que J. J. van Toorenenbergen en a faite dans Philips van Marnix van St. Aldegonde, *Godsdienstige en kerkelijke geschriften*, deel II, 's-Gravenhage 1873.
[2] La lettre de Marnix à Th. de Bèze et la réponse de celui-ci se trouvent dans Th. Beza, *Epistolarum theologicarum liber unus*, Genevae 1575, pp. 58-67. La lettre de Marnix, sans la réponse, se trouve dans *Corr. et Mél.*, pp. 114-118.
[3] Th. Beza, *Epistolarum theologicarum liber unus*, p. 59. La lettre est envoyée «ex

de celui sur qui, déjà, son attention se concentre: «Sebastianus Francus, homo Germanus qui mirifica huiusmodi portenta congessit in suas farragines, ac in primis in eum, quem Paradoxa inscripsit, librum». Le problème que pose l'activité de ces sectaires est lié à celui que posait naguère la doctrine de Servet sur l'omniprésence de Dieu. L'extension que les enthousiastes donnent à cette doctrine porte à considérer non seulement les bêtes brutes, mais encore les objets inanimés comme participant à une âme commune de nature divine ou céleste, laquelle «nisi fallor a Virgilio mundi spiritus, ab hoc [c.-à-d. Sébastien Franck] verbum internum, sermo spiritus, lux, potentia, vis ac denique Filius ipse Dei nominatur».[4] Comment réfuter cette idée? Jean Calvin, dans l'ouvrage qu'il a écrit pour combattre les libertins spirituels, ne s'en est pas occupé, estimant sans doute que le sujet était de ceux que Dieu avait voulu tenir cachés à l'homme. Pour Marnix cependant il ne s'agit pas de spéculation théologique: il voit les Eglises protestantes menacées par des hérésies qui risquent de saper les fondements mêmes de la religion et de compromettre la cause protestante. L'enjeu est grave, et grave est aussi le problème, surtout parce que – Marnix le déclare lui-même – ses adversaires ne manquent pas d'arguments plausibles, et notamment du vieil axiome «Deum id esse quicquid de eo dici potest». Et Marnix poursuit: «Ex quo sane mihi videntur . . . absurdissima quaeque consequi. Quicquid enim a Deo erit in homine, idipsum erit Deus. Quo certe et Trinitatis illa doctrina tolletur, et simul quaecunque in nos per Christum collata sunt a Deo beneficia penitus obscurabuntur, et profunda ista vel Francica vel Servetica caligine immensitatis obruentur».[5]

Nous ne nous étendrons pas ici sur la réponse de Bèze, parce qu'il ne s'agit que de montrer chez Marnix la permanence de la haine qu'il a vouée aux enthousiastes ou spiritualistes. Qu'il suffise de signaler la réserve que manifeste le réformateur de Genève à l'égard de son jeune correspon-

---

rure Budenghenio» c. à d. de Beaudrenghien (Buizingen), la propriété, située non loin de Bruxelles, du frère de Philippe, Jean de Marnix (voir A. Elkan, *Philipp Marnix von St. Aldegonde*, Leipzig 1910, S. 54).
    [4] *ibid.*, p. 60.
Dans l'*Ondersoeckinge* c'est toujours ce problème qui est présenté comme le point central d'où découlent principalement les conceptions hérétiques des enthousiastes: «Nochtans schijnt het eygentlick dat dese onse geestdrijveren, daer wy nu tegen handelen, haren voornemelicxsten gront vande heydenen ontleent souden hebben, welcke wandelende in duysternisse ende tastende blindelinx na de waerheyt, hebben sick selven ingebeeldet, dat de mensche uyt eygene natuere van Godes aert ende wesen bestondt, ende hadde inden grondt zijns herten een bernende voncke des Goddelijcken verstants, die met geduerige ondersoeckinge ontsteken wesende, conde den menschen brengen tot eene rechte kenisse Godes ende zijner waerheyt, sonder buyten sick selven aen eeniger menschen leeringen ofte spraken uyt te gaen» (blz. 7-8).
    [5] *ibid.*, pp. 60-61.

dant. N'oublions pas, en effet, que celui-ci n'avait encore que 25 ans et qu'en outre il y avait près de quatre ans que Bèze l'avait perdu de vue.[6] Aussi n'est-il pas étonnant que Bèze ait estimé que, sans doute, un avertissement prudent n'était pas déplacé. Il est vrai qu'il commence par faire au jeune homme un compliment sur son zèle: «Gratulor tibi animum istum non tantum φιλομαϑῆ, sed etiam veritatis amantem», mais par ce qui suit, on voit bien qu'il n'est pas complètement rassuré: «Est enim omnino aviditas ista omnia sciendi, certa quadam ratione temperanda, ita videlicet ut primum in iis dumtaxat laboremus, unde et ipsi effici meliores, et aliis pro vitae nostrae ratione prodesse possimus: deinde ut hic quoque intra modum sapiamus».[7]

Bien qu'il puisse sembler que Bèze n'ait pas pris tout à fait au sérieux la lettre, pourtant si sincère, de Marnix, il paraît cependant se souvenir, quelques mois plus tard, de l'avertissement qu'elle contient sur les dangers qui menacent le calvinisme dans les Provinces-Unies. En effet, ne percevons-nous pas un écho de la lettre de Marnix, lorsque nous lisons, dans une lettre que, le 7 juin 1566, il écrit au pasteur Jean Taffin, lequel se trouvait alors à Anvers, que Bèze s'oppose à la modération des mesures restrictives contre les protestants à laquelle paraît songer la gouvernante des Pays-Bas, Marguerite, duchesse de Parme, modération que le «compromis» de la noblesse du pays avait instamment réclamée? Pour Bèze, cette modération n'est qu'une ruse de Satan: «Quant à cette modération dont vous m'escrivez, ... pour le cas qu'elle fust tellement dressée que l'exercice de la religion y fust comprins, si cette liberté s'estend à tant d'horribles et plus que très exécrables sectes qui pullulent en ces pays là de jour en jour, qui est celuy qui ne deubst plus tost souhaiter la persécution en peine de souffrir mille morts que de consentir à une telle et si malheureuse liberté?».[8]

Du reste, entre 1566 et la parution de l'*Ondersoeckinge* on voit à bien des moments que Marnix est préoccupé des idées des protestants hétérodoxes. Sa correspondance le montre assez clairement, comme elle nous montre aussi, d'ailleurs, que l'hostilité que Marnix vouait à la doctrine n'excluait point les rapports amicaux avec tel adepte dont Marnix avait eu l'occasion d'apprécier la sincérité. Dans les premiers temps de son exil

---

[6] Marnix est né entre le 8 mars et le 20 juillet 1540. Voir sur ces dates A. A. van Schelven, *Marnix van Sint Aldegonde*, Utrecht 1939, blz. 1-2. Sur la date de sa rentrée aux Pays-Bas après son séjour à Genève, voir *ibid.*, blz. 12.

[7] Th. Beza, *Epistolarum theologicarum liber unus*, p. 63.

[8] *Bulletin de la Société de l'histoire du protestantisme français*, t. XXII (1873), p. 114; la lettre a été également publiée dans H. de Vries van Heekelingen, *Genève pépinière du calvinisme hollandais*, t. II, La Haye 1934, p. 156.

des Pays-Bas, qui a duré d'avril 1567 jusqu'à l'été de l'an 1572,[9] il a trouvé un refuge, à Brême, sous le toit de Bernhard zum Boeme (Bernardus Boemius), qui était partisan de la doctrine spiritualiste de Caspar von Schwenckfeld et ne s'en cachait pas. Nous le savons par une lettre non datée, mais que l'éditeur des *Œuvres* de Marnix croit être de 1570, adressée à Boemius,[10] dont le ton est chaleureux, mais qui n'en combat pas moins vigoureusement et avec une logique serrée les théories schwenck-feldiennes sur la nature du Christ: «Non possum praeterire, saepenumero me cum animo repetiisse ea, quae in familiaribus nostris dissertationibus solebas producere ad confirmandam Schwenckfeldii de humana Christi natura (et meo quidem judicio erroneam, et omnium certe Ecclesiarum, quae quidem hodie vigent, calculis damnatam) opinionem».[11] Pareille-ment, dans ses rapports avec Aggaeus Albada, le jurisconsulte d'origine frisonne, qui partageait, lui aussi, les idées de Schwenckfeld, on voit bien qu'il savait distinguer les sentiments personnels et les idées: «Hoc apud te statue, tantum abesse, ut ego te apud alios quasi male de religione sentientem detulerim, ut etiam nonnullorum suspicionem ea de re imminuerim, nonnullorum etiam certam sententiam prope labefactarim. Affirmavi enim apud omnes qui quidem hac de re mecum egerunt, ita sentire me, magis in verbis quam in re ipsa nostram versari dissensionem. Itaque non esse te rejiciendum in eorum numerum qui ab orthodoxa fide resilierint».[12] Enfin, dans la lettre à Adolphus Pottelbergius,[13] que Van Schelven croit être de 1577,[14] il est question du baptême des enfants. Là encore, quoique la sympathie personnelle ne semble pas jouer un rôle aussi important que dans les lettres que nous venons de mentionner, Marnix prend la peine de combattre avec patience et longanimité des opinions qu'il considère comme erronées, voire pernicieuses. En revanche, là où les relations personnelles ne viennent pas restreindre la portée des débats,[15]

---

[9] Les dates exactes du départ et du retour de Marnix ne sont pas connues; voir Van Schelven, *Marnix*, blz. 30-31 et blz. 50.

[10] *Corr. et Mél.*, pp. 119-141.

[11] *ibid.*, p. 119.

[12] *ibid.*, p. 142; cette lettre est également de 1570. A cette époque Albada était membre de la Cour Impériale de Justice, à Spire.

[13] *Praestantium ac eruditorum virorum epistolae ecclesiasticae et theologicae*, Amstelodami 1648, pp. 1-10.

[14] *Marnix*, blz. 143.

[15] Chr. Sepp estime que l'exemple d'Albada a fait comprendre à Marnix que l'on peut être partisan de la doctrine de la parole intérieure, sans qu'on doive pour autant être compté parmi les enthousiastes. Il pense que c'est pour cette raison que Marnix ne fait pas mention de Schwenckfeld dans son *Ondersoeckinge* (*Drie evangeliedienaren uit den tijd der Hervorming*, Leiden 1879, blz. 160); Van Schelven a repris cette idée (*Marnix*, blz. 36-37). Du reste, Marnix n'est pas le seul théologien calviniste à distinguer Caspar Schwenckfeld des autres spiritualistes: Gisbertus Voetius, dans *Politicae Ecclesiasticae pars*

Marnix se montre un adversaire implacable de ceux-là parmi les protestants qui refusent de souscrire à la doctrine des calvinistes ou réformés. Son zèle à cet égard ne laisse pas d'être connu de ses coreligionnaires, qui ne manquent pas de profiter de la faveur dont il jouit auprès du prince d'Orange. Sans doute, cette faveur n'assure pas à Marnix une autorité absolue, ainsi que le montre fort bien la lettre bien connue du 31 mars 1577, dans laquelle Marnix rend compte au pasteur calviniste de Middelburg, Gaspar van der Heyden,[16] des démarches qu'il a faites auprès du Prince pour régler le conflit qui s'est élevé à Middelburg au sujet de la position des anabaptistes. Ceux-ci souffrent de l'intolérance des réformés, qui ont persuadé au magistrat de la ville de les bannir, parce qu'ils refusent de prêter serment et d'exercer des fonctions publiques. Cependant le Prince, à qui ils s'étaient adressés avec une requête, avait ordonné au magistrat d'accepter la promesse au lieu du serment, sous réserve que ceux qui ne tiendront pas leur parole, seront poursuivis et punis au même titre que les parjures. Prié d'intervenir auprès de Guillaume d'Orange, Marnix souffre un échec d'autant plus pénible que son entretien avec le Prince sur l'affaire ne se déroula pas en tête à tête: en effet, dans un pamphlet publié en 1599, la *Defence d'Emmery de Lyere*,[17] l'auteur affirme «avoir eu l'honneur d'estre present, là où en presence d'une table entiere feu Monseigneur le Prince de haulte Memoire a disputé icelle opinion contraire contre Monsr. de St. Aldegonde, lequel ne pouvoit ignorer, que ceste façon de rigueur violente qu'il propose, ne seroit receüe envers [les Etats-Généraux]».

Voici comment Marnix rend compte à Van der Heyden de sa mission: «Negotium Anabaptistarum heri post acceptas tuas et Taffini literas cum principe illustrissimo tractatur, et comperi certe multo esse difficilius,

---

secunda, Amstelodami 1669, cite les schwenckfeldiens parmi les «Enthusiastae et Libertini» qui s'opposent à la propagation de la foi par les pasteurs, mais il ajoute: «Quamvis in multis aliis fatear, eos minus malos et absurdos esse, quam Familistas et David-Joristas» (p. 217).

[16] *Corr. et Mél.,* pp. 226-233; la lettre a été publiée pour la première fois dans *Illustrium et clarorum virorum epistolae selectiores,* Lugduni Batavorum 1617, cent. II. ep. LI.

[17] *Defence d'Emmery de Lyere, Gouverneur de Willemstadt, contre ce qu'a pleu à feu Monsieur de St. Aldegonde publier tant de bouche, que par certain livret intitulé* Responce Apologetique, *au desavantage de son honeur et de ses Ancestres. A Messeigneurs les Estats Generaulx des Provinces Unies des Pays-Bas. A La Haye Imprimé par Albert Henry.* MDXCIX.
Le seul exemplaire qui reste de ce pamphlet se trouve dans la Bibliothèque de l'Université de Gand (Van der Wulp, nr. 890). Du reste, une traduction néerlandaise a été comprise par l'historien Pieter Bor dans son *Nederlandsche Oorlogen,* deel IV, Amsterdam 1681, blz. 589-591.
Dans la suite de cette étude nous le désignerons par le mot *Defence.*
Le passage que nous citons se trouve fol. A 5 vo.

quam speraram: fecerat enim magnam mihi spem cum essem Mittelburgi, excludendos esse civitate qui Sacramentum obire nollent, aut certe haud esse solenniter admittendos. Iam causatur, statui id non posse, nisi cum nova Ecclesiarum convulsione, propterea quod Ordines haud sint passuri legem eiusmodi praescribi, quam ex usu Reipublicae plane non esse statuant: imo asseverat, hanc unicam fuisse olim causam, quamobrem consistoria in tantam invidiam apud Ordines venerint, ut prope abfuerit, quin senatus consulto facto penitus tollerentur. Iam denuo tandem rem agi, et quidem quo tempore non dubium sit ex pontificia farragine multos frigidam suffusuros. Omnino se existimare maxime id fraudi Ecclesiis fore. Hic ego cum vehementer urgerem, politico ac civili praetextu posse rejici eos, qui omnis humanae societatis vinculum abrumpant, et simul adderem, quam grave ex hujusmodi decreto, et quidem per se impio, periculum et Reipublicae simul immineat et Ecclesiis, satis acriter respondit, affirmationem illis fore pro jurejurando: neque debere amplius urgeri, nisi una opera, et nos fateamur, aequum esse, ut a Pontificiis ad eam cogamur, quae conscientiae nostrae religio aversatur; neque plane consensuros passurosve esse Hollandos Boreales, ut id fiat».[18]

On voit que les arguments de Marnix en faveur de mesures restrictives sont principalement d'ordre politique. Cependant, il s'est également occupé en théologien à réfuter la doctrine des hétérodoxes. Un des textes dont se réclamaient les anabaptistes pour justifier leurs idées sur le baptême des adultes, était *Actes* XIX, 1-6: «1) Advint comme Apollos estoit en Corinthe, que Paul, apres avoir traversé tous les quartiers d'enhaut vint en Ephese: où ayant trouvé certains disciples, il leur dit, 2) Avez vous receu le sainct Esprit, quand vous avez creu? Mais ils lui respondirent, Nous n'avons pas mesmes ouï dire s'il y a un sainct Esprit. 3) Adonc il leur dit, Enquoi donc avez vous esté baptizés? Lesquels respondirent, Au Baptesme de Jehan. 4) Alors Paul dit, Jehan a bien baptizé du Baptesme de repentance, disant au peuple qu'ils creussent en celui qui venoit apres lui: assavoir en Jesus qui est le Christ. 5) Ces choses ouïes, ils furent baptizés au nom du Seigneur Jesus. 6) Et apres que Paul leur eut imposé les mains, le sainct Esprit vint sur eux, et ainsi ils parloyent langages, et prophetizoyent». D'après l'interprétation traditionnelle le seul verset 4 représenterait les paroles de saint Paul, après quoi l'apôtre reprendrait son récit. Selon cette explication les disciples, après avoir reçu le baptême de saint Jean, auraient été rebaptisés par saint Paul, légitimant par là les

---

[18] *Corr. et Mél.*, p. 227; voir, sur les origines de ce conflit avec les anabaptistes de Middelburg, M. F. van Lennep, *Gaspar van der Heyden*, Amsterdam 1884, blz. 138-148.

idées des anabaptistes sur le baptême, qui n'intervient qu'après la foi. Marnix propose une interprétation différente, disant que le verset 5 continue le discours de saint Paul, ce qui ôte aux anabaptistes la possibilité de tirer de ce passage aucun argument en faveur de leurs idées.[19]

Tous les faits que nous venons de mentionner, s'étalant sur une période d'au moins onze ans, attestent le vif intérêt que prenait Marnix à la question des protestants hétérodoxes, comme ils mettent en lumière la réputation de champion de la cause calviniste et des Eglises réformées dont il jouissait. Sous ce dernier rapport, citons encore la lettre, du 4 mars 1570, dans laquelle Petrus Colonus, pasteur à Cologne, s'adresse à Bèze pour lui demander d'avoir soin que la doctrine de Schwenckfeld soit enfin réfutée: «Doleo neminem esse, qui Schwenckfeldii calumniis respondeat solideque ipsius errores refutet. Edidit ante obitum [Schwenckfeld est mort en 1561] parvum quendam libellum germanicum, in quo 15 Calvini errores de coena observare sibi videtur. De te, Petro Martyre, aliisque Gallis (quos vocat) conqueritur, quod non lectis ipsius libris ex aliorum tantum relatione pessime de ipso sentiatis et scribatis. Philippus Marnixius id omnium commodissime, ob idiomatis germanici notitiam et ocium praestare posset meo judicio aut certe Zacharias Ursinus. Monitione tua ad alterutrum non parum ad hanc rem conferre posses. Praestes rogo».[20] Nous ne connaissons aucun document montrant que Bèze aurait accédé à la demande de son correspondant allemand; encore moins sommes-nous au courant d'une réaction quelconque de Marnix. En effet, ce n'est que onze ans après la date de cette lettre qu'il est de nouveau question du projet de Marnix de réfuter les spiritualistes, mais aussi le témoignage est-il très précis. En 1581, les pasteurs réformés, réunis à Middelburg à l'occasion du synode national, décident d'inviter Marnix à terminer l'ouvrage qu'il prépare contre les spiritualistes: «Also men verstaet dat de Heere van

---

[19] C'est Bèze lui-même qui a attribué cette interprétation à Marnix. Dans ses *Annotationes maiores in Novum Dn. Nostri Jesu Christi Testamentum*, s.l. 1594, il écrit: «Particula δὲ, quae in Graecis omnibus codicibus summo consensu legitur, et particulae μὲν necessario respondet, nullo modo, nullo, inquam, modo patitur ut hujus orationis seriem discerpamus, quasi prior pars Paulo, posterior sit ipsi Lucae scriptori tribuenda. Ergo haec quoque Pauli verba sunt, tum doctrinam a Joanne quidem annunciatam, ab istis vero fide apprehensam, ut vere Evangelicam, tum etiam Baptismum istis collatum, ut vere Christianum approbantis . . . . quam interpretationem hujus loci, ab Anabaptistis praesertim tam vexati, acceptam fero viro tum generis nobilitate, tum pietate et doctrina, et plurimis virtutibus clarissimo D. Marnixio, singulari Belgicarum provinciarum ornamento» (p. 538). Cette interprétation de Marnix a déjà été relevée par G. J. Vossius, *Opera*, t. VI, Amstelodami 1701, p. 288, et par J. Prins, «Leven van Philips van Marnix, Heer van St. Aldegonde», dans *Leven der Nederlandsche dichters en dichteressen*, deel I, Leiden 1782, blz. 59-60.
[20] La lettre est publiée dans H. de Vries van Heekelingen, *Genève pépinière du calvinisme hollandais*, t. II, pp. 167-168.

St. Aldegonde een boucxken heeft beworpen teghen de Gheestdrijvers, is ghoet ghevonden (als tselve volbracht zal syn) dat de Dienaeren van Andwerpen ende van Ghendt dat oversien; Ende soo het orboorlick bevonden wordt, dat ment laete drucken. Ioannes Taffinus sal de Heere van St. Aldegonde schrijven dat het hem believe d'werck te volmaecken».[21]

Si, après cette date, il a fallu à Marnix quatorze ans pour terminer son ouvrage, c'est à cause des événements politiques, qui ont troublé profondément le cours de sa vie, événements dont nous aurons l'occasion de parler plus tard.

II LA POSITION DES SPIRITUALISTES PARMI LES PROTESTANTS;
L'ETAT DE LA POLEMIQUE VERS L'AN 1600

Si l'on songe quelle était la situation politique et religieuse des Pays-Bas dans la seconde moitié du XVIme siècle, on comprendra que pour les calvinistes le besoin se faisait sentir d'un ouvrage qui défendît leur doctrine contre les attaques de leurs rivaux, de ceux qui avaient, comme eux-mêmes, rejeté la croyance à la doctrine de l'Eglise catholique et qui abhorraient le despotisme du roi d'Espagne autant qu'eux-mêmes, mais qui différaient d'eux sur plus d'un point de leur doctrine religieuse et politique. Au synode de 1581, que nous venons de mentionner, on décida en prin-

---

[21] F. L. Rutgers, *Acta van de Nederlandsche synoden der zestiende eeuw*, 's-Gravenhage 1889, blz. 433; la même résolution se trouve mentionnée plus brièvement blz. 371. Dans l'avant-propos de son livre, Marnix dit que c'est l'invitation de «plusieurs hommes pieux et dévots de différentes conditions, pasteurs aussi bien que laïques», qui l'a incité à publier les matériaux que, jusque-là, il n'avait réunis que pour lui-même, «afin de remettre sur le bon chemin nos bons amis que de tels écrits et les discours obscurs tenus par des partisans de semblables erreurs et hérésies auraient pu aisément fourvoyer»: «also wy over langen tijt dit by een hadden begonnen te rapen, niet tot dier meyninge om 't selve int licht uyt te geven, maer alleen om onse goede vrienden die sick met alsodanige boecken ende bedecte redenen der voorstanders alsulcker dwalingen ende ketterijen lichtelick souden hebben mogen laten vervoeren, wederom inden rechten weg te helpen brengen, ... So ist dat wy van veel ende verscheydene goede vrome ende Godsalige mannen, so wel dienaren des Godtlicken woorts als andere, dickmaels vermaent ende versocht zijn geweest, alsulcks niet langer by ons verborgen te houden, maer eenen yegelicken gemeen ende bruycksaem te maecken, gevende het openbaerlick aen 't licht. ... Ende hoe wel wy ons beswaerlick daer toe hebben laten brengen, ... so ist nochtans dat wy deur verscheyden redenen die sy ons hebben voorgedragen, ... hebben ons int leste laten geseggen» (blz. XIII).
De même, on voit une allusion à l'exhortation que lui a adressée le synode, dans la *Response apologeticque*: «Il y a quelque temps que j'avoie esté requis d'aucuns de nos Eglises, de mectre en lumiere quelques memoires que autrefois j'avoie recueilli en ma jeunesse, pour descouvrir le pernicieux et mortel poison qui se cache aujourdhuy soubs une mine hypocritique de certaines gens: qui s'accordans tous en ce point, que la saincte escriture contenue au vieil et nouveau testament, n'est pas la parolle de Dieu, ne mesmes la pierre touche ou reigle des doctrines: ains qu'il faut avoir recours à l'esprit ou inspiration d'un chascun, laquelle ils nomment *parolle interieure*» (*Corr. et Mél.*, pp. 402-403).

cipe d'élaborer un *Corpus doctrinae* contre les hérétiques de tous genres, et ce n'est là qu'un exemple parmi plusieurs de la volonté des calvinistes de développer une doctrine qui fasse sa part à la piété individuelle et qui ait la même cohérence interne que la doctrine catholique qu'on venait de rejeter. Etant donné que les calvinistes ne représentaient qu'une minorité parmi les protestants du pays,[22] – mais une minorité active, non seulement disposant d'une parfaite organisation en tant qu'Eglise, mais également animée d'ambitions politiques nettement marquées – il n'est que normal qu'ils aient désiré rendre leur point de vue aussi clair que possible, «afin d'aider les simples et de répandre l'enseignement de l'Evangile».[23]

A vrai dire, il n'est guère aisé d'évaluer tant soit peu exactement les nombres respectifs des différents groupes religieux dans les Pays-Bas de la fin du XVIme siècle.[24] Nous sommes plus ou moins renseignés sur la situation du début des troubles: le 31 juillet 1566, la régente des Pays-Bas, Marguerite de Parme, écrit au roi Philippe II: «. . . et pour sçavoir quelles sectes règnent plus en ces pays, ce sont les Calvinistes es dictes villes de Tournay, Valenciennes, Lille, Audenarde et à l'environ, comme en Hollande et Zelande est l'Anabaptisme. En Anvers il y a trois sortes de sectes, à sçavoir des Protestants, adhérens à la confession augustane, des Calvinistes et Anabaptistes; comme à Gand et Ypres y en a des deux sortes, à sçavoir Anabaptistes et Calvinistes, les mêmes à Bois-le-Duc et à l'environ; néantmoins les Anabaptistes ne preschent encoires publicquement, mais en secret, si ce n'est en Hollande ou Zelande, dont ne suis encoires bien informée. Et n'y ha pour le présent hérésie que se dilate si avant que celle desdicts Calvinistes, parceque ceulx de la Confédération – que sont hérétiques – sont de la mesme secte et que tous les prescheurs françois ou wallons en sont, estans instruicts à Genève».[25] Un an plus tard, Louis de

---

[22] P. Bor, *Nederlandsche Oorlogen*, deel II, Amsterdam 1679, blz. 975-976: «immers in Holland gene openbare exercitie van eenige andere Religie toegelaten word, dan van de Gereformeerde alleen, 't welk te rekenen is voor een grote weldaed, in aensien van de menigerley en verscheiden opinien die daer zijn, so dat het tiende deel van de ingesetene van de Lande niet is van de Gereformeerde Religie, daerom het voor een grote weldaed Gods te rekenen is, dat de gene die verre sijn de meeste in getale, geen openbare exercitie hebben, en die de minste sijn, Godes woord opentlijk en sonder achterdenken horen en de Religie oeffenen mogen.»

[23] F. L. Rutgers, *Acta*, blz. 433: «Op de vraeghe, Oft het niet goed waere, *Corpus Doctrinae* te maecken teghens alle ketteren, om den eenvoudighen te helpen ende de leere des Evangelii te verbreijden? Is gheandwoordt, Dat een yeghelick gaeven hebbende een oft meer boucxkens, de een teghen d'eene, ende de ander teghen een ander ketterie schrijven, Ofte boucxkens alreede daer teghen gheschreven, oversetten zal.»

[24] La meilleure étude générale existant actuellement sur ce sujet est J. Lindeboom, *De confessioneele ontwikkeling der reformatie in de Nederlanden*, 's-Gravenhage 1946.

[25] *Correspondance française de Marguerite d'Autriche, duchesse de Parme, avec Philippe II*, éd. J. S. Theissen, t. II, Utrecht 1941, p. 283.

Nassau, frère du Taciturne, estime dans une communication au landgrave
Philippe de Hesse: «. . . der Calvinischen sei vier mahl mehr alls der
Confessionisten».[26] En ce qui concerne ceux-ci, que nous désignons
aujourd'hui plutôt du nom de luthériens, étant donné qu'à Anvers seulement ils ont été assez nombreux pour jouer un rôle indépendant quelconque, l'on comprend qu'à la fin du siècle, où les Pays-Bas du Sud se
sont définitivement détachés des provinces du Nord, ils sont si faibles
numériquement qu'en tant que groupe ils n'ont plus qu'une importance
très réduite.

Des deux groupes qui restent, calvinistes et anabaptistes, seul celui des
calvinistes est assez uni pour qu'il soit possible de le considérer vraiment
comme un seul groupe. Cela ne veut pas dire qu'il n'y ait pas eu de conflits à l'intérieur de l'Eglise réformée; avant la fin du siècle, il y aura des
différends assez graves avec des dissidents individuels, tels que Caspar
Coolhaes ou Herman Herberts, aussi bien qu'avec les autorités publiques
comme les magistrats de Leyde, d'Utrecht ou de Gouda.[27] Mais ces différends, loin de causer un fléchissement dans le zèle des croyants ou un
affaiblissement sur le plan politique, ne font que renforcer l'unité du
groupe. Chez les anabaptistes au contraire, la division est extrême; à vrai
dire, il faut considérer le mot d'anabaptiste comme un dénominateur
assez global qui peut désigner les groupements les plus divers, les partisans
pacifiques et profondément pieux de Menno Simons aussi bien que les
truculents batenbourgeois, qui prêchent la violence contre tous ceux qui
refusent d'adhérer à leur doctrine.[28] Généralement, avant la publication
de l'*Ondersoeckinge,* on ne prend pas la peine de distinguer des anabaptistes proprement dits les différentes sectes spiritualistes,[29] bien que vers la
fin du siècle les attaques contre les sectes isolées – des partisans de Franck,
de David Joris et de la Maison de la Charité, la secte de Hendrick Niclaes
– se multiplient. Or, s'il n'est guère possible de faire une estimation du
nombre des anabaptistes, la chose est encore moins facile pour les spiritualistes, à cause de l'exclusivité de certaines sectes, exclusivité d'autant

[26] G. Groen van Prinsterer, *Archives,* 1re série, Supplément, Leiden 1847, p. 57.
[27] G. Brandt, *Historie der Reformatie,* deel I, Amsterdam 1677, *passim.*
[28] J. H. Wessel, *De leerstellige strijd tusschen Nederlandsche Gereformeerden en
Doopsgezinden in de zestiende eeuw,* Assen 1945, blz. 6: «De Anabaptisten zijn een
zeer gemengd gezelschap: geestdrijvers, zooals Melchior Hoffman en de zijnen, zedelijk
hoogstaand, maar daarnaast de Munsterschen en hun geestverwanten in ons land en
figuren als David Joris en Hendrik Niclaes met zijn «Huis der Liefde», van zeer
bedenkelijk zedelijk gehalte. Daar is een Sebastiaan Franck, de groote spiritualist, die
van geen uitwendige kerk, ambten of sacramenten, iets meer wil weten.»
[29] Du reste, après Marnix il faudra attendre la magistrale étude d'Ernst Troeltsch,
Die Soziallehren der christlichen Kirchen und Gruppen. Tübingen 1912, avant qu'on
réapprenne à faire cette distinction, pourtant essentielle.

plus entière qu'extérieurement les membres s'assimilent souvent aux fidèles soit catholiques, soit calvinistes, selon les circonstances. Les indications que nous rencontrons dans des ouvrages de polémique calvinistes, sont sujettes à caution, pour plusieurs raisons: s'ils parlent d'une secte comme étant la plus nombreuse,[30] cela ne veut pas dire qu'ils comparent avec le nombre des calvinistes, puisque ceux-ci forment une Eglise, non une secte[31]; ensuite, l'Eglise militante qu'est celle des calvinistes, revendique vis-à-vis des autorités le droit de mesurer toutes les opinions à l'aune de sa propre orthodoxie et, par conséquent, de condamner et de poursuivre en justice ceux qui émettent des théories opposées aux siennes. Or, pour mieux pousser leur affaire auprès des Etats, en pénétrant ceux-ci du bien-fondé de leurs réclamations, les calvinistes avaient intérêt à exagérer quelque peu le nombre de leurs adversaires. Sans doute étaient-ils de bonne foi, du reste, puisque, au point où en étaient venus les débats, l'indifférence devant le dogme constituait déjà une hérésie, d'ailleurs fort répandue.[32]

Si nous sommes imparfaitement renseignés sur le nombre de ceux qu'à cette époque les calvinistes considèrent comme leurs principaux adversaires, nous savons bien quels sont les arguments qu'on invoque contre eux. Parmi les principaux arguments il y a ceux qu'on tire de l'histoire récente: se rendant parfaitement compte de l'attrait que ces doctrines exaltées ont exercé à plusieurs reprises, surtout sur les petites gens, les calvinistes craignent que des révoltes violentes et désordonnées comme celles qui avaient ravagé la ville de Münster en 1533 et 1534, et qui avaient failli éclater à la même époque à Amsterdam même, ne se répètent.[33] En

---

[30] J. Taffin, *Onderwysinghe, teghens de dwalinghe der Wederdooperen*, Haarlem 1590. blz. 5: «Nu en isser in dese Landen gheen Rotte oft secte, de welcke oft meerder is in ghetale, oft die sich stoutelijcker vermaet, ende nochtans meer vervalscht ende verscheyden is van der waerheyt», [que celle des anabaptistes].

[31] *Corte Antwoordt op de valsche beschuldighen end' blameringhen van* CASPER COOLHAES, Delft 1600: «te verstaan gevende, dat hy van ons gescheyden zijnde (die hy hout voor een partye end' Secte) hem met gheen andere Ghemeente ... vereenight heeft.» (Cité par E. W. Moes en C. P. Burger, *De Amsterdamsche Boekdrukkers*, deel IV, Amsterdam-'s-Gravenhage 1915, blz. 83).

[32] *ibid*.: «hy heeft hem gevoeght by den hoop der genen die wel de meeste partye van allen maken, Die namelijc een nieuwe alghemeene Catholijcke Kercke willen stichten, ende geen sekere Religie en begeeren te trouwen: waeronder de Stilstaenders, Speculeerders end' Toekijckers behooren, ende die altoos soecken, maer nemmermeer vinden. ... Dese Stilhouders, ende die haer uytgheven datse alleen aende voeten des Heeren Christi met Maria begheeren te zitten, zijnder huydensdaeghs in ontallijcker groote menighte, God betert: Maer zy moeten al mede voor een partye gerekent worden.»

[33] Il nous semble apercevoir une trace de cette crainte dans la lettre, écrite en 1579 par le pasteur Gaspar van der Heyden à son collègue de Delft, Arnoldus Corne-lii, où Van der Heyden cite une partie de la lettre qu'il a reçue du pasteur réformé d'Emde, Menso Altingh: «Amstelredamum hinc [c.-à-d. d'Emde] turmatim confluunt

effet, ce sera l'argument décisif par lequel Marnix motivera son appel aux
Etats-Généraux des Provinces-Unies, lorsqu'il les priera de réprimer ceux
qu'il désigne par le mot «geestdryvers», c.-à-d. enthousiastes: «Je m'en
réfère aux effets et à leurs propres écrits, par lesquels ils cherchent autant
que possible à remplir ces Pays: Les effets n'ont été que trop manifestes
du temps des prophètes enragés de Münster, lesquels, ayant ameuté le
peuple en vain, ici en Hollande et notamment à Amsterdam, et voyant
qu'on refusait de les écouter, sont allés envahir la ville de Münster, chasser
et massacrer le Magistrat, et causer une confusion telle qu'on aurait dit
que tous les Diables de l'Enfer s'étaient déchaînés, afin de renverser le
Monde entier: et n'auraient pas manqué de répandre leur venin davantage, aussi bien dans ces Pays-Bas que dans toute l'Allemagne, si, Dieu
aidant, les bons et pieux Magistrats n'y avaient pourvu à temps. La
mémoire en est encore fraîche aux coeurs des hommes, les cages en fer
contenant les squelettes se voient encore au haut du beffroi de l'Hôtel de
Ville, afin d'en perpétuer la mémoire: et il est inutile de raconter tous
les crimes qu'ils ont perpétrés, dans ces Pays-Bas, comme au Pays de
Clèves, en Suisse et dans bien des endroits en Allemagne, prétendant que
toutes les violences, tous les meurtres et désordres, tous les méfaits de
bandits et de putains, toutes les paillardises et grivoiseries, bref, tout ce
qu'ils pouvaient faire ou imaginer se faisait par ordre et commandement
du Saint-Esprit, par lequel ils étaient inspirés».[34] Ce n'est pas que Marnix
ne sache très bien qu'il y a des hérétiques pieux, qui ne demandent qu'à
servir Dieu à leur guise et à vivre en toute tranquillité; mais néanmoins

nefarii homines et istam urbem invadere conabuntur, nisi prudenter et in tempore eis
obviam eatur. . . . Recte aut ego nihil video, aut isti homines in persequendis fidelibus
et Arrianos et Donatistas, quos per omnia imitantur, superabunt; adeo se quotidie
magis magisque prodit animorum acerbitas et insolentia». (Cité par M. F. van Lennep, *Gaspar van der Heyden*, blz. 241-243).
[34] *Ondersoeckinge*, blz. IX: «Maer ick gedraege my tot der daet ende tot haer
eygene schriften, daermede sy hedensdaechs soecken dese Landen, so vele alst in hun
is, te vervullen: De daet is genoech gebleken inden tijt der Munstersche dulle Propheten, welcke hier in Hollandt ende namelijck tot Amsterdam de pijpen te vergeefs
gesteld hebbende, ende siende dat mense niet en wilde dulden, ghingen de Stadt van
Munster inne nemen, de Overicheyt verjagen ende vermoorden, ende eene alsodanige
confusie innestellen, dat het scheen dat alle de Duvelen der Hellen ontbonden waren,
omme de Werelt om ende om te keeren: ende souden haer vergift noch wijder, so in
dese Nederlanden als over gantsch Duytslandt, verstroyt hebben, indien de goede
Godsalige Overicheden daerinne niet by tijts, met Godes hulpe, voorsien en hadden.
De gedachtenisse is noch versch inder menschen harten, de Ysere korven met het ge-
beente hangen noch tot Munster aen den Toren van 't Stadthuys, tot eewige memorie:
ende is onnoodich te verhalen wat sy, so hier in dese Nederlanden, als int Landt van
Cleve, Switserlandt ende vele plaetsen van Duytslandt, hebben aengericht, beweerende
dat alle overlasten, moorden, straetschenderijen, alle boeven- ende hoeren-stucken,
alle oncuyssche ontuchticheden, ende in somma, alles wat sij conden doen ofte ver-
dencken, tsamen al uyt bevel ende porringe des H. Geestes geschiede, door den welcken sy gedreven werden.»

il estime qu'il faut considérer comme pernicieuse la liberté de prêcher des doctrines qui, «soubs ombre de religion ou d'inspirations celestes»,[35] risquent d'entraîner la totale subversion de l'ordre public. En effet, il semble que la haine que vouent les calvinistes à leurs adversaires anabaptistes ou spiritualistes se base moins sur des différences dans la conviction théologique que sur des considérations qui regardent l'ordre public. Dans la lettre de 1577 à Gaspar van der Heyden, nous l'avons vu, ce que Marnix considère comme dangereux, ce ne sont pas les idées des anabaptistes sur le baptême des adultes ou l'une des autres questions théologiques en litige – il n'en est même pas question dans toute la lettre – mais c'est le fait que les anabaptistes, en refusant de prêter serment et de remplir des fonctions publiques, «rompent les liens de toute société humaine».[36] Et pour ce qui est des enthousiastes ou spiritualistes, dans son *Ondersoeckinge* il les combattra avec des arguments de théologien, certes, au même titre qu'il attaque en théologien les dogmes catholiques dans son *Bienkorf der H. Roomsche Kercke* [37] et plus tard dans son *Tableau des differens de la Religion*,[38] mais le critère qu'il invoque pour distinguer la secte des spiritualistes des autres sectes ou religions qu'il considère comme hérétiques, a des implications bien autrement graves et qui ne se restreignent pas à la pure spéculation théologique. Là où toutes les autres opinions fausses et erronées ont gardé quelque fondement sûr, qui leur permet de distinguer le bien du mal et la vérité du mensonge, à savoir le témoignage des Ecritures et la voix de la conscience, dit-il en substance dans l'introduction de son *Ondersoeckinge*, ces derniers temps une nouvelle secte d'hérétiques s'est formée, dépassant de beaucoup les autres en

---

[35] *Corr. et Mél.*, p. 464.

[36] *Corr. et Mél.*, p. 227: «qui omnis humanae societatis vinculum abrumpant.»

[37] Le livre a paru pour la première fois en 1569; l'auteur se cache sous le pseudonyme Isaac Rabbotenu. Bien que, à l'étranger, Marnix soit nommé dès 1580 comme auteur de l'ouvrage (voir J. G. Sterck, *Bronnen en samenstelling van Marnix' Bienkorf der H. Roomsche Kercke*, Leuven 1952, blz. 28 et 34-35), cette idée reste encore peu commune. Dans le *Diarium* d'Arend van Buchell (publié par G. Brom et A. L. van Langeraad dans *Werken uitgegeven door het Historisch Genootschap*, 3e serie, deel 21, Amsterdam 1907) l'auteur note ce bruit comme entièrement nouveau: (1590) «Augustus. 2. Prandebat apud Brederodiae baronem, dominum meum, Philippus Marnixius Alegondiae dominus, vir exiguae staturae vel potius mediocris, noiret, aiant une tache bien prez la joue gauche, de coeur dispos et allegre. Hic Aurantiae semper principi Wilhelmo Nassovio propter ingenium acceptissimus et assiduus comes; dicebatur Alvearii author, in quo ingenium festivum et jucundum expressit» (p. 242). Pour ce qui est des Pays-Bas du Nord, la première fois que Marnix y soit mentionné dans un texte imprimé comme l'auteur du livre, c'est en 1596 ou 1597, dans la *Verantwoordinghe van Sebastiaen Franck*. L'auteur de ce pamphlet y publie une lettre qu'il a reçue de Marnix, en y ajoutant un commentaire; c'est là que nous lisons: «den schrijver vanden Byecorf (diemen seyt dat ghy self gheweest zijt)» (fol. 91vo).

[38] L'ouvrage a paru à Leyde; le premier tome en 1599, le second en 1605.

méchanceté, «puisque sous le manteau de l'abandon spirituel et chrétien
elle cherche à renverser et supprimer entièrement les deux principes régu-
lateurs».[39] Il s'agira désormais d'éviter que ce venin mortel ne puisse se
répandre, voire de le supprimer entièrement, «puisqu'il faut craindre à
coup sûr, si une peste pareille commençait à s'implanter pour de bon, que
non seulement la pure et saine doctrine de l'Evangile ne manquerait pas
d'être annihilée, mais en même temps toute crainte de Dieu et toute piété
seraient piétinées, et finalement toutes les institutions et tout gouvernement légal seraient détruits et renversés».[40] L'attitude que Marnix prend
ici à l'égard des spiritualistes, il ne l'avait pas prise à l'égard des luthériens,
ni même à l'égard des catholiques. En effet, si âprement qu'il ait combattu
ceux-ci, il n'a pas réclamé contre eux la persécution; au contraire, à
plusieurs reprises il a revendiqué pour eux le droit d'exercer leur religion:
d'abord en 1572, lors de la première assemblée des Etats à Dordrecht, où
il parle au nom du prince d'Orange,[41] puis en 1578, quand il se risque
à Gand, où les calvinistes, ameutés par des pasteurs comme Dathenus et
Moded, refusent d'observer la paix de religion qui accorde aux fidèles
des deux religions l'exercice de leur culte.[42] On dira peut-être que Marnix
ne fait dans ces circonstances qu'exécuter des ordres, notamment ceux du
Prince,[43] mais d'abord ce serait sous-estimer l'influence de Marnix que
de penser qu'il n'a eu aucune part à l'élaboration des résolutions qu'il est
chargé de faire respecter,[44] sans compter que nous sommes amplement

---

[39] *Ondersoeckinge*, blz. VII: «mits sy onder den schijn van geestelijck ende van
Christelijcke geduldicheyt, dese twee voorgemelde hooftstucken ende rechtsnoeren
ganschelick soecken omme te stooten ende geheelick te benemen.»
[40] «Nademael ontwijfelijc te beduchten staet, dat, indien eene alsulcke peste
begonde eenmael de overhant te crijgen, niet alleen de oprechte gesonde leere des
Evangeliums daermede geheelijck soude te niete gebracht werden: maer oock alle
vreese Godes ende alle Godsalicheyt onder de voet getreden, ende ten laetsten oock
alle goede ordeningen ende wettelijcke Policie geheelijck ommegestooten ende vernie-
tigt.» *ibid.*
[41] G. Brandt, *Historie der Reformatie*, deel I, blz. 532: «Aengaende den Godts-
dienst, verklaerde Aldegonde 's Prinsen meening te sijn, dat 'er vrijheit van Religie sou
gehouden worden, soo wel der Gereformeerde als der Roomsche.»
[42] *Response a un libelle fameux* (1579), dans *Ecr. pol. et hist.*, p. 74: «Tout le
monde me tesmoignera que pour avoir si fort et serieusement contesté contre les
autheurs desdictes insolences et maintenu que un chacun devoit estre conservé libre
en sa Religion et possession de ses biens, j'ay encouru la haine, mesdisance et mauvaise opinion de plusieurs qui n'est encores aujourd'huy esteinte.»
[43] Lui-même ne s'en est pas caché; à propos de ses expéditions à Gand il stipule
qu'il a agi «suyvant pardessus les instructions generalles de son Alteze [l'archiduc
Matthias] et des Estats, aussy en particulier celles de son Excellence [le prince d'Oran-
ge]» *ibid.*
[44] A. A. van Schelven, *Marnix*, blz. 80, écrit à propos des décisions de l'assemblée
des Etats de 1572: «Dat dit resultaat niet buiten Marnix om zoo is uitgevallen, staat
vast. Integendeel, had deze zich daar niet zoo krachtig voor ingespannen, zeer waar-
schijnlijk was het verkregene nog verder bij hetgeen de Prins graag had verkregen
achtergebleven dan nu het geval is geweest».

renseignés sur une entreprise que Marnix a menée, ou voulu mener, de son propre chef, à savoir les négociations de paix avec le prince de Parme, après la chute d'Anvers. Laissant de côté l'aspect politique de cette affaire, nous ne voulons mettre en lumière que ce qui se rapporte à la religion. Lorsqu'il ne put défendre davantage la ville d'Anvers, que les Espagnols assiégeaient depuis plus de treize mois, Marnix se vit obligé de discuter avec Parme les conditions de la reddition. Mais il ne s'en tint pas là; doutant des chances qu'avaient les Etats de sortir désormais victorieux d'une guerre qui semblait avoir pris un tour désastreux, il prit sur lui de sonder le terrain en vue d'une paix générale. Croyant la situation politique et militaire sans issue, il ne désespérait pas de sauvegarder ce qui pour lui était la cause la plus profonde et l'enjeu même du conflit entre les Provinces-Unies et l'Espagne: la liberté de religion pour les protestants.[45] Bien entendu, ses efforts sont demeurés sans effet, bien qu'il semble que le prince de Parme soit intervenu en faveur des protestants auprès de Philippe II,[46] mais cet espoir de Marnix d'atteindre un compromis ne montre-t-il pas que, pour sa part, il était persuadé de la possibilité qu'il y avait pour les deux religions d'arriver, sinon à s'entendre, du moins à se respecter et à se supporter mutuellement?

S'il est d'avis que calvinisme et catholicisme ont le même fondement spirituel,[47] Marnix ne reconnaît pas de commune mesure entre la doctrine des calvinistes et celle des spiritualistes. C'est que ceux-ci, sur le plan spirituel aussi bien que temporel, tendent à un individualisme extrême, là où les calvinistes hollandais, conscients de former une minorité par

En 1578, un pamphlétaire anonyme attribue à Marnix et à Pierre L'Oyseleur de Villiers une très grande influence sur le maniement des affaires d'Etat dans la République: «Quant au conseil ceus qui veulent rendre odieuse la personne du Prince d'Orange, disent qu'il n'y a que vous et le Sieur de Villiers, qui fassent avec luy la resolution des choses plus importantes, et que vous autres par industrie faittes tourner l'avis du conseil d'Etat la part ou vous voulez» (*Lettre contenant un avis de l'estat auquel sont les affaires des Païs-bas*, Reims 1578, p. XLI).

[45] Paulina W. Havelaar, «Marnix van St. Aldegonde als verdediger van Antwerpen 1584-1585», dans *Bijdragen voor Vaderlandsche Geschiedenis en Oudheidkunde*, VIIe Reeks, deel VII (1936), blz. 31: «Indien de Nederlanders van die dagen in twee groepen uiteenvielen, waarvan de eene in opstand kwam ter handhaving van de privileges en de andere om vrijheid van godsdienst, dan behoort Marnix zonder eenigen twijfel bij de laatste.»

[46] *ibid.*, blz. 29.

[47] Bien entendu, cela n'exclut point les réserves que faisait Marnix quant à la pureté de la doctrine actuelle de l'Eglise. En effet, ces réserves étaient si graves que dans l'avant-propos de l'*Ondersoeckinge* le Pape est mis sur le même pied que Mahomet: «Aen d'eene zijde [heeft] Mahomet de schoonste ende heerlicste Gemeenten Jesu Christi geheelick ende ten gronde ... vernielt ende verdorven, ende aen dander heeft de Paus van Roomen onder den schijn ende name Christi, de eenvoudicheyt der leere ende der Christelijcke waerheyt also gedempt ende onder de voet gebracht, datter schier niet anders in is overgebleven (ick segge int openbaer) dan den blooten name Jesu Christi ende een duyster schaduwe des Evangeliums» (blz. V).

rapport à leurs compatriotes qui étaient restés fidèles au catholicisme ou, du moins, qui n'en étaient pas sortis explicitement, s'efforcent de se constituer en Eglise. A cet effort Marnix a contribué autant qu'il a pu, donnant à cette cause la pleine mesure de ses talents d'écrivain et mettant à profit le prestige dont le faisait jouir la confiance que lui accordait le prince d'Orange. Il a été, selon l'expression de J. C. H. de Pater, «l'intermédiaire entre la Cour et l'Eglise réformée»,[48] et dans l'*Ondersoeckinge* encore, il sert la cause de cette Eglise, qu'il plaide, non plus à la Cour, puisque le prince Maurice ne montrera guère d'ambition de prendre parti en matière religieuse avant 1618,[49] mais devant les Etats-Généraux, à qui il dédie son livre. Il ne faut pas voir dans cette dédicace un geste gratuit qui n'aurait d'autre valeur que celle d'un hommage et n'engagerait par ailleurs ni l'auteur, ni le dédicataire. Au contraire, la recommandation qu'il formule dans son avant-propos est bien nette: il appartient aux autorités de maintenir intacte la religion chrétienne et de punir ceux qui se montrent réfractaires aux injonctions d'abandonner leurs erreurs.[50] Or, les écrits des spiritualistes ne mettent pas seulement en doute un certain nombre d'articles de la saine doctrine, mais, selon Marnix, leur refus de reconnaître la domination que Dieu exerce sur la conscience des hommes compromet les fondements mêmes de la piété.

Qui sont-ils donc, ces spiritualistes ou enthousiastes, pour que non seulement Marnix, mais bien des théologiens de confessions différentes fulminent contre eux? Il n'est pas aisé de les grouper sous un seul dénominateur; le fait qu'ils ont tenu à échapper à la contrainte et à l'organisation que comporte toute idée d'Eglise, explique qu'ils sont demeurés en marge des grands courants de la Réforme. Au contraire de ceux-ci, dont les représentants voient dans leur confession, selon la parole de A. Hegler, «eine neue Lehre von Sünde und Gnade, Glauben und Werken, Rechtferdigung und Wiedergeburt», les spiritualistes appartiennent à un

---

[48] J. C. H. de Pater, «Godsdienstige verdraagzaamheid bij Marnix van St. Aldegonde», in *Antirevolutionaire Staatkunde* (3-maandelijks), jrg. XII (1938), blz. 24: «Als tusschenpersoon tusschen het Hof en de Kerk bewees Marnix aan de laatste voortreffelijke diensten.»

[49] G. Brandt, *Historie der Reformatie*, deel II et III, *passim*.

[50] Nous ne nous étendrons pas sur les péripéties de la relation entre l'Etat et l'Eglise qui ont été multiples pendant la première moitié du conflit des Pays-Bas avec l'Espagne. L'effort de Marnix et de ses coreligionnaires a pour but de réaliser ce qu'Ernst Troeltsch appelle «die pflichtgemäsze Zusammenordnung der ihre christlichen und naturrechtlichen Pflichten aus Vernunft und Bibel erkennenden Obrigkeit mit der selbständigen und aktionsfähigen Kirche, die über eigene, göttlich-rechtliche Organe für die Christianisierung der Gesellschaft verfügt, aber mit dem Staat in gemeinsamer Bindung an das Wort Gottes zusammenwirkt» (*Die Soziallehren der christlichen Kirchen und Gruppen*, dans *Gesammelte Schriften*, Bd. I, Tübingen 1912, S. 667).

courant annexe qui, sous bien des rapports, est un contre-courant, pour lequel la foi est «eine Vergeistigung und Verinnerlichung der christlichen Religion durch Zurückgreifen auf ihren göttlichen Ursprung».[51] Par là, leur réforme va plus loin que celle des grands réformateurs; elle dépasse ceux-ci dans un effort d'atteindre directement la Divinité: celle-ci se manifeste dans l'esprit de l'homme par la parole intérieure qui complète et même supplante la parole extérieure de la Bible.[52] Aussi faut-il que l'homme se ferme à tous les bruits qui risqueraient de le détourner de cette «Gelassenheit» qui est une des idées maîtresses de plusieurs spiritualistes allemands et que A. Koyré traduit par «abstraction».[53] Ce n'est pas dans une Eglise, quelle qu'elle soit, que l'homme pourra trouver ce contact immédiat avec l'Esprit Saint; toute idée de culte et de cérémonie est étrangère à ce courant, par conséquent les sacrements n'ont plus guère de valeur, excepté comme symboles du sacrement intérieur. A l'Eglise visible, caractérisée par son organisation, ses dogmes, son culte, se substitue l'Eglise invisible, à laquelle n'appartiennent que ceux qui sont régénérés dans l'esprit.[54]

A. Hegler résume admirablement la triple opposition de ces radicaux au tour qu'a pris la Réforme: «Die Opposition der radikalen Reformer gegen den Gang, den die Reformation genommen hatte, gruppiert sich – abgesehen vom Gegensatz gegen die Dogmen der alten Kirche – um drei Punkte: den Kampf gegen die evangelische Heilslehre und ihre schlimmen Wirkungen auf sittlichem Gebiet; den Kampf gegen die aus Gläubigen und Ungläubigen gemischte, an den Staat sich anlehnende, von ihm beschützte und benützte Kirche mit ihrem Predigtamt und ihren Sakramenten; und endlich den Kampf gegen die Begründung des christlichen Glaubens und Lebens auf die Bibel statt auf den Geist».[55]

Dans l'avant-propos de son *Ondersoeckinge*, nous l'avons vu, Marnix

---

[51] A. Hegler, *Geist und Schrift bei Sebastian Franck*, Freiburg i.B. 1892, S. 14.
[52] Dans l'*Antidote*, cette conviction est exprimée d'une manière bien touchante: «Vrayement la malheureuse condition de l'homme seroit bien a deplorer s'il n'avoit cest espoir de comprendre par le Sainct Esprit une aultre Parole de Dieu, que la simple lettre de l'Escriture ne luy represente» (p. 111).
[53] A. Koyré, «Mystiques, spirituels, alchimistes», dans *Cahier des Annales* 10, Paris 1955, p. 14.
[54] Sur les spiritualistes en géneral, ou du moins un certain nombre d'entre eux traités ensemble, on consultera J. H. Maronier, *Het inwendig woord*, Amsterdam 1892; Ernst Troeltsch, *Die Soziallehren der christlichen Kirchen und Gruppen*, Tübingen 1912, S. 856-877; H. Busson, *Le rationalisme dans la littérature française de la Renaissance (1533-1601)*, nouv. édition, Paris 1957, Ch. X et XI; J. Lindeboom, *Stiefkinderen van het Christendom*, 's-Gravenhage 1929; A. Koyré, «*Mystiques, spirituels, alchimistes*», dans *Cahiers des Annales* 10, Paris 1955; H. de la Fontaine Verwey, «Trois hérésiarques dans les Pays-Bas du XVIme siècle», dans *Bibliothèque d'Humanisme et de Renaissance*, t. XVI (1954), pp. 312-330.
[55] A. Hegler, *Geist und Schrift*, S. 16.

montre les conséquences politiques que risque d'avoir l'augmentation des
spiritualistes, «puisque l'on voit, Messieurs, que de telles doctrines com-
mencent à se répandre dans ces Pays-Bas et notamment en Hollande, en
Frise et en Overyssel, à telles enseignes que leurs partisans ne craignent
point de faire imprimer leurs livres envenimés et meurtriers et de les
vendre dans les librairies sans s'en cacher».[56] Ce sont les pasteurs réformés
qui ont incité Marnix à publier son attaque contre les spiritualistes; or,
les témoignages ne manquent pas qui prouvent que l'Eglise réformée se
faisait de plus en plus de soucis à cause du nombre croissant des hétérodoxes. Nous avons déjà attiré l'attention sur les actes du synode de
Middelbourg de 1581,[57] mais nous pourrions citer le synode de la province
d'Overyssel, tenu à Kampen, le 6 juin 1587, où l'on décide d'inviter le
docteur Pezelius à écrire une vie de David Joris avec une réfutation de la
doctrine de celui-ci.[58] Quatre ans plus tard, un conflit entre le synode
national et le pasteur Herman Herberts aboutit à une prise de position
de ce dernier, qui publie dans un même traité les objections du synode,
rédigées par le pasteur Regnerus Donteclock, et ses propres observations
à propos de celles-ci. Dans son réquisitoire, Donteclock écrit qu'il est à
craindre «que la saine doctrine ne nous demeure pas longtemps, mais que
probablement nous la perdions bientôt, et qu'elle soit supplantée (vu
qu'en général la dernière erreur est plus grave que les précédéntes) par
des opinions et hérésies bien plus hideuses qu'il n'y en a eu même sous la
Papauté: car il faut croire qu'il naîtra soit un athéisme, soit – ce qui ne
vaut guère mieux – la secte de Hendrick Niclaes ou celle de David
Joris, auxquelles Hermannus n'est point étranger».[59] D'un tout autre
côté encore, des attaques sont dirigées contre ces mêmes deux enthousiastes: après avoir combattu le premier, en 1581, dans un pamphlet intitulé

---

[56] *Ondersoeckinge*, blz. X: «Dewyle men nu dan siet, myn Heeren, dat alsodanige
leeren alhier in deze Nederlanden ende in sonderheyt in Hollandt, Vrieslandt ende
Overijsel, beginnen haren voortganck onder de hant te nemen, so dat de voorstanders
der selver haer niet en ontsien hare vergiftige ende moordadige boecxkens te doen
drucken, ende inde boeckvercoopers winckelen openbaerlijck te veylen.»
[57] Voir plus haut, pp. 7-9.
[58] J. Reitsma en S. D. van Veen, *Acta der provinciale en particuliere synoden*,
deel V (Zeeland-Overijsel), Groningen 1896, blz. 219: «Is oock geresolveret, dat men
schriftelicken uit den name dezes synodi D. doctorem Pezelium versoecken sal, die
historie der leer ende handels D. Joris met corte refutatie van dien tegen die niewe
anwassende naevolgers van hem verneemen ende int licht te geeven.»
[59] Herman Herberts, *Bekentenisse des Gheloofs*, Gouda 1591, fol. Biiij vo.-Bv ro.:
«Het is te beduchten dat ons die [c.-à-d. la doctrine pure] niet langhe sal by blijven,
maer dat wyse haest sullen verliesen: ende dat in plaetse van die (ghelijck gemeyne-
lick de laetste dwalinge arger is dan de eerste) veel grouwelicker opinien ende kette-
ryen sullen opstaen, dan selfs int Pausdom geweest zijn: want wy lichtelick voor dat
selve sullen crijgen, ofte een Atheisterie, ofte twelck niet veel beter is, de secte van
Heyndrick Niclaesz. ofte David Jorisz. waer van Hermannus niet seer vreemt en is.'

Spiegelken vande ongeregtigheyt ofte menschelijckheyt des vergodeden H.N., Dirck Volckertszoon Coornhert, sans aucun doute l'esprit le plus profond et le plus intéressant de son époque aux Pays-Bas,[60] publie en 1590 contre David Joris un pamphlet [61] où il écrit, en réponse à la question d'un interlocuteur imaginaire qui lui a demandé s'il est convenable d'attaquer une personne qui est morte et enterrée : «Les livres ne sont pas enterrés, ils ne sont pas morts ni muets, si bien que, corrigés et augmentés, ils tuent chaque jour bien des gens simples, à cause des erreurs mortelles qu'ils contiennent en grand nombre».[62]

Après la publication de l'*Ondersoeckinge*, les attaques se multiplieront encore : en 1597, Ubbo Emmius publie *Ein grundtlick Bericht Van der Lere und dem Geist des Ertzketters David Joris*, suivi un peu plus tard de *Den David-Jorischen Gheest in Leven ende Leere, breeder en wijdtloopigher ontdect* ('s-Gravenhage 1603). Dans la même année paraît une nouvelle édition de *David Joris, Wt Hollandt des Eertzketters waerachtige Historie*,[63] la traduction du livre qui en 1559, après le procès de Bâle contre les membres de sa famille, avait divulgué dans le monde entier l'histoire de l'hérésiarque hollandais.[64] En 1599, le pasteur Caspar Grevinchoven avait publié, à Rotterdam, son *Grondelyck bericht van den Doope ende Wederdoope*, dans lequel il s'en prend aux anabaptistes en général, qu'il ne distingue pas des spiritualistes ; quelques années après, il se déchaîne contre Hendrick Niclaes, le fondateur de la Maison de la Charité, dans son *Ontdeckinge van de monstreuse dwalingen des libertijnschen vergodeden vrygheestes Hendric Nicolaessoon* (Rotterdam 1604).

---

[60] Sur Coornhert on consultera B. Becker, art. «Coornhert» dans *NNBW*, deel X, 207-215 ; *id., Bronnen tot de kennis van het leven en de werken van D. V. Coornhert*, 's-Gravenhage 1928 ; *id.*, «Coornhert, de 16e eeuwse apostel der volmaakbaarheid», dans *Nederlandsch Archief voor Kerkgeschiedenis* XIX (1926) ; *id.*, «Sébastien Castellion et Thierry Coornhert», dans *Studia bibliographica in honorem Herman de la Fontaine Verwey*, Amsterdam 1968 ; H. Bonger, *D.V. Coornhert. Studie over een nuchter en vroom Nederlander*, Lochem 1941 ; *id., De motivering van de godsdienstvrijheid bij Dirck V. Coornhert*, Arnhem 1954.

[61] *Kleyn-Munster des groot-roemigen David Jorisens roemrijcke ende wonderbare schriften*, publié dans *Wercken*, deel III, Amsterdam 1630, fol. 25-44.

[62] *ibid.*, fol 27b: «G.B. – Ist jeghen eenen dooden die begraven ende wegh is te schrijven? D.C. – Zijne boecken zijn niet begraven noch wegh, oock niet soo heel doot ende stom, datse vernieut ende vermeert zijnde, vermidts veel doodtlijcke dolinghen noch daghelijcx niet weynich onwijse menschen jammerlijck of in den dood houden of dooden ende doen versincken ende verdrincken in zijne weetgierighe grondeloose slorpen.»

[63] Cette édition manque dans la bibliographie de A. van der Linde, *David Joris. Bibliographie*, 's-Gravenhage 1867. Elle a été faite «nae de Copye, Ghedruct toe Campen, by Pieter Warnerszoon» ; chez cet éditeur une édition avait paru en 1559 (Van der Linde 245), suivie d'une autre sans mention de date (Van der Linde 248).

[64] *Davidis Georgii Heresiarchae vita et Doctrina*, Basileae 1559 (Van der Linde 244).

D'autre part, de nombreux écrits publiés dans le camp des spiritualistes prouvent que les calvinistes ne frappent pas dans le vide. On sait la vogue qu'ont connue aux Pays-Bas les écrits de Sébastien Franck [65]: entre 1558 et 1595 paraissent quatre éditions de la *Chronica, Tytboeck ende Ghe-schiet bibel* dans une traduction néerlandaise, ainsi que six éditions de *Dat wereltboeck* depuis 1562 jusqu'en 1595; les ouvrages purement théo-logiques ont trouvé également leurs traducteurs aux Pays-Bas, bien qu'ils n'aient pas connu autant d'éditions. En tout, dix-sept ouvrages de Franck ont été traduits en néerlandais entre 1558 et 1621.[66] De même, la *Théo-logie germanique* a été fort répandue en traduction néerlandaise: B. Becker a compté trois éditions entre 1521 et 1590, ainsi que deux éditions dans le dialecte qu'on parlait dans l'est des Pays-Bas aussi bien que dans l'ouest de l'Allemagne.[67] Puis, à côté des ouvrages traduits il y a une importante production de traités et de pamphlets d'origine néerlandaise. C'est surtout David Joris [68] qui s'est distingué comme auteur d'un nombre considérable d'écrits, pour la plupart assez brefs, il est vrai, qui se montent à 227 numéros dans la bibliographie de Van der Linde. A côté de lui Hendrick Niclaes et Hendrick Janszoon Barrefelt, qui signait ses écrits du nom de Hiël, ne paraissent pas très féconds, mais l'influence qu'ils ont exercée n'en a pas moins été considérable. En effet, la Maison de la Charité, fondée par Niclaes, et ensuite le mouvement que dirigeait Barre-felt à partir de 1573, comptaient parmi leurs membres des érudits très réputés.[69] Et puis, il y a les ouvrages de polémique, par lesquels les spiritualistes répondent aux attaques de leurs adversaires. Parmi ces écrits, citons tout d'abord le *Tegenberigt op een laster en scheldboekje, ge-*

---

[65] B. Becker, «Nederlandsche vertalingen van Sebastiaan Franck's geschriften», dans *Nederlandsch Archief voor Kerkgeschiedenis* XXI (1928), blz. 149-160.

[66] *ibid.*, blz. 159: «Zeventien groote en kleine geschriften van Franck zijn van 1558 tot 1621 in het Nederlandsch vertaald. ... Ik vraag mij af of er een enkel buiten-landsch schrijver is, wiens voortbrengsels in zulken grooten getale wat titels en aantal vellen betreft in de tweede helft van de 16de eeuw en in het begin van de 17de eeuw in het Nederlandsch vertaald zijn. Als ik mij niet vergis, moeten zelfs Luther en Cal-vijn het tegen Franck afleggen.»

[67] B. Becker, «De 'Theologia Deutsch' in de Nederlanden der 16e eeuw», dans *Nederlandsch Archief voor Kerkgeschiedenis*, XXI (1928), blz. 161-190.

[68] Sur David Joris on consultera Fr. Nippold, «David Joris von Delft», dans *Zeit-schrift für historische Theologie*, 1863, S. 1-166; 1864, S. 483-673 et 1868, S. 475-591; P. Burckhardt, «David Joris», dans *Basler Biographien*, Bd. I. (1900); *id.*, «Da-vid Joris und seine Gemeinde in Basel», dans *Basler Zeitschrift für Geschichte und Altertumskunde*, Bd. XLVIII (1949), S. 5-106; R. Bainton, *David Joris, Wiedertäu-fer und Kämpfer für Toleranz im 16. Jahrhundert*, Leipzig 1937.

[69] Sur l'influence qu'exercèrent les prophètes de la Maison de la Charité, on con-sultera Fr. Nippold, «Heinrich Niclaes und das Haus der Liebe», dans *Zeitschrift für historische Theologie*, 1862, S. 323-402 et 473-563; M. Rooses, «Een libertijn uit de XVIe eeuw», dans *De Gids*, 1896, blz. 224-254; H. de la Fontaine Verwey, «De ge-schriften van Hendrik Niclaes», dans *Het Boek*, XXVI (1942), blz. 161-221.

naamd: D. Jorisz uit Holland des Aartsketters waarachtige Historie, publié sans mention de lieu ni de date, qui répond à l'histoire officielle, publiée par ordre du sénat de l'Université de Bâle, de la vie et du procès de David Joris. Ecrit en 1559, tout de suite après le procès, ce livre ne fut publié qu'en 1584 [70]; cette publication tardive, à un moment où l'on a réédité aussi le principal ouvrage de David Joris, son *Wonderboeck*,[71] est une preuve de plus de l'intérêt qu'on continuait à avoir pour la doctrine de ce chef spiritualiste. Le *Kleyn-Munster* de Coornhert a été combattu par deux pamphlétaires davidjoristes [72]; de même, après le premier écrit d'Ubbo Emmius, un pamphlet est publié pour le réfuter,[73] et l'*Ondersoeckinge* de Marnix de Sainte-Aldegonde ne trouve pas moins de trois auteurs prêts à lui répondre. Il est vrai que l'un des trois écrits, le dernier paru et le seul à n'être ni anonyme ni couvert d'un pseudonyme, n'est que la traduction d'un bref écrit de Sébastien Franck,[74] mais les deux autres sont des écrits originaux: la *Verantwoordinghe van Sebastiaen Franck* [75] et le pamphlet qui nous occupera plus particulièrement, l'*Antidote ou Contrepoison*,[76] fait par un «Gentilhomme allemand».[77]

---

[70] Ubbo Emmius, *Den David-Jorischen Gheest ... ontdect*, 's-Gravenhage 1603, blz. 305; J. Smit, «Nogmaals Dierck Mullem», dans *Het Boek*, XXV (1938-1939), blz. 65-66.

[71] J. Smit, *art. cit.*

[72] *Eenen Sendtbrief aen Dierck Volckertz Cornhert: op syn boeck ghenaempt: Klein-Munster wtghegheven teghens die Schriften van D.J.*, sans lieu ni date (Van der Linde 253), et *Verntwoordinghe ende onpartydich onderscheyt: gedaen teghen Dirck Volckertsen Cornherts Kleyn Munster*, sans lieu ni date (Van der Linde 252). Voir sur cette polémique Fr. Nippold, *art. cit.*, 1864, S. 627 ff.

[73] *Wederlegginghe vande grove onbeschaemde ende tastelicke Logenen van Ubbo Emmen. Door D: Andr: Huygelmumzoon wederlegt*, z. pl. 1600.

[74] *Apologia Sebastiani Vranck: Die welcke hyzelfs in synen leven gheschreven: ende achter syn boec van den seven Zegelen: tot defensie van syn persoon ende schriften heeft doen drucken. Nu eerst in Nederduytsch trouwelijc overgheset. Door Casp. Coolhaes*, z. pl. 1598.

[75] *Verantwoordinghe van Sebastiaen Franck, jegens de onwaerachtighe beschuldiginghe, hem (onder meer andere) nu langhe jaren naer zijn doot, opghedicht, by Philips van Marnicx, Heere van St. Aldegonde, in zijn boecxken, ghenaempt Ondersoeckinghe ... van de geest-drijvische leere*, z. pl. en j. Voir sur ce pamphlet H. C. Rogge, *Caspar Janszoon Coolhaes*, deel II, Amsterdam 1858, blz. 72-90, et E. W. Moes en C. P. Burger Jr., *De Amsterdamsche Boekdrukkers*, deel IV, 's-Gravenhage 1915, blz. 72-74. L'auteur joint à son traité une lettre qu'il a adressée à Marnix, signée seulement des initiales C.C.W.H.S. L'énigme que posent ces initiales n'a pas encore été résolue.

[76] Il s'agit d'un volume petit in-8, de 136 pages, paru sans mention de lieu ni de date. Si nous avons pu indiquer avec précision le moment de la parution, nous n'avons pas réussi à déterminer le lieu où le pamphlet a paru, ni, à plus forte raison, la presse dont il est sorti. Pour la typographie, qui est des plus neutres, on a utilisé un romain fort banal, ainsi qu'un italique qui ne permet pas davantage d'identifier l'imprimeur. Le titre montre en outre quatre corps d'une capitale également peu expressive et un fleuron des plus communs. La marge supérieure de chaque feuillet porte les mots «Lettre responcive», imprimés avec des capitales en italique.

[77] Pour ce qui est de ce pseudonyme, il faut noter que ce n'est pas la première

III. LE PAMPHLET *ANTIDOTE OU CONTREPOISON*

Des trois réponses à l'*Ondersoeckinge*, l'*Antidote* est la mieux connue. C'est la seule qui semble avoir fait du bruit et que nous trouvons mentionnée à plusieurs reprises dans des documents de l'époque. Grâce à cette circonstance il est possible de fixer assez exactement la date de sa publication. Dans le Gabbema-archief de la Provinciale Bibliotheek van Friesland, une collection importante de lettres du XVIme siècle copiées par l'éditeur frison Hero Gabbema, il y a un certain nombre de lettres de Bonaventura Vulcanius, qui fut pendant plusieurs années le secrétaire de Marnix, adressées au professeur de théologie de l'université de Franeker, Sibrandus Lubbertus. Dans une de ces lettres, celle du 3 avril 1597, on rencontre, en post-scriptum, une allusion à l'*Antidote*: «Audio editum esse *virulentum* quoddam *scriptum* in D.ALDEGONDII *librum De Libertinis* sive ut nos eos Teutonice vocamus, *Geestdryvers*. Nullum adhuc exemplar nancisci potui. Curabo tamen ut habeam. Scriptum vero est lingua Gallica».[78] Cette dernière mention de la langue dans laquelle le pamphlet est écrit, permet d'affirmer que c'est bien de l'*Antidote* que parle Vulcanius, puisque les deux autres écrits qui répondent à l'*Ondersoeckinge* de Marnix ont paru en néerlandais. En ce qui concerne la date, l'indication en est d'autant plus précise que la lettre précédente de Vulcanius à Lubbertus n'est que de cinq jours antérieure à celle dont nous venons de parler; elle contient des nouvelles diverses, mais ne parle point

---

fois que l'auteur d'un pamphlet se cache sous ce sobriquet pour s'adresser à Marnix. Dès 1578, l'auteur de la *Lettre contenant un avis de l'estat auquel sont les affaires des Païs-Bas* (Reims 1578) écrit: «Pour mon regard, je ne puis vous declarer en ce papier autre chose de mon estre, si non que je suis un gentilhomme Allemand, qui pour avoir esté nourri diz ans en France, ay bien osé vous escrire en François, et a qui despuis cinq ans il est escheu de communiquer quelquefois avec vous, de choses assez malaisees et de grande importance» (p. II). Rien ne permet cependant de conclure à l'identité des auteurs des deux pamphlets. Du reste, l'auteur de l'*Antidote* n'a pas eu besoin de s'inspirer de son prédécesseur de 1578 pour trouver le pseudonyme de «Gentilhomme allemand», puisque c'est Marnix lui-même qui a pu le lui fournir: en effet, Marnix publie en 1583 un écrit, rédigé en latin, et adressé aux chefs d'Etat du monde chrétien pour leur exposer la situation des Pays-Bas vis-à-vis de leur ancien souverain, le Roi d'Espagne, la *Seria de Reip. Christianae statu ... germani cujusdam nobilis et patriae amantis viri commonefactio (Corr. et Mél.*, pp. 365-398).
Que Marnix soit l'auteur de cet écrit, c'est certain: Pierre de Villiers l'affirme dans une lettre de 1585 au chancelier Walsingham (voir plus bas, p. 56); du reste, dès le 3 janvier 1584, Juste-Lipse écrit une lettre à Marnix pour le complimenter sur ce qu'il vient de publier: «Commonefactionem tuam ad Principes ante septimanas aliquot vidimus, et probavimus: nec celari auctor ejus potuit, etsi celatus» (*Sylloge epistolarum*, cur. P. Burmannus, t. I, Lugduni Batavorum 1727, p. 155).
   [78] Leeuwarden. Provinciale Bibliotheek van Friesland. *Gabbema-archief*, Cod. I, CXXXVIII.

de Marnix,[79] si bien que nous pouvons affirmer que l'*Antidote* a paru les derniers jours de mars ou les premiers jours d'avril 1597.[80]

S'agit-il aussi de l'*Antidote* dans les «Resolutiën der Staten van Holland en Westvriesland» du 22 mai 1597? [81] Cela est moins sûr; il est question d'un pamphlet écrit contre le livre de Marnix où celui-ci attaque les enthousiastes, duquel pamphlet plusieurs exemplaires ont été saisis à Leyde. Comme ici aucune mention n'est faite de la langue dans laquelle le pamphlet est écrit, il pourrait s'agir aussi de la *Verantwoordinghe van Sebastiaen Franck*, qui mentionne également dans le titre le nom de Marnix et celui du livre contre lequel elle a été écrite.[82] Malheureusement, ni dans les archives du Gemeentelijke Archiefdienst de Leyde, ni dans celles de l'Algemeen Rijksarchief, à La Haye, nous n'avons trouvé aucun indice permettant d'identifier le pamphlet dont il s'agit ici. Par contre, au synode de l'Eglise réformée de la Hollande Septentrionale, réuni à Enkhuizen le 17 juin 1597, il est bien question de nouveau de l'*Antidote*. Les pasteurs de cette province décident de consulter leurs collègues de la Hollande Méridionale pour savoir s'il convient de réfuter le pamphlet.[83]

---

[79] *ibid.*, Cod. I, CXXXIX.

[80] Il est à noter que le pamphlet est mentionné avec la date 1596 dans W. P. C. Knuttel, *Catalogus van de pamfletten-verzameling berustende in de Koninklijke Bibliotheek*, deel I, 's-Gravenhage 1889, nr. 966.

[81] *Register van Holland en Westvriesland van den jaare 1597*, z. pl. en j., blz. 257-258: «nadien aldaar [c.-à-d. à Leyde] meede een Persoon is (als men verstaat) den welken afgenoomen zijn verscheidene Exemplaren, uitgegeeven jeegens het Boekje gemaakt by den Heere van St. Aldegonde, dat de voornoemde van Leyden meede gelieven de voorsz. Exemplaren te supprimeeren, ende jeegens de Verkoopers doen procedeeren als het behoord.»

[82] Sur la date de la *Verantwoordinghe*, nous sommes moins bien renseignés que ce n'est le cas pour l'*Antidote*. Ainsi que nous l'avons dit, l'auteur joint à son écrit la lettre qu'il a adressée à Marnix pour savoir si celui-ci publiera bientôt la suite à l'*Ondersoeckinge* qu'il annonce dans l'avant-propos de son livre (blz. XIII: «hebben ons int lesten laten geseggen ende daer toe brengen, dat wy immers desen eersten handel ... hebben laten in druck uytgaen, met een vast voornemen, ... dat wy het overige oock corts sullen afveerdigen ende mede int openbaer uytgeven.»); dans la réponse, qui est datée du 30 septembre 1596, Marnix écrit que la deuxième partie de sa réfutation ne paraîtra pas de sitôt: «daerom en wilt doch gheen maenden noch daeghen vertoeven, laet u boecxken vry int licht wtgaen» (*Verantwoordinghe*, fol. 95 vo.). L'auteur a-t-il suivi ce conseil à la lettre? Dans l'*Antidote* (p. 6) nous lisons que le Gentilhomme allemand «laisse a d'aultres scavants Theologiens redarguer plusieurs aultres arguments..., lesquels je scay avoir desja mis la main a la plume, pour entrer en lice contre vous»; le Gentilhomme était donc au courant des projets de Caspar Coolhaes et de C.C.W.H.S., mais de cette référence il est impossible de tirer aucune conclusion quant à l'ordre dans lequel ont paru les deux pamphlets non datés.

[83] J. Reitsma en S. D. van Veen, *Acta der ... synoden*, deel I, blz. 235-236: «17. Also seecker bouxken int Francoys is vuytgegaen tot wederleggynge der voorreden, die de heere van S. ALDEGONDE voor syn boeck van twoort Godts heeft gestelt, is gevraecht, dewyle sulck boexken vervaet saecken, niet alleen den voorsz. S. ALDEGONDE maer ooc den gemeenen kercken ende leere derselfder angaende, oft niet geraden ware tselfde boexken te beantwoorden, is goetgevonden, dat hetselfde bouxken, soveele als het vervaet saecken, die de Gereformeerde kercken ende leere derselfder

En effet, la question est mise à l'ordre du jour du synode de la Hollande Méridionale, qui se réunit à Schoonhoven le 9 septembre de la même année. Là, on estime qu'effectivement il y aurait lieu de riposter à l'attaque que l'auteur anonyme dirige non seulement contre la personne de Marnix, mais également contre l'Eglise réformée. Cependant les pasteurs qu'on désigne pour cette tâche, Arnoldus Cornelii et Joannes Uytenbogaert, s'excusent sur les nombreuses besognes qu'ils ont déjà, et l'affaire en reste là.[84]

Si les pasteurs prennent tant de soin de la réputation de Marnix – et de leur propre réputation! – et qu'ils ne laissent pas Marnix se défendre lui-même, c'est que celui-ci n'est pas disponible pour s'en occuper. En effet, depuis plusieurs mois déjà il est en voyage: parti le 4 novembre 1596,[85] pour s'acquitter à Orange d'une mission dont l'a chargé le comte Maurice de Nassau,[86] il ne rentre aux Pays-Bas qu'au printemps de 1598. Faut-il croire que l'auteur du pamphlet a voulu profiter de cette absence et de l'impunité qu'elle lui assure momentanément? Il n'est pas impossible que telle ait été sa pensée. Pourtant il semble qu'il ait averti lui-même Marnix de la publication de son petit traité, comme l'avait fait aussi l'auteur de la *Verantwoordinghe*. Dans la *Response apologeticque*,[87] par laquelle Marnix répond à l'*Antidote* après sa rentrée aux Pays-Bas, et où il prend

tegens syn, sal by den kercken op het goetvynden van den synodo van Zuythollant beantwoort worden. Tot welcken eynde de synodus van Zuythollant met advys der gedeputeerden deses synodi bequame personen sal mogen ordineren.»

[84] *ibid.*, deel III, blz. 96: «51: De ghecommitteerde dienaers uyt Noorthollant, ghevraecht off sy wat hadden voor te stellen, seyden in laste te hebben van weghen haers laetsten synodi hier aen te dienen derselver vergaderinghe advys te syn, dat het boecxken, onlancx int Francoys uytghegheven tegen de heere van St. ALDEGONDE, ghenaempt Antidote ou Contrepoison, wel diende by de kercke beandtwoort te werden, voor soovele als daerinne worden aenghetast ende gheblameert de kercken int generael. Waerop dese vergaderinghe wel bekent heeft tselve niet quaet te syn, maer vant swaricheydt, wie het doen soude, ghemerckt de dienaers met hare diensten ghenoech te doen hebben, ende hebben hiertoe wel ghestemt ARNOLDUM CORNELIUM ende JOANNEM UYTTENBOGAERT, doch deselve hebben sich mede gheexcuseert.»

[85] Nous connaissons la date exacte par la lettre du 3 novembre 1596 que Marnix écrit à Sibrandus Lubbertus et où on lit: «Ego meam operam lubens pollicerer, si esset integrum, per hanc quam negotiorum illustrissimi Comitis Mauricii causa suscipio in Arausiacum vel Orange profectionem. Cras enim summo mane hinc mihi est abeundum et Hagae Comitis praestolanda venti opportunitas, ut una cum Duce Buillonii navigem» (*Godsdienstige en kerkelijke geschriften; Verscheidenheden uit- en over de nalatenschap*, uitg. door J. J. van Toorenenbergen, 's-Gravenhage 1878, blz. 91-92).

[86] A. Elkan, «Zwei Episoden aus Marnix' letzten Lebensjahren», dans *Oud-Holland*, XXIX (1911), blz. 158 vlg.

[87] *Response Apologeticque de Philippe de Marnix Seigneur du Mont Sainct' Aldegonde, à un libelle fameux Qui a esté publié en son absence, sans nom de l'Autheur et de l'Imprimeur: par un certain libertin, s'attiltrant gentilhomme Allemand, et nommant sondit libelle Antidote ou contrepoison, etc., auquel l'honneur des Ministres et du Ministere de la parolle de Dieu estoit prophanement vilipendé. A Leyden, 1598.* L'ouvrage est reproduit dans *Corr. et Mél.*, pp. 399-508.

à partie l'auteur du pamphlet, nous trouvons une allusion à une «epistre» que l'auteur de l'*Antidote* aurait «jointe à son livret».[88] Il semble donc que celui-ci ait envoyé lui-même son pamphlet à l'homme qu'il attaquait si vertement; du reste, Marnix était déjà au courant de cette attaque, puisque nous savons que l'*Antidote* lui a été envoyé «bien peu auparavant de [son] retour» par «aucuns de [ses] amis».[89] Sans doute faut-il penser que c'est après son retour en Hollande que la lettre du Gentilhomme allemand lui est parvenue.

Un autre problème, plus directement en rapport avec le pamphlet lui-même, est celui que pose la traduction néerlandaise de l'*Antidote*. Qu'une telle traduction ait existé, c'est ce qu'attestent les citations en néerlandais que l'on trouve dans deux ouvrages de l'auteur anabaptiste Pieter Jansz. Twisck.[90] D'ailleurs, on rencontre la mention de cette traduction dans deux catalogues de vente, celle de la bibliothèque du comte Charles de Proli,[91] et celle de la célèbre collection de C.-P. Serrure.[92] Malheureusement, malgré les recherches que nous avons entreprises, nous n'avons pas réussi à retrouver un exemplaire de cette traduction.

Quand a-t-elle paru? La mention d'un «Antidotus» dans le procès-

---

[88] *ibid.*, p. 408, note. Marnix a-t-il confondu les auteurs des deux pamphlets, et a-t-il songé à la lettre que C.C.W.H.S. lui avait envoyée? Nous ne le croyons pas: Marnix écrit: (pp. 408-409): «il me charge en son epistre d'avoir l'ame bouffie d'ambition et de cruauté, et que je suis sanguinaire et vindicatif, m'accomparant à Phalaris, à Cain et à je ne scai quels autres encores». Dans la lettre de C.C.W.H.S., qui est d'un ton très modéré, on ne trouve aucune trace d'accusations pareilles, tandis que la comparaison à Caïn se retrouve à la page 10 de l'*Antidote*.

[89] *ibid.*, p. 401.

[90] *Religions Vryheyt*, z. pl. 1609, blz. 131-137, et *Chronijck van den ondergang der Tyrannen*, deel I, Hoorn 1620 blz. 1468 vlg. Twisck indique le numéro des feuillets, qui ne correspond pas à celui des pages de l'édition française. Les emprunts de Twisck ont déjà été relevés par Joh. Prins, *Leven van Philips van Marnix, heer van St. Aldegonde*, dans *Leven der Nederlandsche dichteren en dichteressen*, deel I, Leyden 1782, et par François van Meenen, *Notices historique et bibliographique sur Philippe de Marnix*, Bruxelles 1858, p. 98.

[91] *Catalogue d'une fort riche et tres-belle Collection de Livres ... Recueillis ... par le Comte Charles de Proli*, Anvers 1785, chez J. Grangé; no. 359.
Il s'agit d'un volume in-8°, relié en velin, contenant l'*Ondersoeckinge*, dans l'édition de 1597, la traduction néerlandaise de la *Response apologeticque* (Leyden 1599) et, entre ces deux, «Antidotus of tegengift tegens den bloedighen en fenynigen raet van P. van Marnix. sonder plaets.»
Prosper Arents signale la mention de l'*Antidotus* dans le catalogue-Proli dans «Geschriften naar aanleiding van Marnix' leven en werken verschenen; proeve van bibliografie», dans *Marnix van Sinte Aldegonde, officieel gedenkboek*, Brussel-Amsterdam z. j. (1939), blz. 315.

[92] *Catalogue de la Bibliothèque de M.C.P. Serrure*, Bruxelles, chez Fr. J. Olivier, libraire, 1872; première partie, no. 280 bis: «Antidote of Teghengifte teghen den bloedighen ende fenynigen raet van Philips van Marnix van St. Aldegonde, begrepen in seecker voorreden ... jegens die hy noemt gheestdryvers (overgheset wten franchoysche tale) *s.l.n.d.* (1597), p. in-8°, dem. veau fauve. Un coin du titre enlevé et raccomodé.»

verbal d'une réunion des pasteurs réformés du district de Dordrecht, du 26 mars 1599,[93] prouve-t-elle qu'à ce moment-là on disposait déjà du texte hollandais? Nous n'oserions l'affirmer, vu que dans une réunion semblable du 20 avril de la même année il est question de «een seecker boexken genaempt Antidote».[94] Du fait que Marnix, dans le texte français de sa *Response apologeticque*, ne fait aucune allusion à la traduction néerlandaise, on peut conclure, nous semble-t-il, que celle-ci n'était pas encore publiée. Signalons aussi que la traduction néerlandaise de la *Response apologeticque*, qui paraît en 1599, traduit le titre de l'*Antidote* comme «Preservatijf oft tegenvergift».[95] Faut-il croire que l'auteur de l'*Antidote*, dépité d'avoir eu en quelque sorte à plier le genou devant les mânes de Marnix en publiant sa *Defence d'Emmery de Lyere*, et irrité de voir paraître la traduction néerlandaise de la *Response*, ait voulu riposter en s'adressant, lui aussi, à ceux-là parmi ses compatriotes qui ne savaient pas le français?

L'*Antidote* ne prétend pas être une réfutation de tout le système que Marnix développe dans son *Ondersoeckinge*. Dès le début du pamphlet l'auteur précise qu'il ne s'en prend qu'à la préface de l'ouvrage de Marnix: «. . . ay estimé estre mon devoir comme vostre frere en Christ vous avertir de quelques articles erronees a la foy, et pernitieuses a tout bon ordre Politique inserees en ceste vostre preface».[96] Il se rend bien compte qu'il n'est pas de force à se mesurer avec Marnix dans le domaine de la théologie; c'est là une besogne qu'il «laisse a d'aultres scavants Theologiens».[97] Ce qu'il veut, c'est combattre le principe de l'intolérance qu'il voit à l'oeuvre dans le traité de son adversaire. Nous avons vu que pour Marnix il ne s'agissait pas seulement de convaincre ses adversaires par le raisonnement: en dédiant son ouvrage aux Etats-Généraux, il lui donne une portée politique. Non seulement il stipule que «d'autant que ce danger est plus gref et plus grand, d'autant plus songneusement doivent vos Seigneuries prendre regard, à ce qu'un si malheureux et mortel poison,

---

[93] 's-Gravenhage. Archief der Nederlands-Hervormde Kerk. *Acta der classicale vergaderingen, classis Dordrecht.* 26 Maart 1599, nr. 37.
[94] *ibid.*, 20 april 1599, nr. 22.
[95] *Ontschuldinghe Gestelt antwoordischer wijse door Philips van Marnix, Heere van St. Aldegonde. Op een schimpschrift, uytghegheven in zijn afwesen, sonder name des autheurs ende druckers, door een seker Vrygeest, sick gevende den naem van een duytsch edelman, ende noemende zijn voorseyt boecxken,* Preservatijf oft tegenvergift, &c. *in het welcke de eere der dienaren, ende des ampts des Goddelicken woorts, schendelicken wert versmadet. De Heeren generale Staten der vereenichde Provincien der Nederlanden, toegeschreven.*
Wt den Fransoischen in onse Nederduytsche tale overgheset door R.C.B., Leyden 1599.
[96] *Antidote*, p. 4.
[97] *ibid.*, p. 6.

n'accroisse d'avantage: ains soit entierement supprimé et aneanti»,[98] mais un peu plus loin il précise la nature des punitions qu'il envisage pour punir les hérétiques spiritualistes, en disant «qu'il y a encore des hommes si delicatz ou tendres de coeur qui mectent en dispute si le Magistrat doibt mectre la main a punir par exterieures et corporelles punitions et amendes l'insolence commise au service de Dieu et de la foy».[99]

Rien d'étonnant à ce que cette phrase soit une des pièces à conviction que le soi-disant Gentilhomme allemand ne manquera de citer dans son réquisitoire contre Marnix. En revanche, ce qui est étonnant, c'est de voir Marnix, dans sa *Response apologeticque*, nier fort et ferme avoir voulu dire ce qu'il a dit. «Tu ne sçaurois monstrer que d'une seule syllabe j'ai oncques expressement dit qu'il . . . faille punir [les enthousiastes] de mort ou de punition corporelle», écrit-il,[100] citant ensuite la traduction de ses propres paroles comme si elles avaient été écrites par l'auteur de l'*Antidote*, après quoi il poursuit: «Et puis, je ne fais aucune mention de punir, car j'use de ces mots, *matigen oft bedwingen*, c'est à dire, *moderer ou arrester l'insolence*, tellement que les mots ensuivans (*Par chastois et amendes exterieures et corporelles*)[101] se peuvent aussi bien rapporter à interdits, à prisons, à amendes ou honoraires ou pecuniaires, et autres executions et reprimandes, dont on est acoustumé d'user: qu'au supplice de feu, de glaive ou de bannissement que tu te figures en ta cervelle: et que l'on n'use jamais contre ceux desquels on veut refrener ou moderer l'insolence, ains seulement contre ceux que l'on veut du tout exterminer, afin de les faire servir d'exemple aux autres».[102] N'est-ce pas pitié de voir cet homme, qui n'est pas dénué d'une certaine grandeur, s'abaisser à chercher les faux-fuyants les plus invraisemblables? Bayle ne s'y est pas trompé, qui écrit dans une note auprès de l'article «Sainte-Aldegonde» de son *Dictionnaire*: «ce qu'il supprime, ce qu'il fait semblant de croire

---

[98] *Ondersoeckinge*, blz. VII: «So kunnen u. E.E. genoech naer hare wysheyt vermercken, dat, hoe swaerder ende grooter dit peryckel is, hoe meer ende vlijtiger sy behooren daer op toe te leggen, dat een sulck boos ende moortdadich fenyn geenen voortganck en hebbe, maer werde geheelick t'onder gedrucket ende te niet gebracht.» La traduction française est de Marnix lui-même, *Corr. et Mél.*, p. 470.

[99] *Ondersoeckinge*, blz. X: «Sommige teere menschen sick daer voor schijnen te schroomen, als dat de Overicheyt de ongebondene dertelheyt ende moetwillicheyt der menschen, in saken die den dienst Godes ofte het geloove aengaen, met uytwendige lichaemelijcke straffen ende boeten niet en soude mogen matigen oft bedwingen.» La traduction française est celle de l'*Antidote*, p. 10.

[100] *Corr. et Mél.*, p. 469.

[101] Il est à remarqer que Marnix, en invertissant l'ordre des substantifs, cherche à amoindrir la portée de sa recommandation. La traduction que donne le Gentilhomme allemand est plus correcte: «par exterieures et corporelles punitions et amendes»; il est clair que l'adjectif 'corporelles' ne saurait s'appliquer à des amendes.

[102] *Corr. et Mél.*, pp. 471-472.

qu'on ne lui a pas objecté, change l'état de la question, et en écarte ce qu'elle a de difficile. La bonne foi permet-elle de semblables procédures? ... Disons qu'en un autre endroit de son Ouvrage il examine ce qu'il avait supprimé au commencement. Cet examen sent son homme bien embarrassé».[103] Il faut reconnaître qu'il y avait de quoi être embarrassé! C'est qu'aucun doute n'est possible quant au sens du terme de «punition corporelle» dont Marnix s'est servi. Il n'est que de lire le procès de Jacques Gruet, qui, en 1547, a subi la peine de mort à Genève pour avoir proclamé des opinions hétérodoxes: «... avoir grandement offensé et blasphémé Dieu, contrevenant à sa saincte parolle et aussi avoir perpétré chose contre le magistrat, oultragé, menassé et mesdit des serviteurs de Dieu et commis crisme de lèse majesté méritant pugnition corporelle, à ceste cause ... Toy, Jacques Gruet condepnons à debvoir estre mené au lieu de Champel et illec debvoir avoir tranché la teste de dessus les espaules».[104]

En néerlandais, puisque c'est dans cette langue que Marnix a écrit la phrase incriminée, il n'en est pas autrement: le dictionnaire composé au XVIme siècle par Cornelius Kiliaen traduit «lijf-straffe» par «poena corporis, poena capitalis, ... mortis supplicium».[105] Il est vrai que plusieurs historiens, plusieurs théologiens surtout, se sont laissés convaincre sans trop de peine par les protestations de bonne foi de Marnix et ont glissé sur l'accusation portée contre lui par l'auteur de l'*Antidote*, la considérant comme forgée de toutes pièces, née seulement de la rancune et de la calomnie.[106] Au contraire, deux historiens contemporains de Marnix, Pieter Bor et Ioannes Uytenbogaert, sont d'avis que c'est bien la

---

[103] *Dictionnaire historique et critique*, 5me édition, t. IV, Amsterdam, Leiden, La Haye, Utrecht 1740, p. 126.
[104] A. Roget, *Histoire du peuple de Genève, depuis la Réforme jusqu'à l'Escalade*, t. II, Genève 1871, p. 307.
[105] Corn. Kiliaen, *Etymologicum Teutonicae Linguae*, Traiecti Batavorum 1777, p. 353.
[106] Citons entre autres C. A. Chais van Buren, *De staatkundige beginselen van Ph. van Marnix, Heer van St. Aldegonde*, Haarlem 1859, blz. 109; J. J. van Toorenenbergen, dans l'introduction qui précède son édition de l'*Ondersoeckinge*, blz. XII; G. Tjalma, *Philips van Marnix, Heer van St. Aldegonde*, Amsterdam 1896, blz. 244-245; J. N. Bakhuizen van den Brink, «Marnix als godgeleerde», dans *Marnix van Sinte Aldegonde, officieel Gedenkboek*, Brussel-Amsterdam z.j. (1939), blz. 113; J. C. H. de Pater, «De godsdienstige verdraagzaamheid bij Marnix», dans *Antirevolutionaire Staatkunde, driemaandelijks orgaan*, XII (1938), blz. 29; H. A. Enno van Gelder, *Vrijheid en onvrijheid in de Republiek*, deel I, Haarlem 1947, blz. 209. Celui qui va le plus loin dans son effort de laver Marnix de tout soupçon, est J. W. Tunderman, dans *Marnix van St. Aldegonde en de subjectivistische stroomingen in de Nederlanden der 16e eeuw*. Goes z.j. (1940). D'après lui, l'appel qu'adresse Marnix aux Etats n'a d'autre but que de les inciter à exercer une surveillance du marché des livres: «Zijn beroep geldt slechts een toezicht op de boekenmarkt» (blz. 159).

peine de mort que Marnix a demandée.[107] Si un troisième témoignage contemporain, celui du bourgmestre d'Amsterdam, Cornelis Pieterszoon Hooft, est moins explicite, le contexte de la phrase où il parle de Marnix montre bien qu'il ne prend pas à la légère les menaces de violence de ce dernier: «S'il est vrai que l'Ancien Testament ordonne à plusieurs endroits la peine de mort pour punir différents délits, entre autres celui de la blasphémie, n'oublions pas que parmi de tels délits on comprend aussi les idolâtres, ceux qui incitent les autres à l'idolâtrie, qui prononcent des malédictions contre leurs parents ou qui leur manquent de respect, également les adultères, lesquels péchés sont tous extérieurs et manifestes, de sorte que tout homme raisonnable peut en juger. Ensuite, n'oublions pas que ces temps sont révolus, si bien que non seulement la peine de mort est abolie maintenant pour punir des gens pareils, mais que dans la plupart des cas leurs crimes demeurent impunis. Dès lors, n'aurait-on pas tort de procéder avec tant de rigueur contre des choses sur lesquelles on dénie aux magistrats le droit de se prononcer, et qui sont déclarées blasphématoires par les pasteurs, lesquels donnent aux mots de blasphémie et de sacrilège un sens assez large pour qu'ils puissent s'appliquer aux catholiques romains, aux luthériens, aux mennonites, à ceux qu'on appelle zélateurs spirituels et, paraît-il, à tous ceux qui ne s'accordent pas sur tous les points de la doctrine avec l'Eglise [réformée]. J'ai vu dans l'avant-propos du livre que le sieur de Sainte-Aldegonde a publié contre les zélateurs spirituels, qu'il s'y efforce surtout d'inciter Messieurs les Etats à la persécution de ceux qu'il appelle dans son livre les zélateurs spirituels».[108]

---

[107] P. Bor, *Oorspronck . . . der Nederlandsche Oorlogen*, deel IV, Amsterdam 1684, blz. 588: «en wil alle deselve metter dood zonder onderscheyt te maken, gestraft en uytgeroeyt hebben, met des Overheyds stalen Sweert, daer toe hy de Heeren Staten Generaal seer hevich aenport en vermaent.»
Io. Uytenbogaert, *Kerckeliicke historie*, Rotterdam 1647, blz. 309b: «. . . beschuldigende de selve [c.-à-d. les libertins spirituels] voort alle te samen met vele dootweerdige stucken, daer mede de Munstersche Wederdoopers waren beticht geweest, willende dat men alle de sulcke sonder onderscheyt, metter doodt soude straffen, ende met het swaerdt der Overheyt uytroeyen, daer toe hy de Staten Generael ernstelijck vermaent.» De ces deux témoignages se réclame G. Brandt, *Historie der Reformatie*, deel I, blz. 799; Th. Juste, *Vie de Marnix de Sainte-Aldegonde*, La Haye 1856, p. 224, se réfère à Bor. Depuis lors, cet avis a été partagé par J. H. Maronier, *Het inwendig woord*, Amsterdam 1890, blz. 227-228, par J. Romein, *Erflaters van onze beschaving*, deel I, zesde druk, Amsterdam 1947, blz. 204, et par N. van der Zijpp, dans *The Mennonite Encyclopedia*, vol. I, Hillsboro — Newton — Scottdale 1955, p. 42.
[108] *Memoriën en Adviezen van Cornelis Pietersz. Hooft*, deel II, uitg. door H. A. Enno van Gelder, Utrecht 1925 (*Werken uitgegeven door het Historisch Genootschap*, derde serie, nr. 48), blz. 71-72: «Het es wel waer dat byde Schrifture vant oude testament op verscheyden plaetsen verscheyden delicten ende onder denzelven het delict van blasphemie werden geboden metter doodt te straffen. Dan alsoo onder

Contre les accusations de l'auteur de l'*Antidote*, selon lesquelles il aurait voulu instaurer une nouvelle inquisition en réclamant la peine de mort contre les hérétiques, Marnix se défend aussi en invoquant sa clémence naturelle [109]: «Je te donneray cest avantage, que si tu peus prouver que de ma vie j'aye oncques exercé un seul exemple de cruauté ou de vengeance, pour mon regard particulier sur quelque personne que ce fut et de quelle qualité qu'il fut, ou que j'ay oncques espandu le sang ou consenti à l'espandre, ... que je soie tenu pour le plus cruel vindicatif et sanguinaire qui marche sur terre. ... Je n'ay oncques exercé inimitié contre quiconque ce fut pour mon particulier: et n'ay oncques eu ennemy si mal voulu, auquel des qu'il monstroit que l'offense qu'il m'avoit faicte lui despleut, je n'aie plustost pardonné, qu'il ne m'en ait lui mesme requis...; de sorte que j'ay esté quelque fois accusé de mes amis pour estre trop mol et trop facile, mais oncques pour avoir esté vindicatif».[110] Sans doute Marnix avait-il raison en déclarant que de sa nature il n'était rien moins que «vindicatif», mais aussi l'auteur de l'*Antidote* s'attaque-t-il en premier lieu à Marnix comme étant l'auteur de l'*Ondersoeckinge*, et notamment de cette préface qui incite les Etats-Généraux à la persécution. Qu'on songe, sous ce rapport, à la polémique qui, sept ans auparavant, avait opposé l'illustre professeur de l'université de Leyde, Justus Lipsius,

zodanige delicten mede zijn begrepen afgodeneerders, oock dye gene dye andere tot afgoderije drijven, dye vader ofte moeder vloecken ofte tegen deselfde rebelleren, oock dye in overspel leven, alle dwelcke grove uyterlijcke zonden zijn, daeraff een ygelyck redelyck mensche kan oordelen ende dat dye thydt zoo verre es verlopen, dat nijet allene nyet met pene des doodts tegen zodanigen en werdt geprocedeert, maer dat het meestendeel van dyen by welweten genoch impune werd gepasseert. Soude het dan nyet wel een bedenckelijcke zaecke wesen met zulcke grote strafheydt te proceden tegen tgene daeraff het oordel den magistraten werdt afgesneden, ende byden predicanten voor blasphemie werdt uytgeroepen, het welcke woordt van blasphemie ende lasteringe bevonden werdt oock zoo verre getrocken te werden, dat dye Roemsche Catholycken, dye Lutherschen, de Mennonyten, oock dye geestdryvers, somen dye noemt, ende zoo het wel schijnt meest alle andere metter kercke in alles nyet eens zijnde daer onder werden begrepen. Ick bevinde bij de voorreden vanden heere van St. Aldegonde op zijn boecksken tegen dye geestdrijvers geschreven, dat hij aldaer meest zijn werck maeckt om den Heeren Staten te instigeren tot vervolginge tegen den genen dye hij aldaer geestdrijvers es noemende.»
Ce texte, tiré du discours que Hooft prononça le 26 janvier 1598 dans le conseil des bourgmestres et échevins de la ville d'Amsterdam, ainsi que celui d'un autre discours sur le même sujet, prononcé le 15 octobre 1597, et qui comptent parmi les plus impressionnants témoignages en faveur de la tolérance religieuse, sont demeurés inédits jusqu'en 1671. Dans cette année G. Brandt en publia de larges extraits dans *Historie der Reformatie*, deel I, blz. 817-833.
[109] Dans la réponse à la même accusation, lancée par l'auteur de la *Verantwoordinghe van Sebastiaen Franck*, Marnix réagit de la même manière: «Maer ick wil u versekeren, al haddet ghy opentlijc met my gesproken ende belydenisse uwes gheloofs ghedaen, ghy en soudet de eerste niet wesen, ende nochtans en sal niemandt claghen, dat ick oyt eenige moordadicheydt hebbe aengherichtet ofte aengherocket» (fol. 91 vo-92 ro).
[110] *Corr. et Mél.*, p. 410.

et l'écrivain Dirck Volckertszoon Coornhert.[111] Le premier avait publié
en 1589 ses *Politica*,[112] qui eurent un succès énorme et immédiat.[113] Dans
le quatrième livre de son ouvrage où il est question de la religion, Lipsius
affirme que dans un pays on ne doit point permettre qu'il y ait plusieurs
religions et, s'inspirant d'une phrase de la 8me Philippique de Cicéron,
il écrit: «Clementiae non hic locus. *Ure, seca, ut membrorum potius
aliquod, quam totum corpus intereat*».[114] Coornhert s'enflamme à cette
phrase. D'abord dans des lettres,[115] puis dans un long et violent écrit,
Proces van 't Ketterdooden ende Dwang der conscientien, il s'en prend à
Lipsius, lui reprochant de vouloir réintroduire une persécution qui a déjà
fait couler tant de sang. Lipsius, quoique irrité de cette attaque – surtout
venant d'un simple particulier écrivant en langue vulgaire [116] – ne manque
pourtant pas de protester de ses intentions modérées: «Cave imponant
tibi illa verba *Urendi et Secandi*. Παροιμιώδης enim ille sermo est, Latinis
usurpatus in omni aspera et paullum immitiore medicina, Puniri nos
turbidos Haereticos volumus (verba mea nota) sed non omnes uno modo.
Ut criminum gradus sunt, ita poenarum: et quosdam Pecunia, alios
Exsilio, raros aliquos Morte ego mulctem».[117] Loin d'accepter cette explication comme une excuse valable, Coornhert rétorque: «Omnis religio

[111] Le rapprochement avec cette polémique est fait déjà dans la *Verantwoordinghe*,
fol. 4 ro: «Onder andere gheleerde van onsen tijt, heeft Iustus Lipsius, wiens acht-
baerheyt in dese landen seer groot is geweest, dese sake [c.-à-d. la persécution des
hérétiques] alhier willen dryven, maer als zijn schadelick voornemen, door een onghe-
leerde Liefhebber vande vryheydt zijns vaderlants, so naect ontdeckt wert, dat zijn
grove list ghenoechsaem van alle verstandighe verstaen ende gemerckt wert, ende dat
hy de Heeren Staten van Hollandt niet en conde door zijn teghenschrijven bewegen,
omme yet onredelijcx tegens den ontdecker van zijn grove list voor te nemen, (want
sy wel conden bemercken dat na Lipsius schryven syluyden ende alle ghereformeerden
moesten wesen ende ghehouden werden voor Rebellen des Conincx van Spaengien) so
is hy wt desen lande getoghen.»
[112] *Politicorum sive civilis doctrinae libri sex*, Lugd. Bat. 1589.
[113] Dès 1590, des traductions en parurent, en hollandais, faite par Marten Everart,
à Harlingen; en français, par Ber. S. de Malassis, à La Rochelle.
[114] *Politica*, p. 109. Par erreur, Lipsius renvoie à la neuvième Philippique; cependant c'est dans le chapitre V de la huitième Philippique qu'on lit: «In corpore, si
quid ejusmodi est, quod reliquo corpori noceat, uri secarique patimur; ut membrorum aliquod potius, quam totum corpus intereat: sic in rei publicae corpore, ut totum
salvum sit, quidquid est pestiferum amputetur. Dura vox! Multo illa durior: salvi sint
improbi, scelerati, impii; deleantur innocentes, honesti, boni, tota res publica.»
[115] Ces lettres ont été publiées, en version hollandaise, en tête du *Proces van 't
Ketterdooden*, deel I; en version latine elles sont citées dans *Epitome Processus de
occidendis haeriticis et vi conscientiis inferenda*, Goudae 1597. Outre cette correspondance entre les parties intéressées, il faut mentionner aussi les lettres de Coornhert
adressées à Hendrick Laurenszoon Spiegel, l'ami commun de Coornhert et de Lipsius,
qui avait essayé de réconcilier les adversaires (*Wercken*, deel III, fol. 146-148; Brieven XCVII et XCVIII).
[116] «plebeio quoque stilo»; *Liber de una religione adversus dialogistam*, Lugd.,
1594, fol. 2 ro.
[117] Extrait d'une lettre du 1er avril 1590, citée dans *Epitome Processus*, p. 15.

quae propter errores in fide sive celeriter sive lente ad ferrum et ad ignem confugit, infernalis furia, et saeva pullastra Diaboli est, qui ab initio homicida fuit. Salubre illud divinum verbum medicamen animae est, tuum verbum ethnicum, impium, et Genevense, immo etiam papisticum consilium corporis et animae toxicum est».[118] Et dans une des lettres qu'il écrit sur l'affaire à son ami, le poète Hendrick Laurensz Spiegel, nous lisons: «Mais que dites-vous encore? J.L. recommande-t-il de ne mettre personne à mort, sinon les hérétiques rebelles? Et encore non pas à cause de la religion, mais pour leur rébellion, voilà les paroles qu'il vous a écrites, dites-vous. Je vous crois sans réserve. Mais s'il déclare que c'est là ce qu'il a écrit dans son Livre, il ment manifestement, et je ne croirais ni lui, ni vous-même, ni aucun Ange du Ciel disant cela».[119] De même que Coornhert refuse de tenir aucun compte des intentions de Lipsius, pour ne considérer que les paroles expresses dont il use dans ses *Politica,* l'auteur de l'*Antidote* prend le texte de Marnix au pied de la lettre pour lui faire un reproche des «conseils sanguinaires et envenimez» dont il a reconnu les germes dans l'avant-propos de *l'Ondersoeckinge.* Aussi a-t-on le droit d'utiliser en sa défense l'argument qu'au siècle dernier le professeur J. J. van Toorenenbergen, le grand champion de Marnix, a invoqué pour excuser ce dernier de n'avoir pas assez nuancé sa diatribe contre les spiritualistes: «non sans raison, il dénonçait les germes [de ce] qui, surtout à cette époque, avait produit des résultats si désastreux, montrant par là qu'il se souvenait de l'adage *Principiis obsta».*[120]

IV. L'*ANTIDOTE*: LES IDÉES

Il est évident que dans un petit pamphlet tel que l'*Antidote* on ne trouvera pas un système complet de spéculation religieuse, d'autant moins que l'auteur n'a point la prétention de faire oeuvre de théologien. Cependant, il est possible, en isolant les passages assez nombreux où le Gentilhomme allemand touche à des sujets religieux, de les confronter avec les

---

[118] *ibid.,* p. 16-17; lettre du 4 avril.
[119] *Wercken,* deel III, fol. 147b (brief XCVII): «Maer wat brengdhdy noch weder voort? Raet J. L. niemandt te straffen, dan oproersche ketters? Ende dat niet om Religie, maer om oproer, dit zijn sijne woorden tot u. seghdy. Ick geloove u gantschelijck: Maer seyt hy dat hy so in sijn Boeck schrijft, so spreeckt hy openbaere onwaerheydt, ende en soude hem, noch u, noch een Enghel uyt den Hemel sulcx segghende niet moghen ghelooven.»
[120] Ph. van Marnix, *Godsd. en Kerk. Geschriften,* deel II, blz. X: «Evenwel mag niet uit het oog worden verloren, dat Marnix, aan het *principiis obsta* gedachtig, de zaden der dweeperij, die in zijnen tijd vooral zoo rampzalige vruchten gedragen hadden, niet zonder oorzaak bestrafte waar hij ze ook vond.»

théories des principaux penseurs spiritualistes, et, ainsi, de déterminer sa position par rapport à ceux-ci.

Pour le Gentilhomme allemand, comme pour tous les spiritualistes, c'est l'Esprit, qui «souffle où il veut», qui constitue l'essence de Dieu. Ce n'est que si l'on a appris à écouter, dans un abandon total, la voix de l'Esprit, qu'on sera régénéré et qu'on participera à l'essence divine. «Quand ce champ sterile de nostre ame se trouve ainsy cultivé et élabouré de l'ignorance mondaine et obeissance, . . . c'est alors que [Dieu] y seme la semence de sa foy et parole, laquelle fructifiera tellement en nous, que de rien, ignorantz et enfans qu'avons esté au paravant, nous deviendrons hommes parfaictz deifiez, exemtz de peché, idoines a touttes bonnes oeuvres, scavantz en la doctrine de Christ et de ses Apostres».[121] En effet, l'homme est impuissant à arriver par lui-même à la foi. Non seulement parce que celle-ci est un don de Dieu – quel Chrétien en doutera? – mais parce que «par suggestion de Sathan [l'homme] est decheu et transmué de sa première parfaicte naissance a la corruption, laquelle tient tellement saisye tous hommes qu'ilz ne peuvent juger du bien ny du mal».[122] Etant donné cette corruption, comment l'homme parviendrait-il à la compréhension de l'Ecriture, «puisque la vérité de touttes choses est engoufrée dans des profonds abysmes, ou la veue humaine ne peut penetrer sans le secours d'une lumiere plus supernaturelle, . . . l'homme ne se pipera en rien plus, que de son propre jugement»?[123] Il est vrai qu'on peut arriver à avoir une première idée de la grandeur de Dieu en observant ses oeuvres: «le ciel, la terre, les elementz, le soleil, les estoilles, la mer, les montaignes sablonneuses qui remparent la terre contre ses diluvions, la diversité des animaulx et plantes, voire nous mesmes en la miraculeuse constitution de nostre corps»,[124] mais «ceste leçon ne sert que de premiere guide ou Grammaire aux apprentifs» [125]; pour arriver a l'entière connaissance de Dieu, il n'y a pas d'autre guide que Son Esprit. La parole de l'Ecriture est-elle donc sans pouvoir? Non certes, à condition qu'on l'entende bien. «Je confesse», écrit le Gentilhomme allemand, «qu'elle a esté dictee du sainct Esprit es coeurs des Prophetes, Apostres et Evangelistes, et par eulx redigee en escrit, afin qu'elle servist d'instrument et tesmoignage aux hommes de la volonté de Dieu, mesmes que nous y trouvons inseré tout ce qui nous est necessaire de scavoir a nostre Salut, si le vray sens nous en est declos par la clef du Sainct Esprit, et que soyons remply de celuy duquel elle a esté

---

[121] *Antidote*, p. 108.
[122] *ibid.*, p. 72.
[123] *ibid.*, p. 126.
[124] *ibid.*, p. 103.
[125] *ibid.*, p. 104.

proferee».[126] On aurait grand tort de vouloir identifier l'Ecriture avec la parole de Dieu. Celle-ci consiste dans l'action immédiate de l'Esprit de Dieu; la lettre de l'Ecriture est morte, voire même elle tue quiconque s'y cramponne trop exclusivement. Le Gentilhomme allemand va très loin dans son mépris de l'Ecriture: il «ose dire avec l'Eglise Romaine que c'est le livre des heretiques, quand elle est prinse selon la lettre, et maniee par hommes charnelz».[127] L'Ecriture n'est autre chose qu'une allégorie, digne qu'on l'étudie sans cesse, puisque c'est un des témoignages les plus précieux que nous ayons du Saint-Esprit, mais qui ne saurait suffire au salut de l'homme. En effet, quel moyen les patriarches auraient-ils eu de gagner leur salut, si celui-ci dépendait effectivement de la connaissance, voire de la bonne interprétation, des Ecritures? Aucun livre de la Bible n'était encore rédigé de leur vivant! [128] L'allégorie que constitue la Bible n'est déchiffrable à l'homme que dans la mesure où il se laisse guider par l'Esprit, puisque par sa nature corrompue et charnelle l'homme ne saurait arriver à la vérité. Rien ne sert non plus de faire des études à la façon des théologiens, d' «establir une science humaine de la doctrine spirituelle de Christ».[129] En effet, autant qu'une défense contre Marnix de Sainte-Aldegonde, le pamphlet est une attaque extrêmement violente contre les pasteurs réformés. Il leur est reproché de prétendre trancher en quelques phrases des questions dont ils n'ont qu'une connaissance conforme à leur nature charnelle, de faire un métier de ce qui doit être une vocation, bref, d'être devenus «Mercenaires a l'Eglise».[130] La connaissance qu'ils ont de l'Ecriture n'a pour effet que de les conduire à «orgueil, arrogance, et Philauthie»,[131] et de là à l'intolérance et à la persécution des vrais chrétiens. Ceux-ci, loin de s'enorgueillir d'avoir trouvé la véritable foi,[132]

---

[126] *ibid.*, p. 111.

[127] *ibid.*, p. 96.

[128] On ne trouve pas dans le pamphlet la théorie, généralement complémentaire, des «païens illuminés», c.-à-d. de la révélation divine dont auraient bénéficié, sans l'intermédiaire de l'Ecriture, des esprits tels que Socrate, Platon et Sénèque. Nous croyons que les nombreuses citations classiques et l'importance que l'auteur y attribue, sont un témoignage implicite de cette conviction chez le Gentilhomme, plutôt que du besoin humaniste d'étoffer un texte en langue vulgaire de citations empruntées aux anciens.

[129] *Antidote*, pp. 105-106.

[130] *ibid.*, p. 60.

[131] *ibid.*, p. 77.

[132] Cependant il convient de noter que le Gentilhomme fait un titre d'honneur du nom de «geestdrijvers» que Marnix donne aux spiritualistes: «Car quel plus grand honneur leur scauriez vous faire, que de dire qu'ilz sont poulsez ou conduictz par l'Esprit en leur parolles, escrits, et actions» (p. 68). Qu'on songe au nom de «gueux» dont s'était servi un des conseillers de Marguerite de Parme pour ridiculiser les nobles qui venaient présenter leur requête en 1566, et que ceux-ci avaient pris pour leur nom de guerre.

savent que «le vray grade de l'homme Chrestien, [c'est] l'humilité, charité et obéissance».[133] L'obéissance et l'humilité sont recommandées à l'individu, – «c'est la premiere loy que Dieu donna jamais a l'homme qu'il n'eust a toucher a l'arbre de science» [134] – la charité doit régner dans la communauté des hommes, et notamment dans l'Eglise, qui est la communauté des régénérés. A vrai dire, c'est la seule loi qu'il y ait dans l'Eglise: toutes les lois qu'on trouve énumérées dans le Pentateuque ont été «moderee[s] et convertye[s] en une franchise Chrestienne».[135] Aussi l'Eglise des régénérés est-elle tout intérieure et invisible, elle n'est pas constituée en organisation, elle a ses fondements dans toutes les religions. Exterieurement elle ne se manifeste que par une seule chose: la persécution qu'elle souffre de la part des puissances temporelles. «La principale marque, qui nous a esté laissee, a quoy nous cognoistrons la vraye Eglise de Dieu militante et visible en ce Monde, est, ou la charité regne et qui souffre persecution».[136] L'idée de la persécution occupe une position centrale dans la pensée du Gentilhomme allemand, et ce n'est pas seulement pour la circonstance que celui-ci lui donne tant de relief. A plusieurs reprises il y revient, citant saint Jérôme: «l'homme charnel persecute le spirituel mais celuy qui est regeneré en esprit ne persecute point»,[137] appelant la persécution le «dernier instrument de Sathan» [138] et une «archiheresie».[139] Pour combattre la persécution en matière religieuse, et prôner la tolérance, le Gentilhomme dispose de beaucoup d'arguments, pour la plupart d'ailleurs communs aux auteurs du XVIme siècle qui défendaient le même point de vue.[140] Ainsi, il se réclame de Gamaliel, le pharisien qui, devant le sanhédrin, plaida en faveur des Apôtres, dont la prédication irritait les prêtres juifs, en disant: «Si ce dessein ou cet ouvrage vient des hommes, il tombera de lui-même; mais s'il vient de Dieu, vous ne sauriez en avoir raison et vous risqueriez de combattre Dieu» (Act. ,V, 38-39). On retrouve chez lui l'argument tiré de la parabole de l'ivraie (Matt., XIII, 24-30; 36-43), de même que la «règle d'or», la règle de réciprocité qu'on rencontre dans toutes les religions et toutes les cultures [141] et qu'on trouve chez l'auteur de *l'Antidote* citée en latin: «Quod tibi fieri non vis,

---

[133] *Antidote*, p. 106.
[134] *ibid.*, p. 105.
[135] *ibid.*, p. 34.
[136] *ibid.*, p. 25.
[137] *ibid.*, p. 70.
[138] *ibid.*, p. 16.
[139] *ibid.*, p. 134.
[140] Voir sur ce sujet surtout Joh. Kühn, *Toleranz und Offenbarung*, Leipzig 1923, et J. Lecler, *Histoire de la tolérance au siècle de la Réforme*, 2 tomes, Paris 1955.
[141] L. J. Philippides, *Die «Goldene Regel» religionsgeschichtlich untersucht*, Eisleben 1929.

alteri ne feceris».[142] A plusieurs endroits du pamphlet on rencontre l'argument économique, dont J. Lecler a montré qu'il a été surtout commun chez les polémistes des Pays-Bas: [143] de même que ce pays, qui vit surtout de commerce et qui a le plus grand intérêt à ce que la liberté de celui-ci ne soit pas entravée, a prospéré à un moment où l'on accordait à tout le monde la liberté de conscience, il est à craindre que cette prospérité ne prenne fin si l'on réinstaure les persécutions contre ceux qu'on considère comme hérétiques, et il est fort possible que le pays se dépeuple pour tomber dans un état de pauvreté et d'abandon général: «Ne sera ce pas une belle Metamorphose des Provinces les plus fleurissantes de l'Univers transfigurees en ung desert»? [144] En même temps l'auteur relève les conséquences politiques de la persécution: le gouvernement des Etats ne survivra pas au renouvellement de la persécution; [145] les magistrats tyranniques encourront la haine de tous leurs sujets, au même titre que le roi d'Espagne s'est attiré la haine des habitants des Pays-Bas.[146] Mais l'argument principal et décisif contre l'intolérance, c'est que celle-ci est incompatible avec la charité chrétienne, qui est, ainsi que nous l'avons montré, la grande loi et la seule que l'auteur reconnaisse en matière religieuse. Cette charité «nous enseigne de guairir plustost que destruire, d'adoulcir le Magistrat non point l'enaigrir, ny implorer son secours a la punition des heretiques»; [147] elle s'oppose à ce qu'on condamne à une mort misérable ou à l'exil des hommes qui s'écartent de la doctrine officielle sur des points d'une importance souvent toute secondaire: «il n'est pas vray Chrestien quiconque veult faire mourir ung Chrestien pour ceste seule cause, qu'il ne s'accorde en toux poinctz avec son opinion et creance».[148] Cette rigueur «ne peult proceder de vraye pieté ny foy Chrestienne»,[149] d'autant moins qu'il est hors de notre pouvoir d'accéder à la vérité. Comment l'homme jugerait-il de la pureté des intentions et du bien-fondé des opinions de son prochain? «A l'avanture ne fust il jamais au monde deux opinions entierement pareilles, leur plus propre qualité, c'est la diversité et discrepance»,[150] et «par l'incertitude du jugement ondoyant de l'homme, [celui-ci] bien souvent a proclamé pour heretiques les vrays enfans de Dieu et canonisé au Cathalogue des sainctz

---

[142] p. 28.
[143] *Hist. de la Tolérance*, t. II, p. 431.
[144] *Antidote*, p. 44.
[145] *ibid.*, p. 12.
[146] *ibid.*, p. 21.
[147] *ibid.*, p. 25.
[148] *ibid.*, p. 21.
[149] *ibid.*, p. 40.
[150] *ibid.*

les plus iniques et mechants du Monde».[151] En effet, la condition humaine
est de ne rien savoir de certain; tel doit être le point de départ de toute
spéculation: «si voulons guerir de l'ignorance il la fault confesser et
cognoistre».[152] Ainsi, l'idée de la tolérance est intimement liée aux conceptions religieuses du Gentilhomme allemand; c'est au nom de la charité
et en raison de l'insuffisance de l'entendement humain, qui sont le fondement même de sa foi, qu'il revendique pour tous les croyants le droit
de dire librement leur opinion. De plus, il est persuadé que le nombre des
sectes qui pullulent dans le monde de son temps plus que jamais auparavant, – et pour le Gentilhomme, «faire sectes, [c'est] chose plus dangereuse que la peste» [153] – diminuera de lui-même, quand il sera «permis a
chescun membre de l'Eglise par une amiable conference dire librement
son opinion sur toux differentz survenantz a la religion».[154] Il n'y a là
nullement de contradiction avec le pessimisme qu'il manifeste à l'égard
de la nature humaine; c'est parce qu'il croit à l'activité permanente de
l'Esprit dans tous les hommes qu'il estime qu' «il fault festoyer et caresser
la vérité de quelle main qu'elle parte»,[155] et qu'on doit «laisser chescun
courre sa mode», puisque à cette dernière phrase il ajoute immédiatement: «permitte Divis caetera».[156] C'est pour cette même raison qu'il ne
craint pas de caractériser ses coreligionnaires comme «ceulx qui mettent
en dispute leur creance»; [157] en effet, l'humilité et l'obéissance qu'il appelle, avec la charité, «le vrai grade de l'homme Chrestien»,[158] exigent qu'on
abandonne toute idée préconçue: le doute le plus absolu, le renoncement
total à la science et à la sagesse humaine sont indispensables à celui qui
se présente à Dieu comme «une carte blanche preparee a prendre du
doigt de Dieu telles formes qu'il luy plaira y graver»: [159] l'auteur «estime
entre les non regenerez ceulx là plus capables et duictz pour se soubmectre
en la discipline de Christ, qui demeurent en suspens sans s'infrasquer en
tant de sectes que l'humaine fantaisie a produictes, qui tiennent en sur-
seance leur jugement, se servent de leur raison pour enquerir, mais non
pour arrester et choisir, ayantz un jugement sans pente et sans inclination
a quelque occasion que ce puisse estre, jusques a ce que Dieu commence
besoigner en eulx par la foy».[160] Quiconque agit autrement et s'attache

[151] *ibid.*, p. 24.
[152] *ibid.*, p. 98.
[153] *ibid.*, p. 60.
[154] *ibid.*, p. 62.
[155] *ibid.*, p. 40.
[156] *ibid.*, p. 41.
[157] *ibid.*, p. 39.
[158] *ibid.*, p. 106.
[159] *ibid.*, p. 98.
[160] *ibid.*, p. 99.

à une doctrine à l'exclusion de toutes les autres, empêche l'Esprit de faire son oeuvre: les coeurs où il voudrait établir sa demeure, sont déjà occupés, puisqu'ils sont attachés par la «lettre» d'une confession quelconque. Vouloir sauvegarder la pureté d'une doctrine signifie qu'on rend le coeur impur, puisqu'on lui ôte cette disponibilité qui seule permet à l'Esprit d'entrer et d'ouvrir le livre des sept seaux.

Il va sans dire que dans l'Eglise du Gentilhomme allemand il n'y a pas de place pour les cérémonies et que les sacrements y occupent une position beaucoup moins centrale que chez les catholiques ou les protestants dogmatiques. Ceux qui se sentent appelés par Dieu à être des guides spirituels «n'enjamberont pas ceste autorité sur Christ et ses Apostres . . . de charger son Eglise d'aultres loix ceremonies et disciplines qu'il ne nous a laissé».[161] Les institutions et les usages qui peu à peu se sont établis dans les Eglises, et qui sont purement humains par leur origine, sont «receues pour loix et commandementz du Seigneur»:[162] ils ne servent pas le but de faire communiquer les fidèles avec l'Esprit de Dieu, mais au contraire, ils servent à établir une ligne de démarcation entre les adeptes de telle confession et tous les autres hommes. L'auteur rappelle les luttes entre calvinistes et luthériens à propos de la Cène, où il s'en est fallu de peu qu'on n'en soit venu aux mains pour s'entremassacrer, et tout cela à cause de l'interprétation de quatre mots: ceci est mon corps.[163]

S'adressant à Marnix, le Gentilhomme continue: «Vous appliquez ce symbole tout a rebours a faire scysmes a l'Eglise, diffamer pour libertins et Atheistes ceulx qui ne veulent avoir part au gasteau de ceste fraternité, et semer, nourrir, et fomenter, la discorde et inimitie irreconciliable a la Chrestienté, duquel il vauldroit mieulx n'user point du tout, que d'en abuser en sorte que la charité en demeure enfraincte et exterminee des coeurs des hommes».[164] Dans toutes ces pratiques les Eglises pèchent en «egal[ant] la Creature au Createur et eslev[ant] l'instrument autant que l'ouvrier».[165]

C'est encore lier l'esprit que d'enseigner la prédestination, ainsi que le font les calvinistes. En effet, ce dogme, qui veut que dès avant leur naissance les hommes ont été destinés individuellement, qui au salut, qui à la damnation éternelle, est incompatible avec l'idée d'un Esprit opérant librement dans le coeur des hommes. Il semble que dans la conception du Gentilhomme cette liberté absolue du côté de l'Esprit présuppose chez

[161] *ibid.*, p. 90.
[162] *ibid.*, p. 91.
[163] *ibid.*, p. 121.
[164] *ibid.*, p. 122.
[165] *ibid.*, p. 112.

l'homme une égale liberté d'accepter ou de rejeter le salut qui lui est proposé. Il est vrai que sur ce point le pamphlet n'est pas explicite, bien que l'auteur dise, en parlant d'Adam, qu'il est tombé dans un état de désobéissance «par son libre arbitre et induction de Sathan».[166] Cependant, ce qui lui fait surtout rejeter avec indignation le dogme de la prédestination, c'est moins l'amoindrissement de l'homme en tant que créature douée de la faculté de décider lui-même de son propre sort, que le fait que ce dogme fait de Dieu l'auteur du mal, qui, d'après les calvinistes, aurait voulu assurer sa propre gloire en prédestinant certains hommes au salut, d'autres à la damnation. Ensuite, l'effet de la croyance à la prédestination sera de réduire la responsabilité de l'homme et de rejeter cette responsabilité sur le Créateur. Ayant cessé d'être responsable de ses actes, l'homme ne connaîtra plus le remords de la conscience qui pourrait le détourner de la voie où il se serait engagé à tort. Ici, le Gentilhomme répond directement à Marnix, qui avait cru discerner dans le spiritualisme une doctrine tendant à l'affaiblissement de la conscience, et que cela avait décidé en premier lieu à invoquer le secours des Etats pour proscrire les spiritualistes. Du reste, le Gentilhomme reconnaît qu'il y a certaines gens qui, tout en se réclamant de la parole de l'Apôtre qui dit «aux purs toutes choses sont pures»,[167] sont encore entièrement esclaves du péché et vivent dans la dissolution. Ce ne sont pas ceux-là qu'il entend excuser, mais aussi ne sont-ils pas mus par l'Esprit; au contraire, c'est l'interprétation fausse qu'ils font de la lettre de l'Ecriture qui est la cause de leur aberration: ainsi des donatistes, plus récemment des batenbourgeois, ainsi de l'homme de Saint-Gall, en Suisse, qui s'appuyait sur un texte de l'Ecriture pour justifier le fratricide qu'il avait commis.[168]

Tel est le tableau des opinions religieuses de cet homme qui, contre l'attaque du théologien accompli qu'était Philippe de Marnix, défend ses frères dans un écrit dont la violence et la partialité n'excluent pas la cohérence.

V. L'*ANTIDOTE*: LES SOURCES

Le Gentilhomme allemand ne se réfère pas une seule fois aux grands auteurs spiritualistes, ni d'ailleurs à d'autres écrivains contemporains, mais il est clair que les théories qu'il formule et au nom desquelles il combat son adversaire ne lui sont pas personnelles. Où les a-t-il donc prises?

---

[166] *ibid.*, p. 114.
[167] Tite, I, 15.
[168] *Antidote*, p. 74.

Marnix, dont la culture était variée autant que solide, a bien reconnu quelles étaient les sources principales du Gentilhomme. Dans la *Response apologeticque* il les indique clairement; répondant à une attaque personnelle de son adversaire, il écrit: «Je lui demande si oncques parmi les exploicts de guerre qu'il a faicts, ou aux histoires qu'il peut avoir leuës, soit *es Chronicques de son Francq* ou ailleurs, il a rencontré aucun semblable exemple»; [169] à deux autres endroits il signale les emprunts que l'auteur de l'*Antidote* a faits aux *Essais* de Montaigne, «les floscules qu'il a si gentilment sceu ramasser des escrits du Seigneur de la Montagne»,[170] et à plusieurs reprises il met en lumière les liens personnels et spirituels qui relient le Gentilhomme à «son grand prophete David George».[171] En effet, bien que ce ne soient pas les seules sources qui aient nourri le pamphlet, ce sont là les principaux auteurs dont le Gentilhomme s'est inspiré; du reste, la part qu'ils ont fournie est en proportion inverse du nombre des citations que Marnix leur consacre dans sa *Response*.

Quant à David Joris, on rencontre çà et là dans le pamphlet des idées qui rappellent ses théories favorites, sur la distinction des trois âges de l'enfant, de l'adolescent et de l'homme adulte,[172] sur l'*ignorantia sacra*, sur la déification de l'homme,[173] sur le rôle du Christ dans l'oeuvre de la rédemption; [174] mais ces idées ne sont pas spéciales à David Joris: on les trouve dans la Bible, dans la *Théologie germanique*, chez d'autres auteurs spiritualistes et notamment chez Sébastien Franck. Le pamphlet mentionne la secte des batenbourgeois,[175] que David Joris a combattue, mais à aucun endroit le nom de celui-ci n'est cité. Bien au contraire, dans son effort d'éviter toute allusion directe à David Joris et au procès posthume contre celui-ci, il va jusqu'à inventer maladroitement des exhumations qui se seraient produites à Genève, à Berne et ailleurs,[176] tout en se taisant sur celle qui a eu lieu en 1559 à Bâle, où l'on a déterré le corps de David Joris pour le brûler en public; bref, il se comporte – et Marnix, dans sa *Response apologeticque*, a beau jeu d'en faire la remarque [177] – comme s'il n'avait «cogneu ni oui nommer ce venerable Archevesque de [ses]

---

[169] *Corr. et Mél.* p. 428. Nos italiques.
[170] *ibid.*, p. 408; également pp. 481-482.
[171] *ibid.*, p. 408; également pp. 482-484, 487, 492-495.
[172] *Antidote*, p. 69, où il reproche à Marnix d'être un «homme charnel, lequel bien content de son aage pueril et de la nourriture du laict, ne s'esvertue de passer par l'adolescence a cest aage viril, ou l'on a besoing d'estre repeu de viandes plus fermes, solides et noutritives a l'ame.»
[173] *ibid.*, p. 108.
[174] *ibid.*, p. 120.
[175] *ibid.*, p. 74.
[176] *ibid.*, p. 132.
[177] *Corr. et Mél.*, pp. 483-484.

Zelateurs spirituels David George: comme s' [il n'avait] leu et fueilletté ses livres». Il reste donc qu'en substance le pamphlet est un amalgame d'idées tirées de l'oeuvre de Sébastien Franck, et de passages empruntés aux *Essais* de Montaigne.

De Franck, le Gentilhomme connaît le fameux *Chronica, Zeitbuch und geschichtbibell* [178] et sans doute les *Paradoxa*. Pas plus que le nom de David Joris, il ne cite celui de Franck – ni, d'ailleurs, celui de Montaigne – mais les emprunts qu'il fait à ses écrits sont nombreux et assez caractérisés pour ne laisser aucun doute quant à leur origine. De même, ses emprunts aux *Essais*, variant en longueur de plus d'une page à une simple tournure, parfois un seul mot, caractéristiques de Montaigne, sont très nombreux et fort variés: s'il puise surtout dans l'Apologie de Raymond Sebond, il ne se restreint pas à ce seul essai, et il est clair que tout le livre lui est familier.[179] Nous ne croyons pas exagérer en disant que parmi les contemporains de Montaigne il n'y a eu personne, exception faite de Pierre Charron, qui ait tiré un aussi grand parti des Essais [180] et qui s'en soit aussi complètement assimilé le langage et l'esprit que le Gentilhomme allemand. Ce n'est pas dire, loin de là, qu'il s'accorde sur tous les points avec Montaigne: celui-ci tire souvent des conclusions opposées à celles du Gentilhomme allemand; seulement, les arguments qu'il invoque pour y baser son attitude fidéiste servent au pamphlétaire à appuyer ses raisonnements spiritualistes.[181] En effet, la méfiance que Montaigne éprouve à l'égard de la raison humaine et qui est la base de son scepticisme,[182] nous

---

[178] Il nous semble qu'il a utilisé la traduction néerlandaise, qui a été publiée pour la première fois en 1558. Voir p. 11 du pamphlet, note 22.

[179] Le Gentilhomme a utilisé l'édition de 1588; nous citons d'après l'Edition municipale de Bordeaux, 4 vol., 1906-1920.

[180] Sur la «fortune» dont jouirent les *Essais* auprès des contemporains, on consultera les études de A. M. Boase (*The fortunes of Montaigne*, London 1935), de Pierre Villey (*Montaigne devant la postérité*, Paris 1935) et de Ch. Dédéyan (*Montaigne chez ses amis anglo-saxons*, 2 vol., Paris 1944).

[181] Dans son article «Entre le fidéisme et le naturalisme – à propos de l'attitude religieuse de Montaigne», dans *Festschrift für Ernst Tappolet*, Basel 1935, S. 237-247, (reproduit dans le recueil *Génies de France*, Neuchâtel 1942, pp. 50-57), M. Marcel Raymond a montré combien l'idée que Montaigne se fait de Dieu, ressemble à la conception des mystiques. Ainsi que le montre l'accueil que le Gentilhomme allemand fait aux idées de Montaigne, cela n'est pas moins vrai des spiritualistes.

[182] Sur ce point, il n'y a nullement d'opposition entre les deux auteurs dont s'inspire principalement l'auteur de l'*Antidote*. En effet, chez Sébastien Franck on trouve à bien des endroits un scepticisme égal à celui de Montaigne (p. ex. *Chronica*, 2. Teil Fol. 4 vo: «Gar niemandt will ich mit diser meiner Chronick angetast haben, alleyn die fabel menschlichs gschlechts für die augen gestelt haben, das wir darinn ersehen, wie ein armes, bawfaelligs, unstaets, finsters, lugenhafftigs ding umb ein menschen sey.»); comme Montaigne, Franck se plaît à mettre en lumière la grande variété d'opinions qu'on trouve chez les différents écrivains et philosophes sur des questions essentielles, telles que la définition et la fonction de l'âme (*Die Guldin Arch*, o.O. 1538, Fol. 79 ro: «Von der seel mancherley wahn der Philosophen»; Fol. 79 vo:

la retrouvons dans l'*Antidote,* où l'auteur se sert des termes mêmes des
Essais pour préconiser l'*ignorantia sacra*, le refus d'établir des dogmes qui
naît de la modestie chrétienne, laquelle défend à la créature de s'élever
au-dessus du Créateur et qui est par conséquent le gage de la vraie piété.
Par l'exposé que nous avons donné des idées que développe l'auteur du
pamphlet, on a pu voir comme les phrases qu'il emprunte à Montaigne
s'insèrent tout naturellement parmi celles qui ont été inspirées par Sébastien Franck. L'idée, si chère à Montaigne, de l'obéissance que l'homme
doit à Dieu, est proche parente de la «Gelassenheit», qui est une des
notions-clés des spiritualistes.[183] Les deux ont pour effet cette «pure,
entiere et tres-parfaicte surceance de jugement» [184] dont parle Montaigne
à propos du pyrrhonisme. Sur ce pyrrhonisme, d'ailleurs, les idées de
Montaigne et du Gentilhomme allemand sont parallèles en ce que tous
les deux le considèrent comme une phase préparatoire dans le développement spirituel de l'homme. Quand Montaigne écrit qu' «il n'est rien en
l'humaine invention où il y ait tant de verisimilitude et d'apparence»,[185]
les mots «en l'humaine invention» traduisent une réserve très nette, ce
que prouve la phrase suivante, où il est question de l' «humaine science»,
qui s'oppose à la «divine instruction»: «desgarni d'humaine science, et
d'autant plus apte à loger la divine instruction et creance: aneantissant
son jugement pour faire plus de place à la foy».[186] De même, bien que
d'une manière moins subtile, l'auteur de l'*Antidote* recommande le pyrrhonisme – qu'il ne nomme pas – aux «non regenerez» comme une
philosophie provisoire, à laquelle ceux-ci se tiendront, «ayantz un jugement sans pente et sans inclination a quelque occasion que ce puisse estre,
jusques a ce que Dieu commence besoigner en eulx par la foy».[187] Ainsi,
quoique sur bien d'autres points le Gentilhomme ait pu se trouver en
désaccord avec son modèle, il n'a pu manquer d'avoir la conviction qu'il
avait découvert en Montaigne une âme soeur. La phrase célèbre de

---

«Nun habt jr vonn jrem wesenn, und diffinition, wie weyt sy vonn einander seynd.
Nicht weniger ist dis ebenn vonn jrem sitz unnd stat.») ; de même que Montaigne,
Franck tient à montrer, notamment dans son grand ouvrage de géographie *–Das
Weltbuch*», que les païens sont pour le moins les égaux de ceux qui se piquent d'être
chrétiens (W. E. Peuckert, *Sebastian Franck*, München o.J. [1943], S. 166: «[Das
Weltbuch] will erweisen, dasz die Türken und die Heiden ebensolche Menschen sind,
ja dasz sie vielleicht mehr sind als jene, die sich Christen schimpfen.»).

[183] Qu'on songe au témoignage de Heinrich von Schor, un ancien adepte de David
Joris dont la dénonciation déclencha le procès contre celui-ci et ses sectateurs en
1559: «Hatt täglich vil vonder demut vnd gehorsame geredt vnd geschriben» (Ronald H. Bainton, *David Joris*, Leipzig 1937, S. 161).

[184] *Essais*, II, xii, p. 230.
[185] *ibid.*, p. 231.
[186] *ibid.*, p. 232.
[187] *Antidote*, p. 99.

l' «Apologie de Raymond Sebond», disant: «C'est une carte blanche préparée a prendre du doigt de Dieu telles formes qu'il luy plaira y graver. Plus nous nous renvoyons et commettons à Dieu, et renonçons à nous, mieux nous en valons»,[188] ne pourrait-elle pas se rencontrer telle quelle dans la *Théologie germanique* ou dans un traité de David Joris? Du reste, on en trouve l'équivalent chez Sébastien Franck. Aussi est-elle bien à sa place sous la plume du Gentilhomme allemand,[189] qui prend son bien où il le trouve, quitte d'ailleurs à modifier un bout de phrase si cela sert son intention. Effectivement, le Gentilhomme ne s'en est pas fait faute, faisant des retouches plus ou moins importantes dans les phrases qu'il emprunte à Montaigne. Qu'il change l'attribution erronée à Ecclésiaste d'un texte de l'Ecriture [190] en un renvoi à Ecclésiastique,[191] cela prouve seulement qu'il connaît la Bible plus intimement que Montaigne, et cela n'atteint point le passage des *Essais* qu'il cite; de même, quand il utilise l'expression «monter au cabinet de Dieu»,[192] il ne fait que reprendre, en la variant, une tournure déjà connue de Montaigne.[193] Sans doute, il n'altère pas non plus le sens du texte de Montaigne là où, en écrivant qu' «il fault que retournions nuds, degarnys d'humaine science, humbles, obeissantz, dociles»,[194] il supprime le reste de la phrase: «ennemi juré d'haeresie, et s'exemptant par consequent des vaines et irreligieuses opinions introduites par les autres sectes»,[195] mais ici son procédé est moins innocent, puisqu'il omet sciemment un passage dont il sait parfaitement qu'il pourra lui nuire dans l'esprit des lecteurs ... et des autorités. Pareillement, lorsque, en citant Montaigne, qui avait écrit: «Il ne nous faut guiere de doctrine pour vivre à nostre aise. Et Socrates nous apprend qu'elle est en nous, et la maniere de l'y trouver et de s'en ayder»,[196] il change le nom de Socrate en «l'Escriture»,[197] c'est pour ne pas donner prise à Marnix, qui dans l'*Ondersoeckinge* avait blâmé Sébastien Franck «d'avoir cité à ce propos

---

[188] *Essais*, II, xii, p. 232.

[189] *Antidote*, p. 98.

[190] *Essais*, II, xii, p. 232: «Accepte, dit l'Ecclesiaste, en bonne part les choses au visage et au goust qu'elles se presentent a toy, du jour à la journée; le demeurant est hors de ta connaissance.»

[191] Ecclesiastique, III, 23-24.

[192] *Antidote*, p. 99.

[193] *Essais*, III, x, p. 284: «Qui en sçait les devoirs et les exerce, il est vrayement du cabinet des muses; il a attaint le sommet de la sagesse humaine et de nostre bonheur.» Il est vrai que chez Montaigne on rencontre aussi «entrer au cabinet des dieus» (II, xii, p. 319), mais cette tournure se trouve dans un passage ajouté dans l'édition de 1595, que le Gentilhomme n'a pas connu.

[194] *Antidote*, p. 97.

[195] *Essais*, II, xii, p. 232.

[196] *ibid.*, III, xii, p. 325.

[197] *Antidote*, p. 101.

beaucoup de fables inutiles ... y ajoutant Virgile, Lucrèce, Horace et d'autres semblables pourceaux d'Epicure, se servant aussi de l'exemple de Socrate ... ainsi que du témoignage des philosophes païens, tels que Mercure Trismegiste, Platon, Plotin, Porphyre et autres»,[198] et qui avait dénoncé l'idée de Socrate sur le démon «qui le poussait à toutes choses, et sans le conseil duquel il n'osait rien entreprendre».[199]

Il est curieux de voir que sur le point du scepticisme le Gentilhomme semble vouloir aller plus loin que son modèele, lorsqu'il caractérise ses co-religionnaires comme «ceulx qui mettent en dispute leur creance».[200] Le fidéiste qu'est Montaigne, qui estime que «c'est folie de rapporter le vray et le faux a nostre suffisance»,[201] ne sait que trop bien qu'en dernière ressource la raison humaine est impuissante à trancher les mystères de la religion – «c'est par l'entremise de nostre ignorance plus que de nostre science que nous sommes sçavans de divin sçavoir»[202] – et qu'il est parfaitement oiseux de vouloir résoudre par une discussion des différends qui séparent les croyants des différentes confessions. Cependant, on le voit s'occuper à bien des endroits des *Essais*, et notamment dans l' «Apologie de Raymond Sebond», à discuter précisément le sujet de la relation entre la raison humaine et les vérités inattaquables de la religion. Ce n'est qu'à partir d'un certain moment, au-delà d'une certaine limite, que la raison doit s'avouer vaincue; jusque-là, n'a-t-on pas le devoir, en tant qu'homme, en tant que chrétien aussi, de réfléchir sur les mystères de la religion? «C'est la foy seule qui embrasse vivement et certainement les hauts mysteres de nostre Religion. Mais ce n'est pas à dire que ce ne soit une tresbelle et treslouable entre-prinse d'accomoder encore au service de nostre foy les utils naturels et humains que Dieu nous a donnez. Il ne faut pas douter que ce ne soit l'usage le plus honorable que nous leur sçaurions donner, et qu'il n'est occupation ny dessein plus digne d'un homme Chrestien que de viser par tous ses estudes et pensemens à embellir, estandre et amplifier la verité de sa créance».[203] Or, le Gentilhomme allemand ne veut pas dire autre chose,

---

[198] *Ondersoeckinge*, blz. 15: «en schaemt sick niet oock vele onnutte leugentalige ja ontijdige fabulen ... in desen handel voorts te brengen, ... voegende daer by Vergi-lium, Lucretium, Horatium, ende andere diergelijcke Epicureïsche mestverkens, ende gebruyckende oock het exempel van Socrates, ... mitsgaders de getuygenisse der hey-densche Philosophen, als van Mercurius Trismegistus, Plato, Plotinus, Porphyrius en-de andere diergelijcken.»

[199] *ibid.*, blz. 8: «Gelijckerwijs men in Socrate mercken can, welcke openbaerlijck voorgaf, dat hy eenen geest hadde dien hy noemde Daemonium, die hem tot alle dingen dreve, ende sonder wiens aensporinge hy niets in derrede ter handt nemen.»

[200] *Antidote*, p. 39.

[201] C'est le titre de l'essai I, xxvii, p. 232.

[202] *Essais*, II, xii, p. 223.

[203] *ibid.*, pp. 143-144.

nous semble-t-il, lorsqu'il parle de «mettre en dispute [sa] creance». Rappelons qu'en recommandant le pyrrhonisme tel que Montaigne le décrit, il fait explicitement cette réserve qu'il le déclare très utile «aux non regenerez», faisant ainsi du doute une phase préparatoire destinée à ouvrir l'âme humaine à l'action salutaire de l'Esprit. Avant que Celui-ci commence à agir, la discussion est permise, elle est même salutaire. Le problème se pose de la même manière pour Sébastien Franck, qui a fait de l'ambiguïté des textes sacrés la base de son système et qui présente dans les *Paradoxa* et le *Verbütschiert Buch*, «une véritable somme de *discordantia scripturae*»,[204] et qui pourtant, selon le témoignage de Koyré, aussi bien que d'Alfred Hegler n'a point versé définitivement dans le scepticisme.[205] S'il met en relief les contradictions entre les textes de l'Ecriture, s'il confronte ceux-ci sur un pied d'égalité avec des textes qu'il tire d'Ovide et d'autres écrivains anciens, ce n'est point qu'il rejette l'idée d'une vérité qui soit une et qui transcende les témoignages multiples et contradictoires qui ne font, tout au plus, qu'approcher la vérité absolue. Ainsi, le Gentilhomme a pu trouver chez l'un et l'autre de ses modèles principaux, Sébastien Franck et Montaigne – celui de 1588! –, l'exemple d'un relativisme qui, malgré ses hardiesses, n'est pas poussé jusqu'à ses dernières limites.

Du reste, une chose est à remarquer: dans le passage de l'*Antidote* qui nous a occupé, l'auteur appuie ses propos relativistes par des citations tirées de l'essai III, viii: «De l'art de conferer». Or, on est en droit de se demander si, tout en restant fidèle à la lettre de l'essai, il n'a pas trahi l'esprit de son auteur. C'est tout autre chose de lire la phrase: «Je festoye et caresse la vérité en quelque main que je la trouve, et m'y rends alaigrement, et luy tends mes armes vaincues», faisant suite à un exposé de la manière dont Montaigne aime qu'on s'entretienne en compagnie («J'ayme, entre les galans hommes, qu'on s'exprime courageusement, que les mots aillent où va la pensée. Il nous faut fortifier l'ouie et la durcir contre cette tendreur du son ceremonieux des parolles. J'ayme une société et familiarité forte et virile, une amitié qui se flatte en l'apreté et vigueur de son commerce, comme l'amour, és morsures et esgratigneures sanglantes»),[206] que de la rencontrer comme conclusion d'un passage qui commence par: «Touttes choses sont mises au bureau des disputes, comme l'on void non moings es facultez de la Medecine, loix Imperialles et touttes actions humaines, comme a la Theologie».[207] A cet endroit, le Gentil-

---

[204] Alexandre Koyré, «Mystiques, spirituels, alchimistes», p. 33.
[205] *ibid.*, p. 34; A. Hegler, *Geist und Schrift*, S. 220-222.
[206] *Essais*, III, viii, p. 177.
[207] *Antidote*, p. 39.

homme ne mérite-t-il pas pour son procédé le reproche que lui fait Marnix d'avoir «eshontement carabiné» [208] les écrits de Montaigne?

Si Montaigne est, avec Sébastien Franck, la principale source où a puisé l'auteur de l'*Antidote*, ce n'est pas chez eux seulement qu'il a trouvé les munitions dont il harcèle son adversaire. Celui-ci parle à ce propos des «flfeatures qu'il a si gentilment sceu ramasser des escrits du Seigneur de la Montagne, *et d'autres semblables escrivains françoys*».[209] De qui a-t-il voulu parler? Nous avouons ne pas avoir découvert d'écrivain français qui ait servi de modèle au Gentilhomme allemand au même degré que Montaigne. Il est vrai que nous avons retrouvé dans le pamphlet un bref passage qui montre que l'auteur a lu le *Methodus ad facilem Historiarum cognitionem* de Jean Bodin, mais d'abord il ne s'agit là que d'un seul endroit du livre, tandis que les emprunts à Montaigne sont légion, et puis il ne s'agit point d'une citation: le pamphlétaire emprunte à Bodin quelques exemples historiques pour prouver que dans la politique on ne doit pas séparer l'utile de l'honnête,[210] et il défend ce point de vue contre Bodin – sans nommer ni lui, ni son ouvrage – qui avait écrit: «Si quis malit repudiata Stoicorum disciplina, honestum ab utili, turpe ab inutili distingere, non repugnabo».[211] Bien que Marnix ait possédé dans sa bibliothèque un exemplaire de l'ouvrage de Bodin,[212] il n'est guère probable qu'il ait relevé cet emprunt.

Marnix aurait-il songé à Castellion? Cela signifierait qu'il considérait comme Français l'homme qui, Savoyard de naissance,[213] quitta la France à 25 ans pour faire un bref séjour à Strasbourg, après quoi il s'établit en Suisse jusqu'à la fin de ses jours.[214]

De Castellion le Gentilhomme allemand à connu du moins le traité *De calumnia*,[215] dont il cite dans son pamphlet quelques brefs passages en les traduisant en français.[216] A-t-il connu aussi le *Traité des hérétiques*, soit

---

[208] *Corr. et Mél.*, p. 482.

[209] *ibid.*, p. 408. Nos italiques.

[210] *Antidote*, p. 56.

[211] Jean Bodin, *OEuvres philosophiques*, éd. publiée par P. Mesnard, vol. I, Paris 1951, p. 122.

[212] *Catalogue of the library of Philips van Marnix van Sint-Aldegonde*, reproduction photomécanique, Nieuwkoop 1964, fol. E2 vo.

[213] F. Buisson, *Sébastien Castellion*, t. I, Paris 1892, pp. 1-2. Ce n'est qu'en 1601 que la région de Nantua, où naquit Castellion, fut annexée à la France. Du reste, Buisson fait remarquer, t. I, p. 13, que, de 1536 à 1559, le roi de France exerça la souveraineté sur la partie de la Savoie où Castellion est né. Celui-ci se qualifie de sujet du roi de France dans la préface de sa Bible française, dédiée à Henri II.

[214] *ibid.*, p. 120.

[215] Ce traité a été publié à la suite des *Dialogi IIII*, Aresdorfii 1578. Voir la bibliographie de Buisson, *op. cit.*, t. II, pp. 372-373.

[216] *Antidote*, p. 106 et 107.

en latin, soit en français? Ce n'est pas impossible: bien des idées qu'on trouve dans l'écrit composé par Castellion à l'occasion du supplice de Servet, se retrouvent dans l'*Antidote*. Mais, à vrai dire, cela ne prouve pas du tout que le texte de ce pamphlet soit tributaire de celui de l'écrit de Castellion: il n'est que de consulter les index biblique et doctrinal de l'excellent ouvrage de J. Lecler, *Histoire de la tolérance au siècle de la Réforme*, pour constater que les mêmes arguments sont employés par des auteurs de toutes les époques et de tous les pays. Aussi ne saurions-nous affirmer que l'auteur de l'*Antidote* se soit servi de cet ouvrage, bien qu'à certains endroits telle expression rappelle le texte du *Traité* de Castellion. En revanche, nous osons affirmer que le Gentilhomme allemand a utilisé le *Conseil à la France désolée* du même auteur. Bien qu'il s'agisse, là encore, d'un passage très bref,[217] les termes dans lesquels il s'exprime sont trop voisins de ceux de Castellion pour que nous puissions croire qu'il s'agisse d'une ressemblance toute fortuite.

Là où le Gentilhomme écrit: «certain personnage tresdocte a bien dict que leur Dieu [celui de Calvin et de Bèze] estoit ung Dieu severe et cruel»,[218] Marnix a dû comprendre que ce «docte personnage» n'était autre que Castellion.[219] En effet, c'est lui que le Gentilhomme a voulu citer, mais il cite de seconde main. Castellion n'a jamais employé les termes dont se sert le Gentilhomme, bien qu'on puisse citer dans son oeuvre plusieurs endroits où il exprime la même idée avec une semblable violence; par contre, l'expression de l'*Antidote* se rencontre telle quelle dans l'ouvrage de Coornhert, *Proces van 't Ketterdooden*.[220]

De Coornhert il n'est question ni dans le pamphlet lui-même, ni dans la *Response apologeticque* de Marnix. Pourtant le seul emprunt que nous venons de signaler, montre que l'auteur du pamphlet a lu le *Proces*. Cependant, J. Lecler a tort de présenter l'*Antidote* comme un écrit qui a été influencé dans une large mesure par le livre de Coornhert.[221] Les idées sur la religion intérieure, sur l'Eglise invisible, sur l'obligation qui incombe aux

---

[217] *ibid.*, p. 37.

[218] *ibid.*, p. 7.

[219] Si, dans la *Response apologeticque*, Marnix accuse le coup, il ne daigne pas nommer Castellion, se contentant de parler d'un certain blasphemateur» (*Corr. et Mél.*, p. 461).

[220] Paru en 1590, à Gouda, l'ouvrage a été reproduit dans *Wercken*, deel II, fol. 44-172. La phrase concernant Castellion se trouve fol. 128a: «Maghmen dan Castellion onrecht geven in zijn seggen: dat de Calviniaensche God wreet is ende fel, ende daeromme kinderen teelt, die van zijnre aert zijn?»
Il est improbable que le Gentilhomme ait désigné Coornhert lui-même par les mots «certain personnage tresdocte»; celui-ci est caractérisé dans la *Verantwoordinghe van Sebastiaen Franck*, fol. 4 ro, comme «un amateur inculte de sa patrie» («een ongeleerde Liefhebber vande vryheydt zijns vaderlants»).

[221] *Hist. de la tolérance*, t. II, pp. 249-250.

autorités d'user du glaive spirituel lorsqu'il s'agit de combattre l'hétéro-
doxie, ne sont pas personnelles à Coornhert: elles étaient dans l'air depuis
au moins une vingtaine d'années, et bien plus tôt encore on les rencontre
chez Sébastien Franck, que Coornhert n'a pas moins bien connu que le
Gentilhomme allemand.[222]

Il est un autre auteur contemporain dont on retrouve la trace dans le
pamphlet, c'est le pasteur calviniste Herman Herberts. C'était un esprit
indépendant, trop indépendant pour ne pas être suspect à ses confrères
rigides.[223] Depuis sa nomination à Gouda, en 1582, il a l'avantage d'être
appuyé dans ces différends par les autorités municipales,[224] ce qui lui
permet de se prononcer assez librement sur des questions théologiques dans
quelques écrits qui lui valent d'interminables conflits avec les différents
synodes calvinistes. De ces écrits, le Gentilhomme allemand a connu du
moins *Bekentenisse des Gheloofs*,[225] la confession de foi que Herberts a
rédigée en réponse à la critique que certains de ses confrères ,désignés en
1586 par le synode national de La Haye, avaient formulée contre son
premier écrit.[226] Dans l'*Antidote*,[227] nous voyons que l'auteur se réfère au
jugement des pasteurs au sujet du dogme de la prédestination, jugement
que Herberts publie dans *Bekentenisse des Gheloofs*.[228] La comparaison
de l'*Antidote* avec le livre de Herberts nous montre que sur plusieurs points
les deux hommes ont pensé de même; ainsi, nous trouvons chez Herberts
l'idée que la lecture de la Bible peut être nuisible aux hommes charnels,[229]
et celle, qui y est annexe, que «les Esleuz peuvent estre enseignez en la foy
et Parole de Dieu sans escriture ou predication».[230] Comme le Gentilhomme, Herberts met en relief le caractère allégorique de l'Ecriture,[231]
tout en affirmant qu'il n'a point l'intention «de luy imposer deux intelligences»,[232] l'une selon la lettre, l'autre selon l'esprit. Les deux auteurs n'at-
tachent au sacrement de la Cène qu'une importance toute relative et
estiment «qu'il vauldroit mieulx n'en user point du tout, que d'en
abuser».[233] Finalement, on rencontre chez Herberts l'idée de la relativité

---

[222] H. Bonger, *Dirck Volckertszoon Coornhert*, Lochem z. j. (1941), blz. 43.
[223] Outre les ouvrages historiques de Bor et de Brandt, on consultera H. C. Rogge,
Caspar Janszoon Coolhaes, deel II, blz. 152-181.
[224] *ibid.*, blz. 153.
[225] Publié à Gouda en 1591.
[226] *Corte verclaringe over de woorden Pauli, geschreven totten Romeynen, cap. II
vs. 28.*, z. pl. en j. (Vianen 1584).
[227] pp. 113-114.
[228] Fol. 254 ro et 285 ro.
[229] *Antidote*, p. 96; *Bekentenisse*, fol. 38 ro.
[230] *Antidote*, p. 96; *Bekentenisse*, fol. 35 vo.
[231] *Antidote*, pp. 108-109; *Bekentenisse*, fol. 3 vo.
[232] *Antidote*, p. 112; *Bekentenisse*, fol. 3 vo.
[233] *Antidote*, p. 122; *Bekentenisse*, fol. 348 ro.

des jugements humains, relativité dont ne sont pas exemptes les convictions religieuses: «si l'on interprète différemment les textes de l'Ecriture, il ne faut pas l'imputer à l'Ecriture elle-même, mais à l'insuffisance du jugement des hommes charnels, car selon qu'un homme est spirituel ou charnel, il interprète le texte de l'Ecriture spirituellement ou charnellement».[234] Il est impossible de ne pas penser ici aux paroles de Sébastien Franck: «Wer eine blitzblaue Brille aufhat, dem scheint jedes Ding blitzblau zu sein. Ja, es ist ihm blau, er kann anders nicht sehen noch glauben. Alle Speise ist nach unserem Munde gerichtet und alle Kreatur wie wir. Also auch Gott ist und will, was ein jeder ist und will und ist doch bei dem allen Gott: willenlos, namenlos, affektlos, unbeweglich».[235] Il n'est guère étonnant de voir que l'esprit de Herberts est ouvert, même à des idées peu orthodoxes. Une des objections que les pasteurs formulent contre lui, c'est d'avoir lu les ouvrages de David Joris, et peut-être de Hendrik Niclaes, et de s'être inspiré des écrits du premier à un point tel que la plupart des idées que contient son livre sont empruntées à David Joris. Dans sa réponse, Herberts nie avoir fait le moindre emprunt aux écrits de David Joris, mais il reconnaît les avoir lus, et non sans intérêt: «plusieurs choses en sont demeurées gravées dans [sa] mémoire, ... et quand même David Joris aurait été un athée et un Egyptien, et que néanmoins on aurait pu trouver chez lui tant soit peu d'argent, d'or ou d'autres marchandises précieuses, n'eût-il pas été loisible au véritable Israélite de les acheter et d'en tirer profit? Exode, XII, 35. N'est-il pas écrit: *Esprouvez toutes choses, retenez ce qui est bon?* I, Thessaloniciens, V, 21».[236]

Voilà les principales sources où le Gentilhomme allemand a puisé en composant son pamphlet; cependant, pour que le relevé soit complet, il faut y ajouter un certain nombre d'auteurs classiques dont il cite des phrases isolées. Plusieurs de ces citations doivent être considérées comme des lieux communs, des phrases qu'on rencontre dans les collections d'*Adagia* comme celle d'Erasme, et dont il est difficile, sinon impossible,

---

[234] *Bekentenisse des Gheloofs*, fol. 3 vo: «Datter tweederley, ja menigerley sin ende verstant wt genomen wort, dat gheschiet niet door schulde van de heylige schrift, maer doort onverstant der vleyschelicker menschen, etc. want hoedanich de mensche is, t'zy vleeschelick of gheestelick, so verstaet hy oock de schrift.»

[235] S. Franck, *Paradoxa*, herausg. von S. Wollgast, Berlin 1966, S. 53.

[236] *Bekentenisse des Gheloofs*, fol. Bvj ro-vo: «Belanghende dat lesen van zijne schriften, bekenne ick rondelick dat ick deselvighe met grooter begheerte wel gelesen hebbe: wil oock niet tegenspreken, dat wel eenige dingen in mijn memorie daer van gebleven, ooc geteeckent zijn, ... ende al waert dat David Joris een Heydens mensche, een Egiptenaar geweest waer, ende nochtans eenich silver, goudt ofte andere ghoede waren by hem ghevonden waren: soudet den waren Israeliten dan niet geoorloft zijn t'selvige met haer te nemen, ende tot haren profijte te gebruycken? Exo. 12. 35. Staet daer niet gheschreven: *Proeft het al, ende dat goede behoudet?* 1. Tes. 5.21.»

de donner l'origine exacte. Plusieurs citations latines viennent des *Essais*, plusieurs phrases qui sont attribuées à une source classique ou à un des Pères de l'Eglise, mais qui sont citées en français, viennent soit de la même source, soit de la *Chronica* de Sébastien Franck. Les attributions ne sont pas toujours correctes: ainsi, le nom de saint Augustin accompagne deux citations, dont l'une vient en réalité du traité *De lingua* d'Erasme,[237] l'autre du *Corpus Iuris*.[238] Du *Corpus Iuris* il y a deux autres citations encore, ce qui pourrait indiquer que l'auteur a fait des études de droit; d'autre part, l'attribution à saint Augustin dont nous venons de parler, donne à entendre que ses connaissances juridiques ne sont ni très récentes, ni très solides.

Le Gentilhomme cite-t-il de première main? Voilà qu'il est malaisé de décider. Pour chaque auteur le nombre des citations se réduit dans la plupart des cas à une seule phrase, sauf pour Hermès Trismégiste et pour Sénèque. Du *Pymander* d'Hermès il y a deux citations,[239] de Sénèque il y en a quatre, qui sont prises non seulement dans les *Epistulae ad Lucilium*,[240] mais également dans les *Quaestiones naturales*[241] et dans un écrit qu'on attribuait dans le temps à Sénèque, *De remediis fortuitorum*.[242] Pour ces deux auteurs du moins, il nous paraît probable que le Gentilhomme les cite de première main.

Il nous reste à signaler le court poème qu'on trouve aux pages 42-43 du pamphlet et qui est annoncé simplement comme un «Epigramma Latin». Malgré de longues recherches nous n'avons pu en retrouver l'origine; dans les quatre volumes des *Delitiae poetarum Belgicorum*[243] nous n'avons trouvé aucune trace d'une poésie qui y ressemblât, pas plus que dans les recueils de poètes néo-latins de l'époque.[244] Ni l'ouvrage de Georg Ellinger, *Geschichte der neulateinischen Literatur Deutschlands im 16. Jahrhun-*

---

[237] *Antidote*, p. 65.
[238] *ibid.*, pp. 24-25.
[239] *ibid.*, pp. 26-27 et 111.
[240] *ibid.*, pp. 5 et 34.
[241] *ibid.*, p. 110.
[242] *ibid.*, p. 116.
[243] Sous le pseudonyme Gherus Ranutius, le poète néo-latin Janus Gruterus publia cette anthologie en 1608 à Francfort.
[244] Nous regrettons de n'avoir pu consulter les *Elegiae Heroicae* de Henricus Harius. Ce recueil, publié en 1585 à Cologne, comprenait cinq poèmes, inspirés par la situation politique et religieuse de l'époque et adressés à différents princes des pays de l'Europe. L'ouvrage était déjà fort rare au XVIIIme siècle. Dans *Boekzaal der geleerde wereld*, 1767, deel II, blz. 464, nous avons trouvé la mention d'un exemplaire sur lequel Henricus Cannegieter, qui avait publié les *Tristia* du poète (Arnhem 1766), avait fini par mettre la main. En dépit de nos recherches, nous n'avons pas réussi à retrouver l'ouvrage.

dert,[245] ni celui de Paul Van Tieghem sur *La littérature latine de la Renaissance* [246] ne nous ont fourni aucun indice nous permettant d'avancer la moindre hypothèse quant à l'auteur du poème. Cependant, un détail permet de situer tant soit peu le poète: le texte de l'épigramme nous semble être la paraphrase d'un passage de la *Chronica* de Sébastien Franck, dont quelques expressions se retrouvent, littéralement transposées, dans le poème.[247] Il semble donc qu'on doive chercher le poète dans le milieu même auquel appartenait le Gentilhomme allemand. Malheureusement, puisque les latinistes, pas plus que les écrivains s'exprimant dans leur langue maternelle, n'avaient la liberté de publier impunément des idées hétérodoxes, cet indice n'est pas fait pour faciliter l'identification du poète. Peu d'auteurs se laissaient associer avec le milieu suspect des spiritualistes; voilà pourquoi nous nous sommes particulièrement intéressé au poème latin qui contient un éloge de Coornhert et qui a été publié à la suite du dernier écrit de celui-ci, qui a paru d'abord en traduction latine, *Defensio processus de non occidendis haereticis* (Gouda 1591). Bien que le nom du poète ne soit pas mentionné, l'éminent seiziémiste et grand connaisseur de Coornhert, B. Becker, a conclu qu'il s'agit selon toute probabilité de Cornelius Schonaeus,[248] depuis 1575 proviseur du gymnase de Haarlem, auteur de plusieurs drames latins à l'usage des écoles et de quelques élégies latines.[249] Bien que catholique, il fait preuve, dans l'éloge de Coornhert et dans la dixième élégie «Ad Christum, pro pace, et concordia Ecclesiae»,[250] d'une impartialité totale, n'accusant aucune des parties, dénonçant seulement les faux prophètes dont les paroles risquent de séduire les croyants. Comme il est à l'époque le seul poète néo-latin dont le nom se trouve associé d'assez près à celui d'un représentant du courant spiritualiste, nous avons recherché soigneusement des indices permettant d'établir un lien avec l'épigramme du pamphlet, malheureusement sans succès.[251]

---

[245] Dritter Teil, Bd. I, *Geschichte der neulateinischen Lyrik in den Niederlanden*, Berlin 1933.

[246] Paris 1944.

[247] Nous citons le passage du livre de Franck dans les notes du pamphlet.

[248] «Latijnsche vertalingen van Coornhert's geschriften», dans *De Gulden Passer*, N.R. XIV (1936), blz. 23-27.

[249] Voir sur lui G. Ellinger, *op. cit.*, S. 105-108.

[250] C. Schonaeus, *Comoediae sex*, Harlemi 1592, pp. 431-436.

[251] Sans vouloir rien en inférer, nous signalons cependant la présence, dans l'épigramme, de l'épithète «aethereus» que semble affectionner Schonaeus (*op. cit.*, pp. 434 et 440; *Defensio*, p. 85).

VI. LE RÔLE POLITIQUE ET MILITAIRE DE MARNIX

Contrairement à la *Verantwoordinghe van Sebastiaen Franck*, l'attaque que le Gentilhomme allemand lance contre Marnix vise, non seulement le champion de l'intolérance en matière religieuse et l'apologiste du calvinisme de l'Eglise réformée, mais également l'homme politique qu'était Marnix.

La carrière politique de Marnix a été longue et, somme toute, très honorable. On ne risque point d'exagérer en disant que Marnix a tenu le devant de la scène politique depuis 1572 jusqu'à la mort tragique du prince Guillaume d'Orange en 1584, et même un peu au-delà. Les missions qu'il a remplies, depuis 1572, quand il assiste en représentant du Prince à la première réunion des Etats de Hollande, à Dordrecht, jusqu'en 1583, quand il cède aux instances du Prince, qui lui demande d'accepter la fonction de premier bourgmestre d'Anvers, ont été nombreuses autant que variées.

Qu'elles n'aient pas toutes été couronnées de succès, qui pourrait lui en faire un reproche? La position du jeune Etat n'était pas encore suffisamment établie pour qu'un négociateur pût espérer obtenir des résultats partout où la nécessité l'obligeait à s'adresser pour demander une aide morale ou matérielle. Ce qui est plus grave, et qui a valu à Marnix des inimitiés, c'est qu'à différentes occasions il ne s'est pas montré à la hauteur des événements. Soit par faiblesse de caractère, soit par manque de perspicacité, soit encore par une admiration excessive pour son interlocuteur, il a essuyé des échecs qui à plusieurs reprises ont failli être fatals à son pays.

En 1573 d'abord, quand il a été fait prisonnier par les Espagnols après que la troupe qu'il commandait a été mise en déroute, il se décourage dans sa prison d'Utrecht, et commence à désespérer du succès de l'entreprise du Prince. Il va même jusqu'à dissuader celui-ci de persévérer dans son effort de délivrer les Pays-Bas du règne intolérant des Espagnols: «puisque je vois que nostre religion, par laquelle nous nous fondons simplement et seullement sur la parolle de Dieu, est tant haye et descryée, qu'il est impossible qu'en ce monde icy elle ait lieu de repos, sans croix et persécutions, quy sont tousjours nécessairement joinctes à l'évangile de Christ, j'estime qu'il vault beaucoup mieux quicter toutes les commoditez de la patrie et des biens de ce monde, et vivre en un pays estrange, possédant son âme en pacience, que non pas estre en guerre continuelle, laquelle ne peult amener qu'un ravage de touttes impiétez, malheuretés, et de tout ce qui provoque l'ire de Dieu».[252] Bien entendu, le prince d'Orange n'a pas

[252] Philippe de Marnix au prince d'Orange; 7 novembre 1573. *Corr. et Mél.*, pp. 181-182.

été ébranlé par le découragement de son ami et confident; aussi les négociations que celui-ci avait entamées au sujet d'une reddition, n'ont-elles eu aucune suite. D'autre part, le Prince ne semble pas avoir tenu rigueur à Marnix de son attitude défaitiste,[253] soit qu'il ait été d'avis que Marnix n'a cédé devant les Espagnols que par feinte et pour amadouer ses geôliers,[254] soit qu'il ne pût se passer des talents de Marnix.

Bien autrement grave fut l'échec par lequel se soldèrent, dix ans plus tard, les négociations avec le duc d'Anjou, à qui les Etats-Généraux avaient voulu décerner la souveraineté des Pays-Bas. En effet, si débile était la position de ces provinces qui revendiquaient l'autonomie, qu'elles avaient hâte de chercher un appui auprès d'une des grandes puissances capables de les protéger de l'Espagne: la France et l'Angleterre. Seulement, les opinions divergeaient quant à savoir lequel des deux pays on choisirait. Un groupe important était d'avis qu'il fallait persister à gagner la reine Elisabeth d'Angleterre, en dépit de la tiédeur de ses réactions – entre le 2 janvier et le 19 avril 1576, une ambassade des Etats-Généraux n'avait pu arriver à aucun résultat appréciable [255] – d'autres estiment qu'on n'a rien à attendre d'une reine aussi versatile et qu'il vaut mieux se tourner vers la France afin d'obtenir du frère du roi Henri III, François, duc d'Anjou, qu'il veuille bien accepter la souveraineté – d'ailleurs dûment codifiée et restreinte – des Pays-Bas. Parmi les propagateurs de cette dernière solution le plus militant sera Marnix, qui a fait partie de l'ambassade de 1576 auprès d'Elisabeth, mais qui néanmoins est appelé, dès le 20 juillet de la même année, dans une lettre à Lord Burghley «the only furtherer of the French affairs and enemy of the English».[256] Malgré l'opposition qu'il rencontre auprès des Etats, malgré les conseils que lui prodiguent des correspondants comme Aggaeus Albada,[257] il a persévéré

---

[253] Une lettre du prince d'Orange aux Etats de Hollande, datée du 10 décembre 1574, montre que moins de deux mois après son relâchement, Marnix était de nouveau actif aux côtés du Prince. La lettre se trouve reproduite dans Ph. van Marnix, *Godsd. en kerk. geschriften*, deel III, blz. 175-178.

[254] Telle était du moins l'opinion du frère de Guillaume d'Orange, Louis de Nassau, qui, à propos de la lettre de Marnix, écrit au lantgrave de Hesse: «Mann spürrt auch auss dissem schreiben, wie der gefangene her von Marnix, sonst St. Aldegonde genant, ine [c.-à-d. aux Espagnols] zue gefallen schreiben und meinem herren dingen rathen, die ehr inn seinem herzen selbst vor gefehrlich und gantz ungewiss helt. Er kent aber meines herren gemütt wohl, darum ist ehr so viel da kuner in seinem schreiben» (*Correspondentie van en betreffende Lodewijk van Nassau*, uitg. door P. J. Blok, Utrecht 1887, blz. 131-132).

[255] *Register van de resolutiën, bij de Staten van Holland genomen*, z. pl. en j., blz. 42.

[256] *Calendar of State Papers. Foreign series 1575-1577*, p. 352, Edward Chester to Lord Burghley.

[257] D'Albada, on trouve plusieurs lettres, exprimant sur Anjou des sentiments qui vont de la méfiance au dégoût, dans *Illustrium et clarorum virorum Epistolae selectiores*, Lugd. Bat. 1617.

dans cette attitude jusqu'au bout. C'est une chose très curieuse de voir ce défenseur de la cause calviniste s'adresser, pour lui confier le pouvoir suprême sur des provinces qui luttent pour se libérer des rigueurs du Roi très catholique, à un prince catholique – et à quel prince! Marnix lui-même ne l'avait-il pas comparé à Sardanapale? [258]

Nous ne suivrons point pas à pas les négociations qu'il y eut entre les Etats et celui qu'ils désiraient avoir pour seigneur; qu'il suffise de dire que Marnix y jouait un rôle primordial. Aussi n'est-il guère étonnant de le voir présider à l'ambassade qui part au mois d'août 1580 mettre au point un règlement définitif du traité avec Anjou; ce qui, en revanche, demeure étonnant, c'est que Marnix ne manifeste plus aucune réserve quant à la personne de ce «Sardanapale». En effet, dans une lettre qu'il écrit à Flèche (Gironde), où il a suivi le duc d'Anjou, laissant ses collègues à Tours, il ne se contente pas de protester de sa conviction que le traité avec le Duc constitue pour les Pays-Bas l'unique chance de salut; il se montre complètement sous le charme de ce prince: «Cum Duce Alenconio [259] a nobis transactum esse haud arbitror te ignorare, et scio vidisse conditiones, uti eas Antwerpiam ad Ordines cum literis nostris iamdudum dedimus. In eas nisi reliquae omnes Provinciae confertim pedibus eant, plane statuo, male illis esse et nobis omnibus cessurum. . . . Habeo . . . pro exploratissimo, te, si hunc Principem videris, haud aliter atque ipse ego sensurum. Est enim ingenio mansueto et suavi, iudicio acri, eloquentia non vulgari, fide, nisi me plane omnia fallunt τεκμήρια, integra ac syncera».[260] S'il lui reste quelques doutes, c'est au sujet de l'entourage du Duc, mais, là encore, il se tient assuré que la sagesse de celui-ci, ainsi que la stricte observance des lois suffiront à éviter le pire: « A comitatu Principis huius si quid metuendum est, hoc certe omne illud est, quod quis possit reformidare. Sed omnino mihi persuadeo, tum ipsius prudentiam, atque animi aequitatem, tum et Ordinum diligentiam καὶ των νόμων ἀκρίβειαν huic posse incommodo mederi. Itaque si qui sint, qui posthac adversentur, non possum equidem aliter inducere in animum, nisi patriae illos moliri perniciem».[261] Ce que Marnix montre ici, c'est un des traits essentiellement propres à son caractère, une faculté de sympathie qui frise la naïveté, puisqu'elle lui enlève toute méfiance à l'égard de son interlocuteur tout en lui faisant

---

[258] *ibid.*, p. 695. Marnix à Van der Myle; 20 juillet (1576): «Ego quidem spem non ita optimam habeo, quod audiam non minus Ducem quam regem deliciis plusquam Sardanapaleis diffluere, et adolescentulorum assentatorumque consiliis redundare ac regi.»
[259] Cela avait été le titre du duc d'Anjou avant l'avènement de son frère en 1574.
[260] *Corr. et Mél.*, p. 295. Marnix à Van der Myle; 19 novembre 1580.
[261] *ibid.*, p. 296.

croire qu'il le connaît à fond. Voici, ajouté en post-scriptum à la même lettre, le motif qui l'a porté à accompagner Anjou jusqu'à Flèche: «Ego interea relictis meis collegis, in urbem [sic!] Turonum, Alenconium hucusque comitatus sum, partim, ut si qua possem, tam sanctum institutum promoverem, partim ut principis nostri mores penitius addiscerem. Utrumque successit satis ex sententia nostra».[262] *Ut principis nostri mores penitius addiscerem*: ne semble-t-il pas que Marnix demande à se laisser fasciner? En effet, plusieurs de ses biographes ont relevé ce côté de son caractère, ainsi que la qualité qui en est le résultat positif: très facile à influencer et à dominer, il avait tout ce qu'il fallait pour être un excellent collaborateur.[263] Une fois gagné au duc d'Anjou, il devient le grand propagateur de sa cause, au risque même de déplaire aux Etats.[264] Aussi, quel désappointement quand vient le coup du duc d'Anjou irrité de voir s'opposer par les Etats des manoeuvres ayant pour but de contrôler dans une mesure aussi large que possible le pouvoir qui est octroyé au nouveau Seigneur. Le 17 janvier 1583 celui-ci essaie de s'emparer d'Anvers et de plusieurs autres villes des Pays-Bas du Sud. L'affaire échoue presque entièrement, et le Duc se voit obligé de se retirer. Si les relations ne furent pas rompues complètement et qu'en avril de la même année un nouveau traité fut conclu avec les Etats-Généraux, cela est dû au prince d'Orange, qui a tout fait pour minimiser l'importance de ce qui, dans l'historiographie néerlandaise, est connu sous le nom de «Furie française». Persuadé que les Pays-Bas ne sont ni assez prospères, ni assez unis pour agir seuls contre le roi d'Espagne, n'ayant jamais eu d'illusions quant à la valeur personnelle du prince français, – à aucun endroit de sa correspondance on ne voit qu'il ait parlé de lui avec sympathie – il ne se laisse pas écarter de sa voie par ce qu'il préfère considérer comme un incident. En revanche, Marnix est atterré. Il est vrai que dans ce qu'il a écrit par la suite, il a toujours été très discret sur ce qui s'est passé après la «Furie», – d'une discrétion qui ne laisse pas d'être significative; ainsi, dans la *Response apologeticque,* qui est comme une autobiographie justificative, il désigne l'événement qui l'a tant ébranlé comme «le partement de Monseigneur le Ducq frere du Roy»[265]; ce n'est pas ici qu'on sera tenté d'accuser Marnix d'avoir usé

---

[262] *ibid.*, p. 297.
[263] R. Fruin, «Herinnering aan Marnix van St. Aldegonde», dans *De Gids*, 1898, blz. 384; A. Elkan, *Philipp Marnix von St. Aldegonde*, Leipzig 1910, S. 5.
[264] Chez P. C. Hooft nous lisons dans les *Nederlandsche Historien*, Amsterdam 1677, blz. 843, comment, peu de temps avant de tenter son coup d'Etat, Anjou se présente devant les Etats-Généraux pour y protester contre le peu de pouvoir qu'on lui accorde: «Hiermeê behaalde de heer van Aldegonde, voerende 't woordt van zynentweeghe, kleene eere en dank by de Staaten, ongezint yets meer in te ruymen».
[265] *Corr. et Mél.*, p. 434.

d'un hyperbole! – mais ce qui est sûr, c'est que la démission qu'il donne au prince Guillaume a été aussi brusque que l'isolement dans lequel il se retire, a été complet. Deux ans après, il écrit: «ordinairement maladieux, et sans moyen de m'entretenir en ladicte ville [Anvers], j'importunay tant feu Monseigneur le prince, de bonne mémoire, qu'il fut content de me licentier, pour m'aller tenir en ma maison de Soubourg, en l'isle de Walcheren, (a condition que si à l'advenir il avoit affaire de moy, je me tiendroy prest à son service) où je me retiray en mon privé, m'adonnant à l'agriculture, sans riens me mesler des affaires publicques, non pas mesmes sçavoir ce que se passoit, sauf ce que j'en pouvoye recueillir par le commun bruit».[266] Faut-il s'étonner alors que l'auteur de l'*Antidote* ait conclu au refroidissement de l'amitié du Prince pour Marnix? [267] Nous savons que Marnix n'a pas exagéré l'isolement dans lequel il vécut après les événements de janvier 1583, puisque nous avons un témoignage sur les rapports du Prince et de Marnix au printemps de 1583 dans l'admirable lettre [268] que Pierre de Villiers, pasteur de la Cour et ami intime du Taciturne, adresse au secrétaire d'Etat de la reine Elisabeth, Walsingham, après la chute d'Anvers et la publication de l'apologie de Marnix, le *Brief recit*. Villiers désapprouve la façon dont Marnix présente dans ce pamphlet les événements qui ont mené à la situation désespérée d'Anvers, notamment en ce qui concerne la décision du prince d'Orange de quitter la ville,[269] non seulement cela n'est pas vrai, écrit-il, mais «quand il seroit vrai, que toutesfois Monsr. de Ste. Aldegonde n'en scauroit rien car comme lui mesme le dict il s'estoit retiré d'avecq S. Ex. et je scai bien que par escript S. Ex. ne lui a communicqué lors chose aulcune sinon qu'il lui envoia les memoires pour faire un petit livre qu'il a faict depuis en latin qui s'intitule si bien me souvient adhortatio cuiusdam Germani nobilis ad ordines Germaniae».[270] En effet, nous voyons ici que les relations ont été presque complètement interrompues entre Marnix et le Prince, sans que celui-ci ait fait des avances, du moins

---

[266] *Brief recit de l'estat de la ville d'Anvers du temps de l'assiégement et rendition d'icelle, servant en lieu de Apologie pour Philippe de Marnix, sieur de Mont Sainct-Aldegonde, contre ses accusateurs, au regard de l'administration qu'il y a euë*, s.l. 1585.
L'écrit a été publié dans *Ecrits pol. et hist.*; le passage que nous citons se trouve pp. 242-243.
[267] *Antidote*, p. 15: «Ce sage prince d'Orange de haulte memoire a bien preveu quelques annees devant sa mort, de quel esprit tourbulent vous estiez possedé, quand il vous fyst peu a peu esloigner de son conseil et reculer de sa personne.»
[268] London. Public Record Office MSS, Holland IV, 101. Traduite en anglais, elle est publiée dans le *Calendar of State Papers, Foreign series, Sept. 1585-May 1586*, pp. 115-117.
[269] *Ecrits pol. et hist.*, p. 243.
[270] Villiers fait allusion à la *Seria de reip. christianae statu . . . Commonefactio*, publiée dans *Corr. et Mél.*, pp. 365-398.

pendant un certain temps, afin d'amener Marnix à rentrer en fonction. Qu'il n'ait pas tenu rigueur à Marnix de son découragment et de son abandon, qu'il l'ait engagé, malgré le peu d'empressement qu'il rencontra,[271] à rentrer dans le jeu, ce n'est qu'une preuve de plus du réalisme qui lui défendait de laisser un collaborateur de mérite se retirer des affaires, quitte à lui pardonner des erreurs de jugement et à ne pas tenir trop de compte de l'instabilité de son caractère.

L'événement qui a fait le plus de tort à la réputation de Marnix, au point de mettre une fin définitive à sa carrière politique et de compromettre gravement sa position, c'est le siège et la reddition d'Anvers, et surtout ce qui se passe lors des négociations avec le prince de Parme. Dès la fin de 1583 Marnix s'était laissé persuader par Guillaume d'Orange d'accepter la charge de premier bourgmestre d'Anvers, pour lors la première ville des Pays-Bas. Dans son *Brief recit* Marnix laisse entendre que ce n'est pas de son plein gré qu'il a accepté cette charge. Non seulement il allègue qu'il n'a «oncques vaqué aux offices particulières des villes»,[272] mais il montre de l'humeur, «ayant desja esté employé en plusieurs autres charges beaucoup plus honorables».[273] Pourtant le premier bourgmestre d'Anvers était un personnage considérable, «sans contredit le membre le plus considéré du magistrat et du Conseil municipal. C'est lui qui gardait les clefs de la ville et qui était le chef de la police. Il était le commandant en chef des milices municipales ou Guildes et commandait à son gré les organisations militaires de la ville».[274] Malgré ce qu'une telle position comportait de prestige, l'autorité réelle du bourgmestre était pourtant très limitée, par suite de la décentralisation extrême du pouvoir. Ecoutons encore Marnix, dans son *Brief recit*: «Et quant à l'auctorité, n'aiant nulle vocation extraordinaire, je ne m'en pouvoie attribuer autre que celle que me donnoit ma charge et ma commission. ... Et quant au collège de la ville, ores que j'y tenoie le premier lieu, si n'y avoy je aussy qu'une seule

---

[271] *Ecrits pol. et hist.*, pp. 243-244.
[272] *ibid.*, p. 244.
[273] *ibid.*
[274] L. van der Essen, «Marnix van Sint Aldegonde en de verdediging van Antwerpen in 1584-1585», dans *Marnix van Sinte Aldegonde, officieel Gedenkboek*, blz. 52-53: «De 'buitenburgemeester' te Antwerpen was een aanzienlijke personaliteit en zonder twijfel het bizonderste lid van den magistraat en van den stedelijken Raad. Hij beschikte over de stadssleutels en was het hoofd van de stedelijke politie of veiligheid. Hij was de opperste hoofdman der militaire gilden of 'Schutterijen' en beval naar goeddunken aan de militaire organisaties der stad.»
Senatus Populique Antverpienses. Nobilitas sive septem tribus patriciae Antverpienses, s.l. 1687, p. 40: «Duo Annui sunt Antverpiae Consules summa parique potestate, qui Senatui praesunt: primus vocatur externus, qui quicquid politicam administrationem spectat, sedulus curat, alter qui internus seu oppidanus Consul, princeps est Senatus in Iure dicendo.»

voix, laquelle bien souvent en affaires de grande conséquence a esté surmontée par la pluralité. . . . Au reste, il y avoit un monde de collèges,
lesquels vouloient avoir tous part à la cognoissance et direction des affaires.
. . . Et puis quand il y avoit affaire d'importance, il falloit assembler le
grand Conseil, où les Chefs et Doyens des Mestiers, avecq tous les autres
membres, décernoient des principalles affaires de l'Estat. . . . Or que tout
homme de jugement considère, comment il estoit possible de conduire la
barque en un temps si tempestueux, avecq tant de pilotes et nochers tant
divers».[275]

Il serait oiseux de speculer sur le rôle que Marnix aurait pu jouer s'il
avait eu plus de temps pour organiser la défense de la ville, ou si son
adversaire avait été moins brillant que celui avec qui il dut se mesurer.
Le fait est que le général de l'armée espagnole qui avait décidé de prendre
Anvers, n'était autre qu'Alexandre Farnèse, prince de Parme, et que
Marnix n'eut guère que six mois pour se préparer à une tâche redoutable
et à laquelle il n'était guère préparé, puisque le 10 juillet 1584, le jour
même de l'assassinat de Guillaume d'Orange, l'Espagnol remporta son
premier succès dans ce qui allait être un siège de 13 mois, en s'emparant
du fort de Liefkenshoeck, qui dominait l'Escaut en aval d'Anvers.

Quelles furent les péripéties de ce siège, et quel fut le rôle de Marnix
là-dedans, il nous paraît inutile de le traiter tout au long ici. L'événement
a été amplement étudié, sous des angles différents, par deux historiens, qui
arrivent à la même conclusion quant au rôle que Marnix joua ici: le
professeur Van der Essen consacre au siège d'Anvers le quatrième tome
de son grand ouvrage sur Alexandre Farnèse, où nous lisons: «Nous
sommes convaincu que Marnix de Sainte-Aldegonde n'a pas trahi la cause
pour laquelle il avait travaillé toute sa vie. Il eut le courage de regarder
la réalité en face, et d'agir avec sang-froid, au prix de sa popularité, en
homme d'Etat conscient de sa responsabilité»[276]; et Mlle. Pauline W.
Havelaar examine le rôle de Marnix comme défenseur d'Anvers dans un
article [277] où elle formule sur certains points des réserves quant à l'opportunité de telle initiative, de telle décision, mais où elle le disculpe entièrement de l'accusation d'avoir mal administré la ville et de l'avoir trahie,
sinon vendue, aux Espagnols. S'il n'était pas inutile, après 350 ans, d'exa-

---

[275] *Ecrits pol. et hist.*, pp. 245-247.
[276] L. van der Essen, *Alexandre Farnèse*, t. IV, Bruxelles 1935, p. 146. Voir aussi
la contribution, déjà mentionnée, du même auteur au recueil collectif *Marnix van
Sinte Aldegonde, officieel Gedenkboek*.
[277] Pauline W. Havelaar, «Marnix van St. Aldegonde als verdediger van Antwerpen 1584-1585», dans *Bijdragen voor Vaderlandsche Geschiedenis en Oudheidkunde*,
viie Reeks, Deel VII (1936), blz. 1-33.

miner à fond le problème, on ne saurait s'étonner que les contemporains de l'événement se soient fiés aux apparences et qu'ils aient ajouté foi à des bruits qu'on n'était que trop disposé à répandre. Sans doute, devant cette défaite qui n'était rien de moins qu'une catastrophe, on avait besoin de trouver un bouc émissaire qui puisse laver tous les autres responsables des péchés d'indécision et d'intérêt. Pour ce qui est des changements de front subits comme celui dont on accusait maintenant Marnix, on en avait vu bien des exemples dans ces mêmes provinces du Sud, depuis qu'en 1579 l'unité des 17 provinces avait été rompue; par conséquent, il n'y avait pas de raison de ne pas soupçonner Marnix de tout ce dont on l'entendait charger.

Mais qu'est-ce que celui-ci avait donc fait pour être suspect à presque tous, aux amis de longue date aussi bien qu'à ses ennemis, à tel point qu'il n'y eut guère que quelques-uns, Van der Myle,[278] Lipsius [279] et La Noue,[280] pour lui garder leur estime? C'est, avant tout, d'avoir fait publiquement l'éloge du prince de Parme, après avoir négocié la reddition de la ville, et d'avoir émis l'opinion, dans des lettres personnelles dont cependant les copies n'ont pas tardé à circuler par tout le pays,[281] qu'il

---

[278] *Corr. et Mél.*, p. 327: Marnix à Van der Myle, 2 avril 1586: «Quid in communi calumniandi, prope dixerim, rabie, ad meam tuendam dignitatem praestiteris, multis et sermonibus et testimoniis ad me relatum est.»

[279] *Sylloge Epistolarum*, ed. Petr. Burmannus, Lugd. Bat. 1727, .t I, p. 157; Lipsius à Marnix, 1er avril 1586: «Ostracismus hic quidam est [il parle de l'attitude des autorités à l'égard de Marnix], magis ab invidia virtutis ortus, quam ab odio. Et iidem illi Athenienses, qui removerunt, admovebunt. Vatem hoc dixisse puta. Condunt aliquamdiu nubes solem, sed ille emergit.»

[280] London. Public Record Office, S.P. 78/17. La Noue à La Pree, 9 octobre (1587): «... c'est du Sr. de Sainte Aldagonde qu'on m'a dit estre soupconne des hollandois et des angloys. J'en suys marry car c'est ung personnaige digne d'estre employe. Je l'ay tousjours congneu bien zelle a la religion et a sa patrye et luy porteray ce tesmoingnage qu'il a le coeur et les mains nettes et s'il eust este autrement je l'euse peu scavoir, son exemple m'a faict moings regretter la promesse que j'ay este contraint de faire de ne porter les armes en vostre pays car j'ay pense que puys que cestuy cy qui a tant eu de creance et authorite parmy vostre peuple et n'ayant point mal faict son debvoir n'a laisse d'estre calumnie et rejette de service, qu'auroit on faict a moy qui suis estrangier. ... On ne peult imputer au Sr. de Sainte Aldagonde qu'il ait perdu envers. Il la rendit au temps qu'elle ne se pouvoit sauver et quand j'euse este du coste des estats avec douze mille hommes je n'euse peu la dellivrer, car ayant veu les superbes deffences qu'avoyent faictes les espaignols je tiens qu'elles estoient inforcables. Ce que j'en dis est pour la compassion que l'ay de voir les personnes de meritte souffrir par leurs concitoyens sans occasion. En ces tempestes sy terribles, comme on doibt rigoureusement punir les predicteurs de leur patrye, aussy doibt on honorer les bons patriottes.» En traduction anglaise cette lettre a été publiée dans *Calendar of State Papers, Foreign series 1586-1588*, pp. 389-392.

[281] P. Bor, *Nederlandsche Oorlogen*, deel I, Amsterdam 1679, blz. 615: «Van deze brieven werden vele copyen gesonden, so aen die van de Rade van State tot Uytrecht, aen de Staten van Holland en Uytrecht, als elders.» Voir aussi la *Response apologeticque (Corr. et Mél.*, p. 426), où Marnix fait allusion lui-même aux copies qu'on a

valait mieux renoncer à la guerre et qu'il fallait essayer de conclure la paix avec les Espagnols.

En effet, après avoir attendu en vain que la flotte des Etats se hasarde à attaquer les fortifications espagnoles sur l'Escaut,[282] après avoir vainement tenté d'obtenir le secours du Roi de France,[283] désespérant de voir arriver à temps des troupes tant soit peu suffisantes de la reine Elisabeth,[284] acculé à une extrême disette de vivres,[285] il se décide à entamer des négociations avec le prince de Parme. Bien entendu, de ce qui s'est passé au château de Beveren, non loin de la ville assiégée, où se faisaient les négociations, on ne connaît pas les détails, et, s'il faut juger du rôle que joua Marnix par les conditions qu'il sut obtenir pour les habitants et la garnison, et qui furent extrêmement avantageuses,[286] on ne peut que louer le premier bourgmestre du talent qu'il a dû déployer. Mais nous connaissons la position initiale de Marnix, par la lettre [287] qu'il adressa, presque à titre personnel, au prince de Parme avant même que le Grand Conseil de la ville se fût prononcée sur l'opportunité de négocier la reddition. A la lecture de cette lettre on ne peut pas ne pas s'étonner de voir Marnix s'engager plus avant qu'il ne convient au premier magistrat d'une ville – dont il n'a même reçu aucun plein-pouvoir – dès le premier début d'une négociation qui ne pourra manquer d'être difficile. Ne va-t-il pas jusqu'à

faites d'une de ses lettres d'alors: «Mes lettres que sur ce subject j'escrivis au feu Seigneur de Meetkercke sont encor en estre.»

[282] *Ecrits pol. et hist.*, pp. 266-267.

[283] Voir le *Mémoire inédit de Philippe de Marnix sur un projet de donation des dix-sept Provinces à la France*, daté de 1585, dans *Ecrits Pol. et hist.*, pp. 355-372.

[284] Ph. van Marnix, *Godsd. en Kerk. Geschr.*, deel III, blz. 213; Marnix à Chr. Roels, 16 octobre 1585: «Vous dites que Dieu nous donna les moiens d'Angleterre pour nostre delivrance avant le terme prefix. Je ne say de quel terme vous parlez, mais d'un point je suis bien asseuré, qu'il estoit impossible que la ville tint bon jusques a l'arrivée des puissances angloises en Zelande. Vous pouvez juger du reste. Et quand ainsy ne seroit, si n'y a homme de jugement qui puisse dire que ce qui est arrivé d'Anglois estoit bastant pour nostre delivrance.» Que Marnix n'ait pas eu de confiance en la Reine, dont il connaissait bien la nature capricieuse et irrésolue, c'est ce qui se montre aussi dans la remarque spirituelle que rapporte le colonel anglais Thomas Morgan dans sa lettre à Walsingham du 1er janvier 1586: «He thought some future advice would either alter or at the least detract the accomplishment of her determination; the rather for that she had so long been wedded to peace, he supposed it a thing impossible to divorce her from so sweet a spouse». (*Calendar of State Papers, Foreign series, Sept. 1585-May 1586*, p. 274).

[285] *Ecrits pol. et hist.*, p. 269: «le sixième de juillet, ... tout le magazin (était) si bien espuisé, qu'il ne restoit riens fors ce que avec grande peine, difficulté et altérations l'on tiroit des maisons des particuliers.»

[286] Elles ont été publiées, telles qu'elles ont paru en 1585 chez Plantin, dans les *Ecrits pol. et hist.*, pp. 327-342.

[287] La lettre n'aurait jamais été délivrée à son destinataire; elle n'a été conservée que parce que Marnix la comprend parmi les pièces justificatives qu'il joint à son *Brief recit, (Ecrits pol. et hist.*, pp. 298-300). Dans le même écrit, Marnix s'est exprimé sur les motifs qu'il a eus en écrivant la lettre et sur les circonstances qui ont accompagné son expédition; *ibid.*, pp. 260-261.

mettre en cause la légitimité même de la lutte des Pays-Bas? «Le regret que j'ay d'entendre, qu'aucuns et mesme Vostre Altèze auroit ceste impression de moy, que je tasche de gayeté de coeur d'entretenir ceste guerre, faict que je désire la esclaircir de la vérité. Or, je confesse que dès mon jeune aage j'ay suivy la religion qui a esté pardeça persécutée à feu et à sang. Et combien que je ne fus oncques d'advis, que a aucun subjet particulier, il fut loisible de prendre les armes contre ses superieurs pour la maintenir: si est il que depuis que les Estats et Gouverneurs du pays ont prinse ceste querelle pour défendre le peuple, qui par sinistres informations se trouvoit oppressée sans pouvoir estre ouy en justice, et que je me suis trouvé y avoir légitime vocation, j'ay prins la chose à coeur, et m'en suis employé jusqu'au bout. Espérant qu'avecq le temps l'on gaignera pour le moins ce point, d'obtenir meilleure audience et cognoissance de cause».[288] S'il est vrai sans doute – Mlle Pauline W. Havelaar en fait la remarque [289] – que ce passage sur le rôle des autorités, seules capables de justifier une révolte contre le Prince, ne contient rien qui ne soit conforme à la doctrine de Calvin, qui est la base de toute l'activité politique de Marnix, on peut avoir des réserves sur l'opportunité d'une telle attitude, d'autant plus que Marnix écrit un peu plus loin: «Voiant encor' à présent le peu d'apparence qu'il y a de parvenir à une tranquillité géneralle, et qu'en lieu de mettre fin aux misères du peuple, nous allons les accroissans de plus en plus, ... je me suis advisé de m'addresser à Vostre Altèze, ... pour la supplier treshumblement, qu'il luy plaise me permettre, que pour faire une fois fin à ceste guerre, je puisse traicter avecq ceux de Hollande et Zélande, ... afin qu'ils se déportent de toutes ulterieures poursuites et appareils de guerre, et ensemble avec nous et ceux de Malines et autres provinces et villes unies se rengent à l'obéissance de Sa Majesté et de Vostre Altèze».[290] Tout ce qu'il faudrait que le Prince consente pour que Marnix se décide à plaider la reddition auprès des Etats, ce serait d'oublier «toutes choses passées», et – mais que Marnix est circonspect en abordant ce sujet! – de permettre «quelque liberté de la religion, ores qu'elle ne fust que provisionnelle jusques à quelque Concile Général ou Synode Provincial».[291]

Que dans tout ceci Marnix ait agi de bonne foi, cela nous paraît évident. Sinon, aurait-il publié ce document qu'il était sans doute seul à connaître?

---

[288] ibid., p. 298.
[289] art. cité, blz. 18: «Wat Marnix hier in enkele woorden uiteenzet, het is de bij het germaansche recht aansluitende leer van Calvijn omtrent het recht van verzet, de bodem dus, waarin heel zijn levenswerk wortelde. Van een verloochenen van de zaak van den opstand is dus in dezen brief in het geheel geen sprake.»
[290] Ecrits pol. et hist., p. 299.
[291] ibid., pp. 299-300.

Ce qu'il ne faut pas oublier non plus, c'est que Marnix fait ces avances à titre personnel, sans engager aucunement ni les Etats-Généraux, ni les Etats d'aucune province particulière. Ensuite, pour Marnix, le grand motif qui justifie l'insurrection contre le roi d'Espagne, ce n'est pas la violation des droits civils par ce même Roi, laquelle avait amené les Etats-Généraux à promulguer, en 1581, l'Acte de déchéance, mais c'est l'obligation morale, valable pour tous les chrétiens, d'obéir à Dieu plutôt qu'à aucun être humain, quelle que soit sa puissance, et, par conséquent, de désobéir aux hommes, si c'est par là seulement qu'ils peuvent obéir à Dieu. C'est cette conviction qui a dicté sa conduite lors de sa captivité en 1573, c'est à cause de cette conviction encore qu'il essaye maintenant d'obtenir d'un prince clément et raisonnable des conditions qui permettent de sauver la liberté de religion, qui, pour lui, est la seule qui compte. Finalement, il ne faut pas oublier que Marnix n'est pas seul, dans ces années difficiles, à souhaiter qu'on fasse la paix. Outre ces citoyens d'Anvers dont parle Marnix lui-même dans son *Brief recit*, que décourage la mort du prince d'Orange, si bien que dès le début du siège ils s'assemblent, «presentans requeste, afin que l'on voulsist entendre à accorder»,[292] outre aussi un esprit brouillon comme Dathenus, un des plus enragés parmi les meneurs calvinistes, qui n'hésita pas à s'en prendre à Guillaume d'Orange lui-même, et qu'on accuse maintenant de s'être vendu aux Espagnols,[293] nous savons que des hommes de talent et de mérite, tels que le chancelier de Brabant, Liesveld [294] et Aggaeus Albada [295] ont recommandé de négocier avec les Espagnols.[296]

[292] *ibid.*, p. 253.
[293] *Werken der Marnix-Vereeniging*, Serie III, deel V, blz. 224; lettre de Jean Taffin à Arnoldus Cornelii, du 5 novembre 1584: «Dathenum audio, Parmensi pecunia corruptum, exitiosam illam pacis larvam Gandavi procurasse ac etiamnum Gaudae et in alijs Hollandiae oppidis virus idem spargere. Ah, quanta offendiculorum mole obruitur sancta Ministerij verbi majestas!» D'ailleurs, une lettre d'Arnoldus Cornelii au pasteur de Gand, Jacobus Regius, du 17 février 1584, montre que, dès avant l'assassinat du Prince, certains pasteurs avaient perdu courage au point de préconiser l'accord avec les Espagnols: «Denique huius consilii tractandi cum hoste esse participem unum atque alterum Ministrum, quod quidem ita esse mihi persuadere non possum, ita te idcirco monitum volui, ut videas quam prudenter nostri Ordinis hominibus in istis rebus sit versandum» (*ibid.*, p. 336).
[294] F. Strada, *De bello belgico*, Romae 1648, p. 290: (Dec. II, lib. V) «Sed Bruxellis evocatus Antverpiam Liesveltius Brabantiae Cancellarius, ut legationem in Galliam obiret, non modo se oneri exemit, sed ausus reconciliationem cum Hispaniae Rege suadere.»
[295] *Illustrium et clarorum virorum Epistolae selectiores*, Lugd. Bat. 1617, p. 960; Aggaeus Albada à Van der Myle, Coloniae, 1er sept. 1584: «Incidit in mentem meam saepius, an non praestaret Ordines inter haec mala super pace ineunda cogitare: vestrae sane Provinciae magnum onus incumbit. Nam ab ea vicinae omnes dependent; et tamen perditis nobis vos salvi esse non potestis, qui intus aeque discordiis et factionibus, quam nos laboratis. In commune vero aequiores conditiones obtenturi essemus. Quid multis? Quod ad me attinet, indies magis abhorrere incipio ab eo bello, in quo nos perdere semper plus, quam vincere necesse est.»
[296] Après la chute d'Anvers ce découragement s'est-il généralisé? Dans une lettre

Si on ne peut pas raisonnablement accuser Marnix d'avoir trahi son pays, on a bien le droit de lui faire certains reproches, et notamment sur la manière qu'il a de s'avancer sur le devant de la scène pour briller. En effet, la correspondance que Marnix a eue entre le 8 juin et le 15 juillet 1585 avec le conseiller Jean Richardot, l'homme de confiance du prince de Parme, nous montre pas à pas les démarches préliminaires qui ont conduit aux négociations au sujet de la reddition d'Anvers.[297] Nous y voyons que Marnix fait bon accueil aux propositions de Richardot concernant des pourparlers et, à l'instant, met sur le tapis ses idées sur une paix générale qu'il avait déjà débitées dans sa lettre du 31 mai au prince de Parme: «Je trouveroye du tout necessaire que le traicté pust estre général, et que ceste ville demeurast conjoincte avecq lesdictes provinces, et singulièrement avecq ceulx de Hollande et Zeelande».[298] Mais il se trouve, dès le 16 juin, que Marnix a surestimé les possibilités qu'il avait de garder pour lui le rôle de pacificateur: «Comme l'affaire a esté par trop divulguée, ... je n'ay trouvé ne conseillé ny faisable de me mettre en chemin sans le communicquer aux membres [du conseil], non pas toutesfois en forme de délibération, mais comme une chose que nous avions résolue».[299] Il n'est guère étonnant que le conseil n'accepte point de laisser partir son premier bourgmestre, «pour les dangers qu'ilz s'imaginent», ainsi que l'écrit Marnix, qui pourtant ne se laisse pas décourager: «De ma part, je demeure en ma première résolution; et je tascheray d'obtenir congé de povoir m'acheminer vers Son Altèze, à quelque pris que ce soit, et espère d'en venir au boult ledict jour de mardy ou merquedy. ... Et si, par aventure, n'en povoy achever, comme les humeurs du peuple sont divers, je vous prie de croire que ne fauldray en toutes façons à procurer ce que desjà j'ay promis, et tascher, par tous moiens, que nous puissions venir à une fin de ceste guerre, laquelle, pour une infinité de respectz, m'ennuye extrêmement».[300]

Le 5 juillet suivant, comme les délibérations des membres du conseil n'ont encore produit aucun résultat, Marnix tient à assurer son correspon-

du capitaine anglais Roger Williams au chancelier Walsingham, du 23 août 1585, nous lisons: «the people say in general they will accept a peace unless her Majesty doth sovereign them presently» (*Calendar of State Papers, Foreign series 1584-1585,* p. 673.

[297] Cette correspondance a été publiée dans le *Bulletin de la Commission royale d'histoire,* 3me série, tome IX (1867), pp. 329-354. A la collection manque la première lettre, du 7 juin, écrite par Richardot. Par conséquent, il est impossible de savoir si Richardot répond à la lettre que Marnix adressa le 31 mai au prince de Parme ou bien s'il écrit de sa propre initiative.

[298] *ibid.,* p. 331.

[299] *ibid.,* p. 336-337.

[300] *ibid.,* p. 337.

dant – et, par l'intermédiaire de celui-ci, le prince de Parme lui-même – de son zèle : « Je ne sçay encor si je m'y trouveray [c.-à-d. parmi les députés de la ville], combien que j'espère qu'ouy, si l'on me permet de m'éloigner si longtemps d'icy. Quoi qu'il en soit, je vous supplie de croire que je y ay apporté et y apporteray toute sincérité de ma part, quoyque l'on me tasche de calumnier tant envers l'une part que l'aultre, et que je surmonteray par mon innocence toute la malice de mes adversaires et mesdisans. Et s'il plaît à Son Altèze s'eslargir tant que, pour le repos et tranquillité de ces pays, et pour une fois retrancher toutes occasions de diffidence, que de nous ottroyer quelque liberté de nostre religion, je m'ose promettre que je luy feray tel et si fidèle service, qu'elle aura occasion d'en recevoir contentement et satisfaction, ainsy que j'espère luy donner à cognoistre, si j'ay cest honneur de luy baiser les mains ».[301]

Si c'est dans un tel esprit que les négociations sont entamées, on comprend que l'ambiance soit devenue chaleureuse au cours des rencontres qu'eut Marnix avec son illustre interlocuteur; on comprend aussi que Marnix se soit efforcé de distancer les autres députés d'Anvers en s'insinuant dans la familiarité de Parme. C'est de cette attitude qu'on fait à l'époque le principal grief contre Marnix; dans un rapport qui est sans doute du mois d'août 1585 et qui porte le titre « Secret Advertissement d'ung bon patriot d'Anvers »[302] nous lisons que Marnix a recherché la compagnie du prince de Parme, « avecq Lequel il a tenu audict Bevere [la résidence du Prince pendant le siège] longes et privees communications, sans qu'aulcuns des deputez y ont esté present, tellement qu'il s'en a vanté depuis d'avoir entendu alors dudict Parma secretes entreprinses ». N'est-ce pas la même attitude que nous avons montré qu'il a eue lors des négociations avec le duc d'Anjou? Par un mimétisme sans doute involontaire il s'était laissé charmer par celui-ci, comme aujourd'hui il ne résiste pas au charme du Prince, qu'il n'hésite pas à combler de louanges : « estant retourné de Bevere il exalta jusques au Ciel, en plein Conseil, ledict Parme, disant qu'il estoit ung Prince vertueux, magnanim, bening, affable etc. et que la ville, voire le pays bas sera bien heureux de venir soubz le Gouvernement d'ung tel Prince, et s'il en eust sceu, il eust travaillé et conseille passé ans et sepmaines affin de traicter la paix avecq ledict Parme ».[303] Dans son *Brief recit*, Marnix se défend contre l'accusation portée contre lui à ce sujet : « Je proteste devant Dieu, que je n'ay riens dict qui à mon jugement ne fust plus que veritable: combien que j'en parlay assez sobre-

---

[301] *ibid.*, p. 345.
[302] London. Public Record Office. State Papers MSS, Holland III, 44 (août 1585).
[303] *ibid.*

ment pour éviter tout soubçon: mais puis que la vertu est admirable et digne de louange, mesmes aux ennemis: il n'y a homme de sens rassis qui me pourra reprendre d'avoir simplement dict de celuy que je prévoyoye devoir estre bien tost maistre de la ville, ce qu'à la vérité j'avoye trouvé en luy et pouvoit servir à oster les deffiances hors des coeurs de ceux qui se devoient ranger soubs son obeissance».[304] De même, pour s'excuser d'avoir recommandé la soumission de toutes les provinces au roi d'Espagne, il proteste de la sincérité de ses intentions et de la fermeté de sa conviction que le bon sens ordonne de mettre fin à une guerre qu'il croit fatale à son pays: «Que s'il luy plaisoit nous faire ceste grace . . . de tollerer ses subjects en ce qui touche leur conscience et le service qu'ils doivent à Dieu, et leur donner une bonne paix . . ., je dis franchement que je tiendroys pour abominables ceux qui voudroyent encor continuer ceste misérable guerre».[305] C'est parce qu'il est persuadé d'avoir les mains nettes qu'il repond avec tant d'amertume aux attaques ouvertes que lui adressent des gens qu'il croyait pouvoir considérer comme des amis.[306] C'est pour la même raison qu'il s'installe tranquillement dans son château de Souburg en Zélande, sans en avoir obtenu l'autorisation.[307]

La meilleure appréciation du rôle de Marnix dans cette affaire est sans doute celle que donne Pierre de Villiers, le pasteur de la Cour du prince Guillaume d'Orange, dans une lettre qu'il adresse au secrétaire d'Etat de la reine d'Angleterre, Walsingham: «Premierement je ne veuil point nier que je n'aie aimé et admiré les vertus de Monsieur de Ste. Aldegonde, et encores que je ne les aime. Et peut estre si je vouloi me plaindre que j'auroi bien quelque occasion, principallement pour les propos tenus entre lui et le Prince de Parme, mais pour plusieurs raisons je m'en abstien. . . . Au reste je confesse avoir tousiours trouvé mauvais qu'on condamne un tel personnage sans le vouloir ouir, et voici bien en plusieurs des affections particullieres qui estoient couvertes du manteau du bien publicq, or maintenant puisque son apologie est venue en evidence, il me semble rester d'en juger, combien que j'eusse mieux aimé qu'il se fust defandu de bouche que par escript. J'y ai observé trois choses . . . – le – second poinct de la confusion de la ville dont il infere la difficulté du gouvernement, le

---

[304] *Ecrits pol. et hist.*, pp. 288-289.
[305] *ibid.*, p. 290.
[306] Voir en particulier la correspondance avec le secrétaire des Etats de Zélande, Christoffel Roels, dans *Godsd. en kerk. geschriften*, deel III, blz. 200-222.
[307] *Register van Holland en Westvriesland Van den jaare 1585*, z. pl. en j., blz. 517: «Wij geensints geraden en vinden nog verstaan, dat den voornoemden St. Aldegonde, nogte ook syne Huisvrouwe en kinderen, daar toe Paspoort verleent, of eenigsints toegelaten werde, om in Holland ofte Zeeland te koomen» (18 août).

dernier est la conclusion contenante la louange du Prince de Parme et son desir qu'il a de la paix. ... Quant au second point qui contient un long discours de l'estat de la ville, je cognoi bien plusieurs choses estre veritables, car je les y ai veues a mon tres grand regret et y ont esté advancees et entretenues par plusieurs qui ne le debvroient pas faire; aultres choses, qui sont advenues du temps de son magistrat, sont questions de faict desquelles je ne puis respondre, mais si elles sont vraies, je trouve qu'il a de grandes raisons et le trouveroi en plusieurs choses excusable, j'en laisse neantmoins le jugement a ceuls qui ont eu communication du conseil.

Quant au troisieme, si le Prince de Parme avoit de telles vertus qu'il dict je ne trouveroi neantmoins bon de les publier au peuple, mais bien entre gens sages et discrets, comme il pourroit deviser avecq gens resolus des vertus du Duc d'Albe ou de feu Monsr. de Guise et encores est il meilleur apres leur mort d'en parler que de leur vivant pendant qu'ils sont ennemis. Mais je trouve ici deux faultes; l'un est qu'il est abusé en ce que le Prince de Parme n'a aulcune de telles vertus, mais bien suivant les regles du Prince de Macchiavel il en a les apparences pour s'en servir a desseing, mais que la fin en descouvrira trop, mais a present il fault considerer quelles gens il a pres de soi et on trouvera par la quel est son naturel qu'il couvre artificieusement et ne m'esbahi pas s'il en trompe plusieurs aultres quand il trompe un tel personnage; l'aultre faulte est qu'en ce desnombrement de ses vertus et l'exemple des villes qu'il dict avoir esté si bien traictees (ce qui est faux toutesfois), il donne trop d'occasion a plusieurs villes de cercher leur appointement quand Monsr. de Ste. Aldegonde, qui les a si souvent advertis de se donner garde de l'appast de l'espaignol, vient a chanter les louanges si hault du Prince de Parme et le bon traictement des villes. Et quant a la conclusion de la paix, encores qu'en disputant pour plaisir comme on faict es escolles que ses propositions sont vraies, toutesfois puisqu'en l'estat on ne dispute point des questions generalles, ains des particulieres, c'est hors de propos de debattre telles questions [308] et mesmes est dommageable, mais il fault vestir la question de sa circonstance et debattre si en ce temps, estant le païs en

---

[308] Il semble que ce ne soit pas par hasard que Villiers ajoute cette réflexion: Marnix avait la réputation d'aimer les discussions générales, ainsi que le montre une lettre du pasteur réformé de Dordrecht, Hendrik van den Corput, à son confrère Arnoldus Cornelii (*Werken der Marnix-vereeniging*, Serie III, deel II, blz. 273). Parlant des recommandations d'une paix avec l'Espagne qu'il entend faire autour de lui de nouveau — la lettre, non datée, semble être de la fin de 1586 ou du début de 1587 —, il écrit: «indien nu weder onlancx sulcke propoosten by eenige sijn gevallen, al en waer 't maer disputerens wijs oft vut schertz om andere te hooren spreken, gelijck wel sijn maniere van doen is»; bien que Van den Corput ne nomme pas Marnix, le contexte montre clairement que c'est à lui qu'il pense.

tel estat qu'il est, le Roi d'Espaigne et sa maison et ses alliances et intelligences, sa puissance sur le peuple en cas qu'on se fust accorde estant telle
qu'elle est, s'il est non seulement utile, mais possible de faire accord en
facon que ce soit avecq lui sans la ruine inevitable de la religion de fond
en comble, et quant a moi je suis d'advis que non, et neantmoins je n'aime
non plus la guerre qu'un aultre quel qui soit.

Voila Monsr. quel est mon petit advis lequel il vous plaist tenir pour
vous et ne le communiquer a beaucoup de personnes, car je ne laisse
d'aimer et estimer grandement Monsieur de Ste. Aldegonde».[309]

Si tel a été le verdict d'un homme qui, jouant dans la guerre contre
l'Espagne un rôle assez comparable à celui de Marnix lui-même, a connu
les mérites et compris les difficultés de celui-ci mieux que d'autres qui,
entrés plus tard dans la lutte, envisageaient la situation sous un autre angle
et avaient moins d'indulgence pour un homme dont ils n'avaient vu que
les échecs, on comprend que, malgré ses efforts réitérés de remettre le pied
à l'étrier, Marnix n'a plus joué de rôle politique après les événements de
1585. «Cependant, quelques années après, on a de nouveau profité de ses
services pour le bien du pays, entre autres en le chargeant d'ambassades
honorables, mais non dans l'administration», c'est par cette phrase sobre
que l'historien gueldrois Everhart van Reyd termine le commentaire qu'il
consacre à la chute d'Anvers.[310] La principale activité de Marnix, pour
laquelle il recevra une nomination officielle des Etats-Généraux en août
1594,[311] ce sera désormais la traduction de la Bible, que d'ailleurs il n'a
que très partiellement accomplie.[312]

---

[309] London. Public Record Office. State Papers MSS, Holland III, 84. Pierre
de Villiers à Walsingham, 2 novembre 1585. Traduite en anglais, cette lettre a été
publiée dans le *Calendar of State Papers, Foreign series, Sept. 1585-May 1586*, pp.
115 f.
Si nous l'avons si longuement cité, c'est que ce précieux document n'a été utilisé ni
par Mlle Pauline W. Havelaar, ni par L. van der Essen. Il s'en trouve un bref résumé
dans la thèse de Mlle. C. Boer, *Hofpredikers van Prins Willem van Oranje; Jean
Taffin en Pierre Loyseleur de Villiers*, 's-Gravenhage 1952, blz. 137-138.
[310] Everhart van Reyd, *Voornaemste Gheschiedenissen in de Nederlanden ende
elders*, Arnhem 1626. blz. 94: «Doch is hy eenighe Jaren daer na wederom ghebruyckt
in eerlijcke Legatien ende Lants-diensten, maer niet in de regieringe.»
[311] *Resolutiën der Staten-Generaal*, deel VIII, 's-Gravenhage 1925, blz. 326. Marnix fut nommé le 21 octobre 1594; voir, sur les pourparlers qui précédèrent cette
nomination, l'article de R. Fruin, «Marnix' aanstelling als bijbelvertaler», publié
dans les *Verspreide Geschriften* de l'auteur, deel IX, blz. 78 vlg.
[312] *Werken der Marnix-Vereeniging*, serie III, deel V, blz. 353. Arnoldus Cornelii
à Jac. Regius, pasteur réformé à Londres, 12 janvier 1601: «de versione Bibliorum
quod percontaris, Synodus quidem nostra Hollandiae illam urget, atque operi huic
quosdam designavit. ... Exspectatio multorum de Marnixio magna fuit, sed vix cre-
das quam ille parum promoverit, aliis potius occupationibus distractus.»

VII. EMMERY DE LYERE, AUTEUR DE L'*ANTIDOTE*

De ce qui précède, nous trouvons bien des reflets dans l'*Antidote*. En effet, l'auteur est aussi bien au courant des activités récentes de son adversaire – il fait allusion à la traduction de la Bible à laquelle Marnix s'occupe [313] – que du rôle politique que celui-ci a joué dans le passé: surtout – et c'est bien pourquoi nous nous y sommes attardé – il attaque Marnix sur la complaisance qu'il a manifestée à l'égard du prince de Parme, n'hésitant pas à l'accuser d'avoir voulu se rendre agréable au roi d'Espagne.[314] Il se réclame même de «quelque familiarité et accointance» qu'il aurait eue autrefois avec son correspondant, celui-ci «estant exilé en ce Pays»,[315] ce qui nous ramène aux premières années de l'insurrection, où, entre avril 1567 et juillet 1572, Marnix séjourna en Allemagne. Même en admettant que cette référence à un passé déjà lointain a pu n'être qu'un leurre, destiné à justifier le sobriquet de «Gentilhomme Allemand» que se donne l'auteur, sinon à brouiller les pistes – et nous avouerons qu'il ne nous a pas été possible de vérifier cette affirmation du Gentilhomme – il est temps de nous demander qui est celui qui a lancé cette attaque violente contre Marnix.

Disons, pour commencer, que pour Marnix lui-même cela n'était point un mystère. Si, dans la *Response Apologeticque* qu'il publia en 1598, aussitôt après son retour en Hollande, il ne désigne pas nommément son adversaire, dans des conversations privées il donne à entendre qu'il considère comme l'auteur du pamphlet le gouverneur de Willemstad, Emmery de Lyere. Dans la *Response Apologeticque,* il se borne à faire quelques allusions quant à l'identité du Gentilhomme: «jugeant de l'oiseau à son chant ou à ses plumes, et recognoissant evidemment son stile, ses propos, ses sentences et conceptions bigarrées, je devineroie bien qu'il est originel de nostre nation, mais qu'autrefois ses ancestres aians este refugés en quelque coing d'Allemagne ou des Suisses pour y exercer secretement le libertinisme, il y pourroit avoir esté avorté, et s'estant depuis accointé par alliance à son grand prophete David George, ou à quelcun de sa race, il penseroit par là avoir prins le grade de ceste noblesse allemande, dont il se vante».[316] Si vague que soit cette description, elle est suffisamment

---

[313] *Antidote*, p. 83: «doué de la sapience de Salomon a donner sentence du bien et mal, et orné comme les Apostres du don des langues a pouvoir translater la Bible.»
[314] *ibid*., pp. 12-13; «Le Roy d'Espagne ... est bien tenu a telz conseilliers sanguinaires et semblables a luy, qui luy preparent une si belle victoire.»
[315] *ibid*., p. 4.
[316] *Corr. et Mél.*, p. 408.

précise pour qu'on puisse en conclure que Marnix en savait aussi long sur le passé de son adversaire que celui-ci sur le sien.

Or, Marnix a frappé juste en désignant De Lyere comme l'auteur du pamphlet. Evidemment, pour le prouver, nous ne pouvons procéder de la même manière que Marnix, qui peut se baser sur la connaissance qu'il a de l'homme qui, comme lui-même, a appartenu à la Cour du Taciturne. «Son stile, ses propos, sa façon d'argumenter, le subject de la cause qu'il maintient, l'ignorance des lettres et sciences dont il se vante, la conversation qu'il se dit avoir eu avecques moi, les opinions qu'il maintient, les sentences qu'il allegue, le larcin des livres qu'il prend plaisir à lire, le tiltre qu'il se donne de gentilhomme alemand, et plusieurs autres indices le descouvrent à veuë d'oeil,» écrit-il dans la *Response apologeticque*.[317] Pour approcher le problème sous le même angle, nous n'avons pas assez de données; cependant, ce que nous savons du personnage, s'accorde parfaitement avec l'attribution de Marnix. Ainsi, il est significatif que le pamphlet est écrit en français; l'*Ondersoeckinge* de Marnix, ainsi que la *Verantwoordinghe van Sebastiaen Franck* et l'*Apologia Sebastiani Franck* sont écrits en néerlandais. Or, à l'exception de quelques rares billets qu'il adressait à des habitants de l'île dont il était le gouverneur, et des deux poèmes qui accompagnent les extraits de la traduction hollandaise de l'*Antidote* dans l'ouvrage de Pieter Jansz. Twisck, *Religions Vrijheyt*, et que nous publions plus bas dans l'annexe II, tous les textes que nous connaissons d'Emmery de Lyere sont écrits en français. C'est dans cette langue qu'il écrivait ses rapports officiels, et qu'il s'adressait à des correspondants allemands, comme le comte Jean de Nassau,[318] néerlandais, tels que Christiaan Huygens [319] et Pieter Schaep,[320] et anglais, le chancelier Walsingham.[321] C'est même au sujet du français de De Lyere que Marnix se moque de lui dans sa *Response apologeticque*: «Sil estoit allemand, il devoit plustost m'avoir respondu en la langue allemande, ou en la latine. Car ce n'est pas la coutume des allemands, et mesmes gentilshommes, de respondre sur nos écrits emanés en nostre langue theutonique ou basse allemande, sinon ou en allemand ou en latin: principallement quand ils ne sont pas trop bien stilés en la françoise. . . . Là ou il est question de dire chose qu'un autre n'a dite ou escrite devant luy, il monstre bien qu'il

---

[317] *ibid.*, p. 486.
[318] G. Groen van Prinsterer, *Archives . . . de la maison d'Orange-Nassau*, 1re série, t. VI, p. 655.
[319] Amsterdam. Universiteitsbibliotheek. 27 y 1 et 27 y 2, respectivement du 17 avril et du 5 décembre 1590.
[320] Leiden. Universiteitsbibliotheek. Papenbroek 2.
[321] London. Public Record Office. State Papers MSS. Holland III, 43 et 44.

n'avoit pas grande occasion d'escrire si mal proprement en une langue estrangere, la faisant regorger d'une infinité de traicts et phrases, que l'on voit estre plustost flamingues que françoises, comme quand au front de son livre, il s'appelle *studieux à la paix*: et puis apres il parle *d'avoir grande soif apres le sang, et faim apres la Justice: que le coeur lui epasme*, avecq un monde d'autres semblables gentillesses».[322] Il est vrai que le langage où s'exprime le Gentilhomme est loin d'être toujours correct. Pour ce qui est de l'*Antidote*, il est probable que plusieurs fautes qu'on y rencontre sont dues à la hâte avec laquelle l'ouvrage a été composé et imprimé. L'auteur le dit à la fin du livre: «Ceulx qui ne trouveront en aulcuns endroictz de cest escrit l'ordre Dyalectique assez distinctement observé, m'excuseront sur ce que la minute m'a esté ravye des mains, devant que je l'aye peu du tout revoir et qu'une bonne partye a esté soubministrée par intervalles a l'Imprimeur sur la presse».[323]

Sans doute, l'excuse est valable pour le pamphlet, mais dans les lettres qui nous restent de l'auteur on rencontre aussi des solécismes souvent bien étonnants, tels que «l'ennemi me l'empechera»,[324] «a voz despences»,[325] et même un barbarisme comme «afin qu'il tenisse».[326]

Quant aux sources où De Lyere a puisé en composant son pamphlet, on n'en retrouve guère de trace dans ses autres écrits; les citations ne sont pas de mise dans une lettre privée, et pour ce qui est de la *Defence D'Emmery De Lyere*, sans compter que Montaigne et Franck étaient de peu d'utilité pour traiter le sujet de cet écrit, l'auteur avait intérêt à ne pas faire de nouveaux emprunts, pour ne pas se signaler par là; au contraire, la modestie et l'humilité étaient plus appropriées à la situation que l'érudition. Aussi ne rencontre-t-on dans la *Defence* aucune de ces tournures qui dénotent le lecteur assidu de Montaigne, ni ces nombreuses phrases latines qui étoffent l'*Antidote*. Pourtant sur ce point déjà nous croyons pouvoir établir un lien entre les deux pamphlets; la *Defence* commence par la phrase suivante: «Il me souvient avoir aultre-fois ouy citer aux Doctes un Ammian Marcellin, disant que l'Empereur Julian l'Apostat, ores qu'homme impie, comme porte son Epithete, avoit neanmoins des rares vertus, principallement touchant la justice, dont entre aultres ils allegoyent cest example: Qu'un certain Orateur, ayant faulte de tesmoins contre sa partye, et partout s'escriant en ces mots: *Qui sera jamais coulpable (O*

---

[322] *Cor. et Mél.*, pp. 407-408.
[323] *Antidote*, pp. 135-136.
[324] Lettre à Christiaan Huygens, du 17 avril 1590.
[325] *ibid.*, il est à noter que la même erreur se rencontre dans l'*Antidote*, p. 22: «ils apprendront aux despences de toux persecuteurs...».
[326] G. Groen van Prinsterer, *Archives*, 1re série, t. VI, p. 655.

Empereur) *si le nier suffit?* iceluy Empereur luy sçeust tresbien retorquer du mesme: Et qui sera jamais innocent si accuser suffit?».[327] Or, le même incident est raconté, dans des termes trop semblables pour qu'il soit possible de croire à une coïncidence, par Jean Bodin dans son *Methodus ad facilem historiarum cognitionem*,[328] dont nous avons montré que De Lyere l'a utilisé à un endroit de son *Antidote*.[329]

Cependant, l'argument qui nous paraît décisif et dont nous croyons pouvoir nous autoriser pour désigner De Lyere comme l'auteur de l'*Antidote*, est en rapport avec l'événement raconté par Marnix dans la lettre, du 31 mars 1577, à Gaspar van der Heyden, que nous avons déjà mentionnée.[330] Marnix y rend compte à son correspondant d'une conversation qu'il a eue avec Guillaume d'Orange au sujet des anabaptistes que ce Prince avait défendu au magistrat de Middelburg de bannir de leur ville. Marnix y défend le point de vue du magistrat et des pasteurs réformés qui ne voulaient pas accepter le refus des anabaptistes de prêter serment. Le Prince lui réplique avec véhémence: «Princeps certe partim suo, partim Ordinum nomine mecum expostulavit, quasi id agatur, ut imperium Ecclesiastici sibi in conscientias arrogent, et suis legibus ac institutis subjicere sibi reliquos studeant. Laudavitque dictum Monachi, qui nuper hic adfuit, excipientis ad ea quae tum sibi objiciebantur, haud aeque diu nostrorum ollam calefactam fuisse, atque illorum quos tantopere incesseremus, videre se plane, antequam par saeculorum intervallum labatur, parem utrobique imperii Ecclesiastici fore rationem».[331]

Or les deux éléments de cette lettre, la dispute entre le prince d'Orange et Marnix et le propos du moine catholique, se retrouvent dans les deux pamphlets de De Lyere: dans la *Defence* nous lisons, à propos de la question de savoir s'il est loisible de punir de mort les hérétiques: «je peulx dire avoir eu l'honneur d'estre present, là où en presence d'une table entiere feu Monseigneur le Prince de haulte Memoire a disputé icelle opinion contraire contre Monsr. de Ste. Aldegonde» [332] et dans l'*Antidote*: «Surquoy me souvient ce qui m'a esté raconté en voyageant par la France, qu'ung certain Prestre concluant sa dispute contre ung Ministre luy dict,

---

[327] *Defence*, fol. A2 ro-vo.
[328] Jean Bodin, *OEuvres philosophiques*, éd. Pierre Mesnard, t. I, Paris 1951, p. 139: «Cum Delphidius Gallus orator acerrimus, Numerium Narbonensis Galliae Praesidem apud Julianum, qui tum Lutetiae agebat, vehementer accusaret, ac testium inopia premeretur, tum Delphidius; Ecquis florentissime Caesar nocens erit usquam si negare sufficiet? cui Julianus; Ecquis innocens erit si accusare sufficiet?»
[329] Voir plus haut, p. 46.
[330] Voir plus haut pp. 5-6.
[331] *Corr. et Mél.*, p. 228.
[332] *Defence*, fol. A5 vo.

Mais que vostre marmite aye autant bouillye que la nostre, vous serez aussi pervers que nous aultres sommes».[333] Si l'on songe que la lettre de Marnix n'a pas été publiée avant 1617,[334] il faut bien en conclure que De Lyere connaît le propos du prêtre pour avoir assisté, ainsi qu'il le dit lui-même, à la dispute entre le Prince et Marnix.[335]

Il est vrai que De Lyere s'est défendu d'être l'auteur du pamphlet, mais il l'a fait sous la pression de circonstances qui ne lui laissaient aucun choix, ainsi que nous le montrerons plus loin,[336] et encore s'est-il exprimé dans des termes ambigus: «j'eusse peu luy donner bon contentement, si devant la publication de son-dict livret il m'eust faict ce bien de me declarer, fut par lettres ou par conference (comme suivant l'ancienne amitie il devoit faire) les impressions, que par souspeçon il avoit sinistrement conceuës à l'encontre de moy. A quoy il n'est aussi besoing de respondre, puis que mon insuffisance m'en doibt asses excuser, et que toutes conjectures, pour pregnantes qu'elles soyent, se peuvent purger par une simple négation, laissant à l'affirmateur la charge de la preuve de son dire. Je passeray donques oultre, et laisseray à l'auteur dudict escrit le debat de sa matiere. Car quelle apparence que moy je feroy des livres? Que si par avanture on se vouldroit prendre à une certaine lettre mienne, que j'ay memoire d'avoir escrit aultrefoix à un mien amy, pour entre nous familierement (comme cela se faict) disputer par lettres ceste question, s'il convenoit de punir de mort les heretiques: Je confesse rondement, que par telle missive close j'ay soustenu le contraire, selon ce que j'avoy souvent entendu, que mesmes les principaulx Docteurs de l'Eglise sont en debat, et ne s'entre-accordent sur ce point-là.[337]

Est-ce que c'est là vraiment une négation? Sans compter le cynisme avec

---

[333] *Antidote*, p. 56.
[334] Dans *Illustrium et clarorum virorum epistolae selectiores*, Lugd. Bat. 1617, pp. 755 sq.
Il est vrai qu'on trouve une mention de deux éditions antérieures de la lettre, qui aurait paru séparément à Delft, en 1577, et à Anvers, en 1598, chez F. V. Goethals, *Lectures relatives à l'histoire des sciences, des arts, des lettres, des moeurs et de la politique en Belgique*, t. I, Bruxelles 1837, p. 87. Cette mention a été reprise telle quelle par A. Lacroix et F. van Meenen, *Notices historique et bibliographique sur Philippe de Marnix*, Bruxelles 1858, pp. 79-80, et par A. J. van der Aa, *Biographisch woordenboek*, deel XII, Haarlem 1869, blz. 271; comme nous n'avons trouvé aucun exemplaire de ces deux éditions – dont seule la première, si elle existait, serait susceptible d'invalider notre argumentation – dans les bibliothèques belges et néerlandaises, nous pensons que l'indication de Goethals repose sur une erreur. Une édition séparée de la lettre, en traduction néerlandaise, *Brief aengaende de Kerckelycke tucht ende het danssen*, a paru à Dordrecht en 1649.
[335] Nous ne croyons pas qu'il y ait aucune raison de penser que De Lyere ait assisté à un autre entretien des mêmes personnages sur le même sujet, ainsi que le suppose A. A. van Schelven, *Marnix van Sint Aldegonde*, blz. 45 n.
[336] Voir plus bas, pp. 102-105.
[337] *Defence*, fol. A4 vo - A5 vo.

lequel De Lyere laisse à Marnix, décédé depuis le 15 décembre 1598, «la charge de la preuve de son dire»,[338] il faut bien reconnaître que c'est bien facile, cette constatation générale que «toutes conjectures ... se peuvent purger par une simple négation», pour ensuite passer outre à l'accusation de Marnix.[339] Et qu'est-ce que c'est ensuite que cette lettre amicale, «missive close», dans laquelle De Lyere reconnaît avoir défendu la tolérance religieuse? Il est utile de se rappeler que l'*Antidote* a été conçue comme une «lettre responcive»,[340] ainsi que le dit le titre, et que le répète la mention expresse dans la marge supérieure de chaque page du pamphlet,[341] et il ne faut pas oublier non plus que Marnix, dans sa *Response apologeticque*,[342] fait mention d'une lettre que le Gentilhomme allemand avait «jointe à son livret». Serait-ce à ces deux lettres, ou peut-être à la deuxième seulement, que De Lyere faisait allusion quand il parlait de cette lettre à un sien ami? Le mot d'ami ne doit pas faire croire que ce n'est pas de Marnix qu'il veut parler. Da sa *Defence*,[343] il nie vouloir rien dire «par aigreur, ny au prejudice de l'honneur et renommée dudict Sieur de St. Aldegonde. Et comment le vouldroy-je? qui je croy m'avoir esté ami: Et comment le pourroy-je? dont plusieurs parlent si honorablement». Tout porte à croire que De Lyere, à un moment où il était talonné par les pasteurs réformés de la région, ainsi que nous le montrerons, se trouve sauvé par la mort de Marnix, qui lui permet de se tirer à peu de frais d'un fort mauvais pas.

VIII. LA FAMILLE DE LIERE ET DAVID JORIS

Qui donc était cet Emmery de Lyere?

Il appartenait à une maison qui était établie depuis plusieurs siècles à Anvers ou aux environs de cette ville. Dans les *Trophées tant sacrés que profanes du duché de Brabant*,[344] Chr. Butkens produit la généalogie de cette famille, «qui a part au lignage d'Aerschot», la faisant commencer

---

[338] Il est vrai que De Lyere exprime un peu plus haut son regret qu'il n'ait pas eu l'occasion de répondre à Marnix du vivant de celui-ci: «Estant marri qu'il a pleu à Dieu l'appeler de ce monde, devant que j'eusse peu achever cecy par faulte de ma plume tardive: Mais comme ses calumnies ne seront ensepvelies avec le corps du defunct, j'eusse pensé faire tort à moy et aux miens, si pourtant j'eusse desisté» (*Defence*, fol. A4 ro).

[339] La remarque a déjà été faite par G. Tjalma, dans sa thèse sur *Philips van Marnix heer van St. Aldegonde*, Amsterdam 1896, blz. 240, n. 1.

[340] Sans doute est-il significatif que le Gentilhomme allemand, pour désigner le texte de son écrit, parle de la «*minute*» qui lui «a esté ravye des mains» (p. 136).

[341] Cette mention fait défaut aux pages 22-23, 26-27 et 30-31.

[342] *Corr. et Mél.*, pp. 408-409.

[343] *Defence*, fol A4 ro.

[344] T. II, La Haye 1724, pp. 42-45.

vers 1160 par un Willaume de Liere, officier du Duc en Anvers. En 1196, un Guilielmus de Liere est Margrave d'Anvers.[345] Divisée, dès le milieu du XIIIme siècle, en deux branches, dont l'une ajoutera au nom de De Liere celui d'Immersele, la maison occupera une position très honorable parmi les familles nobles du Brabant.[346] C'est surtout au début du XVIme siècle qu'on voit augmenter le prestige des De Liere, en même temps et au même degré que celui de la ville d'Anvers. Emmery de Lyere, dans sa *Defence*, ne se fera pas faute de s'en vanter: «qui ne sçait, que la ville d'Anvers, lors qu'elle estoit en sa principale fleur, a esté soutenue comme de trois piliers par trois de mes ancestres, sçavoir mon Pere grand avec ses deux freres, dont l'un estoit Marckgrave, l'autre Amman, et le troisieme premier Bour-gemaistre tout en un même temps»?[347] En effet, l'aîné des trois frères, Arnou, est cité pour avoir exercé, pendant non moins de quinze ans, la fonction de bourgmestre d'Anvers entre 1506 et 1529.[348] Le grand-père d'Emmery, Nicolas, fut margrave d'Anvers depuis 1521 jusqu'à sa mort en 1531. Il acheta de son oncle la seigneurie de Berchem, qu'il légua à son fils aîné Corneille, le père d'Emmery. Le 5 août 1531, la ville d'Anvers accorde au nouveau seigneur de Berchem la haute justice dans son do-maine, où il se marie l'année suivante avec Wybrecht van Berchem.[349] Jusqu'en 1544, on rencontre cinq fois le nom de Corneille parmi ceux des «scabini» d'Anvers.[350] Le deuxième fils de Nicolas de Liere, Jean,[351] ser-vira l'empereur Charles-Quint comme gouverneur du Luxembourg, et épousera une comtesse d'Isenbourg, veuve du comte de Manderscheyt.[352]

[345] *Senatus Populique Antverpienses. Nobilitas sive septem tribus patriciae Antver-pienses*, 2me édition, s.l. 1687, p. 32.

[346] Dans sa *Defence*, Emmery a soin de relever la réputation de vertu et de piété dont jouit la famille:
«J'ose dire et maintenir avec vérité contre tous fort et ferme, que leur Noblesse a esté accompagnée (tant que nulle aultre) de la vertu et piété, dont les monuments publicqs, leurs sepultures magnifiques, et fondations liberales, et pieuses selon le temps d'alors, mesmes du Cloistre des Jacobins en Anvers, rendent asses de tesmoig-nage» (fol. A6 vo). Sur ce dernier point l'auteur se trompe: ce n'est pas du cloître des Jacobins qu'il s'agit, mais de celui des Dominicains. En effet, nous lisons chez Aubertus Miraeus, *Notitia ecclesiarum Belgii*, Antverpiae 1630, p. 636: «Canonicis, itemque Dominicanis Antverpiensibus an. 1249. Henricus II. Brab. Dux benefacit. Idem facit Guilielmus de Lira, Arnoldi filius, cum uxore sua Sibylla de Cromflit, et filio Guilielmo». Voir aussi Ant. Sanderus, *Chorographia sacra Brabantiae*, t. III, Hagae Comitum 1717, p. 2.

[347] *Defence*, fol. A7 ro.

[348] *Senatus Populique Antverpienses*.

[349] Fl. Prims, *Geschiedenis van Berchem*, Berchem 1949, blz. 94.

[350] En 1536, 1540, 1541, 1542 et 1544. Voir Dan. Papenbrochius, *Annales Antver-pienses*, t. II, Antwerpen 1845.

[351] Butkens, dans sa généalogie, mentionne entre Corneille et Jean un autre fils de Nicolas de Liere, Antoine, mais dans sa *Defence*, Emmery de Lyere parle «d'un [sien] Oncle frere unique de [son] Pere» (fol. A7 ro).

[352] Emmery renverse l'ordre des deux noms, parlant de «La Comtesse de Mander-scheyt, dame vefve d'un comte d'Isenbourg» (*Defence*, fol. A7 vo).

La gloire de la famille paraît donc solidement établie pour de longues années, quand soudain, en 1544, le seigneur de Berchem est obligé de quitter précipitamment les Pays-Bas avec sa famille. Afin de faire comprendre cette péripétie soudaine et surprenante, il est nécessaire que nous nous étendions un peu sur le curieux personnage qui en a été la cause, l'hérésiarque David Joris.

Parmi les chefs de secte du XVIme siècle, David Joris est sans doute celui dont la vie a été le plus mouvementée.[353] Né en 1502 ou 1503, il apprend le métier de peintre verrier, travaille dans les Pays-Bas du Sud, en Flandre et en Angleterre, et s'établit en 1524 en Hollande, à Delft. Il devient un partisan actif des anabaptistes, et est condamné, le 30 juillet 1528, à avoir la langue percée et à être banni de Delft. Depuis lors il parcourt les Pays-Bas et le Nord de l'Allemagne, cherchant partout le contact de ceux qui, comme lui-même, rejettent la doctrine de l'Eglise catholique et veulent substituer à un monde où l'autorité de l'Eglise fait la loi, une société fondée sur les prescriptions de l'Ecriture et de la conscience. Pour certains cette société ne pourra se faire que par des méthodes révolutionnaires; on sait quelle fut leur fin et celle de leur «nouvelle Jérusalem»: en juin 1535 la ville de Münster fut reprise par les armées de l'Evêque et du comte Philippe de Hesse. A l'encontre de ceux-ci, David Joris est d'avis qu'il faut éviter de recourir à la violence: d'abord en mars 1535, dans une réunion dans le Waterland, le pays au Nord d'Amsterdam, puis à Bocholt, en Westphalie, vers octobre 1536, il rejette la révolte armée et préconise la longanimité. Lors de la conférence de Bocholt, où sont en cause les théories des différentes sectes anabaptistes qui se combattent âprement aux Pays-Bas, il sait empêcher que les différents partis en viennent aux mains, et parvient à les persuader de maintenir une entente fraternelle. C'est à la suite de cette conférence qu'il a réuni autour de lui un grand nombre d'adeptes, ce qui fera dire en 1537 à son grand ennemi Jan Dirksz. Batenburg, le chef des «zwaardgeesten» ou compagnons du glaive, que David Joris est le chef du grand mouvement anabaptiste. Bien qu'il ne réussisse pas, l'année suivante, à gagner la confiance des melchiorites, l'importante secte strasbourgeoise fondée par Melchior Hofmann, son influence va grandissant aux Pays-Bas, en même temps et au même degré que la persécution dont il est l'objet. Sa tête est mise à prix par les Cours de La Haye et de Bruxelles, et bien des membres de sa secte, parmi lesquels sa propre mère, sont arrêtés et exécutés. On comprend donc

---

[353] Sur David Joris on trouvera une bibliographie plus haut, p. 20; j'emprunte à ces ouvrages les données de la brève biographie du prophète, sans citer la source pour chaque détail.

que David Joris ait cherché un refuge hors des Pays-Bas, dans une des principautés allemandes dont les seigneurs n'étaient pas tous également intolérants à l'égard des diverses sectes. Pourvu qu'on se tînt tranquille et qu'on ne troublât pas les esprits des habitants, on avait des chances de trouver un asile sur les terres de la comtesse d'Oldenbourg ou du comte Philippe II de Hesse. Pourtant, ce n'est pas en Allemagne que finalement David Joris se réfugia. Les protecteurs qui le recueillent sont moins puissants que ceux que nous venons de nommer, mais ils lui sont tout dévoués, et l'asile qu'ils lui offrent n'en est que plus sûr. Ce sont les Van Berchem et leur beau-frère, Corneille de Liere.

S'il faut en croire le témoignage de Heinrich von Schor, l'ancien serviteur de David Joris, c'est en 1539 que ce dernier se réfugia auprès de ces amis anversois: «Ce David Joris n'ayant jamais été en sûreté dans son pays, où il séjournait parmi les membres de sa secte et où ses enfants étaient élevés par des amis, il est arrivé en l'an 39 que le Seigneur Joachim van Berchem et ses amis ont offert à la femme de David Joris un asile non loin d'Anvers, où ils l'ont recueilli lui-même en secret. Peu à peu il y a appelé ses enfants qui l'y ont rejoint et dont il a changé les noms».[354] Plus loin dans le même texte nous lisons que «le Seigneur Joachim et sa mère l'ont hébergé pendant environ quatre ans dans une maison empruntée près d'Anvers».[355] Cette affirmation s'accorde bien avec la date de 1539, puisque c'est au début de l'été de l'an 1544 que toute la compagnie se voit

---

[354] Cité chez Ronald H. Bainton, *David Joris*, S. 162: «Diser Dauid Jörig, wie er in synem lande nimer sicher ist gesyn sunder heimlich vnter syne Sectsverwanten auffenthalten / vnd syne kind von der früntschafft erzogen wordend / hatt es sich zutragen im jor. 39. des Junker Jochim von Berchem vnd syne früntschafft /ꞏ Dauid Jorigs frauwe ein behusinge gen Andorff ingeben / vnd jhm heimlich inderselbigen erhalten / hatt er syne kint nach vnd nach wider zu jhm lassen füren /ꞏ und jren etlichen namen geendeert.»

[355] *ibid.*, S. 164: «Weitter ist er in kurtzer zeit gen Andorff kommen / daselbst jhm dürch Junker Jochim vnd syn Mutter vffenthaltung in einem entlenthen huse vff die vier jar ungefarlich geben worden.»

Selon M. Bainton (S. 56, N. 2) la chronologie n'est pas claire: d'après des lettres que David Joris échangeait avec Joannes a Lasco, le premier se serait trouvé à Oldenbourg entre février et juin 1544. Nous ne savons quelle valeur il convient d'ajouter à la datation de la correspondance avec A Lasco; cependant il est bien établi qu'un premier voyage à Bâle a été fait avant le 11 avril (Paul Burckhardt, *art. cité*, S. 7) et que le départ définitif des trois familles a eu lieu avant le 14 juillet (Julius Frederichs, *De secte der loïsten of Antwerpsche libertijnen (1525-1545)*, Gent-'s-Gravenhage 1891, blz. 27). Signalons encore l'erreur que commet A. F. Mellink dans sa thèse *De Wederdopers in de Noordelijke Nederlanden 1531-1544*, Groningen-Djakarta 1953, en affirmant, sur la foi d'Ubbo Emmius, que David Joris quitta la Hollande en 1539 ou 1540 pour se rendre aux terres de la comtesse Anne d'Oldenbourg, en Frise Orientale, où il demeura jusqu'en 1544 (blz. 402 et 416). En même temps, et sans se soucier de la contradiction que cela apporte, l'auteur cite le confession de Jurriaan Ketel, dont nous parlons plus bas, au sujet du voyage que celui-ci a entrepris en compagnie de David Joris, qu'il a accompagné d'Anvers à Spire (blz. 413).

obligée de plier bagage et de partir pour la Suisse, où l'on compte trouver bon accueil à Bâle. Ce qu'on aimerait mieux comprendre, c'est ce que Von Schor veut dire lorsqu'il parle d' «une maison empruntée»; s'il entend déclarer que David Joris ne s'est pas caché au manoir de Ten Broecke, à Schilde, où habitaient les van Berchem,[356] ni dans leur maison à Anvers, peut-on hasarder la supposition que c'est peut-être à Berchem, où siège Corneille de Liere, que David Joris a été accueilli? Un autre témoin de l'époque, Jurriaan Ketel, dont nous aurons à parler plus bas, déclare supposer que David Joris demeure habituellement chez De Liere et chez Joachim [van Berchem].[357] Une autre supposition qui semble être permise, est que c'est dans son asile anversois que David Joris a écrit son magnum opus, *Twonder-boeck* (*Livre des miracles*). Cet ouvrage fut imprimé à Deventer, en 1542, par Dirk van den Borne.[358] Les frais de l'impression ont-ils été payés par De Liere? C'est fort possible, et Jurriaan Ketel, qui était l'intermédiaire entre l'auteur et l'imprimeur, pense que c'était le cas,[359] mais ce n'est pas certain; d'autres fidèles envoyaient de l'argent pour subvenir aux besoins de leur chef.[360] Mais même si les amis d'Anvers n'ont pas fourni l'argent nécessaire à cette publication, on peut affirmer qu'ils ont procuré à l'auteur harassé depuis si longtemps le repos qui lui a permis d'écrire l'ouvrage qui compte sans doute parmi les productions les plus curieuses de l'exaltation religieuse, si féconde au XVIme siècle. Que l'idée de répandre sa doctrine hors des frontières des Pays-Bas, qui avait sans doute déterminé le voyage de David Joris à Strasbourg en 1538, lui soit revenue à l'esprit, c'est ce qui ressort du témoignage de Heinrich von Schor, qui déclare avoir été sollicité en 1541, lorsqu'il se trouvait à Paris, de traduire en français plusieurs traités de David Joris.[361] Quel a

---

[356] Fl. Prims, *Geschiedenis van Berchem*, blz. 96.

[357] Julius Frederichs, *De secte der loïsten*, blz. 24: «vermodende dat David omtrent Antwerpen zich behelpende, ende onderhaldende is gemeynlicken ten huyse van Cornelis van Lier vurseit buten Antwerpen ende ten huyse van Joachim vurseit.»

[358] H. de la Fontaine Verwey, «Trois hérésiarques dans les Pays-Bas», dans *Bibliothèque d'Humanisme et Renaissance*, t. XVI (1954), p. 319.

[359] Julius Frederichs, *op. cit.*, blz. 23: «Jorien geloefft wel, dat Cornelis mede gelt contribbuirt hefft om die boicken te prenten dan weet dair van gheene wairheit.»

[360] Ronald H. Bainton, *David Joris*, S. 47: «Dann erhielt er seine Offenbarung, nicht mehr zu arbeiten, sondern dem Herrn zu vertrauen. Göttlicher Beistand wurde noch durch einen deutlichen Wink an Schüler verstärkt, dasz der Arbeiter seines Lohnes wert ist. Geschenke kamen, manchmal recht fraglichen Charakters, wie ein Stück faulen Käses, aber bald gab es Schüler, die ihr Eigentum zwar behielten, ihr Einkommen aber zu seiner Verfügung stellten. Mit diesen Hilfsmitteln war er imstande, die erste Ausgabe seines *Twonder-boeck* im Jahre 1542 zu schreiben und zu publizieren.»

[361] *ibid.*, S. 161: «Es hatt sich zutragen jm Jor 41. das man mich zu Paryss in Frankrych ein büchlin zeiget / desse titel gesyn ist von der Demut / vnd gefragt ob ıch dass auss Niderlendisscher sprach / Frantzösisch dolmetschen konnde. Ich / in Summa Sect / handel / oder des Authors nammen vnbewüst / han auffrechtlich my-

été l'événement qui a incité les trois familles à prendre la fuite? Sans doute, leur départ a été précipité, et elles n'ont réussi que de justesse à échapper à une arrestation qui n'aurait pas manqué d'être fatale à la plupart d'entre leurs membres, sinon à tous.[362] En effet, Jurriaan Ketel, qui avait été appréhendé aux environs de la Pentecôte sur la dénonciation d'un membre de la secte violente des batenbourgeois, «enflammé d'une haine plus que mortelle contre ceux-là des anabaptistes qui n'étaient pas de sa propre secte»,[363] confessa sous la torture que Corneille de Liere était de la secte de David Joris et que celui-ci demeurait chez De Liere et son beau-frère Joachim van Berchem.[364] Une fois que cette confession lui a été arrachée, les événements se précipitent: le 8 juillet, le magistrat de Deventer écrit à la gouvernante des Pays-Bas et au conseil d'Anvers des lettres sur l'affaire, auxquelles sont jointes des copies de la confession de Ketel. Chose curieuse, le magistrat avertit par le même courrier le seigneur de Berchem,[365] mais on ne saurait affirmer que celui-ci ait reçu cette lettre; de toute façon, le magistrat d'Anvers, ayant reçu, le 14 juillet, la lettre de Deventer, ne peut mettre la main que sur deux personnes citées par Jurriaan Ketel, qui n'appartiennent ni l'un ni l'autre à la secte de David Joris.[366] Jurriaan

nen flyss angewenndt / vnd solichs nach allen mynen vermögen aussgerichtet / dass inen dermassen gefallen / dass sy mich von myne dissmacher hantwerck zu Inen genommen / vnd mehr ze dolmetschen vnd abzeschrijben vorgeben.»
Sur les activités de Von Schor on consultera l'article de Mlle Eug. Droz, «Hendrik van Schor et autres traducteurs de David Joris», dans *Studia bibliographica in honorem Herman de la Fontaine Verwey*, Amstelodami 1968, pp. 90-118.

[362] Nic. Blesdikius, *Historia vitae, doctrinae ac rerum gestarum Davidis Georgii Haeresiarchae*, Daventriae 1642, p. 168: «Huic persecutioni et implicati [sic!] fuerunt aliquot nobiles familiae, et facultatibus omnibus, quas in Brabanticis ditionibus reliquas haberent, omnino exutae, capitis poenam atrocissimam subiturae, si non ante istam tempestatem aufugissent.»

[363] *ibid.*, p. 167: «Cornelius ille Leidensis, Batenburgensium Princeps, ... proditus, et de multis horrendis criminibus, sceleribus, flagitiis, et sacrilegiis, sub religionis praetextu, in urbe Trajectensi perpetratis convictus, multos a sua impia secta alienos per totum illum terrae tractum prodidit, et anabaptismi insimulavit: propterea quod, illos odio plane diabolico prosequens, eorum exitio delectaretur. Inter hos proditus fuit et Georgius Ketel, de quo iam saepe facta est mentio, quod olim adolescens fuisset rebaptizatus, et Davidis negocia nunc procuraret nonnunquam.»

[364] Julius Frederichs, *De secte der loïsten*, blz. 23-24.

[365] *ibid.*, blz. 25: «Joris een lange confessie gedaen hefft, ende onder anderen mede beliet ende confitiert van Cornelis van Lier vurseit ende etlicken synen zwageren ende anderen verwanten, woe U Coninglijcker Majesteyt inder ingelachter cedelen, by dese selve handt gescreven, sall vernemende wirden, dair aen den heren vurseit, syn eer, gelympe ende welfaeren gelegen, ende hem van nooden zich dair voir uwe Coninglijcker Majesteyt te purgieren, woe wy den selven heren van Berchem by dessen selven boden oick angescreven hebben.»

[366] *ibid.*, blz. 27: Lettre du magistrat d'Anvers à la Gouvernante, le 16 juillet: «Naedien wy de verscrevenen brieven ende bescheet ontfanghen hadden, terstont onze vuyterste diligentie gedaen hebben omme te doen apprehenderene de geaccuseerde persoonen byder voirscrevene confessien. Maer, wat nersticheyt wy daer inne gedaen hebben, en hebben maer de twee daer aff ... cunnen geapprehenderen oft vinden.»

Ketel aurait-il été au courant du départ de ses coreligionnaires? C'est fort probable, surtout si l'on songe que, malgré cette torture qui le rend complètement infirme, il n'a voulu dénoncer que des anabaptistes se trouvant hors de la jurisdiction de la Cour de Bruxelles.[367] Quoi qu'il en soit, ce n'est pas la lettre du magistrat de Deventer, ni même le bruit éventuel de l'arrestation de Jurriaan Ketel qui a déterminé les gentilshommes anversois à gagner Bâle avec leurs hôtes, puisque dans sa confession Ketel parle d'un voyage qu'il a fait en compagnie de David Joris, Corneille de Liere, Joachim et René van Berchem et deux domestiques de Liere et qui avait pour but de préparer le départ de la compagnie pour Bâle.[368] Il est vrai que Ketel dit qu'on ne cherchait une demeure à Bâle que pour David Joris, mais Paul Burckhardt a retrouvé la résolution du conseil de Bâle qui accorde le droit de cité à Corneille de Liere, Joachim van Berchem et «Johann von Bruck» (Jean de Bruges, le nom que portera désormais David Joris), les dispensant de produire des papiers prouvant leur identité.[369] Dans son témoignage, Heinrich von Schor fait mention du même voyage qu'il dit avoir eu lieu le 10 mars 1544.[370] Ainsi il est bien établi que dès avant l'arrestation de Jurriaan Ketel, survenue «vers la Pentecôte»,[371]

[367] Nic. Blesdikius, *Historia vitae ... Davidis Georgii*, p. 167: «Hoc enim cum requisitus ingenue confiteretur, ex aulae Brabanticae mandato fuit incarceratus, et ab eo per gravissima tormenta expressa quorundam Davidianorum nomina in Frisia Orientali degentium. Quod autem horum potius, quam in aliis ditionibus habitantium, nomina indicaret, inde erat, quod speraret, id sine illorum capitali periculo fieri posse.»

[368] Julius Frederichs, *De secte der loïsten*, blz. 23: Jorien is met Cornelis dessen verleden vasten nae Spiers getogen ende to gaste gewest toe Spiers int losemente syns brueders genoempt Jan van Lier. ... Jorien hefft gereist met David Jorissen ende Cornelis van Lier, beide syn zwagers, als syns wijffs brueders, die een genoempt Joachim van Berchem, die ander Reyner van Berchem, mit twee knechten, die een Harie genoempt ende die ander Jacob, wonende mit Cornelis van Lier, gereist nae Spiers. Allet der meynonge, dat sy David Jorissen bynnen Basell een woenstadt gemaickt wolden hebben.»

[369] Paul Burckhardt, «David Joris und seine Gemeinde in Basel», dans *Basler Zeitschrift für Geschichte und Altertumskunde*, Bd. 48., S. 7: «Am 11. April 1544 wurde ins Öffnungsbuch das auszerordentliche Privileg eingetragen, dasz die drei Niederländer Cornelius van Lier, Joachim van Berchem und Johann von Bruck, schon auf der Heimreise, wo sie ihre Familie, ihr Gesinde und Hab und Gut holen wollten, von dem ihnen zugesagten Bürgerrechte Gebrauch machen durften, wobei ihnen die Vorweisung von Legitimationspapieren (vom 'Mannrecht') gütig erlassen wurde.»

[370] Ronald H. Bainton, *David Joris*, S. 162: «Vnd sind also am. 10e. tag Mertzen ao 44. auffgesessen / vnd mit siben personen von Andorff auff Basel geritten / alda jre sachen fürgeben / und auffenthalt erworben.»

[371] Dans ses *Bescheiden betreffende de Hervorming in Overijssel*, Deventer 1899, blz. 281-282, J. de Hullu cite un ouvrage écrit en 1547 par le gendre de David Joris, *Billijcke Verantwoordinge ende eenvoldighe wederlegghinghe Nicolaes Meynertz. van Bleesdijck op eenen Scheltlasterighen Brief door Doctorem Hieronimum Wilhelmi*, z. pl. 1610, fol 17 vo: «Omtrent Pincxteren worde Joriaen Ketel, Borger tot Deventer (onser Broeder saliger ende lofwaerdigher gedachten) gevangen ende daer na in der Maent Augusti omghebracht.»
De Hullu ajoute dans une note qu'en 1544 la Pentecôte tombait le 1er juin.

le départ pour la Suisse avait été décidé.[372] A quelle date ce départ a eu lieu, voilà qu'il est impossible d'affirmer avec certitude; on sait que les trois seigneurs – puisque David Joris se fera également passer pour gentilhomme – ont été inscrits dans le registre de la municipalité de Bâle comme citoyens de la ville le 25 août,[373] mais même en admettant que la compagnie n'est partie au'au dernier moment, c.-à-d. immédiatement avant le 14 juillet, date à laquelle le magistrat d'Anvers essaie de les appréhender, on doit penser qu'ils sont arrivés à Bâle bien avant le 25 août.

De toute façon, nous croyons avoir montré que ce n'est pas la confession de Ketel qui a fait partir les Anversois avec leurs hôtes. Faut-il chercher l'événement décisif dans ce que dit Heinrich von Schor dans son témoignage sur un voyage qu'il a fait à Paris avec deux frères cadets de Joachim van Berchem? [374] Au cours de ce voyage l'un des deux frères est mort, dans des circonstances qui ne sont pas expliquées. Evidemment, ce bref passage n'en dit pas assez pour qu'on puisse en conclure à une menace quelconque qui, depuis ce moment, aurait pesé sur David Joris et ses disciples; seulement, la phrase suivante: «A la suite de cet événement ils ont delibéré de s'en aller», semble bien suggérer un rapport entre les deux événements.

On s'est étonné que David Joris et ses amis et protecteurs aient pu vivre à Bâle pendant si longtemps – ce n'est qu'en 1559, trois ans après la mort du Prophète, qu'a lieu le procès contre les davidjoristes bâlois – sans être incommodés. On a conclu que la confession de Ketel et les avertissements du magistrat de Deventer à la Gouvernante des Pays-Bas et au magistrat d'Anvers n'ont pas eu de suites hors des Pays-Bas.[375] Or, il s'est trouvé, lors du procès retentissant de 1559, que plusieurs personnalités

---

[372] Paul Burckhardt (art. cit., S. 9) pense que, dès 1543 ou le début de 1544, David Joris s'était enquis, dans doute par Heinrich von Schor, de la manière dont on traitait à Bâle les anabaptistes. Il s'appuie sur le témoignage fait en novembre 1558 par le relieur-libraire Peter von Mecheln, et qu'on trouve publiée chez Ronald H. Bainton, David Joris, S. 157-160. Celui-ci avait dit (S. 157): «ettwan vor 15. oder 16. joren ist ein fremder niderländer zu mir kommen / hat von mir erkundiget wie sich die teufferen alhie vmm Basel halten. ... In kurtzer zijtt darnach sijndt die niderländer / so zu Binningen sitzen her kommen / vnd haben sich alhie mit der won gesetz vnd nidergelassen.»
Il nous semble que rien n'oblige à croire que ce premier sondage ait eu lieu avant le voyage de mars 1544.
[373] Paul Burckhardt, art. cité, S. 7.
[374] Ronald H. Bainton, David Joris, S. 165: «Zu der zeit hattman mich Juncker Renatum vnd Wilhelmum von Berchem / Juncker Jochims jüngere brüder in Frankrych gen Parys zu denen so diser leer vnd Sect gewesen ze füren abgefertiget. Dadan Wilhelm mitt todt abgangen vnd blyben ist.
5. Wie sey gen Basel kommen sind.
Demnach sy beratschlaget sich von dannen zethund / welchs geschehen.»
[375] Fr. Nippold, art. cité 1864, S. 527: «Wie unglaublich es auch ist, trotz der

bâloises étaient au courant, depuis un bon moment déjà, de l'identité du
châtelain de Binningen, le soi-disant Johann von Bruck. Sans compter
Jean Bauhin, le médecin de David Joris, originaire d'Amiens, qui fut
pendant un certain temps un disciple du Prophète, et Sébastien Castellion,
qui traduisit plusieurs traités de David Joris,[376] différentes personnes, pour
la plupart nées aux Pays-Bas, comme l'imprimeur Peter von Mecheln,
Acronius, d'origine frisonne, professeur de mathématiques à l'université
de Bâle, d'autres Frisons, Leo Beyma et Solinus, savent que le digne
patriarche que connaît le peuple de Bâle n'est autre que l'hérétique
redoutable dont on parle depuis si longtemps dans toutes les provinces des
Pays-Bas. Mais il n'y a pas qu'eux qui soient au courant: Acronius écrit
à un ami frison qu'il a communiqué ce qu'il avait découvert à Adam von
Bodenstein, médecin et professeur de grec au Paedagogium [377]; puis,
d'après le témoignage de Peter von Mecheln, Martin Bucer aurait prévenu
le pasteur Oswald Myconius, professeur de théologie à l'université de
Bâle, de se garder des Néerlandais nouvellement établis dans la ville.[378]
Paul Burckhardt, qui a fait des recherches, tant à Bâle que dans le Staats-
Archiv de Zürich, n'a pas retrouvé cette lettre parmi celles que Bucer avait
écrites à Myconius, mais, dit-il, la chose en elle-même n'est pas impossible,
parce qu'à Strasbourg on semble s'être douté de la présence de David Joris
à Bâle.[379] En effet, la chose est fort possible: Bucer était au courant de la
fuite de Corneille de Liere, ainsi que le montre une lettre du 4 avril 1545
au comte Philippe de Hesse: «So hat des von Lirs bruder darumb, das
er etliche buchlin gehabt, mussen entweichen, und sind im seine guter
confisciert. Davor hat im sein bruder, der Herr von Lir, nit mogen sein,
wann er noch so wol zu hoffe were».[380] Bucer connaissait également le

directen Angaben über Joris Verbleib in Basel drang dorthin keine Kunde von der
Pseudonymität des Johan von Brügge.»
Paul Burckhardt, *art. cité*, S. 20: «Merkwürdigerweise hatte Joriaen Ketel in Deventer unter der Folter anfangs Juli 1544 den Plan der Auswanderung des Meisters
und seinen angenommenen Namen eingestanden, aber nach Basel drang keine Kunde
davon.»

[376] Eug. Droz, «Hendrik van Schor et autres traducteurs de David Joris», dans
Studia bibliographica in honorem Herman de la Fontaine Verwey, Amstelodami 1966,
pp. 99-101.

[377] Voir Ronald H. Bainton, *David Joris*, S. 98-99; Paul Burckhardt, *art. cité*, S.
56-57.

[378] Ronald H. Bainton, *David Joris*, S. 158: «hab auch erfahren wie Herr Martinus Butzerus predicannt zu Strassburg /ı vnsern Liben herren vnd vatter dem Mijco-
nium Seeligen / gewarnet hat er sol guet sorg han / es wären ettljcke niderländern
alhie zu Basel die hetten einen besondern glouben.»

[379] *Art. cité*, S. 57.

[380] *Briefwechsel Landgraf Philipp's des Groszmüthigen von Hessen mit Bucer*, her-
ausgegeben von Max Lenz, II. Teil, Leipzig 1887, S. 323. Par «der Herr von Lir» il
faut entendre le gouverneur du Luxembourg, Jean de Liere.

nom de David Joris, bien qu'en novembre 1544 il semble ignorer sa fuite, et qu'il soit mal informé de sa doctrine, qu'il confond apparemment avec celle des batenbourgeois: «es seien vil lieber leut aus den Niderlender, do man franzosisch redet, die sich beclagt, das vil armer christen (dort seien), die nit allein im zeitlichen sonder mit grossen und schweren secten [?] vervolgt werden. und sonderlich heiss einer Hans Georg David, der sich usgeb, er sei gesandt, alles zu tod zu schlagen das gotlos».[381] Existe-t-il un rapport direct entre cette lettre et celle que les Treize de Strasbourg adressent moins d'un mois plus tard, le 15 décembre, au magistrat de Bâle? Ce n'est point impossible, étant donné qu'on y trouve la même confusion de la doctrine de David Joris avec celle des anabaptistes violents. Comme on n'a pas encore utilisé ce document, que nous sachions, dans la littérature consacrée à David Joris, nous le citons in extenso. «Wir schicken euch hiebi geschlossen etliche artikel der widerteuferischen secten, so sich nun ein zeit her in den Niderlanden enthalten haben und deren ein grosse meng sein sollen. da wir bericht, das vil daselbsten, als man sie zum tod gericht, bekant haben, das sie viech und leuten vergeben, und inen leid sei, das sie niet mehr haben thun kinden; dann sie seien geschickt zur rech, die gottlosen zu strafen, und das reich gottes soll nit geistlich im himmel sonder hie uf erden sein. haben einen König, heisst David Joras, den sie den dritten David nennen; uf denselben warten sie, wann das reich seinen furgang gwinn. derselbig soll sich nun halten wie ein edelman, das man sein nit so wol acht nem. lert sie, wo sie seien, sollen sie sich halten wie andre daselbst, es seien bapisten oder Luterische, damit man sie nit kenne, bis ir reich angang. haben die weiber gemein und sonsten vil ungeschickter und, wie man uns anzeigt, grusamer artikel. und langt uns dabei an, das deren etlich und sonderlich David Joras, ir König und principal, sich bei euch itzo in ewerer statt enthalten sollen, sonder zweifel allein darumben, solich ir gift und sect in dieser landsart uszugiessen und inzufueren. und dieweil des niderlendischen volks mehr bei uns denn bei euch wonet, das er besorgt, in unserer statt zu kontpar zu sein. so ir dann selbs ermessen mögen, zu was unrath und uberschwenklichen schaden ein solichs, wo es zu furgang kommen solt, erschiessen würde, haben wir nit underlassen wöllen, euch eins solichen zu berichten und zu warnen».[382]

---

[381] *Politische Correspondenz der Stadt Strassburg im Zeitalter der Reformation*, Band III (1540-1545), bearbeitet von Otto Winckelman, Strassburg 1898, S. 540. Nr. 512: Werbung der Prediger Kaspar Hedio und Martin Bucer an den Rat. November 19 (1544).

[382] *ibid.*, S. 543-544. Nr. 516: Die Dreizehn an die Geheimen von Basel. Il s'y ajoute une annexe «Novorum hereticorum professio, quam senatus Daventriensis scripsit magistratui Zutphaniensi in hunc modum».

La réaction des Treize de Bâle est d'une retenue extrême; après avoir remercié leurs collègues de Strasbourg de leurs avertissements, ils poursuivent: «und wollend uch nit bergen, das etliche Niderlender mit namen Cornelius von Lyer, Joachim von Berchem und Johann von Brugion, so umb Antorf anhemisch gsin, ungevorlich dis vergangne ostern us liebi (wie sie sagten), so si zu dem gottlichen wort, das aber bi inen am hochsten verfolgt, trugen, mit wib und kinden allhir zu uns komen und unsere burger worden, sich bi uns enthalten. si tragend sich aber unserer heiligen christenlichen religion mit vlissiger horung des gotlichen worts, gmeinschaft des herren nachtmals und erbarn leben so gar gemess und unstraflich, das wir inen arges nit vertruwen. aber wie dem, wollend wir den sachen truwlich ufsehen und uns darin aller gebur halten. damit wir aber dester gwarsamlicher faren möchten, were an uwer lieb unser ganz fruntliches begeren, ir wolten disen unsern burgern, doch in hochster geheimd, damit niemands unschuldiger beschwert, ouch was David Joras fur ein person, jung oder alt, ob er auch jemanden bi ime, und was anhangs er habe etc., nachfragen und uns dessen, so ir hierob erkundigend, furderlich verstendigen».[383]

La connaissance de ces deux documents rend plus facile à comprendre, nous semble-t-il, l'hésitation de la municipalité de Bâle à poursuivre en 1559 les davidjoristes. Ne les avait-on pas tolérés pendant bientôt quinze ans, quoiqu'étant averti qu'il y avait lieu de les soupçonner d'hérésie? Il est sans doute significatif qu'à aucun moment, pendant le procès, il n'a été question de cette correspondance avec la municipalité de Strasbourg. Mais comment expliquer qu'on a négligé de s'enquérir plus diligemment de l'identité des nouveaux citoyens et de la nature de leurs idées religieuses? Après tout, même si les Treize de Strasbourg n'ont pas répondu aux questions de leurs collègues de Bâle, ce dont il est impossible de s'assurer maintenant, on aurait pu s'adresser aux magistrats de Deventer et de Zutphen, puisque la «Novorum hereticorum professio», qui était jointe à la lettre de Strasbourg, faisait aussi clairement mention de la nature que de l'origine des soupçons. La conclusion nous paraît s'imposer qu'on ne tenait pas à causer des ennuis aux nouveaux venus. On comprend que les autorités responsables auraient été bien en peine de justifier la bienveillance qui leur avait fait dispenser ces inconnus de prouver leur identité. Puis, on a pu croire que leur façon de vivre permettait de penser qu'on n'avait pas de difficultés à craindre de leur part – et en effet, les

---

[383] *ibid.*, S. 546. Nr. 518: Die Dreizehn von Basel an die von Strassburg. Winckelmann ajoute dans une note: «Ob und wie Strassburg diesem Wunsche nachkam, ist nicht bekannt.»

événements ont prouvé que cette supposition était permise. Mais la cause
principale n'aurait-elle pas été celle que suggère M. Ronald H. Bainton:
la richesse des personnages?[384] Evidemment, il est impossible de savoir
quelle était dans toutes les dépenses que comportaient les achats de terres,
de maisons, la part de la fortune des Van Berchem, et quelle était celle
des dons que le Prophète recevait tous les ans de ses disciples étrangers et
que l'opinion publique estimait à trois tonnes d'or par an,[385] mais il est
certain qu'à leur arrivée ils étaient riches. Heinrich von Schor parle d'une
fortune de plus de 50.000 couronnes dont Joachim van Berchem et sa mère
auraient fait cadeau à la communauté davidjoriste – et qu'ils auraient
perdue dans l'affaire.[386]

Pour ce qui est de Corneille de Liere, ce n'est que jusqu'à un certain
moment que son sort a été lié à celui de David Joris et des Van Berchem,
ses beaux-frères. Il a partagé avec eux l'angoisse du départ; comme eux,
il a vu ses biens confisqués par ordre de l'Empereur,[387] et il a vécu avec
eux l'incertitude et, sans doute, le soulagement des premiers temps du
séjour à Bâle, mais il n'est pas resté avec eux. Sur le motif qu'il a eu de
les quitter, il n'est pas possible de dire quoi que ce soit; il paraît certain qu'il
n'y a pas eu de conflit entre eux, puisque les trois volumes des *Christlijcke
Sendtbrieven* de David Joris attestent que De Liere et sa femme ont
entretenu jusqu'au bout avec le prophète des rapports chaleureux et
suivis.[388] Par des lettres conservées dans la bibliothèque de l'Université

---

[384] Ronald H. Bainton, *David Joris*, S. 99: «Wo so viele um die Sache wussten
[il parle de la situation des alentours de 1556], würde Joris sicherlich Unannehmlich-
keiten gehabt haben, wenn er nicht wohlhabend gewesen wäre.»

[385] Paul Burckhardt, *art. cité*, S. 27.

[386] Ronald H. Bainton, *David Joris*, S. 168: «Vnd sünderlich is mir wol wüssend
das Juncker Joachim vnd syne mutter ein ansähnlich gross gutt vngefarlich bis in
die funfftzig tausent kronen zugebrocht vnd ingeschossen haben.»
Burckhardt croit cette estimation inexacte (*art. cité*, S. 20).

[387] Julius Frederichs, *De secte der Loïsten*, blz. 29: «Soit escript au procureur general de Brabant: Que si Cornelis van Liere, Joachim et Reynier van Berchem et leur
mère sont absentes, quil les face incontinent adjourner a comparoir en persone, saisir
et inventorier leurs biens suyvant le madement que lon luy a envoye.»

[388] Des *Christlijcke Sendtbrieven* deux tomes ont paru, sans mention d'imprimeur
et sans date, avant 1600, puisqu'on trouve une mention de l'ouvrage dans le pamphlet *Wederlegginghe vande grove onbeschaemde unde tastelicke Logenen van Ubbo
Emmen, Rector der scholen tot Groeningen, by hem in druck uytghegeven tegen het
leven unde leere van David Iorissoon. Durch D: Andr: Huygelmumzoon met waerheyt
wederlecht*, z. pl. 1600, blz. 35. Le troisième tome parut en 1611, sans lieu d'impression. On y trouve cinq (ou six) lettres adressées à Corneille de Liere: I, i, 19 (?);
I,i,45; I,ii,26; I,iv,3; II,i,108; II,iv,13; sept à Wybrecht van Berchem, la
femme de Corneille: I,i,81; I,ii,79; I,iv,4: I,iv,40: II,ii,126; II,iv,14; III,ii,5; une
lettre (ou deux) est adressée à Corneille et Wybrecht: I,i,87 (?); II,i,54.
En outre, il y a sept lettres à leur fille Truy, une à leur fille Anna, qui épousera en
1565 le fils de David Joris, Hans van Bruck, et deux à «Seb. van H.», qui pourrait
être Sebastien van Her, 1e futur mari de Clara van Liere.

de Bâle [389] on sait que les rapports avec les Van Berchem et les enfants de David Joris sont demeurés excellents après la mort de celui-ci, ce qu'atteste aussi le mariage qui eut lieu en 1565 entre Johann von Bruck, le troisième fils de David Joris, et Anna von Lier, la fille de Corneille.[390] Si nous ignorons quand et pourquoi les De Liere sont partis de Bâle, nous ne sommes pas mieux renseignés sur les circonstances de leur vie après cette date. Il est vrai que nous avons le témoignage d'Emmery dans sa *Defence*, mais le moins qu'on en puisse dire, c'est qu'il est loin d'être complet: il ne mentionne ni le nom de David Joris, ni le séjour à Bâle. Nous citerons néanmoins dans son entier le passage qui se rapporte à Corneille de Liere: «Il a pleu à Dieu faire la grace à mon-dict Pere, de le choisir mesmes entre les premiers l'an 46. qui de ce pays ont frayé le chemin aux persequutions et souffrances pour son sainct nom, et qui pour evader la rigueur des Placats de l'Empereur Charles, a quitté tres-volontiers sa patrie, amis, honeurs, aises et biens, lesquels on sçait que pour nostre qualité estoyent fort suffisans, et que de ce pays Dieu l'a guidé jusques à Strasbourg. ... un tant grave et tresaige Magistrat, ayant remarqué en feu mon Pere une telle preudhommie, dont sa propre patrie s'estoit monstrée indigne, l'a dès sa premiere arrivée receu fort benignement et hospitallement au droict de la bourgeoisie: et s'il n'y a donné preuves si evidentes de ses vertus, qu'en peu de temps apres luy a esté honorablement deferé tel honeur, que plus n'a esté faict à aultre estrangier ny devant ny apres luy: ascavoir qu'il y a esté appellé à l'estat de maistre du Conseil, c'est à dire en leur langage *Mayster des Raaths*. Et comme il y a vescu en dignité l'espace d'environ vingt ans, et tenu sa maison pour receptacle à tous gens de bien et d'honeur, qui de ce pays passoyent par là, menant au reste vrayement une vie entierement exemplaire: il y est decedé de ce monde constant jusques au dernier souspir en la vraye foy Chrestienne, et ensepvely treshonorablement. ... Certes un acte d'attestation fort ample et honorable du Senat de Strasbourg, que nous tenons, en peult desmentir et serrer la bouche à tous ceux, qui oseroyent dire le contraire».[391]

Tout cela est fort beau, mais nous n'avons que la parole d'Emmery pour nous en convaincre. Il est vrai que Paul Burckhardt, dans l'article qu'il consacre aux davidjoristes bâlois, parle aussi du départ pour Strasbourg et de la position honorable de Corneille comme membre du Conseil,

---

[389] Basel. Universitätsbibliothek. Jorislade, *David Joris Briefe* B 5 et Φ 7; la première a été publiée par Ronald H. Bainton, *David Joris*, S. 171. Elles portent la date respectivement du 3 avril et du 1er août 1558.
[390] Paul Burckhardt, *art. cité*, S. 22.
[391] *Defence*, fol. A8 ro - B1 vo.

mais il ne cite pas la source où il a puisé sa connaissance.[392] Malheureusement, dans les archives de Strasbourg il n'y a pas de documents appuyant
les affirmations de la *Defence d'Emmery de Lyere*: les registres de bourgeoisie donnant les noms de gens devenus bourgeois par achat, manquent
pour les années 1530-1559; le nom de Corneille de Liere ne figure ni sur
les listes des «stettmeister», ni sur celles des «ammeister».[393] Pourtant, il
est certain que De Liere a été à Strasbourg; cela ressort des deux lettres
de 1558 que conserve la bibliothèque de l'université de Bâle et dont nous
avons parlé plus haut. En 1564, un habitant de Cologne reconnaît avoir
porté des lettres écrites par Corneille de Liere de Strasbourg à Wesel et à
Deventer.[394] Puis, les archives de la Ville de Strasbourg conservent une
lettre, datée du 1er avril 1571, d'un nommé Gilles le Clerck, de Francfort,
à Cornelius vom Liere.[395] Le Clerck a reçu la visite du fils de Corneille de
Liere, Michel, qui se rendait aux Pays-Bas et qui lui a donné à entendre
que la presse que Le Clerck avait fabriquée pour frapper de la monnaie,
intéresserait peut-être «messieurs de Strasbourg»; aussi prie-t-il De Liere
de prévenir lesdits messieurs en sa faveur. On voit donc par cette lettre
que De Liere n'était pas sans avoir quelque influence à Strasbourg.

---

[392] Paul Burckhardt, *art. cité*, S. 7-8: «Cornelis van Lier verliess freilich Basel bald
wieder und liess sich in Strassburg nieder, wo er sogar in den Rat kam.» S. 20, il
parle d'une inscription dans le registre des baptêmes de l'église Saint-Pierre, qui
montre que De Liere se trouvait encore à Bâle en avril 1545 (Staatsarchiv Basel,
Kirchenarchiv AA. 16.1.S.12).

[393] Il n'est pas fait mention de lui dans la *Kurze Abhandlung von den Ammeistern*
(Strassburg 1761) de Johann Martin Pastorius, pas plus que dans les différentes chroniques du seizième siècle, celles de Sebald Büheler, *La chronique strasbourgeoise*, de
Daniel Specklin, *Les Collectanées*, et de Berler, *Fragments de la chronique* (*Fragments des anciennes chroniques d'Alsace*, vol. I, II et IV, Strasbourg 1887, 1890 et
1901).

[394] Hans H. Th. Stiasny, *Die strafrechtliche Verfolgung der Täufer in der freien
Reichsstadt Köln, 1529 bis 1618*, Bonn 1961, S. 54-55: «Die Stadt Wesel teilte unter
dem 27.12.1564 mit, dass sie einige Anhänger dieser Sekte [des davidjoristes] einge-
zogen habe, die mit einem Bürger Kölns in Briefwechsel stünden. Ein sofort ange-
stelltes Verhör ergab, dass der Besagte Briefe des Cornelius von Lier von Strassburg
nach Deventer und Wesel besorgt hatte.» Nous tenons à remercier M. H. de la
Fontaine Verwey, qui nous a signalé cette étude.

[395] Strasbourg. Archives Municipales, Série V, 14/19. L'auteur de la lettre est
nommé dans W. K. Zülch, *Frankfurter Künstler 1223-1700*, Frankfurt am Main
1935, S. 338-339, où il est question de la vente des instruments ayant appartenu à
l'orfèvre Johan Strohecker et servant à frapper de la monnaie: «Das Münzinstru-
ment kauft der Münzmeister Egidius Clerick». Alexander Dietz, *Frankfurter Handelsgeschichte*, Band II, Frankfurt am Main 1921, cite plusieurs Leclercq. Nous
n'avons pu apprendre rien de précis sur ce Gilles; aussi n'osons-nous pas l'identifier
avec le personnage qui, dans l'entourage du prince d'Orange, de son frère Louis et du
comte de Hornes, joue un rôle dans les événements du début de la révolte des Pays-
Bas et de qui on n'entend plus parler après les premiers combats de 1568 et 1569.
Dans une confession de 1567, citée par L. A. Gachard, *Correspondance de Guillaume
le Taciturne, prince d'Orange*, t. II, Bruxelles - Leipzig - Gand 1850, p. cxviii n., il
est qualifié d' «homme bien docte en latin et grand philosophe».

Cependant, la lettre pose quelques problèmes: dans sa *Defence*, Emmery parle d'un séjour d'environ vingt ans que son père aurait fait à Strasbourg. Il est vrai qu'on ne doit pas prendre à la lettre tout ce qu'il écrit – ainsi, il donne comme date du départ de son père l'an 1546 –, mais afin d'admettre qu'il ne se soit pas trop mépris en parlant d'un séjour de quelque vingt ans, il faut supposer qu'après son départ de Bâle son père s'est d'abord établi ailleurs qu'à Strasbourg. Qu'il soit effectivement parti de Bâle peu après son arrivée, c'est ce qu'attestent les lettres de David Joris dont nous avons parlé et qui s'échelonnent sur la période entre 1547 (peut-être 1546) et 1555. Une autre difficulté apparaît si l'on rapproche cette lettre de 1571 du contrat du mariage de Sebastiaen van Her et de Clara van Liere, qui fut dressé à La Haye, le 17 novembre 1559. La mariée y est appelée «la troisième fille de feu le seigneur Cornelis van Lyer, de son vivant Seigneur de Berchem».[396]

La difficulté est sérieuse; si nous ne considérons pas toutefois que la phrase du contrat mérite une confiance absolue, c'est que dans un autre acte officiel, du 30 octobre 1554, il est question déjà de «feu le seigneur Cornelis van Lyer». Après le départ de celui-ci et la confiscation de ses biens, l'empereur Charles-Quint accorde à son gouverneur du Luxembourg, Jean de Liere, la somme de 7000 livres, «a les prendre sur les biens de cornille van lyere son frere nagaires declarez confisquez a nostre prouffit par sentence rendue en nostre conseil de brabant». Au lieu d'accepter cette somme, Jean de Liere demande à acheter la seigneurie de Berchem, qui lui est accordée moyennant «la somme de dix mil cincq cens vingt deux livres quatorze solz» – dont il pourra déduire les 7000 livres qui lui sont offertes – «pour par ledit Jehan van Lyere ses hoirs successeurs ou ayans cause les tenir possesser et en joyr perpetuellement et a tousiours, comme d'autres biens a luy appartenans».[397] Dans son testament, du 16 décembre 1551,[398] le nouveau seigneur de Berchem lègue ses biens aux enfants de Corneille de Liere. Jean de Liere étant décédé le 11 février 1552, les tuteurs des héritiers refusent, dans un acte du 30 octobre 1554, l'héritage, chargé de nombreuses dettes, «désireux d'éviter l'entière ruine

[396] 's-Gravenhage. Algemeen Rijksarchief. *Aanwinsten 1891*, nr. 28; Port. XIV e. «Die Edele ende wyse Jongvrouwe Clara van Lyer tot Berchem, derde dochter wylen Heer Cornelis van Lyer, in syn Leven Heer tot Berchem, die Godt Rust geven wil.»
[397] Bruxelles. Archives générales du Royaume. Cour Féodale du Brabant, *Registre de recette des droits de reliefs*, No. 357, fol. 223 vo.
[398] 's-Gravenhage. Algemeen Rijksarchief. *Aanwinsten 1891*, nr. 28; Port. XIV d. «hy consigneert deputeert ende Institueert voer zyne Rechte erfgenamen (pleno Iure Institutionis) den wettigen kinderen van Joncker Cornelis van Lyere zynen broedere, om die als erfgenamen van hem testateur nae zyn doot te aenveerdene ende te behoudene eeuwelick ende erffelick.»

des enfants mineurs de feu le seigneur Cornelis van Lyer».[399] Or, puisque
nous savons, par les dates des *Christlycke Sendtbrieven* de David Joris et
par celles des lettres de Corneille aux davidjoristes de Bâle, qu'il était
vivant en 1554, nous ne croyons pas être obligé de tenir pour véridique la
phrase du contrat de mariage de 1559, d'autant moins que De Liere avait
une raison sérieuse pour ne pas se rendre à La Haye à ce moment-là:
1559 est l'année où l'identité de Johann von Bruck est découverte et où
se déroule à Bâle le procès contre David Joris et les siens, qui fait beaucoup
de bruit dans toute l'Europe et surtout aux Pays-Bas. Ce n'est donc pas
la mention de sa mort dans cet acte qui nous fera penser que le destinataire de la lettre de Gilles le Clerck ne pouvait pas être le compagnon de
David Joris, surtout parce que nous savons qu'après son mariage, Clara,
fille de «junker Cornelius von Liers», a entrepris le voyage de Strasbourg,
où elle est marraine d'Anne Klingeisen, le 4 août 1560, au Temple
Neuf.[400] Quoi de plus normal, en effet, que d'aller trouver, après le
mariage, un père qui n'a pu assister à la cérémonie?

Ce qui est grave, c'est que l'ignorance où nous sommes au sujet des
occupations de Corneille de Liere après son départ de Bâle, entraîne une
incertitude quasi entière quant aux dates de naissance de ses enfants et
même, dans une certaine mesure, quant à leurs noms. Chez Butkens nous
rencontrons la liste suivante: 6 fils, Willaume, Charles, Nicolas, Joachim,
Hector et Emerin et 3 filles, Clare, Anne et Marie.[401] Cependant, dans
les documents de l'époque nous trouvons des noms: Michel, Gertrude,
Adriana, qui ne figurent point dans la généalogie officielle, et d'autre
part, ce qui est bien pire, nous ne trouvons pas le nom d'Emmery, ni même
toujours celui de Joachim. Ainsi, dans le Stadsarchief d'Anvers nous
avons trouvé une inscription dans le registre des rentes viagères de 1555,
où il est question de quatre fils: Willem, âgé d'environ 22 ans, Niclaes,

---

[399] Bruxelles. Archives générales du Royaume. Cour féodale du Brabant, *Registre
de recette des droits de reliefs*, No. 357, fol. 443 vo: «willende die voirder ende ge-
heele bederfenisse vanden voirsz. onbejairden kinderen des voirsz. wylen heeren Cornelis van Lyer . . . verhueden.» Dans le même acte les enfants sont qualifiés de «weesen», c.-à-d. orphelins.
[400] Strasbourg. Archives Municipales. *Registres paroissiaux*. Temple Neuf, N 213,
fol. 138 vo.
Nous devons la communication de cette inscription à M. J. Rott, de Strasbourg.
Qu'il trouve ici l'expression chaleureuse de notre gratitude.
[401] Chr. Butkens, *Trophées de Brabant*, t. II, p. 45. L'Algemeen Rijksarchief à La
Haye conserve une généalogie de la famille De Liere, datée du 3 janvier 1651 et
signée par «Engelbrecht Flachio, Roy d'Armes de sa Majesté», où sont mentionnés
trois fils, Wilhaume, Joachim et Emmery, et trois filles, dans un ordre différent: Anne, Claire et Marie (*Aanwinsten 1891*, nr. 28; Port. XIV a).
Qu'on se rappelle que dans l'acte de son mariage Clara est appelée la troisième fille!

20 ans, Kaerle, environ 19 ans, et Hector, 17 ans.[402] Aucun doute quant
à Willem: marié avec Agnes van Nederveen, il habite à Bois-le-Duc ou
dans les environs de cette ville; il est un de ceux qui, en 1566, signent la
requête présentée par une grande partie de la noblesse des Pays-Bas à la
gouvernante, Marguerite.[403] Il a été enterré dans l'actuel temple protestant
de Berlicum, près de Bois-le-Duc.[404] Pour ce qui est de Kaerle-Charles,
Butkens dit qu'il fut chanoine à Soignies et qu'il mourut en 1584. Sur
Nicolaes et Hector nous n'avons pas trouvé de renseignements. De Joachim
cependant, qui n'est pas cité dans le registre anversois, il est souvent fait
mention dans des documents de l'époque. Le premier en date de ces
documents est le contrat de mariage de sa soeur Clara, où il est appelé
le cadet des frères de la mariée.[405] Il épousa succesivement Jeanne van
Halmale [406] et, en 1574, Sophia van Goltstein, dame de Suideras, près
de Zutphen.[407] En novembre 1577, il fut député par «het kwartier van
Zutphen» aux Etats-Généraux,[408] où nous retrouvons son nom parmi les
députés pour les années 1578, 1582 et 1583.[409] Au cours de cette dernière
année Zutphen est pris par les Espagnols: bien des habitants quittent la
ville, abandonnant leurs possessions. Lors de l'amnistie générale de février
1585, par laquelle leurs biens sont restitués aux bourgeois émigrés, Joachim
van Liere en est nommément exclu, avec 18 autres.[410] Puis nous perdons
sa trace pendant assez longtemps pour le retrouver en 1612; dans cette
année il achète, conjointement avec Pieter Snellen, le manoir de Limburg,

[402] Antwerpen. Stadsarchief. *Tresorie* 1381, fol. VII: «xxa septembris. Willem ende
Niclaes van Lyere gebruederen oudt Willem omtrent xxij Jaren, ende Niclaes xx
Jaren, wettige kinderen Joncker Cornelis van Lyere daer moeder aff is Jonffrouwe
Lybrecht van berchem Tsiaers xx gulden; eodem die. Kaerle ende Hector van Lyere
gebruederen oudt Kaerle omtrent xix Jaren, ende Hector xvij Jaren, wettige kinderen
ut supra xx gulden.»
[403] J. W. te Water, *Historie van het Verbond en de Smeekschriften der Nederlandsche edelen*, deel I, Middelburg 1776, blz. 250. Chose curieuse, dans le chapitre
qu'il consacre à la famille Van Liere (deel IV, blz. 204-218), Te Water affirme que
c'est Corneille de Liere qui est le signataire.
[404] A.F.O. van Sasse van Ysselt, *De voorname huizen en gebouwen van 's-Hertogenbosch*, deel II, z. pl. en j., blz. 141 n.; voir aussi P. C. Bloys van Treslong Prins,
*Genealogische en heraldische gedenkwaardigheden in en uit de kerken der provincie
Noord-Brabant*, deel I, Utrecht 1924, blz. 56, nr. 4.
[405] 's-Gravenhage. Algemeen Rijksarchief. *Aanwinsten 1891*, nr. 28; Port. XIV e.
«Joncker Joachim van Lier Heer tot Willegem haaren jongsten broeder.»
[406] *ibid.*, Port. XIV a, nr. 6. Dans son testament, en date du 28 mars 1567 nous
lisons: «sy laet haeren man Joachim van Lijere t'ghene bij hunne huwelijcxe voor-
waarde heeft gecontracteert voor steven cleijs alias loemele notaris tot Antwerpen»;
nous n'avons pas retrouvé ce contrat de mariage parmi les actes du notaire Steven
Cleys qui sont conservés dans le Stadsarchief d'Anvers.
[407] W. J. d'Ablaing van Giessenburg, *Bannerheeren en Ridderschap van Zutphen*,
deel II, 's-Gravenhage 1885, blz. 34.
[408] *Resolutiën der Staten-Generaal*, deel I, blz. 147.
[409] *ibid.*, deel II, blz. 3; deel III, blz. 311; deel IV, blz. 791.
[410] R.W. Tadama, *Geschiedenis der stad Zutphen*, Arnhem-Zutphen 1856, blz. 225.

à Oosterhout.[411] L'année suivante, il est nommé dans le testament de son frère Emmery comme un des exécuteurs testamentaires [412]; d'après une inscription que nous avons trouvée dans le Stedelijk Archief de Breda, il est mort avant le 23 avril 1616.[413]

D'Emmery, il n'y a toujours pas de nouvelles. La seule indication que nous ayons sur la date approximative de sa naissance, se trouve dans sa *Defence*, parue en 1599, où il dit, en parlant de Marnix: «lequel pour grand exces et crime m'objette certaine alliance clandestine arrivée en nostre maison: certes voilà un grand piacle: et quand? passé ja plus de 30 ans, qu'en puis-je mais? Car estant lors de l'aage d'environ 13. ou 14. ans, on peult penser, si l'on m'en a demandé avis».[414] Il nous semble hors de doute que l'événement auquel Marnix faisait allusion dans sa *Response apologeticque* [415] et dont parle De Lyere, est le mariage d'Anne de Lyere avec le fils de David Joris, Hans von Bruck. Or, nous savons que ce mariage – on se demande pourquoi De Lyere parle ici d' «alliance clandestine» – eut lieu en 1565.[416] Si l'âge qu'Emmery se donne au moment du mariage de sa soeur est exact, cela nous ramène à 1551 ou 1552 comme année de sa naissance. Il serait donc impossible d'identifier Emmery avec un des deux frères, Niclaes et Hector, de l'inscription de 1555, puisque ceux-ci ont respectivement 20 et 17 ans à ce moment-là.

Un seul document semble indiquer que Corneille de Liere eut encore des enfants après Joachim. Nous avons trouvé dans le Stadsarchief d'Anvers le codicille du testament de Marguerite le Begge, qui était alliée par sa mère avec la maison De Liere.[417] Le 16 juni 1569, elle fait un codicille en faveur de Guillaume et de Joachim van Lier, ses arrière-neveux, tout en les obligeant à payer certaine somme à leur mère Wybrecht van Berchem; en cas que celle-ci soit décédée avant la mort de la testatrice, une partie de la somme reviendra à la fille de Wybrecht van Berchem,

---

[411] J. H. van Mosselveld, «De slotjes te Oosterhout», dans *De Oranjeboom*, 1964, blz. 75 et 87.
[412] 's-Gravenhage, Algemeen Rijksarchief. *Aanwinsten 1891*, nr. 28; Port. XIV e.
[413] Breda. Stedelijk Archief. *Schepenbank* R 515, fol. 64 vo.
[414] *Defence*, fol. B4 vo - B5 ro.
[415] *Corr. et Mél.*, p. 408: «s'estant depuis accointé par alliance à son grand prophete David George, ou à quelcun de sa race, il panseroit par là avoir prins le grade de ceste noblesse allemande, dont il se vante.»
[416] Paul Burckhardt, *art. cité*, S. 22. Voir ce qu'écrit Ubbo Emmius, *Den David-Jorischen Gheest ... ontdect*, 's-Gravenhage 1603, blz. 279: «J. Johan van Brugk heeft Anna eene Dochter van J. Cornelis van Lier, Sustere van J. Emmerich van Lier, teghenwoordich Gouverneur van Willemstadt (den selven J. Johan met syn Vrouwe noch zijnde int leven, ende woonende in 's Graven-Haghe) ter echte ghenomen.»
[417] W. van Gouthoeven, *D'oude Chronijcke ende Historien van Holland (met West-Vriesland) van Zeeland ende van Utrecht*, 's-Gravenhage 1636, blz. 166.

Adriana van Lyer, et, après le mort de celle-ci, aux deux fils cadets de
Wybrecht van Berchem, qui recevront aussi le reste de la part de leur
mère.[418] Sans doute, un de ces deux enfants est-il celui que nous rencon-
trerons bientôt sous le nom d'Emmery ; quant à l'autre, ce doit être Michel,
dont parle Gilles le Clerck dans sa lettre de 1571.

Le seul document que nous ayons trouvé qui donne presque tous les
noms que nous avons relevés dans les diverses sources que nous venons de
mentionner, c'est un manuscrit contenant les généalogies d'un grand
nombre de familles néerlandaises et qui est de la main de Gerrit Schaep.[419]
Bien qu'il ne s'agisse pas ici d'une source strictement contemporaine –
Schaep est né en 1599 – le document nous semble digne de foi ; plus loin
nous montrerons que le père de Schaep entretenait des relations personnelles avec Emmery de Lyere et que Gerrit Schaep lui-même connaissait
au moins un de ses fils. Le manuscrit nomme Corneille comme le père de
11 enfants : 7 garçons, Willem, Niclaes, Hector, Carel, Joachim, Emmery
et Michel, et 4 filles, Anna, Adriana, Clara et Maria.

IX. EMMERY DE LYERE, ÉCUYER DE GUILLAUME D'ORANGE ET GOUVERNEUR DE WILLEMSTAD

Quand nous rencontrons le nom d'Emmery de Lyere dans l'histoire
de la guerre contre l'Espagne, il occupe déjà une position de confiance
auprès du prince Guillaume d'Orange. Comment il a gagné cette confiance, c'est là une chose sur laquelle nous sommes très imparfaitement
renseigné, et nous ignorons complètement quand et où De Lyere est entré
au service du Prince.[420] Le peu que nous en savons, nous le savons par

---

[418] Antwerpen. Stadsarchief. *Notaris St. Cleys-Van Loemel*, nr. 548, fol. 4 rovo - 5
rovo: «nair der selver Joncfrouwen Wybrechten van berchem doot ende aflyvicheyt
succederen ende versterven te wetene de Tseventich Karolusguldenen erflick dairaf
voir de bloote ende naicte tocht op Joncfrouwen Adriana van lyer heur Codicillateres-
sen peetken ende der voirsz. Joncfrouwen Wybrechten dochter. . . . Ende voir de
proprieteit ende erflicheyt nair aflyvicheyt van de voirsz. . . . op de twee jonxste
sonen van de selve joncfrouwe Wybrechte van berchem oft by gebreke van hen op
hunne erfgenamen ab Intestato. Ende resterende Dertich karolusguldenen erflic
. . . opte selve twee jonxste sonen oft by gebreke van hen oick op hunne erfgenamen
ab Intestato.»
[419] 's-Gravenhage. Hoge Raad van Adel. Nr. 543, M. S. Schaep. Seul y manque le
nom de Truy que nous avons rencontré dans les *Christlijcke Sendtbrieven* de David
Joris. Pourtant ces lettres sont très explicites ; ainsi, il est impossible qu'il s'agisse
d'une autre Gertrude de Liere, comme p. ex. la soeur de Corneille qui a épousé Jacob van Duyvenvoorde.
[420] Avant de venir aux Pays-Bas, a-t-il «estudié en quelque université de France»,
ainsi que semble le suggérer une remarque faite par Marnix dans sa *Response apologeticque* (*Corr. et Mél.*, p. 408) ? Faute de précisions, nous n'avons pu faire des recherches poussées dans les archives des différentes universités susceptibles d'avoir

De Lyere lui-même, qui écrit dans sa *Defence*, après avoir parlé de son père dans le passage que nous avons cité: «D'un tel Pere (graces à Dieu) je confesse estre fils, lequel ayant rendu paine (selon son devoir paternel) de m'eslever en la craincte de Dieu, et planter en moy, tant qu'il a peu, l'instinct à la vertu, je n'y ay point si mal proficté (parlant sans jactance) que je peux dire de mes conditions n'avoir esté si peu agreables aux gens d'honneur, que mesmes elles n'ayent esté receuës d'un benigne accueil par des Princes, et singulierement par feu Monsseigr. le Prince de haute Memoire: auquel a pleu de sa grace, m'ayant accepté au nombre de ses Gentilshommes domestiques, m'avancer quelques années apres, à l'Estat d'Escuier, et encores que j'estoy des plus jeunes: si est-ce, que je peux dire, qu'il m'a souventes-foix estimé digne de m'employer en commissions et voyages assez honorables pour moy, devant tous les aultres, qui me precedoyent et en aage et en long service».[421]

La première fois que nous rencontrons le nom de De Lyere dans un document de l'époque, c'est dans un contexte flatteur, et le jugement qu'on porte sur lui, si bref qu'il soit, est fort élogieux. C'est la comtesse Marie de Nassau, fille du Taciturne, qui écrit le 8 mars 1578 à son oncle Jean de Nassau, le frère aîné du prince Guillaume, pour lui communiquer le voyage que le jeune comte Guillaume [422] doit entreprendre en Angleterre. Le jeune homme avait grande envie de voir ce pays, et maintenant une belle occasion se présente, puisqu'une députation des Etats-Généraux, dirigé par Charles-Philippe de Croy, marquis d'Havré, un des plus brillants gentilshommes des Pays-Bas du Sud, est sur le point de se rendre auprès de la reine Elisabeth afin de lui demander son appui contre les Espagnols. Voulant profiter de cette occasion, le prince Guillaume a décidé de faire partir son neveu avec cette compagnie, «et l'a placé sous la garde de Lier, ce dont je me réjouis bien, parce que c'est un homme

---

compté le jeune De Lyere pendant un moment parmi leurs étudiants. Les sondages sommaires que nous avons entrepris pour les universités d'Orléans et de Douai n'ont abouti à aucun résultat.

[421] *Defence*, fol B2 ro-vo.
Dans un article sur «Hofstaat en hofleven van prins Willem I» (dans *Prins Willem van Oranje, 1533-1933*, Haarlem 1933), E. J. Haslinghuis cite un «Rolle van domestiquen» des années 1577-1578 (Koninklijk Huisarchief 2147, nr. 13), où De Liere est déjà mentionné comme écuyer.
Dans les *Brieven en onuitgegeven stukken van Jonkheer Arend van Dorp*, uitg. door Mr. J. B. J. N. Ridder De van der Schueren, deel I, Utrecht 1887, blz. 293-297, on trouve un «Rolle des gaiges domesticquen de lhostel de son Exce pour veriffier combien ilz montent par chacun an». Dans ce document, que l'éditeur croit être de 1582, «Lescuyer Lyere» est mentionné en tête des «Gentilzhommes», avec un traitement de 300 livres, là où les autres gentilshommes, au nombre de dix, ne touchent que 200 livres par an.
[422] C'est le fils aîné du comte Jean de Nassau, Guillaume-Louis (1560-1620), qui sera stathouder de Frise depuis 1584 jusqu'à sa mort.

agréable, noble et pieux, comme vous l'avez vu; si mon cousin le comte
Guillaume suit ses indications – et je ne doute point qu'il ne le fasse – il
ne s'écartera sans doute pas de la bonne voie».[423] «Agreable, noble et
pieux», on voit que, dans sa *Defence*, Emmery ne s'est pas vanté sans
raison; on voit aussi que ce n'est pas d'hier que De Lyere fait partie de la
suite du Prince, puisque le comte Jean de Nassau a déjà eu l'occasion
d'apprécier ses qualités, et que la confiance que lui montre Guillaume
d'Orange en le chargeant des soins de son neveu, a dû être méritée dans
d'autres missions. Où l'ont conduit ces missions? Il nous semble avéré
qu'il a été déjà en Angleterre. Dans une lettre du 29 septembre 1577, de
Thomas Wilson [424] à William Davison,[425] nous rencontrons le nom de
«M. de Lyra (qui demeure ici)» [426] et qui est en relation avec le Prince
d'Orange. Il nous semble fort probable que, là encore, il s'agit d'Emmery
de Lyere, bien que nous ne comprenions pas très bien la phrase «qui
demeure ici». La lettre est écrite au moment de la première ambassade du
Marquis d'Havré; De Lyere a-t-il fait partie de cette ambassade, comme
il a été de la seconde, ou bien accomplit-il une mission pour le Prince,
indépendamment des députés des Etats, ce qui expliquerait qu'il ne part
pas en même temps que ceux-ci? Quoi qu'il en soit, le fait qu'il a déjà
été en Angleterre, fait de lui un excellent compagnon de voyage pour le
jeune comte de Nassau.

Nous savons par d'autres lettres que le Prince se servait de De Lyere
pour transmettre des messages confidentiels,[427] mais ses fonctions ne se
restreignaient pas à celles d'un messager; à l'occasion il joue un rôle
comparable à celui d'un secrétaire, ainsi que l'on peut voir par la lettre
suivante, du 13 juillet 1579, de De Lyere au comte Jean de Nassau:
«Monseigneur, Suivant l'instruction de v. S. j'ay faict mon rapport à son

---

[423] G. Groen van Prinsterer, *Archives ... de la maison d'Orange-Nassau*, 1re série,
t. VI, p. 302: «undt hat im Lier mit geben, welges ich wol erfreit bin, den es ist eynn
feinner vom adel undt gottfeurchtig, wy E. L. gesehen haben; wan im mein Vetter
Graf Willem folcht, wy ich nict sweiffel das er doen wert, so wert er gewis nieiks
beus leren» (Anvers, le 8 mars 1578). Groen van Prinsterer identifie dans une note
«Lier» avec Joachim van Lier; dans une annexe nous exposerons les raisons que nous
avons de penser qu'il s'agit bien d'Emmery.
[424] Thomas Wilson (1525?-1581), secrétaire et savant. Voir sur lui *Dict. Nat.
Biogr.*, vol. LXII, pp. 132-136.
[425] William Davison (1541?-1608), secrétaire de la reine Elisabeth. Voir sur lui
Dict. Nat. Biogr., Vol. XIV, pp. 179-182.
[426] *Calendar of State Papers. Foreign series, 1577-1578*, p. 208: «When M. de
Lyra comes (who remains here), I will not fail to write to his Excellency» (c.-à-d. le
prince d'Orange).
[427] G. Groen van Prinsterer, *Archives*, 1re série, t. VI, p. 655; Le Prince d'Orange
au Comte Jean de Nassau, 13 juillet 1579: «Die andere püncten die E. L. mit dem
von Lier unsz übergeschickt haben, betreffendt, wollen wir derselbigen auff alle in
Kurtzem eine eigene instruction Zuschicken.»

Exc., le 7me de ce moix, de tout ce qu'elle m'avoit enchargé; mais, comme les affaires de grande importance dont sa dite Exc. est journellement empéschée, sont notoires à icelle v. S., je n'ay peu obtenir si prompte responce ainsy que je le désiroy et que l'urgence des affaires le requéroit; non obstant que j'aye translaté les poincts contenuz en mon instruction en langue française, pour les communiquer avec Mr. de Villers, afin qu'il tenisse la main à la responce sur iceulx; comme j'espère que v. S. en sera satisfaict par la lettre de son Exc., sinon de tout, du moings en partye sur aulcung poinctz les plus pregnantz, priant très-umblement que je soye excusé, si les inconvénientz susnommez ont empêché l'effect de ma diligence».[428]

C'est à la même époque que se situe l'événement sur lequel on a beaucoup écrit, le citant comme une preuve de l'esprit libéral du Prince en matière des affaires religieuses; nous verrons qu'il est tout d'abord significatif de l'attitude de son écuyer, Emmery de Lyere, qui en fut seul responsable. A cette époque mouvementée, pendant laquelle la délivrance de la contrainte religieuse dont bénéficient les protestants, ne comporte pas pour autant le rejet de la contrainte en général, un des personnages les plus attachants par la simplicité et le naturel de leur attitude devant l'Eglise, de quelque confession qu'elle soit, est Hubert Duifhuis.[429] Ce prêtre catholique, curé de l'église Saint-Jacques à Utrecht, ayant rompu avec l'Eglise et ayant embrassé la religion protestante, n'en continua pas moins à célébrer la messe dans son église, après quoi le tour vint aux protestants,[430] qui, chaque dimanche, affluaient pour écouter ce pasteur singulier, qui entendait réformer l'Eglise sans l'abandonner, et dont les sermons édifiaient bien plus que ceux des pasteurs réformés qui avaient également leur église à Utrecht. Or, ce qui devait arriver, arriva. Les pasteurs essayèrent de persuader Duifhuis de se joindre à eux et, comme ils ne réussirent pas à le mettre de leur côté, ils attaquèrent en chaire aussi bien que dans des lettres à leurs confrères des communes voisines le «ministre illégitime», qui ne reconnaissait pas le droit de soumettre les fidèles à la discipline ecclésiastique: «autant que nous puissions comprendre, il faut qu'il soit de deux choses l'une: ou bien un Papiste doublement pervers, ou bien un Libertin, disciple de Franck et de Schwenckfeld».[431] D'autre

[428] *ibid.*
[429] Voir sur lui P. Bor. *Historie der Nederlandsche Oorlogen*, deel II, Amsterdam 1679, blz. 830-837; G. Brandt, *Historie der Reformatie*, deel I, Amsterdam 1671, blz. 613-621 et 655-656; J. Wiarda, *Huibert Duifhuis, de prediker van St.-Jacob*, Amsterdam 1858; NNBW, deel VIII, 434-435.
[430] J. Wiarda, *Huibert Duifhuis*, blz. 40-41.
[431] P. Bor, *Historie der Ned. Oorl.*, deel II, blz. 834.

part, le magistrat d'Utrecht estimait avoir trouvé en Duifhuis l'homme qui ferait la paix entre protestants et catholiques et rétablirait le calme dans les esprits. Aussi, quand Duifhuis, de guerre lasse et invoquant aussi sa santé délicate, demanda à démissionner – depuis le 10 février 1578 il était payé par la municipalité [432] – le conseil municipal refusa d'accéder à sa demande et, le 1er février 1580, renouvela le contrat avec lui, tout en lui offrant certaines garanties pour le cas où l'on continuerait à le harceler.[433] Peu après cette date,[434] le prince d'Orange, arrivé à Utrecht, ordonne à son écuyer, Emmery de Lyere, de lui retenir une place dans l'église où il puisse écouter le meilleur pasteur de la ville. De Lyere fait porter les coussins du Prince dans l'église Saint-Jacques, où Hubert Duifhuis doit prêcher. Le Prince assiste au culte, et se déclare fort satisfait de ce qu'il a entendu. Les pasteurs calvinistes, fort vexés par ce qu'ils croient être une action délibérée en faveur de leur adversaire, font des reproches au Prince. Celui-ci, toujours soucieux de concilier les parties et d'éviter de prendre des positions qui risqueraient de rompre un équilibre fort instable, leur assure qu'il n'avait pas été au courant de leurs conflits; on l'avait conduit à Saint-Jacques, où le prêche lui avait bien plu; une prochaine fois il ne manquerait pas de venir assister au culte dans leur église à eux; sur ce, «il leur recommande de garder la paix entre eux et de rester unis, et les renvoya».[435] Ainsi nous voyons que ce n'est pas le Prince qui a voulu marquer sa préférence pour le «libertin» Duifhuis, ainsi qu'on l'a dit [436]; l'initiative vient entièrement de son écuyer, qu'apparemment, de même que sa fille, il considérait comme un homme pieux et en qui il avait assez de confiance pour lui laisser les mains libres dans une matière pourtant délicate. Pour ce qui est de De Lyere, les sermons de Duifhuis étaient bien faits pour lui inspirer une grande sympathie: plutôt que les arguties théologiques, c'était la «réforme du coeur» [437] qui comptait pour le curé

---

[432] G. Brandt, *Historie der Reformatie*, deel I, blz. 616.

[433] *ibid.*, blz. 655-656.

[434] Pieter Bor affirme que l'événement se passa en 1579; Geerardt Brandt explique, en s'appuyant sur la chronologie des voyages du Prince, que celui-ci n'a pas pu se trouver à Utrecht en 1579, et qu'il faut que l'événement ait eu lieu l'année suivante. Le «Dagregister van 's Prinsen levensloop», par H. J. P. van Alfen (dans *Prins Willem van Oranje 1533-1933*, Haarlem 1933, blz. 409-452) montre que Brandt avait raison: en 1579, le Prince ne paraît pas avoir quitté les Pays-Bas du Sud, tandis qu'en février 1580 il a séjourné à Utrecht, où il arrive le 6. Comme il a interrompu son séjour dans cette ville pour se rendre à La Haye pour la réunion des Etats de Hollande, et peut-être aussi pour se rendre à Arnhem, il n'est pas possible de préciser la date où le Prince assista au prêche dans l'église Saint-Jacques.

[435] P. Bor, *Historie der Ned. Oorl.*, deel II blz. 837.

[436] L. Knappert, *Geschiedenis der Nederlandsch Hervormde Kerk*, deel I, Amsterdam 1911, blz. 51; L. J. Rogier, *Geschiedenis van het Katholicisme in Noord-Nederland*, deel I, Amsterdam 1945, blz. 136.

[437] J. Wiarda, *Huibert Duifhuis*, blz. 67: «Gereformeertheyd des harten».

de Saint-Jacques; persuadé que «tel homme rejette et condamne comme une hérésie ce qui pour tel autre est sacré»,[438] il tient à garder sa paroisse ouverte à tous, refusant la contrainte et la persécution. De même, les idées de Duifhuis sur la distinction des deux natures de l'homme, l'une charnelle et l'autre spirituelle, et sur l'impossibilité qu'il y a pour l'homme charnel de bien comprendre le véritable sens des Ecritures, qui sont spirituelles,[439] ne pouvaient pas ne pas plaire à De Lyere, qui revendiquera dans son *Antidote* le droit de proclamer les mêmes idées.

Un an plus tard, c'est dans une tout autre affaire que nous retrouvons Emmery de Lyere. En 1576, les différentes provinces des Pays-Bas conclurent le traité qu'on connaît sous le nom de Pacification de Gand, et par lequel elles se promirent mutuellement d'être unies contre les Espagnols. Les habitants de toutes les provinces auraient le droit de s'établir librement où il leur plairait sur tout le territoire des Pays-Bas; l'exécution des placards impériaux contre les protestants serait momentanément suspendue et, de leur côté, les Hollandais et les Zélandais qui s'établiraient ailleurs, n'entreprendraient rien contre les catholiques. Tous ceux qui avaient émigré pour fuir les persécutions, rentreraient en possession des biens qu'on leur avait confisqués. De Lyere a profité de cet arrangement. Il est vrai qu'il n'a pas reçu le domaine paternel de Berchem; après avoir été refusé par les tuteurs des enfants mineurs de Corneille de Liere auxquels leur oncle, Jean de Liere, l'avait légué, Berchem avait été mis en vente en 1555, et était rentré dans la famille Van Berchem.[440] Dans ces circonstances, les Etats de Brabant accordent à Emmery de Lyere la terre de Moriensart, non loin de Nivelles, qui appartenait à un gentilhomme qui avait pris le parti des Espagnols. En 1581, De Lyere se plaint aux

---

[438] *ibid.*, «Wat de een voor groote deugd en heiligheid hield, werd door den ander verworpen en geoordeeld als groote ketterij en zonde.»

[439] *ibid.*, blz. 71-72: «gelijck wij van binnen in ons hart ende gemoet gestelt ende geschickt sijn, daerna verstaan wij Gods woord ofte de Heijlige Schrift; sijn wij vleijschelijck ende letters, wij verstaen 't alles alzoo op een uijterlijcke, vleijschelijcke sin; ... maer sijn wij oock geestelijck of hemels gesint, wij verstaen deselve in haren regten sin ende aert, daertoe sij uijtgesproken sijn.»

[440] C'est Henri van Berchem qui achète la seigneurie. Le Staatsarchief d'Anvers conserve un exemplaire de l'avis qui annonce la mise en vente du domaine (*Gemeentelijk Archief Berchem*, 30: Verschillende stukken). Les conditions de vente comportent l'obligation de verser à differentes personnes des rentes annuelles se montant à 690 florins, dont 490 florins à des membres de la famille De Lyere. Plus de la moitié de cette somme, 300 florins, revient à Wybrecht van Berchem et, après sa mort, à ses héritiers: «Hier gaet vuyte ... joncfrouwe Wybrecht van Berchem tsiaers erflick Dryehondert Carolus guldenen. Item Heeren Jacope van Dyvoorde [le mari de Gertrude, soeur de Corneille de Liere], Ridder, tsiaers erflick Een hondert thien Carolus guldenen. Item der weduwe Heer Claus van Lyere des Ridders tsiaers erflick tachentig Carolus guldenen». Le nouveau seigneur de Berchem était un des tuteurs des enfants de Corneille de Liere, héritiers de Jean de Liere.

Etats que cette donation ne lui ait été d'aucun profit: «quelque debvoir qu'il ait faict pour en tirer quelque proffit il n'en a onques rien sceu prouffiter pour estre ladicte terre au pouvoir des ennemis».[441] Aussi il demande à profiter des possibilités qu'offre la mesure – une de celles qui marquent l'échec de la Pacification de Gand – que le magistrat vient de prendre en confisquant les biens ecclésiastiques au profit des Etats: «qu'il plaise a voz Sries luy donner et accorder quelque convenable pension et entretenement annuel sur les biens Ecclesiastiques saisiz de leur part, si comme sur les biens jadiz appertenant a l'abbaye d'affligem au village de Schilde pres de ceste ville d'anvers affin que ledict Remonstrant aye tant melieur moyen de continuer au bon zele qu'il a touiours porté encores au service de la Patrie et a vozdictes Sries».[442] Ce qui rend cette affaire intéressante, c'est le fait que le prince d'Orange a appuyé auprès des Etats la demande de son écuyer. Le 17 février 1581, il leur adresse une lettre où il donne l'appréciation suivante de son gentilhomme: «Messieurs, plusieurs années a que le Sieur Enneny (sic) de Lyere est de ma maison, aiant touiours continuellement faict, comme il continue ancoir de faire, non seulement à moy en particulier tout bon service mais l'ay ausi veu et cogneu habile et très voluntaire en tout où pour le service du commun je l'ay voulu employer. En quoy il s'est touiours louablement aquité et ne puis laisser de dire que, comme il est sorti de bonne maison de Brabant, il donne belle apparence que le pais en pourra encoires tirer grand service, veu les bonnes qualitez qui en luy sont remarquables, qui j'estime telles qu'ilz méritent advancement et faveur, mesmes pour l'aminer de s'efforcer toujours de bien en mieulx».[443] Même si l'on tient compte du fait qu'il s'agit d'une lettre de circonstance, il reste que nous avons ici un jugement qui confirme parfaitement ce qu'Emmery a avancé dans sa *Defence* au sujet du «benigne accueil» qu'il a trouvé auprès du prince d'Orange. D'ailleurs, celui-ci donne encore une meilleure preuve de l'estime et de la confiance qu'il a pour son écuyer en lui confiant le commandement d'une des places fortes les plus exposées aux attaques de l'ennemi.

L'île de Klundert, Ruigen-Hil et Fijnaart, qui a depuis longtemps cessé

---

[441] Antwerpen. Staatsarchief. *Breede Raad van Antwerpen Meirschen* 1581, fol. 107 vo. Il s'agit d'une copie, comme pour la lettre du Prince que nous citons plus bas.

[442] *ibid.*, fol. 108 ro.
De Lyere a obtenu ce qu'il demande ici: «men midts den redenen daer inne begrepen, den thoondere soude mueghen vergunnen de Somme van vier hondert gulden tsiaers wt de goeden der Abdyen van afflegem, gelegen tot Schilde alhier gheruert, ende dat alleenlick by maniere van provisie. Casserende ende te niete doende de gifte hem tanderen tyden vuyt gelycke Redenen gedaen van de vruchten der heerlyckheyt van Moriensort» (*ibidem*).

[443] *ibid.*, fol. 108 vo. Cette lettre a été publiée dans *Antwerpsch Archievenblad*, tweede reeks, jrg. 8 (1933), blz. 219-220.

d'être une île et forme aujourd'hui l'extrême pointe du nord-ouest de la province néerlandaise du Brabant-Septentrional, appartenait au prince d'Orange en personne. Comme les campagnes au Sud de la Meuse n'étaient pas sûres dans ces années,[444] où le prince de Parme menaçait par ses attaques les frontières des provinces qui continuaient la guerre contre l'Espagne, il fut décidé en 1583 d'y construire une forteresse, qui devint la ville de Willemstad.[445] On comprend l'importance de cette place forte après la chute d'Anvers: disposant de toutes les villes importantes au sud de la Meuse, le prince de Parme aurait eu toutes les chances de ravitailler ses troupes dans les campagnes brabançonnes sans les quelques places fortes que les armées des Etats occupaient sur ce territoire, telles que Heusden, Geertruidenberg et Willemstad. Aussi nous voyons que, dès 1583, les Etats de Hollande ordonnent aux commandants de ces villes de brûler les villages et les champs des campagnes autour des villes de Bois-le-Duc et de Breda, qui sont au pouvoir des Espagnols.[446] Qu'on songe aussi à l'importance vitale qu'avaient les voies d'eau pour le commerce des marchands, aussi bien que pour les entreprises militaires: les succès éclatants des stathouders de Hollande et de Frise dans les opérations de 1591 et 1592, écrit l'historien Robert Fruin, sont dus pour une très large part au contrôle absolu qu'ils exerçaient sur les fleuves.[447] Or, pour qu'on pût exercer ce contrôle d'une manière efficace, il était important que les villes situées sur les bords des fleuves fussent au pouvoir des Etats; aussi, un des principaux objectifs des opérations dont nous venons de parler avait-il été la prise de Zutphen et de Deventer, sur l'Yssel.[448] L'importance stratégique de Willemstad tenait donc à deux causes: situé au bord d'un des grands bras de mer au sud de la Hollande, il contrôlait l'entrée de la Meuse et du Waal; en même temps c'était une tête de pont située sur le

---

[444] Et même longtemps après: encore en 1596, les pasteurs réformés du district de Dordrecht, dont relevait l'ouest du Brabant-Septentrional, décident de se réunir à Breda, pourvu que «Dieu donne plus de liberté», et en 1597 le pasteur de Fijnaart s'excuse de ne pas assister à la réunion de ses confrères en invoquant les attaques répétées de l'ennnemi contre l'île de Klundert [A. Hallema, «Tien jaren uit de geschiedenis der Hervormde Kerk te Breda en in West-Brabant», dans *Nederlands Archief voor Kerkgeschiedenis* XL (1954), blz. 35].

[445] F. J. G. ten Raa en F. de Bas, *Het Staatsche leger 1568-1795*, deel I, Breda 1911, blz. 250. K. Dane, *Willemstad. Historisch overzicht van stad en polder*, Klundert 1950.

[446] *Register van Holland en Westvriesland. Van den Jaare 1583*, résolutions du 12 juillet et du 16 août; *Register ... Van den Jaare 1584*, résolutions des 1er, 17 et 24 août.

[447] R. Fruin, *Tien jaren uit den Tachtigjarigen Oorlog, 1588-1598*, 6e uitgaaf, 's-Gravenhage 1904, blz. 93: «Niets was hun [c.-à-d. aux stathouders Maurice et Guillaume-Louis de Nassau] beter te stade gekomen dan de heerschappij over de stroomen, zoo onbezonnen door de Spanjaarden aan Holland prijsgegeven.»

[448] *ibid.*, blz. 88.

territoire dominé largement par l'ennemi, du moins pendant les premères années de son existence, et dont la position avancée devait faciliter les opérations entreprises contre les villes occupées par les Espagnols.[449]

C'est de cette ville que De Lyere est nommé gouverneur en 1583,[450] pour être maintenu dans cette fonction jusqu'à sa mort en 1618. Ce n'est pas souvent que des documents de l'époque font mention de lui; cependant, ce que ces textes nous apprennent suffit à montrer que le gouverneur de Willemstad était un militaire capable, fidèle à la cause des Etats, et traitant les habitants des villes et des villages de sa circonscription avec une résolution qui, à l'occasion, frisait la rudesse. Ainsi, en 1585, alors que la chute d'Anvers a rendu particulièrement urgent l'achèvement des fortifications de Willemstad et de Klundert, et que les habitants de la ville et des polders environnants ne paraissent pas trop enclins à s'acquitter de l'obligation d'y collaborer pour leur part, le gouverneur n'y va pas par quatre chemins: il les somme de comparaître dans les cinq jours à Klundert, les menaçant de les «faire exécuter avec la dernière rigueur, ce qui se fera, soyez-en assurés, si vous ne vous décidez à comparaître après cette dernière sommation».[451] Il est vrai qu'en plus du temps qui presse, il doit tenir compte de la recommandation des Etats de n'avoir de cesse que les fortifications ne soient terminées et d'avoir soin que les habitants contribuent pour leur part aux travaux,[452] mais la brusquerie que manifeste le gouverneur à l'égard de ses administrés nous semble bien être caractéristique de sa personne. Aussi n'est-il pas surprenant de voir que bientôt il y eut des désaccords entre la population de l'île et le gouverneur au sujet des paiements qui étaient dus à celui-ci. C'est que les villes étaient tenues de payer au gouverneur son traitement, le «serviesgeld», en échange duquel le gouverneur était tenu de protéger le territoire dont il avait la

---

[449] C'est ainsi qu'en 1595 le gouverneur de Breda, Heraugière, assisté de son collègue de Willemstad, Emmery de Lyere, tente une attaque contre Bergen-op-Zoom, d'ailleurs sans succès (G. G. van der Hoeven, *Geschiedenis der vesting Breda,* Breda 1868, blz. 82).

[450] *Register van Holland en Westvriesland. Van den Jaare 1584*, résolution du 14 juillet. Cependant, il ne s'agit là sans doute que de la ratification de la nomination, puisque nous lisons dans l'acte de naturalisation des fils d'Emmery de Lyere que celui-ci a été nommé commandant de «Willemstadt en Nieurevaart» en 1583 ('s-Gravenhage. Algemeen Rijksarchief. *Aanwinsten 1891*, Nr. 28; Port. XIV a).

[451] «U luyden metter vuyterste rigeur te doen executeren, dwelck, zijt versekert, geschieden zal, zoo verder ghijluijden bij deser laetste sommatie nyet en zult comen compareren.» Cité dans l'article de F.F.X. Cerutti, «De heerlijkheid en het dorp Niervaart en de stad Klundert in het verleden», dans *Gedenkboek Niervaart*, z. pl. en j. (1939), blz. 29-30.

[452] *Register van Holland en Westvriesland. Van den Jaare 1585*, blz. 562-563: «dat de naastgeleegene Ingeseetenen van dien, met der daad en onder nagt en dag haarluider Aard-Werken, daar inne sy gehouden zyn, elks ten vollen opmaken, sonder eenigsints uit het werk te scheiden, voor en aleer het selve volbragt zal weesen.»

charge contre les attaques des troupes ennemies, et de garantir les habitants de toutes chicanes de la part des soldats de la garnison. Or, des
documents conservés aux archives municipales de Klundert nous montrent
que dès février 1586 au plus tard il y eut des difficultés sérieuses entre De
Lyere et les habitants de Klundert au sujet du paiement du «serviesgeld»,
que le magistrat de Klundert refuse de payer. Le 5 février le prince
Maurice a recommandé au gouverneur d'avoir patience jusqu'à Pâques;
à ce moment-là une réunion des habitants de l'île délibérera sur la manière
de régler le paiement. Apparemment De Lyere a refusé d'obéir à cette
recommandation, puisqu'il fait arrêter par son lieutenant un habitant de
Klundert, qui était venu à Willemstad pour des affaires privées.[453] Une
nouvelle intervention du prince Maurice ne parvient pas à mettre d'accord
les deux parties; à la fin du mois d'août le gouverneur menace le magistrat
de Klundert d'user de rigueur s'il ne reçoit pas satisfaction,[454] et le 1er
décembre il a fait arrêter à La Haye le bourgmestre de Klundert.[455]

Il ne semble pas que ce soit pour des raisons d'ordre personnel que les
habitants de Klundert refusent de payer le traitement de leur gouverneur,
quoiqu'il y ait dans les différents documents des phrases montrant qu'on
n'a pas été pleinement satisfait de la manière dont De Lyere exerçait son
gouvernement.[456] La cause des difficultés est un différend entre le magistrat de Klundert et les Etats de Hollande, qui demandent que le montant du «serviesgeld» ne soit pas déduit des impôts que la ville est tenue de
verser aux Etats, ainsi qu'on avait l'habitude de le faire suivant le contrat
dressé en 1584 par le prince Guillaume.[457] On refuse donc catégorique-

[453] Klundert. Gemeentearchief 1484/3. Bourgmestre et échevins de Klundert à
leurs députés à Delft, 22 mars 1586: «Cornelis brandt op huyden in Wilmstadt gecomen zynde om zyne particuliere affairen, is aldaer gearresteert byden lieutenant
van myn Heer de Gouverneur Lyer over het servicie gelt ende tractament, dat de
voors. Gouverneur van ons pretendeert te hebben.»
[454] Klundert. Gemeentearchief 1484/6. Habitants de Niervaart aux membres du
Conseil du prince Guillaume de haute mémoire, après le 21 août 1586: «ende int
afscheyden heeft de voirsz. gouverneur den supplianten belast andermael collegialiter
te vergaren ende aen uwer E. te solliciteren over zyne betalinge, oft zoo zy des nyet
en deden dat hy genootsaect zoude zyn daer toe te gebruycken andere middelen, dwelc
hy zeyde nyet geren doen en zoude.»
[455] Klundert. Gemeentearchief 1484/8. Requête des échevins de Klundert au
Prince, 1er décembre 1586: «heeft de voorsz. de Liere ... den Borgemeester van den
Clundert om diverse affairen van den clundert alhier in den hage gecomen sijnde,
doen gevangen gaen opte poorte, oft in gijsselinge inder herberghen.»
[456] On a dû se plaindre du désordre causé par les soldats de la garnison, ainsi que
des fréquentes absences du gouverneur, puisque le prince Maurice écrit: «Dat oock
die ordre aldaer te houden ontwijffelick midts des voorsz. Lyere presentie als hem
begheven hebbende tot huwelick merckelick staet ende apparent is te beteren» (Klundert. Gemeentearchief 1484/7. Maurice aux bourgmestre et échevins de Niervaart,
13 août 1586).
[457] Klundert. Gemeentearchief 1484/8. Annexe: «Clausulen getrocken vuyt dacte
van sijn Princelicke Extie in date den xxvjen ianuarij LXXXIIII»: «... tselve traic-

ment de payer le traitement du gouverneur en supplément de charge fiscale,[458] chose que De Lyere a fort mal prise, d'autant plus qu'il était déjà aigri sans doute parce que son traitement, qui en 1584 avait été établi à 1200 florins [459] par an, a été porté deux ans plus tard à 800 florins.[460]

De ce conflit le magistrat de Klundert est sorti vainqueur sur tous les points, puisque la Cour de Hollande prononce une sentence qui interdit à De Lyere de poursuivre davantage le magistrat de Klundert,[461] et qu'il a été stipulé que le contrat avec le gouverneur sera nul si la conduite désordonnée de ses soldats importune les habitants de l'île.[462] En ce qui concerne De Lyere, cet arrangement qui le prive en outre du tiers de son traitement, n'a guère pu lui agréer. Quelle a été son attitude vis-à-vis des habitants des communes de l'île, c'est ce qu'il n'est pas possible de conclure des rares documents qui ont été conservés.[463] En effet, ce n'est qu'en 1599

tement den voorsz. Emmery sal wordden betaelt, by Wouter Cools, ende Cornelis vander Heijen Rentmeester Respective der fortificatien vanden Clundert ende Ruij-gehill naer advenant van de grootte vande lande, ... welverstaende, dat de selve penningen bij den voorgenoemde van de heijden sullen betaelt worden vuyt dy stuij-ver bij ons gestelt op elcken veertel graens, dwelck van den fijnaert ende Ruijgenhil wert gevoert, Ende by den voornoemden cools vuijt gelijcke middelen, ofte alsulcken anderen als hy by advise van sijns Ex.tie Rentmeester ende Castellaijn van den clundert voirsz. Daniel de Loecker, ende die van den Magistraet der selver plaetsen ter minster quetse, van den ingesetenen, sal bevinden te behooren.»

[458] ibid., Requête des échevins: «Maer naer dien de heeren de Staten, den supplian-ten haere voorsz. betalinge hebben geroijeert in Rekeninge willende de betalinge te doen aen hen houwen hebben de supplianten voordere betalinge geweijgert.»

[459] ibid., «Clausulen».

[460] Klundert. Gemeentearchief 1484/5. Résolution des magistrats des communes de l'île de Klundert, 31 juillet 1586: «Is naer voorgaende deliberatie ende ommevragen by verre de meeste stemmen goet gevonden, dat myn heer den Gouverneur Jonckheer Emmerij de Liere in plaetse van syn gepretendeert servitie by den ingesetenen van den platten lande van den Ruigh van desen geheelen Eylande sullen worden betaelt, Achthondert ka. gln. int jaer, van drye tot drye maenden, innegegaen den eersten dach van meije lestleden.»

[461] Klundert. Gemeentearchief 1484/9. Sentence de la Cour de Hollande, 1er mai 1587: «Tvoorschreven hoff ... interdiceert midlertyt den voorsz. gerequireerde alle feytelicke proceduyre ende executie.»

[462] Klundert. Gemeentearchief 1484/5. Résolution des magistrats, 31 juillet 1586: «... ende dat den voorsz. gouverneur over den geheelen Eylande onder den soldaten aldaer by tyde garnisoen houdende, van wat qualiteyt oft conditie de selve oeck sou-den mogen zyn, sal houden ende doen houden zulcken ordre ende cryghdiscipline dat nyemant van den onderdanen metter waerheyt redene en hebbe over de auctoriteyt die hy int selve stuck vuyt titule van zyn gouvernement behoort te gebruycken, hem te beclagen, all op den penen van nulliteyt ende die byden voergaenden accorde zyn besproecken geweest, ende dat de voersz. servitie cesseren sal.»

[463] Les archives de Willemstad ont beaucoup souffert, paraît-il, des suites de la guerre de 1940-1945, et des inondations de février 1953. Des documents ont-ils dis-paru? Nous avons au moins une bonne raison de le croire; à la bibliothèque de l'Uni-versité de Nimègue nous avons trouvé des copies de documents relatifs à Willemstad, faites par G. C. A. Juten, qui entre 1916 et 1944 a été curé dans cette ville. Dans cet Archief-Juten, les numéros 269, 270 et 272 reproduisent des documents où il est question du «serviesgeld» d'Emmery de Lyere. D'un de ces documents, une lettre

qu'il est question de nouveau d'Emmery de Lyere, à propos d'une affaire dont, malheureusement, les débuts restent obscurs. Dans le registre du district de Dordrecht des Eglises réformées, nous lisons dans le compte-rendu de la réunion du 26 mars 1599 que le pasteur de Willemstad rapporte le méfait du gouverneur de cette ville, «lequel, quelque temps auparavant, dans la salle du tribunal de la mairie, s'est signalé par une inconduite extrêmement grave, parce qu'il s'est battu avec l'Intendant de la ville, qu'il n'aurait pas manqué de tuer si on ne l'en eût empêché».[464] Il s'agit d'une affaire qui date déjà de près d'une année,[465] et sans doute les pasteurs n'ont pas cru nécessaire, sur le moment, d'en faire un grief au gouverneur, mais depuis ce temps «on a appris par des bruits pertinents qu'il a publié certain petit livre contre le Seigneur de Sainte-Aldegonde intitulé Antidotus, dans lequel les ministres sont également dépeints sous de vilaines couleurs».[466] Evidemment, c'est là un sujet qui intéresse bien davantage les autorités de l'Eglise réformée. La première affaire, cependant, constituait un délit qui ressortissait au Prince, qui était le Seigneur de l'île, et en dernière instance aux Etats-Généraux. En effet, ceux-ci se sont intéressés à l'affaire, et De Lyere a été suspendu pour un temps de ses fonctions. Quand cette décision a-t-elle été prise? Nous l'ignorons, comme nous ne savons pas non plus s'il y a eu un rapport entre la rixe du gouverneur et de l'intendant et les bruits désignant le premier comme auteur de l'*Antidote*. Ce qui est sûr, c'est que le 28 janvier 1599 les Etats-Généraux reçoivent la *Defence d'Emmery de Liere*, accompagnée de la lettre suivante:

---

du prince Maurice en date du 13 janvier 1600, il ressort que les difficultés concernant le traitement du gouverneur ont connu un rebondissement en 1599. Comme nous n'avons pas réussi à retrouver les originaux de ces documents, nous n'avons pas cru bon de les utiliser.

[464] 's-Gravenhage. Archief der Nederlands Hervormde Kerk. *Acta der classicale vergaderingen, Classis Dordrecht.* 26 mars 1599: «37. Ten dage voorsz. heeft Lambrecht Sanders den Broederen aengedient sekere swaricheyt, nopende den persone des Gouverneurs in Willemstadt die hem sekeren tyt geleden opt Stadthuys in de plaetse der Justitie, vechtenderhandt zeer swaerlick hadde verlopen, alsoo dat hy den Rentmeester aldaer gequetzt ende soe hy niet hadde verhindert geweest, denselven (soet scheen) soude afgemaeckt hebben.»

[465] Dans une lettre, d'ailleurs fort endommagée et très mal lisible, du 17 avril 1599, que se trouve dans les mêmes archives, nous lisons: «Also wy tot onsen grooten leetwesen ghesien hebben de groote mishandelinghe vande Gouverneur Joncheer Emm . . . van Lyere nu geleden bynae eenen jaere gebruyct ende voortz gekeert tegens den persoon van de rendtmeester Frederik vander Heyden . . .» (*Archief Classis Dordrecht*, nr. 33-13).

[466] *Acta . . . Classis Dordrecht.* 26 mars: «37. . . . dat deselve oock seer berucht was van seker Boecxken tegen den Heere van St. Aldegonde geintituleert Antidotus, in d'welke oock de dienaeren des Woorts leelick affgeschildert worden . . .»

«Messeigneurs

Comme selon le dire ancien, un homme avancé a quelque charge publique, ne doit pas seulement estre exempt d'aucun vice, mais aussi de toute souspeçon, je nay peu obmettre de diriger ceste petite defence a Vos S.ries, contre ce qu'a pleu au feu Sieur de Ste Aldegonde publier à l'encontre de moy et les miens, suppliant Icelles de la lire d'aussi bon oeil, comme a bonne et sincere intention je la presente, lesquels je prie le Tout puissant.

Messeigneurs benir de toute felicite en leur digne gouvernement de La Haye ce 28me de Janvier 1599.

De vos Sries bien umble
et obeissant serviteur
Emmery de Lyere» [467]

Le 5 février le prince Maurice demande l'avis des Etats-Généraux sur la *Defence*, et leur propose de rétablir De Lyere dans ses fonctions: «Son Excellence serait d'avis de pardonner à Emmery de Lyere le délit qu'il a commis en frappant un bourgmestre de Willemstad, et de le rétablir dans son gouvernement, d'autant plus qu'il s'est réconcilié avec son adversaire».[468] Les Etats-Généraux décident cependant d'attendre quelques jours pour voir si quelqu'un portera plainte contre De Lyere,[469] et le 12 février, ayant conclu que rien ne prouve que De Lyere soit l'auteur du pamphlet incriminé, ils laissent au prince d'Orange le soin de statuer sur la réintégration du gouverneur, autorisant en même temps la veuve, les enfants et le beau-frère de Marnix à engager une poursuite judiciaire contre lui.[470]

Cependant, les pasteurs du district de Dordrecht sont moins faciles à satisfaire. Il est vrai qu'ils sont impuissants à gêner sérieusement le gouver-

---

[467] 's-Gravenhage. Algemeen Rijksarchief. *Staten-Generaal* 4890.

[468] *Resolutiën der Staten-Generaal*, deel X, blz. 592-593: «...Zyn Ex.cie well van meenonge zoude wezen Emmery van Lyere te pardonneren, tgene hy in 't slaen van eenen borgermeester van Willemstadt heeft gedelinqueert, ende hem te restitueren in zijn officie ende dat des te meer, overmits dat hy met zyne parthye es gereconcilieert.» Que Van der Heyden ait été bourgmestre de Willemstad, c'est ce que montre l'inscription qu'on lit sur la tombe, dont la dalle se trouve actuellement devant le temple de cette ville: «Rentmeester van de domeynen ende ontfanger van de generale middelen van Willemstadt, den Ruygenhil, Fynaert ende Heyninghe, mitsgaeders oock burgemeester der selfder stede».

[469] *Resolutiën der Staten-Generaal*, ibid. «Nae eenige deliberatie werde goetgevonden noch twee ofte drie daegen te supersederen ende te besien, off daer yemandt zall commen omme hem te formeren parthye jegens den voornoemden Emmery van Liere offthe verthonen eenige wettige redenen van suspitie jegens denzelven.»

[470] *ibid*. Nous n'avons trouvé aucune trace d'une démarche quelconque des parents de Marnix.

neur de Willemstad, ne fût-ce que pour la simple raison «qu'il paraît qu'il est déjà officiellement disculpé et rétabli dans ses fonctions» [471] au moment où leur assemblée est saisie de l'affaire, mais il existe des mesures qui sont plus particulièrement de leur ressort, et s'il n'y a pas lieu de poursuivre De Lyere en justice, il faudra bien que celui-ci réponde de l'attaque contre les pasteurs qui lui est imputée. En effet ,«bien qu'ayant été interrogé sur ce point par ceux de l'Eglise, il a bien essayé de se justifier, mais sa justification ne suffit pas à le décharger du soupçon qui pèse sur lui».[472] Craignant que le gouverneur n'ait l'intention de participer à la cène, dont on doit célébrer bientôt le sacrement, on décide de le dissuader de participer à la cène jusqu'à ce que son cas soit bien examiné.[473] Apparemment, De Lyere n'a point fait de difficultés pour accéder à cette demande, et c'est par là, paraît-il, qu'il a assez embarrassé les pasteurs réformés. En effet, dans la réunion suivante, du 20 avril, ils hésitent, décidant d'attendre l'effet de la démarche en justice des héritiers de Marnix avant de prendre l'initiative en invitant De Lyere à participer à la cène.[474] Cela peut paraître bizarre, mais cela montre à quel point la situation était délicate et compliquée: officiellement déchargé de tout soupçon par les Etats-Généraux, réconcilié avec Van der Heyden, l'intendant du Prince dans l'île de Klundert et bourgmestre de Willemstad, De Lyere est hors de l'atteinte de l'Eglise, d'autant plus que c'est elle qui, en le priant de s'abstenir de la cène, a coupé les ponts. Aussi n'y a-t-il point d'issue de cette impasse, à moins que Le Lyere fasse le premier pas en demandant à être admis à la cène. En ce cas, est-il stipulé ce 20 avril par les pasteurs du district de Dordrecht, «on l'obligera d'abord à rendre compte, selon

[471] *Acta ... Classis Dordrecht.* 26 mars: «37. ... dat hy van d'eerste sake scheen Politykelick versoent ende gerestitueert te zyn.»
[472] *ibid.*: «... by die van de Kercke aengesproken synde hem wel sochte te excuseren, maer dat nochtans syne excusatie niet genoechsaem hem van solcke geruchte bevryde.»
[473] *ibid. 31 mars.* «43. Nadijen het sware saken zijn, waervan d'eerste notoir ende publijck is, ende d'ander vorder staet te ondersoecken, soe hebben de broederen ten aensien van desen Raedtsaem gevonden deselve te renvoyeren tot de naestcomende classe ende dat den Gouverneur voorsz. hem middelertijt sal onthouden van het gebruijck des Avontmaels, totdat de Classe op alles gelet hebbende hierinne nae behoren sal geordonneert hebben wijse ende maniere van sijne restitutie ende versoeninge, met de Kercke.»
[474] *ibid.* 20 avril. ««22. Is goet gevonden by de Classis dat de kerckenraet van Willemstadt hem om ten avontmaell te commen niet en zall aenspreecken maer de zaecke laten aenstaen ende besien ofte de Heere Staten door het versoeck vande erffgenaemen van de Heere van Allegonde (daer van men verstont yet te zyn) wat zullen doen.»
C. A. Tukker, dans sa thèse, *De classis Dordrecht van 1573 tot 1609*, Leiden 1965, a mal interprété cette phrase, puisqu'il conclut que l'assemblée des pasteurs ne veut pas empêcher De Lyere de participer à la cène: «De classis wil hem niet van het Avondmaal weren» (blz. 139, n. 679).

l'Ordre de l'Eglise, de la rixe à laquelle il a pris part, et quant au pamphlet dont on le le dit l'auteur, on lui demandera si ce bruit est conforme à la vérité, s'il ne réprouve pas toutes les sectes libertines, qu'elles soient david-joristes ou autres, item s'il ne reconnaît pas que la doctrine qui est enseig-née dans ces pays est la seule véritable».[475] L'hésitation dont font preuve les pasteurs à cette occasion, tient-elle à la situation particulière qu'occupe le prince d'Orange dans cette région de Brabant? Dans sa thèse, *De classis Dordrecht van 1573 tot 1609*, C. A. Tukker montre que le prince Guillaume était extrêmement jaloux de l'autorité qui lui revenait de droit: lorsqu'en 1581 un moine prêche à Ruigenhil, avec le consentement du Prince, celui-ci ne souffre même pas qu'on proteste par écrit contre cette marque de tolérance, et il se plaint auprès des bourgmestres de Dordrecht qu'il semble «que l'assemblée des pasteurs veuillent requérir de la prééminence au Brabant, de laquelle région il est le Seigneur».[476] Le même auteur affirme que c'est pour éviter une nouvelle brimade que les pasteurs se montrent si pleins de circonspection à l'égard d'Emmery de Lyere.[477] Après tout, cela est fort possible; il est vrai que le prince Maurice n'a pas encore pris parti dans le conflit religieux, mais il a ouvertement appuyé le gouverneur en janvier et février, et les pasteurs sont parfaitement au courant de ce qui s'est passé dans l'assemblée des Etats-Généraux, ainsi que l'atteste la mention «de la poursuite éventuelle des héritiers de Mar-nix». Quoi qu'il en soit, les pasteurs ont attendu en vain les suites de cette démarche, et De Lyere s'est bien gardé de prendre l'initiative en deman-dant accès à la table de la cène. Aussi l'affaire reste-t-elle dans une im-passe, bien qu'elle soit remise à l'ordre du jour jusqu'à quatre fois.[478] Que cette affaire ait fait du bruit dans la petite communauté de l'île de Klun-dert, voilà qui semble certain. Aussi ne s'agit-il pas d'une simple coïn-cidence, sans doute, si les difficultés au sujet du «serviesgeld» connaissent un rebondissement, précisément en 1599. Nous avons vu que, là encore, le prince Maurice a joué un rôle de modérateur.

---

[475] *ibid.*: «Ende by soo verre hy soude mogen versoecken ten avontmaell toegelaten te worden offte te commen soo zall hem opgeleyt worden schultbekennninge van syn gevecht naer ordeninge der kercke ende hem affgevraegt worden van den kercken-raedt voors. alsoo hy met het voorgaende boexken is berucht oft tselvige zyn werk niet en zy ende off hy niet en verwerpt alle seckten der Libertynen David Joristen ende alle ander, item off hy de Lere welcke alhier geleert wert niet en bekent de eenige ware volcomene Leer der salicheyt te zyn.»
[476] C. A. Tukker, *op. cit.*, blz. 139: «... het classis eenighe praeminentie soude willen soecken in Brabant onder zijnen gebiede.»
[477] *ibid.*, n. 697: «Om deze reden ook ... blijft de zaak van jhr. Emmerich van Lier, gouverneur van Willemstad, ... onbeslist overstaan.»
[478] *Acta ... classis Dordrecht*, 5 mai 1599, 33; 11 avril 1600, 20; 13 juin 1600, 5; 1er août 1600, 10.

Il nous reste à parler d'un épisode que nous avons préféré traiter en dehors de l'ordre chronologique que nous avons observé jusqu'ici. Il s'agit de deux lettres écrites à peu d'intervalle par Emmery de Lyere au chancelier Walsingham, en 1585, à un moment critique de l'histoire de la jeune République.

Pendant une bonne dizaine d'années, jusqu'en 1588,[479] la recherche d'un souverain qui pût prendre en main le gouvernement des Pays-Bas et mener la guerre contre le roi d'Espagne, qui avait abusé de son pouvoir, occupa tous les esprits. La grande question était de savoir à qui on s'adresserait. Il s'agissait de choisir entre la France et l'Angleterre, qui avaient chacune leurs partisans. Nous avons déjà vu que Marnix était un des plus fervents parmi les membres du «parti français»; nous avons déjà expliqué qu'après le coup, d'ailleurs manqué, du duc d'Anjou en janvier 1583, les partisans de la solution opposée ne pouvaient pas ne pas l'emporter, si toutefois la reine Elisabeth, hésitante et irrésolue, se laissait persuader de prendre une décision. Elle se décida en effet, trop tard pour sauver Anvers, mais suffisamment à temps pour qu'on pût reprocher à Marnix d'avoir manqué de confiance. En effet, bien que le comte de Leicester, nommé capitaine-général des troupes anglaises, ne débarquât à Flessingue que le 20 décembre 1585, des troupes anglaises l'avaient précédé dès le mois d'août. Or, il n'y avait pas que les Hollandais à s'impatienter des incessantes tergiversations de la Reine: le 23 août 1585, le capitaine anglais Roger Williams, qui depuis quelques années se bat avec les armées des Etats,[480] écrit au secrétaire d'Etat de la Reine, Walsingham, une lettre où il presse celui-ci de faire comprendre à sa Majesté qu'elle doit se dépêcher, si du moins elle tient à ce que la Hollande et la Zélande ne lui échappent pas, et où il indique le moyen de gagner certains personnages susceptibles d'être utiles aux Anglais: «If her Majesty means to have Holland and

---

[479] Le 12 avril 1588, les Etats-Généraux promulguent un décret en vigueur duquel le pouvoir suprême est attribué au Conseil d'Etat: «Placaet van de Staten-Generaal der Vereenighde Nederlanden, inhoudende dat sijne Excellentie Van Leycester hem heeft verdragen van het Gouvernement ende Capiteynschap-Generael der voorsz. Landen: Dat het volck van oorlog ende alle andere zijn ontslagen van den Eedt aan zijne voorsz. Excellentie gedaen, blijvende niet te min in den Eedt aan de Landen: Dat de generale Regeeringe der selver Landen in de saecken (de gemeene defentie, Unie ende Tractaten aengaende) gestelt is aen den Raadt van State: Mitsgaders verbodt, dat niemant met woorden ofte wercken yet sal attenteeren, tot veranderinge van den staet van den Lande streckende» (*Groot-Placaet-Boeck van de Staten-Generaal en van de Staten van Holland en Zeeland*, deel I, 's-Gravenhage 1658, blz. 49).
[480] Voir sur lui *Dict. of Nat. Biogr.*, vol. LXI, p. 441-445. «In 1585 he was sent to the Low Countries with what promised to be an effective English army, under the Earl of Leicester's command» (p. 442).
D'après Ten Raa en De Bas, *Het staatsche leger*, deel I, blz. 108, son nom figure dès le mois de juin 1581 sur les listes des officiers au service des Etats.

Zeeland, her Highness must resolve presently. Aldegonde has promised the enemy to bring them to compound. . . . Villiers was never worse for the English than at this hour. . . . To be short, the people say in general they will accept a peace unless her Majesty doth sovereign them presently. . . . Here are divers murmurs because they receive no letters from her Highness and your honour. When the Prince dealt with the French, the King and his chiefs wrote letters often to particular men, the which advanced greatly their affairs. If her Majesty means to deal with these countries, it were good letters were written unto sundry personages to thank them for their good opinion of our country and succours, as though your honour heard it by our means. The count Hollock [c.-à-d. Hohenlohe], the burgomasters of Flushing and Rotterdam, Meetkerke, Van der A, Count Morris' steward, the which (I think) would be good English with small persuasions.

Milander, the secretary, he carries a good sway amongst the people, Lyer, governor of Rogen Hill, Locres, governor of Ostend; Grunveldt, governor of Sluys; especially Dr. Junius and the serjeant-major of Flushing, with him he had great conference, he doth assure us, whensoever her Majesty's will is, he will deliver the keys of Flushing. He may do it, for he hath in the town 800 soldiers at command. . . . What you do, it must be done presently, for I do assure your honour there is large money presented unto them by the enemies, wherefore I pray God her Majesty prevent it in time. If she deals not roundly and resolutely with them now, it will be too late two months hence».[481]

Apparemment, ce conseil a été écouté, puisque nous voyons que deux jours après, le 25 août, une lettre du genre que recommande Williams, a été envoyée au comte de Hohenlohe,[482] et que la réponse, ou même plutôt les réponses, d'Emmery de Lyere à une lettre semblable ont été conservées.[483] Toutes deux sont adressées à Walsingham; la première, d'août 1585, dit:

«Monseigneur,
  Les infinyes obligations dont je me sens redevable à Vre Exie. pour les honneurs receuz d'icelle, du temps passé, m'ont enhardy d'en refrechir la memoire par ceste affin de n'estre noté d'ingratitude, esperant que l'occasion se presentera de brief par ou je vous pourray faire apparoistre le

---

[481] *Calendar of State Papers, Foreign series 1584-1585*, pp. 673-674.
[482] *ibid.*, p. 678.
[483] A vrai dire, il s'agit d'une conjecture en ce qui concerne la première lettre, où manquent quelques mots au bas de la feuille, parmi lesquels l'indication du quantième.

zele que je porte a faire treshumble service a Vre Exie, et singulierement a sa majesté. Laquelle j'espere sera inspiree de Nre bon Dieu, et par les bonnes inductions et persuasions De Vre Exie a la tuition et deffence de ce povre pays desolé, par ou ce peuple ja longues annees assailly de tant de tempestes pourra ung jour arriver au bon port de repos et salut, a quoy Vre Exie se pourra assurer que sadite Majesté se trouvera servie de tous les chefs, gentilzhommes et Capitaines de pardeca quy n'avons aultre desir et espoir que de [fa]yre retentir no[z] arm[es] soubz les bannieres d'ung chief ou Princesse souveraine comme estant le seul remede de tous noz maulx et calamitez passees. Quant est de moy j'ay cest honneur de commander en une Isle frontiere de Brabant nommé le Clunaert, ou feu Monseigneur le Prince de haulte memoire a faict bastir une ville peu devant sa mort nommee de son nom – Guillaulmeville, ou j'ay voué mon petit pouvoir et service premierement a l'advancement de la gloire de Dieu, au repos et tranquilité de ce pays, et par conséquent au service de sadite Majesté. De quoy j'ay prins la hardiesse d'asseurer Vre Exie par ceste, affin qu'il luy pleust presenter mon treshumble et tresobeissant service a Icelle, priant le souverain de luy faire accroistre l'affection qu'il luy plaist monstrer a la delivrance de ceste desolee pa[trie] et vous maintenir Monseigneur, soubz . . .
Recommandant bien humblement a . . .
de Guillaulmeville es Isles du C . . .
d'aoust 1585».[484]

Nous ne savons pas s'il y eut une réponse à cette lettre; dans la deuxième lettre il n'en est pas question. Emmery de Lyere se recommande de nouveau à Walsingham, afin que celui-ci veuille bien le signaler au comte de Leicester:

Monseignr.
La grande affection et singuliere attente que j'ay conceu de tout temps du party d'angleterre m'ont faict prendre la hardiesse de me congratuler avecq Vre Srie, de l'heureuse yssue du traicte conclu entre Sa Majesté et les provinces uniez de pardeca comme a celluy que je scay avoir employe tout son credict et authorite a chose tant pyeuse et equitable que de soulager les oppressez de leur miseres et calamitez. Car il est notoire a ung chascun que sans ce seul remede les affaires de ce payz estoient en grand danger d'estre de brief expose a la rage et mercy de leur anciens et naturelz

---

[484] London. Public Record Office. State Papers MSS, Holland III, 43. La lettre a été publiée, en traduction anglaise, dans le *Calendar of State Papers, Foreign series 1584-1585*, p. 688.

ennemijz, Mais puisqu'il plaist a Sa Majeste nous regarder de son oeil de pitie et nous accueillir en son giron de clemence et benignite je ne fay doubte que nostre bon Dieu ne benisse touttes ses heroiques entreprises singulierement depuis qu'elle nous faict cest honneur de nous envoyer et par maniere de dire nous faire revivre, feu Monseigneur le Prince d'Orange, de haulte memoire en la personne tres Illustre de Monseigneur le Comte de Lecestre sur la venue duquel touz gens de bien ont fiche leur espoir que non seulement les affaires d'Estat comme aussy de la guerre seront restablies et redressees en leur ancienne fleur et splendeur, Et comme depuis longues annees enca je me suis totallement voue au service de son Exce, Je supplie Vre Srie. que par vostre intercession je puisse d'ores-navant estre recogneu du nombre de ses tresaffectionnez et treshumbles serviteurs. Quoy faisant Vre Srie m'obligera oultre une infinite d'honneurs et benefices precedentes de luy faire tout humble et agréable service, d'aussy bon coeur, comme je prie le Souverain,

Monseigneur,   D'eslargir a Vre Srie le comble de toutte felicite en heureuse et longue vie.

De Willemstadt aux Isles du Clunaert ce XVe D'octobre 1585.

De Vre Srie bien humble et
obeissant serviteur
Emmerij de Lijere».[485]

Quel a été l'effet de ces lettres? Quel rôle ont-elles permis à De Lyere de jouer pendant la période brève, mais mouvementée où le comte de Leicester essaya d'établir son pouvoir aux Pays-Bas? Sans doute, la demande du gouverneur de Willemstad n'a-t-elle pas eu de suite: Leicester fut devancé par une manoeuvre habile des Etats de Hollande et de Zélande, qui, sur l'instigation de leur secrétaire, Johan van Oldenbarne-veldt, offrirent au deuxième fils du Taciturne, Maurice de Nassau, le stathoudérat de leurs provinces, lui conférant en même temps le titre de Prince d'Orange, qui revenait de droit à son frère aîné, Philippe-Guillaume, et qui assura au nouveau stathouder la préséance sur le comte de Leicester.[486] Dans ces circonstances, on ne saurait admettre que Leicester ait cru utile de distinguer un homme qui dépendait directement du Prince Maurice, puisque l'île de Klundert était la propriété personnelle des comtes de Nassau. D'autre part, la politique qui fut, dès le début, celle de Leicester, et qui consistait à appuyer les calvinistes farouches contre les Etats, qui étaient plus tolérants en matière de religion, n'était pas faite

---

[485] London. Public Record Office. State Papers MSS, Holland IV, 14.
La lettre a été publiée également dans le *Calendar of State Papers, Foreign series 1585-1586*, p. 67.
[486] Ten Raa en De Bas, *Het Staatsche Leger*, deel I, blz. 84.

pour plaire à De Lyere, qui naguère avait fait assister le prince d'Orange au prêche de Hubert Duifhuis. Toujours est-il que, malgré l'éloge pathétique que De Lyere fait par anticipation du Comte anglais, rien ne permet de conclure qu'il y ait eu des relations quelconques entre le gouverneur de Willemstad et le comte de Leicester; dans la correspondance de celui-ci le nom de De Lyere n'est même pas cité.

On aimerait en savoir plus long sur le rôle que De Lyere semble avoir voulu jouer auprès de Leicester. Dans sa *Defence*, De Lyere dit, en parlant du rôle qu'il a joué comme gouverneur de Willemstad: «De dire icy comment depuis 15. ans continuels je me suis acquité en ma charge d'iceluy gouvernement, j'aime mieux m'en rapporter à Vos Sries. mesmes, que d'en blasonner mes propres loüanges, qui sans doute, me rendront ce tesmoignage, qu'ils n'ont jamais eu les oreilles battuës d'aucunes concussions, exactions ny aultres exces quelconques, soit de moy, soit des gens sous ma charge: Mais que j'ay taché en tout devoir, vigilance et fidelité, de garder ce qui m'avoit esté si cherement commis. Je ne pretens pas aussi faire icy parade de ma constance en diverses secousses intestines, dont cest Estat a esté aultre-fois agité: car je n'ay faict que mon devoir».[487] Est-ce des événements de 1587 que l'auteur veut parler en rappelant les «diverses secousses intestines»? Y eut-il des velléités de révolte à Willemstad, comme il y eut en 1587, à Leyde, un projet d'insurrection ouverte qui fut découvert avant qu'on eût pu l'exécuter? Ou bien De Lyere fait-il allusion à la vague d'insurrections qui déferla sur l'Ouest du pays en 1588, lorsque les soldats des garnisons se mutinèrent, réclamant le payement des soldes arriérées? Commencée à Medemblik, l'insurrection s'étendit rapidement vers le Sud, et non loin de Willemstad, il y eut des troubles à Woudrichem, Geertruidenberg, Heusden et Bergen-op-Zoom.[488] Si Willemstad fut épargné, cela est dû à la vigilance du gouverneur: nous lisons chez Bor qu'en 1589 De Lyere déjoua le complot tramé par un traître anglais, Sucquet, de livrer la ville au duc de Parme en incitant les soldats de la garnison à se mutiner.[489] Sans doute a-t-il fallu à De Lyere, outre de la

---

[487] *Defence d'Emmery de Lyere*, fol. B 3 ro.
[488] Ten Raa en De Bas, *Het Staatsche Leger*, deel I, blz. 94. Nous faisons remaruer que dans l'*Antidote* De Lyere signale le danger qui résulterait pour le pays de la perte de «quelques places frontieres, dont l'Ennemy pourra gaigner une entrée au Pays a l'exemple de Geertrudenberg» (p. 44), comme il parle aussi de «la conjuration de Leyden», qu'il considère comme un coup d'Etat tramé par les pasteurs réformés, désireux d'étendre leur influence politique (p. 17).
[489] P. Bor, *Historie der Nederlandsche Oorlogen*, deel III, blz. 457. Il est également possible que l'absence de séditions soit due dans une certaine mesure à l'influence personnelle du prince Maurice, qui se trouvait à Willemstad au moment où la garnison de Geertruidenberg commença à se mutiner (*Archives du Musée Teyler*, série II, vol XII [1911] p. 248. George Gilpin à Jean Hotman, 14 mars 1588).

vigilance, une bonne part d'autorité personnelle; évidemment ses soldats n'étaient pas mieux payés que ceux des autre garnisons.[490]

Si la carrière militaire de De Lyere ne se distingue pas par des faits d'armes éclatants, elle ne fut pas, cependant, sans être assez honorable. Sans doute, De Lyere n'eut aucune part aux prouesses qu'accomplit le prince Maurice dans les campagnes successives qui le signalèrent à toute l'Europe comme un des grands généraux de son temps – on peut estimer que les succès mêmes du Prince, en éloignant l'ennemi des provinces de Hollande et de Zélande,[491] contribuaient à diminuer l'importance des villes fortes aux frontières de ces deux provinces – mais il trouva des compensations dans d'autres domaines: Willemstad, d'une simple fortification qu'il avait été d'abord, était devenu une ville très jolie et prospère,[492] et si on aurait tort, sans doute, d'y voir seulement l'oeuvre personnelle du gouverneur, il est permis de croire que celui-ci s'intéressait à la ville où il habitait et aux terres qui l'entouraient. En 1605, on avait créé un grand polder au sud de l'île de Klundert. De Lyere achète plus de trente hectares, et en outre il adresse, dès décembre 1604, à l'ingénieur en chef Keeremans, qui dirigeait les travaux, un mémorandum dans lequel il lui recommande de plaider auprès du Prince en faveur de la construction d'un canal à travers le polder, «dont son Excellence ne perdra qu'environ 8 mesures de terre et en recompense le passage frequenté du temps passé qui se souloit prendre de Dordrecht en Anvers par le Veilbois [c.à-d. Oudenbosch] se prendra indubitablement par ledit canal devers Rosendeal, au grand profit de Son Excellence, commodite por les habintans, et

---

[490] Dans le *Register van Holland en Westvriesland. Van den Jaare 1586*, blz. 133, nous voyons qu'au mois de mars de cette année il y avait un retard de deux mois dans le paiement des soldes de la compagnie de De Lyere; encore répond-on à celui-ci qu'il n'a qu'à attendre que la situation s'améliore: «Alsoo den jegenwoordigen staet van den Lande niet toe en laet op dese ende gelijcke saecken te voorsien, . . . soo sal den Suppl: nemen patientie tot beter gelegentheyt».

[491] Après 1597, les Espagnols sont définitivement chassés des provinces du Nord.

[492] Ten Raa en De Bas, *Het Staatsche Leger*, deel II, blz. 386, publient un texte allemand écrit par un auteur anonyme et dont le manuscrit se trouve dans la Bibliothèque Royale à Copenhague (Collection des manuscrits, no. 618); ce texte décrit toutes les villes fortes des Pays-Bas du Nord et du Sud, telles qu'elles étaient dans l'été de 1608. Nous reproduisons ici la description de Willemstad: «Willemstadt hatt Printz WILHELM VON ORANGIEN Sr. Ex. Herr VATTER befestiget und gebauet. wahr erst eine Schantz mit 6 real Bolwercken, nun aber eine sehr feine Stadt, der hafen ist ziemlich guht, sonderlich bei anlauffender flutt, liegt in einer Insel unter Brabant, darvon die Holländer wegen dieser Stadt, die sie bei wehrendem Kriege gebauet und bewohnet, den halben teil sich zueigenen, hatt guet breitte wasser gräben, aud auff der umblauffenden wehre (Faulsebraye) hatt der Gouverneur EMMERY DE LIERRE, ein dicke dornhecke pflantsen laszen, die gegen anlauf und anschläge sehr gut, die Porten seind wohl bewahrt. Winters liegen etwa 7. fänlein knecht drinnen, Sommers, 2. mehr oder minder, nach deme der feind nabe ist, die Gouverneur hat 50 fl. Br. monatliche besoldung, darzu Ihm die herrn noch ein fänlein knecht unterhalten».

singulierement a l'avancement et population du dite village» [de Dintel-oord].⁴⁹³ Il ne semble pas que le plan de De Lyere ait été sérieusement considéré, ni par le Prince, ni par les Etats.⁴⁹⁴ Toujours est-il que cette affaire nous permet de faire apprécier le sens pratique du gouverneur de Willemstad, ainsi que l'intérêt qu'il prenait à la mise en valeur de cette région.

D'ailleurs, ce n'est pas seulement à sa ville, ni au pays qui l'entoure qu'il s'intéresse. Il semble bien qu'à cette époque il se soit élevé peu à peu dans la hiérarchie militaire: en 1609, il est chargé de la présidence du tribunal militaire, à titre provisoire il est vrai, mais il n'en gardera pas moins cette dignité jusqu'à sa mort, en 1618.⁴⁹⁵ Dès 1608, lors des négociations avec l'Espagne qui devaient aboutir à la Trève de douze ans (1609-1621), nous voyons que De Lyere accompagne la délégation espagnole depuis La Haye jusqu'à Anvers.⁴⁹⁶ Nul doute qu'il a souvent été absent de Willemstad dans ces années; aussi n'est-il guère étonnant de voir qu'il achète une maison à La Haye, le 13 juin 1612.⁴⁹⁷ C'est à La Haye aussi qu'il fait dresser son testament, le 16 janvier 1613, et qu'il meurt le 6 décembre 1618, après avoir ajouté, quatre jours plus tôt, un codicille à son testa-ment.⁴⁹⁸ Il y est enterré dans la Groote of Sint-Jacobskerk, où l'on voit encore sa tombe.⁴⁹⁹

X. CONCLUSION

On a pu le constater, il n'y a guère d'éléments dans la carrière d'Em-mery de Lyere qui annoncent l'intellectuel: un mémoire sur l'aménage-ment d'un polder, un poste au tribunal militaire, ce sont des détails

---

⁴⁹³ 's-Gravenhage. Algemeen Rijksarchief. *Archief Nassausche Domeinraad*, inv. II, 606 v.

⁴⁹⁴ Nous empruntons les données de cette affaire au livre de A. Hallema, *Geschie-denis van de gemeente Dinteloord en Prinsenland in de zeventiende eeuw*, Breda 1955, blz. 61-63, et à l'article de W. van Ham, «De Mark-Vlietverbinding, een historisch kanaalplan», dans *Brabantia*, 1966, blz. 165-172. Le dernier auteur estime que la Hollande a sans doute peu apprécié un projet qui aurait eu pour suite de favoriser le commerce d'Anvers.

⁴⁹⁵ Ten Raa en De Bas, *Het Staatsche Leger*, deel III, blz. 268.

⁴⁹⁶ *ibid.*, deel II, blz. 92.

⁴⁹⁷ 's-Gravenhage. Gemeentearchief. *Transportregister*, fol. 62, nr. 556: «Heer Hen-rich van Brienen d'Alste, Heere in Sinderen, Gecommitteert van weege 't Hartochdom Gelder ter Vergaderinge van de Vrije geünieerde provinciën» vend à De Lyere une maison, «een huijs ende erff t'eijnde de Nobelstraat», pour la somme de 6000 florins.

⁴⁹⁸ Des copies du testament et du codicille sont conservées dans le Algemeen Rijks-archief à La Haye (*Aanwinsten 1891*, Port. XIV e).

⁴⁹⁹ P. C. Bloys van Treslong Prins, *Genealogische en heraldische gedenkwaardig-heden in en uit de kerken der provincie Zuid-Holland*, deel IIa, Utrecht 1922, blz. 11: «Hier leyt begraven de Eedele Heere Emmery de Lyere in sijn leven governeur van den Willemstadt, Clunart, Noortdamme ende die heerlickheeden ende landen daer tho behoorende starf den 6. December ao 1618.

intéressants qui dénotent, l'un, un esprit éveillé et attentif à des problèmes qui ne sont pas strictement de son ressort, l'autre, un prestige personnel et, sans doute, des relations influentes; mais cependant, il y a loin de ce soldat de carrière, si éclairé soit-il, au lecteur assidu d'auteurs aussi divers que le sont Montaigne et Sébastien Franck, que nous avons reconnus comme les sources principales où a puisé l'auteur de l'*Antidote*. De Lyere lui-même, dans sa *Defence*, ne manque pas d'accentuer ce contraste et de relever l'invraisemblance de l'accusation qui le désigne comme l'auteur du pamphlet: «Me voyci desja rencontré [du jugement de celui] qui s'esmerveillera, voire jusques à derision, de ce que moy, qui suis d'aultre profession, me mesle de manier la plume, et mesmes contre un tel personage: ... je cognoy moy mesme assez mon inhabilité, qui ne fus oncques instruict, ny ne sçay que c'est de nominatif, ny de l'adjectif, ny de Syllogisme, ny de la Rhetorique».[500] Cependant, une lettre de De Lyere qui est conservée à la bibliothèque de l'Université de Leyde,[501] montre que l'*Antidote* et la *Defence* ne sont pas les seuls ouvrages de sa plume. Dans la lettre que, le 20 décembre 1604, il adresse à Pieter Schaep, «Conseiller de la part de Messeigneurs d'Hollande a l'Admiraute de Zeelande»,[502] nous lisons: «si tost que vous aurez achevé de parcourir mes Rapsodijes je vous prie me les renvoijer empaquettes», phrase énigmatique que vient heureusement éclaircir une note marginale du fils du destinataire, Gerrit Schaep, qui écrit: «c'estoijent, Memoires et relations des choses les plus remarquables de nostre Guerre Civile, et Gouvernement des Estats Generaux des Provinces unies: etc: Lesquelles l'Autheur, considerant l'Iniquité des Jugemens, et mauvaistie du Temps ensuivij, a faict brusler, et perdre par ses fils, comme un d'Iceux m'a tesmoingné».[503] Ainsi, De Lyere a été

Wapen uitgekapt; helmteeken: twee uitkomende hertepooten, vluchtsgewijze. Acht kwartieren eveneens uitgekapt.

Lyere	Berchem
Noris	Etten
Coelgenesse	Van der Merruwen
Jogny alias Blondel	Van der Mols tot Suyddorp.»

[500] *Defence d'Emmery de Lyere*, fol. A3 ro-vo.
[501] Leiden. Universiteitsbibliotheek, Handschriftenafdeling Papenbroek 2.
[502] Voir sur lui F. Nagtglas, *Levensberichten van Zeeuwen*, deel II, Middelburg 1893, blz. 580-581; J.F.B., «Bijdrage tot eene geschiedenis van het geslacht Schaep», dans *Amsterdamsch Jaarboekje voor geschiedenis en letteren*, Amsterdam 1889, blz. 198-226.
[503] Les jugements iniques dont il est question ici, sont sans doute ceux qui furent prononcés sur le secrétaire des Etats de Hollande, Oldenbarneveldt, qui fut exécuté le 13 mai 1619, et sur quelques membres des Etats de Hollande, notamment Grotius, lequel fut condamné à une prison perpétuelle, le 19 mai de la même année. On voit donc que De Lyere n'a pas vécu assez longtemps pour connaître les jugements proprement dits. Cependant, comme les personnages en question ont été arrêtés dès le

mieux qu'un pamphlétaire, et c'est ce qui nous permet de comprendre la note que Gerrit Schaep a ajoutée dans la marge supérieure de la même lettre: «Emerici de Liere, Gubernatoris in Willemstad Autographum, Nobilissimi Viri qui litteris et Armis ceteris Belli Ductoribus praecelluit».

A-t-il fait lire ses «Rapsodijes» à d'autres qu'à Schaep? L'historien Pieter Bor en a-t-il eu connaissance? Il est certain qu'il s'est intéressé au gouverneur de Willemstad. C'est à la traduction que publie Bor [504] de la *Defence d'Emmery de Lyere* qu'on doit de connaître ce pamphlet, plutôt qu'à l'unique exemplaire qui en a été conservé et qui se trouve à la bibliothèque de l'université de Gand. Certains événements concernant De Lyere n'ont été racontés que par Bor: la présence du prince Guillaume parmi l'auditoire de Hubert Duifhuis, la trahison manquée de l'Anglais Sucquet, que nous avons mentionnées. Mais après tout, il n'est pas nécessaire que Bor ait eu connaissance de ces faits par la lecture des «Rapsodijes» de De Lyere, parce qu'il y avait entre les deux hommes des liens, sinon d'amitié, du moins de confiance et, sans doute, de sympathie. Non seulement Bor est le notaire qui a dressé le testament d'Emmery de Lyere, ainsi que le contrat de mariage du fils aîné de celui-ci, Willem,[505] mais il est nommé exécuteur testamentaire avec Joachim, le frère, et Willem, le fils aîné d'Emmery.[506]

Grâce au testament et au codicille, nous avons une idée du milieu où évoluait De Lyere vers la fin de sa vie. Nous ne connaissons pas de détails sur toutes les personnes dont nous rencontrons les noms, mais du moins pouvons-nous affirmer que la plupart appartiennent au monde des hauts fonctionnaires et des députés aux Etats-Generaux. Ainsi figurent comme témoins du testament Willem van Outshoorn, depuis 1605 bailli de La Haye,[507] et Jacob Magnus, bourgmestre de Middelburg, depuis 1603 député aux Etats-Généraux.[508] Dès 1590 d'ailleurs, nous voyons que De Lyere entretient des relations assez amicales avec le secrétaire du Conseil d'Etat, Christiaan Huygens.[509]

---

29 août 1618, Emmery de Lyere a bien pu ordonner à ses fils de brûler ses papiers, soit dès ce moment-là, soit au moment du verdict, au cas où celui-ci se trouverait être sévère.

[504] P. Bor, *Historie der Nederlandsche Oorlogen*, deel IV, blz. 589-591.

[505] 's-Gravenhage. Algemeen Rijksarchief. *Aanwinsten 1891*, nr. 28; Port. XIV f.

[506] Dans le codicille, dressé par le notaire Jacob Ketting, Bor et Joachim van Liere sont remplacés comme exécuteurs testamentaires par Gelijn Aleman, membre ordinaire de la Cour de Hollande, et Martin Rosa, greffier de la Haute Cour de Justice.

[507] Voir sur lui *NNBW*, deel VI, 1093-1094. Coornhert avait été son tuteur (B. Becker, *Bronnen tot de kennis van het leven en de werken van D. V. Coornhert*, 's-Gravenhage 1928, blz. 94 n.).

[508] Il est mentionné aussi dans la lettre de De Lyere à Pieter Schaep.

[509] Amsterdam. Universiteitsbibliotheek. Handschriftenkamer 27Y1 et 27Y2. Voir sur lui *NNBW*, deel I, 1179-1180. L'auteur de cet article, J. A. Worp, affirme

Signalons enfin que, très probablement, De Lyere a eu des relations avec Pieter Jansz. Twisck,[510] personnage intéressant, d'une productivité littéraire peu commune. C'est grâce à lui que nous connaissons quelques fragments de l'*Antidotus*, la traduction néerlandaise du pamphlet de De Lyere, que Twisck insère dans deux de ses ouvrages. D'ailleurs, dans l'un de ces ouvrages, *Religions Vryheyt*, on trouve, en même temps que ces fragments, deux poésies en néerlandais,[511] dont l'une a pu faire partie du pamphlet néerlandais, puisqu'elle suit immédiatement les passages traduits; l'autre cependant, qui se termine sur le même vers que la première et qui porte la mention «la poésie d'un gentilhomme allemand», se trouve en tête du volume, à l'endroit où les auteurs du XVIme et du XVIIme siècles avaient l'habitude d'insérer les éloges et recommandations de leurs amis. Comme il nous paraît hors de doute que les deux poésies sont du même auteur, nous nous croyons fondé à admettre que De Lyere a dédié cette poésie à Twisck à titre personnel.

Puisque nous venons de rencontrer en De Lyere un poète, nous nous permettons de signaler une possibilité: De Lyere ne serait-il pas l'auteur de l'épigramme latin de l'*Antidote*? [512] Nous avons montré que cette poésie s'inspire d'un passage de la *Chronica* de Sébastien Franck, où De Lyere a puisé à maints endroits de son pamphlet. Bien entendu il ne s'agit pas de faire de Lyere un humaniste, mais il ne nous paraît pas exclu que ce pamphlétaire, qui ne manquait ni de culture, ni de style, ait écrit à

qu'Emmery de Lyere comptait parmi les amis de Huygens, ainsi que quelques autres «vieux capitaines» dont il cite les noms. Sans doute Worp a-t-il connu les lettres de De Lyere de 1590; cependant, rien ne permet de penser que la relation entre les deux hommes se soit maintenue longtemps. Le nom de De Lyere n'est pas cité dans l'autobiographie du fils de Christiaan Huygens, Constantijn [publiée dans *Bijdragen en Mededeelingen van het Historisch Genootschap*, XVIII (1897), blz. 1-121], contrairement à ceux des autres personnes que cite Worp. En revanche, Constantijn Huygens a bien connu trois enfants d'Emmery, Willem, Sabine et Frederik, à qui il consacre des poésies (*Gedichten*, uitg. door J. A. Worp, deel I, Groningen 1892, blz. 73-82 et 96; deel II, blz. 40-42, 118-119 et 123; deel VI, blz. 68-69).

[510] Né à Hoorn en 1565, et mort en 1636 dans la même ville, où il dirigeait un magasin de bonneterie, Twisck était un des membres les plus influents du mouvement mennonite de son époque. Il était pasteur, et même «ancien», le rang le plus élevé parmi les mennonites. Quoique peu instruit – il se qualifie lui-même de «duytsch clerck», c.-à-d. qu'il ne sait ni le grec, ni le latin, et on suppose même qu'il n'a jamais su que sa langue maternelle –, il s'était acquis une vaste culture, qu'il a utilisée avec une énergie surprenante en écrivant un grand nombre d'écrits théologiques, souvent de nature polémique, parmi lesquels il faut citer notamment la *Concordantie der Heyligher Schrifturen* (Haarlem 1614), *Bijbelsch Naem ende Chronykboeck* (Hoorn 1632) et *Chronyck van den Ondergangh der Tyrannen* (2 delen; Hoorn 1617 et 1620).
Voir sur lui *The Mennonite Encyclopedia*, vol. IV, Hillsboro-Newton-Scottdale 1959, p. 758.

[511] Nous les publions dans l'annexe II, pp. 210-211.

[512] *Antidote*, pp. 42-43; voir sur ce poème ce que nous avons écrit plus haut, pp. 50-51.

l'occasion une pièce en vers latins. Sans vouloir rien affirmer à ce sujet, nous tenons cependant à signaler que nous avons rencontré dans un Album amicorum du début du XVIIme siècle une insription en vers latins de Willem van Liere, le fils d'Emmery.[513] Il s'agit de deux poésies brèves qui ne sont pas sans mérite et qui montrent tout au moins que dans l'entourage immédiat du Gentilhomme allemand on savait écrire des vers latins. Sans doute convient-il aussi de songer au jugement porté par Gerrit Schaep: «Nobilissimus vir qui litteris et Armis ceteris Belli Ductoribus praecelluit»; bien que la comparaison avec les «autres chefs de guerre» limite assez la portée de l'éloge, il ne faut pas exclure la possibilité que Schaep, qui connaissait au moins un des fils d'Emmery, se soit basé, pour prononcer son jugement, sur des textes comme cette pièce en latin qui ne nous sont pas parvenus.

Voilà pour les hommes qui, pendant plus ou moins longtemps, étaient liés peu ou prou avec De Lyere. Si nous y joignons l'auteur de la *Verantwoordinghe van Sebastiaen Franck* et le pasteur Caspar Coolhaes, le traducteur de l'*Apologia Sebastiani Vranck*, dont il connaissait tout au moins parfaitement les projets de répondre aux propos «sanguinaires et envenimez» de Marnix, et avec qui on peut croire qu'il a entretenu des relations personnelles, nous voyons que, malgré les différences qu'il y a entre ces hommes, plusieurs d'entre eux présentent des traits de ressemblance en ce qui concerne leur attitude devant le grand problème qui occupe les hommes de ce temps, celui de la religion. Ce n'est plus la lutte entre protestants et catholiques, rappelons-le, qui divise les esprits, c'est celle qui oppose les calvinistes orthodoxes aux protestants d'orientation plus libérale. Or, Pieter Bor s'était rangé, dès 1583, du côté de Coornhert contre les calvinistes [514]; Willem van Outshoorn est démis de ses fonctions en 1620, à cause de ses sentiments remontrants.[515] En ce qui concerne Twisck, c'est une adversaire farouche de la tyrannie spirituelle, sous quelque forme qu'elle se présente.

Ainsi, si l'image que présente la vie publique du Gentilhomme allemand s'accorde mal avec celle qu'il fait paraître dans son pamphlet, en y regardant de plus près et en rapprochant les rares données que nous avons sur sa vie privée, nous voyons pourtant un équilibre s'établir entre les deux côtés de la vie et de la personnalité de cet homme.[516]

---

[513] Leiden. Bibliotheca Thysiana. *Album amicorum Samuel Backer*, fol. 35.
[514] B. Becker, *Bronnen*, blz. 94 n.
[515] *NNBW*, deel VI, 1093-1094.
[516] Dans l'annexe III nous avons rassemblé quelques données au sujet des deux femmes et des sept enfants que De Lyere a eus.

NOTE SUR LE TEXTE

En établissant le texte du pamphlet, nous nous sommes imposé pour règle générale d'apporter le moins de changements possible, dans l'orthographe aussi bien que dans la ponctuation. En effet, celle-ci se présente comme un système parfaitement cohérent, et les légères différences qu'elle montre par rapport à l'usage actuel n'empêchent point la lecture aisée du texte. En ce qui concerne l'orthographe, nous nous sommes borné à reconstituer let mots abrégés, à généraliser l'usage de l'apostrophe et à introduire la distinction entre *i* et *j*, et entre *u* et *v*. C'est dire que nous avons conservé en principe les variantes que peut présenter l'orthographe d'un mot [*estes – estez, leur (villes) – leurs (villes)*, etc.], quitte du reste à corriger une évidente coquille typographique (p. ex. *Regilion*).

Dans les notes, comme d'ailleurs dans le texte de notre introduction, nous citons la Bible d'après la version que le Gentilhomme allemand a utilisée lui-même, c.-à-d. celle de la Bible de Genève; pareillement, et pour la même raison, nous citons les *Essais* de Montaigne d'après l'édition de 1588.

Nous avons eu soin de relever tous les endroits de la Bible auxquels le Gentilhomme allemand fait allusion, directement ou indirectement. A cet effet, nous mentionnons en marge les textes de la Bible dans tous les cas où l'auteur ne nomme pas sa source. Un index biblique, placé à la fin du livre, donne le relevé complet des passages de la Bible dont l'auteur a tiré parti en rédigeant son pamphlet.

ANTIDOTE

OV

CONTREPOI-
SON CONTRE LES CON-
SEILS SANGVINAIRES ET
enuenimez, de Philippe de Marnix Sr. de Ste.
Aldegonde contenuz en certain liure par
luy mis en lumiere contre les Zelateurs spirituels, quil appelle en son langage
Geestdryuers.

ΦS

Composé en forme de lettre responciue, par
vn GENTILHOMME ALLEMAN
studieux a la paix & amateur de la liberté Belgique.

Ecclesiaste Chap.10.1.

Comme les mousches mortes font puir, & rendre
mauuaise odeur a l'onguent de l'Apotiquaire, ainsy
faict petite folie a celuy qui est renommé
pour sa sapience &
gloire.

ANTIDOTE OU CONTREPOISON

(p. 2)

ARGUMENTS *Contenuz en ceste lettre,*

Qu'on ne doibt punir a mort les heretiques.

Qu'on ne doibt envoyer en exil les heretiques.

Que l'excommunication ne doibt estre exercee en l'Eglise de Dieu.

Qu'on accuse a tort d'heresie les Zelateurs spirituelz a cause qu'ils cerchent une interpretation spirituelle ou allegorique a l'Escriture saincte.

Que c'est le Sr. de S. Aldegonde et non point les Zelateurs spirituelz, qui tache d'enlever tout remors de conscience des coeurs des hommes.

Que le dict seigneur de S. Aldegonde juge ses freres en Christ d'un jugement trop precipité, les chargeant d'une infinité de faulses calumnies et injures.

| 3 | A MONSIEUR DE ST. ALDEGONDE.

Monsieur certain livre en langue du Pays Bas m'a esté envoyé ces jours passez intitulé. Recerche, et fondamentale Refutation de la doctrine des Zelateurs Spirituels touchant la parole de Dieu, contenue au vieil et nouveau Testament,[1] dont se dict que vous en estes auteur. Mais d'autant que le contenu de la preface me semble en beaucoup des poinctz repugner non seulement contre le vray sens de la Saincte Escriture, ains aussi contre la charité Chrestienne, et le bien de l'estat Publique, je n'ay peu de prime face me persuader, qu'elle aye esté distillee de la cervelle d'ung personnage si sçavant et celebre en doctrine, comme vous en avez acquis la reputation envers beaucop de nations, Mais au contraire qu'elle soit forgée a la boutique d'ung homme passionné et transporté de ses affections. Mais la voyant soubsignee de vostre nom, et cognoissant d'aultre part vostre style vehement, j'ay en fin esté constrainct de croire, que vous l'avies composé: | 4 | ce qui m'a causé de la relire avec tristesse pour la seconde foix, et y annoter quelques poinctz de dure resonnance tant a mes oreilles, qu'a celles de voz amis par deça en Allemaigne, d'ou je vous escrys ceste, comme celuy, qui ay tenu autrefoix (vous estant exilé en ce

---

[1] C'est la traduction littérale du titre de l'*Ondersoeckinge.*

Pays), quelque familiarité, et accointance avec vous[2]; et partant ay estimé estre mon devoir comme vostre frere en Christ vous avertir de quelques articles erronees a la foy, et pernitieuses a tout bon ordre Politique inserees en ceste vostre preface, a fin que si d'avanture quelque alteration ou inimitye particuliere vous eust transporté, et aliené vostre esprit a la mettre en lumiere, vous soyez par ceste lettre admonesté d'estre desormais plus retenu et maistre de voz affections en voz escritz, estant l'ung des premiers butz a quoy l'homme sage doibt viser et diriger touttes ses estudes et actions, de mortifier ses affections et maistriser soy mesme, selon que dict Boetius, *Qui se volet esse potentem, animos domet ille foeroces.*[3] Entre lesquelz poincts j'en ay rémarqué singulierement troix, dont j'espere (moyenant la grace de Dieu) vous convaincre d'erreur, A sçavoir que vous exhortez les Estatz Generaulx de | 5 | leur devoir *a la punition suppression et aneantissement* (pour user de voz propres motz) *des Heretiques,*[4] servant de boute-feu et allumette pour r'allumer les feux ja longues annees par la grace de Dieu ensepvelys soubz les cendres des ossements des paovres Chrestiens consumez par le feu, tellement que ceste lettre ne scauroit estre plus sanguinaire ny violente, que si elle fust esté depechee de Rome, Civile,[5] de la Sorbonne, ou du Seminaire des Jesuites aux Empereurs, Rois, et Princes Chrestiens, chose contraire a l'exhortation du Prophete David Psea. 2. ou il dict, *Parquoy vous Rois maintenant entendez et vous Gouverneurs de la terre prennez instruction, servez au Seigneur en craincte et vous esjouissez en tremblant, baisez le filz, de peur qu'il ne se courrouçe et que ne perissez de la voye,* laquelle sentence vous appropriez tresmal a son lieu en vostre Preface.[6] En second lieu que vous

---

[2] Il ne nous a pas été possible de vérifier cette affirmation. Parti des Pays-Bas en avril 1567, Marnix fut condamné au bannissement en août 1568. Successivement il demeura à Brême, en Frise Orientale et à Heidelberg, faisant dans la même période de nombreux voyages, surtout à travers l'Allemagne, pour rentrer aux Pays-Bas au cours du mois de juillet 1572. Nous ne savons rien de la vie d'Emmery de Lyere à cette époque; s'il faut en croire ce qu'il dit dans sa *Defence,* il est né en 1552 ou 1553. Même à la fin de l'exil de Marnix, De Lyere était donc bien jeune pour avoir de la «familiarité» avec lui.

[3] *De consolatione philosophiae,* lib. III, metr. V.

[4] *Ondersoeckinge,* blz. VII: «... sy behooren daer op toe te leggen, dat een sulck boos ende moortdadich fenijn geenen voortganck en hebbe, maer werde geheelick t'onder gedrucket ende te niet gebracht.»
Il faut noter que c'est une interprétation plutôt qu'une citation que donne le Gentilhomme allemand, puisque dans le texte de Marnix il s'agit de la suppression de l'hérésie, non de l'anéantissement des hérétiques, et que le mot «punition» ne figure pas à cet endroit de l'avant-propos de l'*Ondersoeckinge.*

[5] C.-à-d. Séville.

[6] Dans l'avant-propos de l'*Ondersoeckinge,* Marnix se réfère au même texte (blz. XI), le présentant en version rimée, tel qu'il paraît dans sa traduction des Psaumes; cette traduction avait paru pour la première fois en 1580 et avait été rééditée en 1591. Cependant, il existe encore une édition posthume, remaniée, qui paraît en 1617,

condamnez ceulx que vous appellez Zelateurs spirituelz de ce qu'ilz interpretent Spirituellement la Saincte Escriture, et non selon la lettre.

Et pour le troisiesme poinct que vous publiez vostre jugement trop precipité contre lesdictz Zelateurs, les comprenant tous generallement soubz le nom d'heretiques. Je | 6 | laisse a d'aultres scavants Theologiens redarguer plusieurs aultres argumentz dignes de reprehension en vostre livre, lesquels je scay avoir desja mis la main a la plume, pour entrer en lice contre vous, et vous faire cognoistre, qu'eussiez mieulx faict de jardiner et cultiver voz terres en Zeelande,[7] que de vous mesler de si fouldroyantes et acerbes exhortations. Je vous prie donc ne vous offencer, si ne trouvez ceste lettre ornee de beaucop de fleurs de la Rhetorique ny ajencee d'ung langage elegant. Car je n'en fys jamais profession et ayme ung style coulant et familier, qui puisse simplement sans fard proferer les conceptions de son esprit, veu que mon but n'est pas icy d'user d'une ostentation d'eloquence, ains tant seulement divertir ung amy de ses faultes et mauvais conseilz, pour puis apres les rendre inutiles et reprouvez devant le monde, me souvenant de ce que dict Seneca *Cujuscunque orationem videris solicitam et politam, scito animum quoque non minus esse pusillis occupatum.*[8] C'est a dire, scache que l'ame de celuy duquel tu verras la parole trop affectée, s'occupe a choses basses et inutiles.

à Leyde, et que J. J. van Toorenenbergen a rééditée dans son édition des *Godsdienstige en kerkelijke geschriften*, deel I; dans ce passage du deuxième Psaume, le texte de 1617 se trouve être nettement radouci par rapport à la version antérieure que cite encore l'*Ondersoeckinge*, et où «prenez instruction» est rendu de telle sorte que cela semble se rapporter au maintien de la discipline religieuse:
   «Nu dan siet toe ghy Coningen van weerden
   Dat ghy wort wijs ende beter zijt bedacht,
   Bevlijticht u ghy Richters opder eerden
   Dat ghy na tucht ende goede leere tracht.»
La version de 1617 est plus fidèle au texte de la Bible:
   «Dies siet nu toe ghy Coningen van weerden,
   Dat ghy wort wijs, end u wel draegt, voortaen:
   Ghy overheyt end Richters hier op eerden,
   Neemt goede tucht end onderrichting' aen».
   [7] Après le coup du duc d'Anjou en 1583, Marnix se retire «en [son] privè, [s']adonnant à l'agriculture, sans rien [se] mesler des affaires publicques» (*Ecrits pol. et hist.*, p. 243): de même, rentré en Zélande après la chute d'Anvers, Marnix s'est retiré dans sa propriété de Westsouburg, où il s'occupe à cultiver des fleurs et des fruits. A ce sujet il entretient une correspondance régulière avec d'autres botanistes, parmi lesquels se trouvent des savants tels que Juste-Lipse et Clusius. Lui-même s'est déclaré fort heureux de cette vie de «paysan», ainsi que le montre la lettre du 2 octobre 1586 à Adriaen van der Myle: «Quid enim hoc vitae genere quod hic duco, vel cogitari queat beatius? quod ego votis omnibus multos jam annos ambii perflagranter, id se mihi sua sponte offert. Agricola, inter meos, in meo vivo» (*Corr. et Mél.*, p. 330).
   [8] *Epistolae ad Lucilium*, CXV, 1.

En premier lieu il sera besoing de considerer de quelle punition vous entendez, que le | 7 | Magistrat doibt punir les heretiques, et poserons que tous ceulx là que vous comprenez au nom de Zelateurs Spirituelz, soyent telz (*sed adhuc sub iudice lis est* [9]) a scavoir si c'est par la punition corporelle, par bannissement, ou par excommunication. Car vous y avez procedé si cautement, et quasi voulu donner a deviner vostre intention, que n'avez osé clerement vous faire entendre, afin que puissiez cy apres avoir un supterfuge, et arriere fenestre ouverte, pour vous excuser, si d'avanture fussiez censuré de trop de rigueur [10] par ceulx qui aiment la douceur et clemence, lesquelz vous appellez *trop tendres de coeur*.[11] Il est vray qu'en certains endroictz de vostre preface vous n'avez peu deguiser vostre coeur cruel, et partant il fault s'asseurer, qu'ayez voulu donner a entendre la premiere punition, comme celuy qui avez sucçé des vostre jeunesse a ceste sanglante mamelle de voz deux Docteurs et Precepteurs de Geneve, lesquels n'ont poinct eu de honte de mettre en evidence au monde par livres imprimez leur cruelle opinion touchant la punition des heretiques,[12] voilà pourquoy certain personnage tresdocte a bien dict que leur Dieu estoit ung Dieu severe et cruel.[13] Si | 8 | doncq vous estez aussi de leur avis, comme il est a craindre, (car tel Precepteur tel Disciple) je vous prie de considerer quel carnage s'en ensuivroit es Provinces unies, jusques a faire taindre et convertir en sang les rivieres, ou les deux tiers des hommes sont composez de Papistes Anabaptistes, et plusieurs aultres opinions, lesquelles vous baptisez du nom de Zelateurs Spirituelz, et les dictes surpasser toux les aultres en *dissolution, meschanceté, et impieté*,[14] desorte que ces opulentes et populeuses Provinces seroyent en brief reduictes en ung desert et boucherie d'ung million de paovres personnes baptisees et signees de la marque de Christ nostre commun Redempteur, lesquelles estant mira-

---

[9] Horatius, *Epistolae* III (De arte poetica), 78.

[10] Marnix fait le même reproche d'ambiguïté aux spiritualistes: «hoewel sy 'tselve also bedecktelick meynen te doen dat men se niet wel verstaen en sal, ende veel min uyt hare woorden connen straffen» (*Ondersoeckinge*, blz. VIII).

[11] *Ondersoeckinge*, blz. X: «dewijle sommige teere menschen sick daer voir schijnen te schroomen . . .»

[12] Ce sont, de Calvin, la *Declaratio orthodoxae fidei* et son adaptation française, *Declaration pour maintenir la vraye foy*, parues toutes les deux à Genève en 1554, et, de Bèze, la réponse à Castellion, *De haereticis a civili Magistratu puniendis*, Genevae 1554.

[13] D. V. Coornhert, *Proces van 't Ketter-dooden*, deel II, dans *Wercken*, Amsterdam, 1630, deel II, fol. 128a: «Maghmen dan Castellion onrecht geven in sijn seggen: dat de Calviniaensche God wreet is ende fel?»
Bien que l'idée soit commune dans l'oeuvre de Castellion, nous n'y avons pas trouvé l'équivalent exact de la phrase de Coornhert.

[14] *Ondersoeckinge*, blz. VII: «Satan in dese onse laetste tijden . . . heeft eene nieuwe Secte ofte Ketterije van menschen opgeworpen, die alle d'andere in overdaet van boosheyt ende godtloosheyt verre te boven gaet.»

culeusement echapees de la tyrannye et Inquisition d'Espagne, tombe-
royent en une autant abominable Inquisition de Geneve, dont sans doubte
adviendroit, qu'en lieu que nostre bon Dieu a maintenant si largement
espandu tant de Spirituelles et Temporelles benedictions sur Icelles, il en
retireroit aussi tost sa main Touttepuissante, et les laisseroit derechef
cheoir es mains cruelles de leurs ennemys. A l'exemple desquels vous vous
devez mirer assez (sans suivre leur tra- | 9 | çe) en ce que le sang innocent
d'ung nombre infiny de tant de paovres Chrestiens par eulx mis a mort,
a crié vengeance devant Dieu, qui a causé les verges, et playes que voz
longues guerres Civiles [15] ont trainé apres eulx, ainsy que voz propres
escritz [16] et des vostres tesmoignent de touttes partz. Et vous voulez maintenant tourner ce glaive contre vos freres, exhortant les Estatz en forme
de contestation aux propres termes ensuivantz.

*Partant il est plus que temps mes Nobles et Venerables Seigneurs, que
vous regardiez de defendre en ce Monde l'honneur de Dieu entant que
vous desires, qu'il prenne de sa part soubs sa protection le bon estat du
Pays.*[17] Mais enquoy voules vous qu'on deffende l'honneur de Dieu en ce
monde, n'est-ce pas que le Magistrat vous serve de bourreau pour assouvir
vostre coeur vindicatif *a soupprimer et du tout anichiler ce venin mortel* [18]
(pour user de voz propres mots): c'est a dire du tout exterminer par feu,
glaive et toutte espece de martire ceulx qui ne veulent en tous poinctz
adherer a voz inventions, institutions, et opinions humaines, pour cercher
une meilleure voye de Salut, comme si Dieu avoit besoing du bras des
hommes pour maintenir sa gloire[a], son regne n'est pas | 10 | de ce mon-
de[a], comme sera dict ailleurs, et ce qui est invincible et eternel n'a que
faire de la protection humaine, c'est eslever le valet par dessus le maistre[b],
la creature au dessus du createur, quand on veult recommander a ung
paovre ver de terre la protection de l'honneur du Createur de tout l'univers, auquel les hommes ne peuvent faire aultr'honneur que croire en luy:

[a] *Act.
XVII, 25.*
[a] *Jo.
XVIII, 36.*
[b] *Matt. X,
24.
Jo. XIII,
16 et XV,
20.*

[15] La guerre des Provinces-Unies contre l'Espagne durait depuis 1568; en 1579
la plupart des provinces du Sud avaient conclu l'Union d'Arras, qui amorça la division des Pays-Bas.
[16] Par exemple *Seria de reip. Christianae statu ... commonefactio*, s.l. 1584 (publiée dans *Corr. et Mél.*, pp. 365-398), et *Trouwe Vermaninge aen de Christelicke
Gemeynten*, Leiden 1589 (*Godsdienstige en kerkelijke geschrift*en, deel I, blz. 491-
545).
[17] *Ondersoeckinge*, blz. XI: «Daeromme ist hooge tijdt, Mijne Edele ende weerde
Heeren dat u.E.E. toesien ende Godes eere hier op dese werelt voirstaen in dien uwe
meyninge ende begeerte oock is dat hy met zijne almachtige hant de welstant des
lants van zijnent wegen voorstaen ende beschermen sal.»
[18] *ibid.*, blz. VII: «Hoe swaerder ende grooter dit perijckel is, hoe meer ende vlijtiger sy behooren daer op toe te leggen dat een sulck boos ende moortdadich fenijn
geenen voortganck en hebbe, maer werde geheelick t'onder gedrucket ende te niet
gebracht.»

ᶜ *II Jo. II, 6.*
ᵈ *Jo. IV, 24.*

le craindre, cheminer en ses loix et commandementzᶜ, l'adorer en Esprit et veritéᵈ, et exercer charité envers leurs prochains. Vous trouvez aussy estrange en ceste vostre belle preface, qu'il y a encor des hommes si delicatz ou *tendres de coeur qui mectent en dispute si le Magistrat doibt mectre la main a punir par exterieures et corporelles punitions et amendes l'insolence commise au service de Dieu et de la foy.*[19] A cest echantillon peult on juger combien vostre coeur regorge du venin de vengeance et cruaulté receue en heritage de vostre premier Pere Cain. Qui nous oste la doubte, de laquelle des troix punitions nommees vous voulez estreiner voz heretiques. Surquoy je vous demande, si l'experience des persecutions passees ne vous a apprins bien chairement que les Rois Princes et Magistratz ne sont | 11 | que trop promtz de leur naturel mouvement à l'effusion de sang, sans qu'ilz ayent besoing d'estre agaçez par voz irritamentz et inductions? Le coeur m'espasme d'ouir qu'il se trouve des hommes si alienez de la verité de Dieu, qui soubz ombre de pieté osent mectre en avant des conseilz si abominables et repugnants a la Parole de Dieu, et ce en une Republique libre et affranchye aux despences de tant de sang espandu es guerres passees. Mais quand je considere que le monde a esté affligé de tout temps de semblables conseilliers, comme l'on void a l'exemple de

ᵃ *Amos VII, 10–11.*
ᵇ *Matt. XXVII, 16–23.*
Marc. XV, 6–14.
Luc. XXIII, 13–24.
Act. XIII, 27–28.

Jeroboam qui fyst mourir Amosᵃ par la persuasion des faux Prophetes,[20] et Pilate cruçifier Christᵇ par l'induction des Pharisiens,[21] je ne trouve estrange, qu'en ce siecle si corrumpu, au quel nous vivons, le monde soit aussy infecté de semblables pestes. Il est vray que l'on n'attendoit de vous telle cruaulté introduicte a l'Eglise premier par le Pape Pelagius[22] et ainsy successivement maintenue par les Evesques de Rome, de vous dy-je, qui pretendez avoir jusques ores si vaillamment bataillé pour destruire

---

[19] *ibid.*, blz. X: «... dewyle sommige teere menschen sick daer voor schijnen te schroomen, als dat de Overicheyt de ongebondene dertelheyt ende moetwillicheyt der menschen, in saken die den Dienst Godes ofte het geloove aengaen, met uytwendige lichaemelijcke straffen ende boeten niet in soude mogen matigen oft bedwingen.»

[20] L'auteur se trompe; on ne lit pas que la dénonciation du prophète par le prêtre de Béthel, Amasias, ait entraîné des mesures contre lui de la part du Roi.

[21] Ici encore, l'auteur est dans l'erreur: tous les textes parlent des «Sacrificateurs», en partie aussi des «Prestres» et des «Scribes».

[22] Sebastian Franck, *Chronica, Zeitbuch und Geschichtbibell*, o.O. 1536, Bd. II, fol. XXXI ro.: «Im jar D. liij. setzet Pelagius erster, das die ketzer und abtrünnigen auch mit weltlichem gewalt gezwungen werden moechten, wo sy sich mit vernünfftigen ursachen zum glauben nit bekeren lassen woellten.» Le Gentilhomme suit la version néerlandaise, dont le traducteur n'a pas compris qu'il est question ici de Pélage Ier, si bien qu'il a traduit le mot «erster» par un adverbe: «Int Jaer D.liij. sette Pelagius alderyerst, dat de Ketters ende Afvallighe, oock met wereltlijc ghewelt gedwongen werden mochten, waer sy haer met redelijcke oorsaken totten geloove niet bekeeren en wouden laten» (*Chronica, Tytboeck ende gheschietbibel*, z. pl. 1588, *De derde Chronica*, fol. XIX vo.). Cependant, nous citerons par la suite le texte allemand, que nous désignerons par le mot «*Chronica*».

ceste tyrannye de l'Antichrist, Et la voulez vous maintenant restablir mas-
quée d'une | 12 | aultre couverture? A quoy j'espere les Estatz, suivantz
leur prudence accoustumee en la bonne conduicte de leur Gouvernement,
ne vous presteront jamais l'oreille, encores que les menaçiez de l'ire de Dieu,
*s'ilz se monstroyent nonchalans et endormys a l'avancement de son honneur
et Royaulme,*[23] ains qu'ilz se reigleront plustost selon le sage conseil de
Gamalael aux actes des Apostres chap. 5.38. ou il dict. *Et maintenant je
le vous dy, deportez vous de ces hommes et les laissez, car si ce conseil, ou
cest oeuvre est des hommes, il sera desfaict: Mais s'il est de Dieu vous ne
le pourrez desfaire, et regardes que ne soyez trouvez repugnantz a Dieu.*
Qu'ilz considerent que tout ainsy que leur prosperité a prins son origine,
progres et accroissement par la liberté de conscience, qu'ilz permectent
indifferement a touttes Religions, et les recoivent soubz leur sauvegarde,
ainsy au contraire leur Gouvernement sera en peu de temps dissipé et
bouleversé ce dessus dessoubz, si en fin ilz se laissent induire a la persecution quelque petitte qu'elle soit.[24] De maniere que le Roy d'Espagne
(qui haleine comme ung Loup ravissant [25] a l'entour de la bergerye, pour
cercher quelque ouverture ou breche, | 13 | par ou il pourroit faire entree
au milieu du troupeau) est bien tenu a telz conseiliers sanguinaires et
semblables a luy, qui luy preparent une si belle victoire, que seroit celle si
ses ennemys se demembrassent en s'entremassacrant l'un l'aultre, si bien
qu le party victorieux luy demeureroit a la fin en proye sans coup ferir.
Et certes ce conseil me faict esplucher voz actions de plus loing, quand je
me remectz en memorie, que non sans cause les Estatz d'Hollande et
Zeelande vous fyrent refus de l'entree en leur Jurisdiction,[26] lorsque
desesperé par le malheureux assasinat arrivé a la personne du feu Prince

---

[23] *Ondersoeckinge*, blz. XI: «Gedenckt hoe onlancx hy zijne wonderdaden aen dese
landen met eenen uytgereckten arm bewesen heeft, ende de gantsche werelt geopen-
baert, als hy eenen so machtigen Coninck ... heeft uyt zijnen stoel gesettet, ... niet
om dat u.E.E. souden slap ende slaperich zijn inde voorderinge zijner eere ende zijns
Conincrijcx.»
[24] Ce fragment, depuis p. 11 «Il est vray ...», se trouve cité en traduction néerlandaise chez P. Jansz. Twisck, *Religions Vryheyt*, z. pl. 1609, blz. 131-132.
[25] Voir A. Otto, *Die Sprichwörter der Römer*, Leipzig 1890, Nr. 980: «Die Quelle
ist das griechische Sprichwort λύκος ἔχανεν.»
[26] *Register van Holland en Westvriesland. Van den jaare 1585*, z. pl. en j., blz.
517 (résolution du 18 août): «Wy geensints geraden vinden nog verstaan, dat den
voornoemden St. Aldegonde, nogte ook syne Huisvrouwe en Kinderen, daar toe Paspoort verleent, of eenigsints toegelaten werden, om in Holland ofte Zeeland te koomen.» Le 10 septembre, les Etats-Généraux statuent de même (*Resolutiën der Staten-
Generaal*, deel V, blz. 30). Cependant, Marnix arrive à Westsouburg le 31 octobre:
«This day, Nov. 9, papal style, the good apostle St. Aldegonde is arrived at his house
near Flushing, under whose countenance I cannot say. The people, greatly scandaliz-
ed, declare that traitors are now put before honest men» (*Calendar of State Papers,
foreign series 1585-1586*, p. 128; Rossel to Walsingham).

d'Orange de haulte mem: [27] et par le mauvaix succes de l'entreprinse a
la dique de Cauwestein,[28] vostre conscience n'estoit en repos, comme vous

[27] Dans son *Brief recit*, qui est de 1585, Marnix nie s'être laissé décourager par cet
événement: «Car si dès alors, que ... la ville se trouva en telle perplexité que les plus
constans parloient d'appoincement, j'eusse voulu fleschir et céder à la tempeste, je
m'asseure que personne ne m'en eust grandement reprins: puis que nous estions sans
chef, et que l'obligation que j'avoie à ceux qui m'avoient emploié, estoit esteinte et
la ville en grand hazard et apparence de se perdre. ... Et toutesfois, tant s'en faut
que par pusillanimité je me soye laissé emporter, que mesmes avec une résolution plus
magnanime que paraventure ne portoit la conjuncture du temps, j'ay ... appaisé la
tempeste, et esteint le feu qui se couvoit de discorde et de division» (*Ecrits pol. et
hist.*, p. 253). Cependant, nous savons par la lettre que Marnix écrivit à son cousin
Adolf van Meetkerken, président du Conseil de Flandre, que cette attitude lui était
dictée par la conception qu'il avait de sa fonction de bourgmestre, et qu'elle ne
reflétait point l'idée qu'il se faisait de la situation politique: «J'ay toujours estimé,
que quand les gouverneurs et ceux qui ont la maniance des affaires tiennent la bride
roide et ne souffrent pas qu'il soit loisible à un chacun de parler de la paix, mais qu'ils
se reservent à eux cette authorité, ils ont moyen de gouverner le gouvernail, sans se
laisser emporter des flots de la commune. Voilà pourquoy en cette ville j'ai été d'avis
de chasser ceux, qui parloyent d'accord, et de defendre fort etroyctement que personne n'en osa parler en son particulier, mais cependant j'ay estimé que le Magistrat et
le Conseil devoyent aviser sur ce faict et le conduire eux seuls avec toute prudence»
(*Godsdienstige en kerkelijke geschriften, Verscheidenheden uit- en over de nalatenschap* uitg. door J. J. van Toorenenbergen, 's-Gravenhage 1878, blz. 72-73). Par la
même lettre nous savons qu'il s'est bien laissé décourager par la mort du Prince - et
comment en serait-il autrement de cet homme qui écrit: «il fault obeir et se soumettre
à un chef, qui commande avec authorité» (*ibid.*, blz. 63), et qui, en toutes circonstances, a recherché la position de confident, de premier collaborateur - puisque nous
le voyons regretter le Prince disparu («Mais il y avait un bon et sage pilote, qui
tenait le gouvernail en main, et savait accomoder les veoiles à l'impetuosité du vent,
n'y ayant maintenant nul tel», *ibid.*, blz. 65-66).
Cette lettre, ainsi qu'une autre semblable, adressée au comte de Hohenlohe, a été publiée en traduction néerlandaise dans P. Bor, *Nederlandsche Oorlogen*, deel II, blz.
614-619. Au sujet de la lettre à Hohenlohe, Bor écrit que bien des copies en furent
faites, qui furent envoyées au Conseil d'Etat à Utrecht, aux Etats de Hollande et
d'Utrecht, aussi bien qu'ailleurs. Quant à la lettre dont nous venons de citer quelques
passages, Marnix écrit: «Mes lettres que sur ce subject [c.-à-d. la proposition de conclure une paix générale] j'escrivis au feu Seigneur de Meetkercke sont encor en estre»
(*Corr. et Mél.*, p. 426); il nous semble avéré que De Lyere a connu tout au moins
cette dernière lettre.
[28] La digue de Cauwestein était la seule communication qui restât en aval d'Anvers
entre la Brabant et la Flandre, la digue qui longeait l'Escaut ayant été coupée en
plusieurs endroits, et les polders sur la rive brabançonne ayant été inondés. Une
attaque avait été projetée contre cette digue de Cauwestein, qui devait la couper de
manière à rouvrir le chemin aux navires hollandais et zélandais, que le pont flottant
du duc de Parme empêchait de remonter le fleuve et d'approvisionner la ville. La
première attaque, projetée pour le 6 mai, échoua par suite d'un malentendu; dans
l'attaque finale, entreprise le 26 mai par les navires d'Anvers et ceux de la flotte zélandaise, les Espagnols faillirent être définitivement battus: la digue est percée et
quelques navires zélandais passent par la brèche, mais l'arrivée du duc de Parme
qui stimule les troupes espagnoles, et le commencement du reflux qui cause du désordre sur les navires, font tourner les chances et l'entreprise se solde par un carnage
qui coûte la vie à 2000 soldats. Marnix avait assisté en personne au combat, mais il
s'était embarqué sur le premier navire zélandais qui réussît à franchir la brèche, afin
de porter à Anvers la nouvelle de la victoire. Une discussion détaillée de l'entreprise
se trouve dans l'ouvrage de L. Van der Essen, *Alexandre Farnèse*, t. IV, Bruxelles
1935, pp. 67-89; selon l'auteur «c'est un fait que Marnix de Sainte-Aldegonde et
Hohenlohe, au lieu de rester sur le Kouwestein pour diriger le combat, avaient sacri-

deffiant de la puissance de Dieu, jusques a ce qu'eustes forgé ceste belle rendition et pacification d'Anvers l'an 84.[29] et non content de ce service signalé que faisiez au Duc de Parma, vous ne cessiez lors en voz devises familieres a trompetter les louanges de ce Prince, persuadant aulcuns a une paix generalle,[30] pour tant mieulx couvrir vostre faulte particuliere par la ruine et desolation de cent mille paovres ames affli- | 14 | gees, car vous vous presumiez bien autant, que porties le moyen en voz manches, par ou pourriez faire revolter ledict Duc contre son maistre, et procurer ainsy une reunion entre les 17. Provinces dont vous vous vantiez luy avoir faict quelque ouverture, au temps du Parlement a Beveren,[31] lors que teniez tant d'arriere conseilz et propos secretz avec luy en presence de tous voz collegues, personnages venerables et des plus illustres de la dicte ville, qui estoit un dessaing trop hault pour vostre gibbier. Je me tais icy la mauvaise conduicte au Gouvernement d'icelle ville, ou il n'a tenu qu'a vous de la munir tresbien de vivres et munitions necessaires pour soustenir le siege quelques annees,[32] veu le souverain et absolut commandement

fié à la vaine satisfaction d'aller annoncer à Anvers que la victoire était gagnée, et cela à un moment où cette nouvelle était certainement prématurée. Ils portent une part de responsabilité dans le désastre qui s'abattit sur leurs troupes» (p. 84).
Dans sa *Response apologeticque*, Marnix se moque du Gentilhomme allemand, qui associe dans son pamphlet les deux catastrophes de l'assassinat du Prince et de l'attaque manquée contre la digue de Cauwestein: «qui ne voit pas en ce tien propos que tu parles seulement pour parler, ainsi qu'un perroquet en cage, sans entendre toi mesme ce que tu dis? Car comment voudrois tu que ces deux succes, qui ne sont suivis l'un l'autre sinon apres l'intervalle de presques un an entier, fussent cause d'un seul effect, et mesmes d'un tel effect qui ne souffre aucun dilai, tel qu'est un desespoir et deffiance de la puissance de Dieu» (*Corr. et Mél.*, p. 415).
Que la situation fût désespérée après l'entreprise manquée contre la digue de Cauwestein. Marnix l'a bien montré dans son *Brief recit*, et c'est lui-même qui a, le premier, associé les deux «succes», de la mort du Taciturne et de la défaite de Cauwestein, dans la lettre à Meetkerken dont nous avons parlé dans la note précédente. Notons aussi que cinq jours seulement après la défaite de Cauwestein, Marnix s'adresse au duc de Parme pour proposer de négocier la reddition de la ville (*Ecrits pol. et hist.*, pp. 298-300).
[29] C'est le 17 août 1585 que fut conclu le traité de la reddition.
[30] Dans notre introduction nous avons montré (p. 63) que Marnix a parlé de paix générale dès en abordant les négociations avec le duc de Parme par l'intermédiaire de Richardot. Après la chute d'Anvers il parle du même sujet dans les lettres qu'il écrit à Meetkerken et au comte de Hohenlohe, ainsi qu'à Adriaen van der Myle (*Corr. et Mél.*, pp. 324-326).
[31] C'est à Beveren, où le duc de Parme avait son quartier général durant le siège, que furent menées les négociations; le traité de reddition fut également conclu et signé à Beveren (voir *Ecrits pol. et hist.*, p. 341).
[32] Marnix s'était déjà défendu contre cette accusation dans son *Brief recit*: «oncques depuis mon arrivée en la ville, nous n'avons sceu obtenir aucun consentement de deniers, que tout aussi tost nous n'eussions au partir de là une mutinerie de soldats, qui nous engardoyent fort bien de séquestrer deniers d'espargne, suffisans à faire provisions de trois cent mille viertaux de bled, autant qu'il en falloit pour l'espace d'un an», *Ecrits pol. et hist.*, pp. 275-276). Au même endroit il accuse les marchands de blé hollandais et les commandants de la flotte zélandaise d'avoir trop tardé à approvisionner la ville, les uns par avarice, les autres par manque de compétence. A un autre

qu'y aviez usurpé,[33] a quoy non seulement sa conservation, mais quasi de tout l'Estat dependoit, tesmoing l'esbranlement ou les Provinces se trouverent lors. Mais quoy, le Duc de Parme eust esté retardé par ce moyen du triomphe d'une si belle victoire. Et voyant que n'avez rien sceu proficter par ces menees de paix, vous pretendez maintenant mectre en oeuvre ce dernier instrument de Sathan, la persecution, pour tousjours con- | 15 | tinuer au service, que (peult estre) deliberez faire au Roy d'Espagne,[34] et d'une voye vous veoir revengé de ce peuple ingrat (selon vostre dire) de tant de services, que presumez luy avoir faict par cy devant.[35] En recompence desquelz l'on vous a maintenant de-bouté de l'administration Publique, chose tresdure et insupportable a vostre ambition.[36] Ce sage Prince d'Orange de haulte memoire a bien preveu quelques

endroit il parle d'un projet du comte de Hohenlohe d'approvisionner la ville par voie de terre: «il viendroit de nuict avec nombre de chevaux chargez de farine envers la maison d'Eckeren, requérant que je me tinsse à ce mesme endroict du costé de deça prest, avec force schuttes et pleytes [c.-à-d. des navires à faible tirant d'eau] sans toutesfois que ame vivante (quiconque aussi il fust) en eut la moindre cognoissance. Qui estoit une chose premièrement du tout impossible, et puis aussi (comme je lui manday) sans aucune apparence, autre que de perdre à crédit et hommes et chevaux et tous les grains» (*ibid.*, p. 267).

[33] Nous savons que Marnix n'a pas recherché la dignité de bourgmestre d'Anvers, mais qu'il s'est laissé prier par le prince Guillaume d'Orange avant de l'accepter. Nous savons aussi, par le *Brief recit* et par la lettre au comte de Hohenlohe du 15 août 1585 que P. Bor a publiée (*Nederlandsche Oorlogen*, deel II, blz. 614-615), que le pouvoir que comportait la fonction de premier bourgmestre était en réalité fort limité.

[34] Nous rappelons que la question du bien-fondé des accusations de trahison a été examinée par deux historiens, Mlle. Pauline W. Havelaar et le professeur L. Van der Essen, qui ont conclu tous les deux que Marnix n'a pas trahi la cause des Etats (voir notre introduction, p. 58).

[35] Le reproche d'ingratitude revient en effet à plusieurs reprises dans les lettres de Marnix après 1585. Le 4 octobre 1586 il écrit à Van der Myle: «Egone pro tantis exantlatis laboribus, pro tam fideli opera navata meis civibus, qui mihi certe post Deum, et vitam et salutem debent, hanc refero tam iniustam mercedem? Sed regium est cum benefeceris, male audire» (*Corr. et Mél.*, p. 330). Et encore le 1er août, immédiatement avant sa nomination de traducteur de la Bible, Marnix écrit aux Etats-Généraux: «Soo geve ick nochtans Uwe E.E. in alle billijkheid ende in derselver hooge wijsheid ende verstandig oordeel te bedenken ende te richten, of ick in desen deele [c.-à-d. le déchiffrement des lettres espagnoles en code qu'on avait interceptées], alsoock in alle andere myne voorgaende menigvuldige sware getrouwe diensten van den jaere 1566 continuelijck aen den Lande tot vorderinge van de Religie en onse Nederlandsche vryheid met werckelycke in vele periculen mynes levens, ende groot verlies met vrienden, broederen ende goederen, ende alle andere gemak dickmael gedaen, na verdienste en na voors. beloftenissen onthaelt ende getracteert worde, gelijck als veele andere worden, die U.U. E.E. soodanige ofte andere veel mindere diensten gedaen hebben» (cité par R. Fruin dans son article «De aanstelling van Marnix tot bijbelvertaler», dans *Verspreide geschriften*, deel IX, 's-Gravenhage 1904, blz. 78).

[36] Dans la *Response apologeticque*, Marnix réplique vivement à cette accusation «d'avoir l'ame bouffie d'ambition»: «je puis dire le front eslevé, que combien que j'aye deservi plusieurs Estats et charges honorables, si est ce que oncques je ne sollicitai ne par requeste, ne par faveur, ne par aucune personne interposée, d'y estre appellé. Au contraire, j'y ay presques tousjours esté forcé: et est encor à naistre celui

annees devant sa mort, de quel esprit tourbulent vous estiez possedé, quand il vous fyst peu a peu esloigner de son conseil et reculer de sa personne,[37] de peur d'en resentir ung jour quelque schec et mat, conforme aux effectz de ce detestable conseil. Auquel j'ay ouy dire lors qu'il estoit exilé en ce pays, que la persecution, qu'il voyoit si constamment souffrir aux paovres Chrestiens executez au Pays Bas, fust la premiere cause mouvante de sa conversion a l'Evangile.[38] Je vous laisse a penser s'il estoit encor vivant, comment il seroit estonné de veoir ung sien serviteur accumulé par luy de tant d'honneurs et bienfaictz, maintenir la mesme tyrannye. Dieu par sa bonté vueille toujours faire perseverer vray heritier Mon Seigneur son filz non | 16 | seulement de ceste clemence Chrestienne, mais aussy de touttes les Heroiques vertus de feu Monsieur son Pere, dont il a desja rendu assez ample tesmoignage au monde.[39] Touttes ces choses bien ponderees vous donnez occasion aux hommes ung peu cler voyantz de vous souspeçonner faulteur des dessaings de l'ennemi, ne fust ceste reigle Chrestienne qui nous faict interpreter les faultes de noz prochains, comme faictes a bonne intention, et les couvrir plustost du manteau de charité[a]   [a] *I Cor. XIII,*
5 et 7.

qui pourra tesmoigner que oncques j'aye emploié quelcun pour m'avancer ou en honneur ou en biens (*Corr. et Mél.*, pp. 410-411).
Cependant, au moins une fois nous voyons Marnix solliciter son correspondant d'intervenir en sa faveur afin de lui obtenir un emploi; le 9 mars 1589 il ecrit à Walsingham: «je vous supplie de me mander librement et sans aucun scrupule s'il vous semble que Sa Majesté voudroit en ces occurrences qui se présentent se servir aucunement de moy soit vers le Roy de Navarre ou en Allemaigne ou par deça ou en quelque autre façon, et puis si pour le regard des affaires de ce pays icy je pourroye aucunement estre utile pour aider à faire une meilleure liaison entre Sa Majesté et ces pays pour le bien de la Chrestienté» (*Corr. et Mél.*, p. 335).
[37] Voir notre introduction, p. 56.
[38] Quoi qu'il ne soit pas exclu que De Lyere ait rencontré le prince d'Orange avant que celui-ci rentrât aux Pays-Bas – n'oublions pas qu'en février 1569 le Prince a été à Strasbourg, dans des circonstances bien peu glorieuses d'ailleurs – il nous est impossible d'affirmer qu'une telle rencontre ait eu lieu. Du reste, après ce que nous avons raconté dans notre introduction de la vie du Gentilhomme allemand, il est inutile d'affirmer que celui-ci a eu amplement l'occasion de recevoir les confidences du Prince par la suite.
D'ailleurs, l'argument qui motive l'opposition du Prince aux Espagnols se trouve dans l'*Apologie*, qui fut rédigée par le pasteur Pierre Loyseleur de Villiers après qu'en 1581 le roi Philippe II eut proscrit le prince d'Orange: «Car combien pour avoir esté si longues années nourry en la chambre de l'Empereur, et estant en aage de porter les armes, que je me trouvay aussi tost enveloppé de grandes charges ès armées, pour ces raisons dis-je veu le peu de bonne nourriture quant à la religion que nous avions, j'avoy lors plus à la teste les armes, la chasse et autres exercices de jeunes Seigneurs que non pas ce qui estoit de mon salut: toutesfois j'ay grande occasion de remercier Dieu, qui n'a point permis ceste sainte semence s'estouffer, qu'il avoit semée luy mesmes en moy, et dy d'avantage que jamais ne m'ont pleu ces cruelles executions de feux, de glaive, de submersions, qui estoient pour lors trop ordinaires à l'endroit de ceux de la Religion» (*Apologie ou Defence de tresillustre Prince Guillaume par la grace de Dieu Prince d'Orange*, Delft 1581, p. 35).
[39] Ce fragment, depuis p. 15 «Auquel j'ay ouy dire...» se trouve cité en traduction néerlandaise chez P. Jansz. Twisck, *Religions Vryheyt*, blz. 132.

que les exaggerer. Ce neantmoings d'autant que le repos Publique depend du refus ou agreation de voz exhortations, je me dispenceray [40] de dire, que les Estatz ne feront que sagement, de ne vous escouter en voz conseilz iniques, ains plustost vous esloigner de leur bonne grace comme perturbateur du repos et tranquillité Publique, sans nourrir plus longuement la couleuvre en leur seing *Ut malum consilium fiat Consultori pessimum*,[41] Car s'ilz tiennent a bon droict suspectz en ceste conjoincture du temps present touttes personnes, qui sement des bruictz de paix pour esmouvoir le Peuple a sedition a l'encontre de leurs Superieurs, a plus forte raison doibvent ilz | 17 | esclairer de pres les deportementz de ceulx qui par telz conseilz sinistres tendent a la subversion de leur Estat, et confusion de tout ordre Politique. Mais helas je crains qu'ilz n'auroyent pas evadé du tout ce danger, puis que ce conseil pestiferé tient aussy saisy et ulceré la plus part des coeurs de leurs Ministres et Precheurs, qui pieça remuent touttes les pierres, (comme l'on dict) pour avoir quelque pied au Gouvernement Politique, et par ce moyen confondre le Spirituel avec le Temporel, le Royaume de Dieu avec l'Empire du Monde, et faire valoir leur discipline Ecclesiastique, si *mordicus* par eulx pourchassee, bastissant puis apres sur icelle les fondementz de la persecution, proscription, et excommunication, dont ilz avoyent desja faict veoir un comencement durant le Gouvernement du feu Comte de Leicester et a la conjuration de Leyden,[42] laquelle

---

[40] «*Se dispenser à*: prendre la permission de faire. On a écrit aussi *se dispenser de*» (Littré).

[41] Otto, Nr. 423: «Das Original ist Hesiod opp. 266 ἡ δὲ κακὴ βουλὴ τῷ βουλεύσαντι κακίστη.»
L'auteur a pu rencontrer cette phrase chez Montaigne, qui la cite dans ses *Essais* (II, v, p. 45).

[42] La question des relations entre l'Eglise et l'Etat a été très controversée dans les premières années de l'existence de la jeune république des Provinces-Unies. Au début, les calvinistes sont en majorité partisans du système de la «collatéralité», d'après lequel les autorités politiques et ecclésiastiques exercent toutes les deux un pouvoir souverain dans leur propre domaine. En revanche, les protestants d'inspiration plus libérale reconnaîtront au pouvoir civil le droit d'user du *ius circa sacra*, c.-à-d. de trancher des différends religieux et de prescrire aux autorités ecclésiastiques la conduite à suivre. Cependant, à maintes occasions on constate que la politique effective des différents groupements religieux s'écarte du schéma que nous venons d'indiquer. Qu'on songe au conflit qui, en 1577, oppose à Middelburg le magistrat de la ville et les pasteurs réformés au sujet de la dispensation du serment qui avait été accordée aux anabaptistes (voir notre introduction, p. 5); bien significative est aussi la phrase suivante d'une lettre que le pasteur Jean Taffin écrit à ce sujet à son confrère Arnoldus Cornelii: «Existimabamus autem D. Gasparus [van der Heyden] et ego fore consultum ut singularum Ecclesiarum Ministri delegatos civitatis suae *sui officii, si modo pietati faverent*, commonefacerent» (*Werken der Marnix-Vereniging*, Serie III, deel V, blz. 183. Nos italiques). De même, en 1587, à Leyde, un groupe de fervents calvinistes trame un coup d'Etat afin de déjouer la politique prudente par laquelle le Grand Pensionnaire de Hollande, Johan van Oldenbarnevelt, cherche à sauvegarder la souveraineté des Etats vis-à-vis du comte de Leicester, le favori de la reine Elisabeth d'Angleterre, qui, de son côté, entendait s'appuyer sur les calvinistes dans son

est encor de si recente memoire aux Estatz, que j'espere ilz se roidiront de plus en plus contre leurs machinations et semblables exhortations perverses, Qu'ilz se remectent en memoire la premiere origine de la desunion des Provinces Wallonnes, et puis la perte de Brabande et Flandres, Ilz trouveront que le | 18 | violement de la pacification de Gant [43] en a donné les premieres attainctes, laquelle les Catholiques apres s'estre declairez ennemyz de la tyrannye Espagnolle eurent si sincerement et solemnellement traictee avec les Reformez, leur accordantz par icelle la liberté des consciences, et tacitement les secretes assemblees par touttes les villes aux maisons privees à portes ouvertes, dequoy les Ministres et aultres espritz remuantz non contentz, n'ont desisté de machiner mille commotions parmy le Peuple, jusques a ce qu'on leur consentist la Religions frid,[44] par laquelle leur estant eslargi quelques Temples et places Publiques aux villes pour y faire leurs preches, ilz voulurent disposer des plus grands Temples et Eglises Cathedrales, desquelles non encor rassasiez ilz priverent en fin du tout les Catholiques de leur exercice, les bannissant par billetz de leur villes soubz pretexte de quelques conspirations controuvees, lesquelz les avoyent peu au paravant si hospitallement receuz, et liberallement permis leur exercice des preches, exemple la journee de l'Ascension

effort de briser le pouvoir des Etats. La conjuration fut découverte et les principaux coupables se réfugièrent en Angleterre.

[43] C'est le nom du traité que concluent en 1576, d'une part, les Etats des provinces où le catholicisme était resté la religion dominante, et, d'autre part, les Etats de Hollande et de Zélande, qui, dès 1573, avaient interdit l'exercice de la religion catholique. Il s'agissait de trouver une base commune pour mener ensemble la lutte contre les Espagnols. Sans trancher définitivement les différends religieux, on décida que les calvinistes garderaient la liberté de leur culte en Hollande et en Zélande, mais qu'ils n'auraient pas le droit d'entreprendre quoi que ce fût contre la religion catholique dans les autres provinces. En attendant que, dans une assemblée plénière des Etats-Généraux, toutes les questions religieuses fussent réglées définitivement, tous les placards contre les hérétiques seraient suspendus et tous ceux qui, depuis 1566, avaient été bannis et expropriés pour leurs convictions religieuses, rentreraient en possession de tous leurs droits.

[44] C'est pour contenter les calvinistes, et en même temps dans l'espoir de contenir les plus violents d'entre eux, que le prince d'Orange fit proposer aux Etats-Généraux le projet de *Religionsfrid*, qui proclamait l'égalité des droits pour les adeptes des religions catholique et réformée: la religion catholique serait rétablie en Hollande et en Zélande dans les villes et les bourgs où au moins cent ménages en feraient la demande; pareillement les calvinistes auraient le droit d'exercer ouvertement leur religion dans toutes les provinces des Pays-Bas. Partout on serait libre d'adorer Dieu selon sa propre religion, quand même l'exercice public en serait interdit.
Si le Gentilhomme allemand a tort de mettre sur le comte de la Pacification de Gand la liberté de conscience et l'impunité des assemblées privées, lesquelles n'ont été accordées formellement qu'à la Religionsfrid, il est clair que celle-ci ne fait que consacrer un état de fait. En effet, les clauses restrictives de la Pacification de Gand sont demeurées pratiquement une lettre morte, grâce surtout à la violence des pasteurs et du peuple calvinistes (Qu'on lise à ce sujet surtout H. A. Enno van Gelder, *Revolutionnaire reformatie*, Amsterdam 1943).

d'Anvers,[45] dont les feries ont trainé apres eulx ceste calamiteuse suicte de
voz sanglantes | 19 | guerres intestines,[46] Et quand ces Messieurs se per-

[45] Voici, de cet événement qu'on trouve mentionné chez tous les historiens de
l'époque, le récit particulièrement clair et complet que fait le syndic de Gand, Jacques
de Somere, dans une lettre au chancelier Walsingham: «le 28e de ce mois, Monsieur
l'Archiduc [Mathias, à l'époque Gouverneur des Pays-Bas] et les prebstres de ceste
ville ont declaré aux colonels et capitaines quils estoient deliberez de faire une procession generale. Sur quoy leur estant respondu quil y auroit dangier que le peuple s'en
esmouvait, et partant quil vauldroit mieux de se contenter de faire le circuit de leur
cemitiere pour eviter scandalle, ils nont laissé den faire plusieurs instances, sans toutefois en reporter aultre responce. Ce nonobstant le lendemain, les chaisnes qui sont
aux advenues dudit cemitiere estans tendues, ils y ont voulu passer, quelque advertissement quon leur fist des inconvenients qui en pouroient arriver. Donques le peuple
voyant ladite procession s'avancer, s'y est opposé, et les trouvant opiniastres, sest quant
et quant mis en armes a son des tambourins, a chassé les prebstres et tout ce qui estoit
desia sorty avec eux dedans le grand temple; a brisé et foullé aux pieds leurs torches
et drogues processialles, et usé de plusieurs aultres violences, en intention (a ce quil
sembloit a la voix commune) de passer plus oultre, de sattaquer a leurs personnes,
si les Colonels et Capitaines neussent tenu les portes dudit temple fermees par force,
et Monsieur le Prince [d'Orange] ny fust venu en personne pour les appaiser. En
quoy il sest trouvé bien empesché, voire en dangier de sa personne pour vouloir
moderer leur furie; tant y a quavec toutes les persuasions du monde, il n'a peu gaigner ce point sur le peuple que de pouvoir entrer audit temple pour parler a Larchiduc et le Marquis Dhavre qui y estoient enfermez avec toute la noblesse, Italiens et
prebstres de ceste ville touts assemblez a la pompe de ceste procession. Enfin mondit
Seigneur le Prince apres avoir parlamenté trois heures devant la porte dudit temple,
a tant fait envers eux quils ont laissé sortir Monsieur Larchiduc avec tout son train
et noblesse, non toutefois sans leur faire telle peur et dire beaucoup d'injures a aulcuns d'eux comme ils passoyent. Apres cela Monsieur le Prince ne les a peu contenir
de ne se jetter sur les prebstres enfermez, qu'en leurs declarant quil quitteroit lestat
et la ville s'ils les forcassent, et leur promettant quil adviseroit avec leurs Colonels
Capitaines et Doyens des moyens pour disposer du fait a l'assurance de la ville et a
leur contentement, avec condition quils garderoyent lesdits prebstres enfermez, jusques
a ce que la resolution en seroit prinse; ce que luy fust accorde, avec protestation et
cry public quils en vouloient estre delivrey des le soir mesmes sans aulcun dilay.
Comme aussy il fust fait. Car sur les 8 heures, on a mené environ 200 prebstres hors
la ville, sans faire autre bruit ou saccagement desglises» (Kervyn de Lettenhove, Relations politiques des Pays-Bas et de l'Angleterre sous le règne de Philippe II, t. XI,
Bruxelles 1900, pp. 348-349. Jacques de Somere à Walsingham; Anvers, 31 mai
1579).
[46] Que l'événement d'Anvers ait eu des conséquences graves, c'est certain. De
Somere y voit l'origine de la décision du magistrat de Malines, qui, le 29 mai, fait
sortir de la ville la garnison du prince d'Orange, et de l'entreprise manquée du comte
d'Egmont contre Bruxelles, qu'il essaie de surprendre (ibid., p. 552. Jacques de Somere à William Davison; Anvers, 7 juin 1579). Cependant, parmi les historiens de
l'époque seul Emanuel van Meteren considère que cet événement a eu une influence
décisive sur l'aigrissement progressif des rapports entre la noblesse catholique des
provinces du Sud et le prince d'Orange avec les Etats des provinces du Nord (Belgische ofte Nederlantsche Historie, Van onsen tijden, Delft 1599, fol. 148 vo.). Les
«guerres intestines» ont commencé plus de six mois avant la date qu'indique le Gentilhomme allemand, au moment où le baron de Montigny emploie contre les Gantois
et leurs bandes les troupes wallonnes qui, après la défaite de Gembloux, étaient res-
tées dans le Sud sans que les Etats-Généraux, dont elles dépendaient, se soucient le
moins du monde de les employer . . . et de les payer. Le 1er octobre 1578 Montigny
s'empare de Menin; dès lors «les positions avancées des sectaires gantois, Ypres et
Courtrai, sont menacées et toute communication est maintenant coupée entre les
agitateurs de Gand et les zélateurs calvinistes wallons. Désormais c'est la guerre civile
entre les *paternosterknechten* de Montigny . . . et les troupes protestantes de Ryhove»
(L. Van der Essen, *Alexandre Farnèse*, t. II, Bruxelles 1934, pp. 98-99).

suadoyent estre au dessus de toux leur desseings, voicy qu'ilz trouvent par
juste jugement de Dieu le dire des Espagnols veritable, *Quien todo lo
quiere todo lo perde*,[47] lesquelz eussent esté pieça confinez par de là les
montz Pyrenees et (peult estre) la Chrestienté jouy d'une plaine Paix, si ceste
Foy Publique n'eust esté par tant de foix violee, laquelle les histoires tant
Ecclesiastiques que Profanes nous tesmoignent avoir de tout temps causé
grands desastres et miseres aux Peuples ou elle a esté impunement con-
nivee, Dieu scaist si vous n'avez esté principal instrument a ce chef
d'oeuvre.[48] Mais a quoy sert ceste digression (pourriez vous dire) non point
pour esclairer au Monde voz imperfections, ny pour aulcun maltalent,
que je vous porte, encor moings pour denigrer vostre reputation envers
les hommes, Mais tant seulement apres vous avoir depainct de voz couleurs, que les Estatz se mirantz a l'estat miserable et desolé des Provinces
assujectyes a l'Espagnol se donnent de garde de voz ruses et conseilz
violentz, et qu' entrant en vous mesmes par la cognoissance de voz.
faultes, vous soyez touché en vostre coeur d'ung vray re- | 20 | mors, de
ce que condamnez voz freres plus justes devant Dieu et les hommes, que
vous mesmes, Et ce qui est plus a esmerveiller qu'au commencement de
vostre lettre vous filez si doulx en vous plaignant par ces propres moctz,
*peu de temps apres l'Eglise des Apostres sathan a commencé d'user des
plus cruelles persecutions pour supprimer entierement la doctrine salutaire, et voyant que toutte la rigueur tant excessive qu'elle fust ne pouvoit
de rien servir, veu que le sang des Martyrs estoit la vraye semence de
l'Eglise de Jesu Christ, etc.*[49] et que tout soudain vous vous enflambez
d'ung tel courroux contre voz freres, que de Martyr vous estes devenu
persecuteur des Martyrs et destructeur de ceste semence de l'Eglise, laquelle vous devez non moings craindre qu'elle ne se multiplie (resemblant
a la teste de la hydre) par la rigueur tant excessive, que desirez mectre en

---

[47] *Refranes o proverbios en romance, que nuevamente colligió y glossó el Comen-
dador Hernán Núñez*, Salamanca 1555, fol. 101b.
[48] A propos de cet épisode, Marnix lui-même, se défendant contre une attaque
antérieure, écrit: «tout le monde me tesmoigne que pour avoir si fort et serieusement
contesté contre les autheurs desdictes insolences et maintenu que un chacun devoit
estre conservé libre en sa Religion et possession de ses biens, j'ay encouru la haine,
mesdisance et mauvaise opinion de plusieurs qui n'est encores aujourdhuy esteinte,
comme si j'avoye esté corrompu par les Ecclesiastiques pour maintenir leur querelle,
ou que j'eusse changé de Religion» (*Response a un libelle fameux*, dans *Ecrits pol.
et hist.*, p. 74). En revanche, Van Schelven montre, en s'appuyant sur le témoignage
de Ryhove, un des principaux chefs des calvinistes gantois, que pourtant, au début,
lorsque le conflit était purement politique, Marnix s'est rangé du côté des calvinistes;
au moment seulement où des meneurs exaltés comme Dathenus, qui rejettent toute
idée de tolérance mutuelle, prennent en main la direction des affaires et que la situation s'envenime, Marnix essaie d'empêcher le tour que prend la politique de ces enragés (voir A. A. van Schelven, *Marnix*, blz. 119-121).

practique sur voz putatifz heretiques, qu'elle n'a faict aux persecutions
passees. Je laisse maintenant au jugement des enfans de Dieu, qui de nous
deux est mieulx fondé a menaçer le Magistrat de son ire, ou quand il ne
s'acquite point de son devoir a maintenir sa gloire par la punition des
heretiques, ou quand je prouve par la parole | 21 | de Dieu et par exemples
Politiques, qu'il n'est pas vray Chrestien quiconque veult faire mourir ung
Chrestien pour ceste seule cause, qu'il ne s'accorde en toux poinctz avec
son opinion et creance, et que le Pays ne peult echapper le courroux de
Dieu soit tost ou tard, ou les autels du Seigneur sont polluez du sang
innocent des hommes. Une chose je vous demande si vous esperez cueillir
plus de fruict par la rigueur tant excessive, (dont les Tyrans ont coustume
d'user) que le Roy d'Espagne si puissant Prince n'a faict jusques aujourdhuy par l'execution d'ung nombre infiny de paovres Chrestiens, lesquelz
ses Evesques, Confesseurs, et Suppostz de l'Inquisition luy ont livrez, et
condamnez pour heretiques, le menaçant (aussy bien comme vous faictes
voz Superieurs) de l'ire de Dieu, si pour la deffence de son honneur et
conservation de son Eglise il ne les fyst executer a mort? Ne voyez vous
pas que les Magistratz qui suivront ce mesme train de la Tyrannye contre
les heretiques seront en danger de tomber es mesmes inconveniens, ou le
dict Roy se void maintenant embarassé, a scavoir la haine irreconciliable
de son Peuple a l'encontre de luy et toutte sa generation, avec la perte
| 22 | de son Pays? Je laisse encor là ce ver du remors de la conscience qui
ronge les coeurs des Tyrans avec leurs sanguinaires conseiliers sur la fin de
leurs jours et les accompagne jusques au tombeau, Je diray bien plus que
si c'est le devoir du Magistrat de punir les heretiques, (comme vous dictes),
les Reformez auroyent prins les armes de mauvaix tiltre contre le Roy
d'Espagne leur Prince par succession, pour s'emanciper de l'Inquisition,
veu qu'il tient pour heretiques toux ceulx de vostre opinion, lesquels en
bonne conscience il pourroit (selon vostre avis) persecuter a la mort, s'il
ne veult encourrir l'indignation de Dieu,[50] Car pourquoy ne pourroit il
user du mesme droict sur ses sujectz, que vous voulez icy arroguer aux
Estatz Generaulx puis qu'il est arresté en son conseil que vous estes heretiques et qu'en ce faisant il pense faire a Dieu ung agreable sacrifice?
Mais si les Princes et Magistratz sont sages, ilz se mireront a cest exemple

[49] *Ondersoeckinge*, blz. III-IV: «Sathan ... heeft van stonden aen allerley middelen der alderwreetste vervolgingen aengelegt, omme dese heylsaeme Leere geheelijck
te mogen t'onderbrengen. Ende siende dat alle de wreetheyt, hoe uytnemende sy oock
was, niet veel en conde uytrichten, overmidts dat het bloet der Martelaren was het
rechte saet der Kercken Jesu Christi...»

[50] Dans la *Response apologeticque*, Marnix traite cet argument de «fariboles, indignes de response» (*Corr. et Mél.*, p. 476).

et apprendront aux despences de toux persecuteurs de l'Eglise, qu'il n'est non seulement conforme a la volonte de Dieu, mais aussy tresutile a leur Estat Politique, de permectre une Generale liberte de conscience a toux leur sujectz, Et que les Royaulmes | 23 | et Republiques ou ceste liberté tient lieu, sont comblees de touttes benedictions Spirituelles et Temporelles, Jusques icy vous avez peu veoir combien vostre conseil est dangereux a la chose Publique, reste maintenant de vous faire toucher comme du doigt en peu de paroles qu'il est aussy entierement repugnant contre la Loy de Dieu, et charité Chrestiennne, et qu'il n'appartient au Magistrat de prendre cognoissance de la cause des heretiques.

Nous commencerons donc par la Parabole en Sainct Mathieu chap. 13. de la Zisanie, laquelle le Seigneur commande au Pere de famille de laisser croistre parmy le froment, jusques a la moisson. Or c'est ung poinct hors de dispute, et confirmé par toux les anciens Docteurs de l'Eglise, Sainct Augustin, Jerosme, Chrisostome, et plusieurs des plus humains de nostre temps,[51] que par la Zisanie s'entend l'heresie, le bon froment les fideles, et que le moissonneur est Christ avec ses Anges, lequel s'est reservé a luy seul d'arracher la Zisanie, quand ce sera son bon plaisir, Il ne dict pas au froment qu'il tire l'yvroye, ains au Moissonneur qu'il la laisse croistre jusques a la moisson,[52] non pas tant pour le regard des heretiques, comme pour ses Esleuz, | 24 | afin qu'ilz ne soyent exterminez en lieu des heretiques, par l'incertitude du jugement ondoyant [53] de l'homme, qui bien souvent a proclamé pour heretiques les vrays enfans de Dieu et Canonisé au Cathalogue des sainctz les plus iniques et mechants du Monde. Partant quiconque s'ingere de tirer l'yvroye soit Magistrat, ou Pasteur de l'Eglise, il enjambe sur l'autorité du Dieu vivant, C'est bien le devoir du Magistrat

---

[51] Ce n'est pas nécessairement chez les Pères de l'Eglise eux-mêmes que le Gentil-homme allemand a trouvé ce qu'il avance ici: Sébastien Franck, dans sa *Chronica*, 2. Teil, Fol. 202 vo., cite Chrysostome et Jérôme, et plus loin, Fol. 203 ro., il se réfère à Augustin, Chrysostome, Beda, Remigius et Anselme; chez Castellion, dans le *Traicté des heretiques*, Genève 1913, p. 6, on rencontre la même série de noms dans la dédicace au lantgrave de Hesse: «Ils sont loin de la clémence des Docteurs de la primitive Eglise, ... de saint Augustin, Chrysostome, Jérôme, et autres docteurs».

[52] S. Franck, *Chronica*, 2. Teil, Fol. 202 vo.: «Es ist zu den schnittern gsagt, und nit zu dem treyd oder unkraut, das sy das unkraut ausietten zur zeit des schnits.» Il n'est que de consulter l'index biblique de l'ouvrage de J. Lecler, *Histoire de la tolérance au siècle de la Réforme,* pour constater que ce texte de l'évangile selon Mathieu est celui qui est le plus souvent invoqué dans les débats sur la tolérance religieuse [voir aussi l'article de Roland H. Bainton, «The Parable of the Tares as the Proof Text for religious Liberty to the end of the 16th Century», dans *Church History,* vol. I (1932), p. 67-89]; si pourtant nous indiquons la *Chronica* de Franck comme la source de ce passage, c'est qu'aucun autre auteur n'identifie les autorités ecclésiastiques avec le froment de la parabole, plutôt qu'avec les moissonneurs.

[53] Cf. Montaigne, *Essais*, I, 1, p. 6, 1.15-16: «Certes, c'est un subject merveilleuse-ment vain, divers, et ondoyant, que l'homme.»

de punir les malfaisants mais au Souverain Juge de condamner les mal croyantz,[54] car si le pouvoir du Magistrat s'estendoit jusques a la punition de ceulx cy, il pourroit commençer par les Turcs, Hebrieux et Athees [55] qui nyent du tout les fondementz et principes de la religion Chrestienne, non que je luy vueille arroguer l'usage de telle Jurisdiction, de peur qu'il n'en abuse, Car comme il est souvent composé d'hommes peu versez es sainctes lettres,[56] quelque pieté qu'il represente, par ou il peult mal juger des heretiques et les trier d'entre les fideles, il y auroit grand danger qu'il n'arrachast le froment en lieu de l'yvroye. Voilà pourquoy en chose si obscure et doubteuse le Magistrat doibt suivre le conseil de St. Augustin, ou il dict. *Benigniorem senten-* | 25 | *tiam sequi in re dubia non minus iustius est quam tutius*,[57] et les loix Imperiales. *Nocentem absolvere quam innocentem condemnare praestat.*[58] Aussy la charité nous enseigne de

---

[54] Ce fragment, depuis p. 22 «Mais si les Princes . . .» se trouve cité en traduction néerlandaise chez P. Jansz. Twisck, *Religions Vryheyt*, blz. 132-133.

[55] La position des infidèles était différente de celle des hérétiques, le *compelle intrare* augustinien ne s'appliquant qu'aux schismatiques. Effectivement, dans le camp des catholiques aussi bien que chez les protestants, on reconnaissait aux païens le droit à l'impunité; Thomas d'Aquin écrit: «quamvis Infideles in ritibus suis peccent, tolerari possunt vel propter aliquod bonum quod ex eis provenit, vel propter aliquod malum quod vitatur» (*Summa theologica* 2.2. q.10,a.11), et Calvin: «Neque enim religionem, qualiscunque tandem sit, tam severe conservat [Deus], ac sancit, sed quam verbo suo instituerat. Deinde lapidationis poenam in exteros non edicit, sed qui legis doctrinam professi, perfide ab ea desciverint. . . . Ad haec solvitur quorundam obiectio, qui rogant an gladio adigendi sint ad Christi fidem Iudaei, Turcae et similes. Neque enim promiscue in omnes gladium stringi iubet Deus, sed apostatas, qui se impie alienaverint a vero cultu et alios ad similem defectionem trahere conati fuerint, iustae poenae subiicit» (*Defensio orthodoxae fidei de sacra trinitate*, dans *Opera Calvini*, t. VIII, p. 475).
Ici encore, la source directe du Gentilhomme allemand est la *Chronica* de Franck: «Zum andern sind auch disz nit ketzer gnent die gar vom glauben fallen, und sagen, das Evangelium sei nit Gotts wort, und fallen eintweder mit verleügnung des glaubens Christi zu den Türcken, Juden oder Heyden. Dise offne feind und Mammalucken heissen auch nit ketzer, sunder die in der gmeyn Gottes seind» (2. Teil, Fol. 202 ro.), et surtout le passage suivant, que Franck emprunte à Johannes Brentius: «Die oberkeit sei allein den übelthaetern, nit den übelgleubigen ketzern zur straff verordnet. Rom. XII. anderst sy weren ampts halben auch schuldig die Juden all zumal hinweg zuthun. Weil nun dise gelitten werden, die Christum gar nichts lassen sein, sehen vil nit, warumb man das an den falschen Christen und ketzern soll straffen, das an Juden und Heyden wirt frei gelassen. . . . Zum andern seind weltlich sünd, . . . Denen ist die oberkeit zur straff verordnet Rom. XIII. Dann auf dise. ij. sünd hat Gott zweyerlei schwert verordnet. Das erst hat er in seinen haenden und ym vorbehalten, Das ander der oberkeit bevolhen» (Fol. 205 vo.).

[56] S. Franck, *Chronica*, 2. Teil, Fol. 206 ro.: «Weiter, solt man den ungleübigen mit dem schwert richten und stürtzen, foercht Brentius, man mueszt an den richtern und urteilsprechern anfahen, dero vil nit recht glauben und vor Got ketzer seind.» On comprend que le Gentilhomme allemand ait adouci l'argument de Brentius; n'oublions pas que son pamphlet s'adresse, par-dessus la tête de Marnix, aux Etats (voir *Antidote*, p. 19).

[57] *Corpus Iuris Civilis*, Dig. L,17 (192): «In re dubia benigniorem interpretationem sequi non minus iustius est quam tutius.»

[58] S. Castellio, *De haereticis*, ed. S. van der Woude, Genève 1954, p. 29: «Praestat enim sontem impunitum dimittere, quam insontem punire.»

guairir plustost que destruire, d'adoulcir le Magistrat non point l'enaigrir,
ny implorer son secours a la punition des heretiques, comme les Papes et
Evesques ont par cy devant mendié l'aide des Empereurs, Rois et Princes
a leur extermination, Il les fault attaquer d'un aultre glaive Spirituel si
en voulez deuement triompher, non point aiguiser le cousteau contre eulx,
ainsy que vous faictes par vostre lettre dedicatoire, laquelle je crains ne
vous estre inspiree du Sainct Esprit, veu que la principale marque, qui
nous a esté laissee, a quoy nous cognoistrons la vraye Eglise de Dieu
militante et visible en ce Monde, est, ou la charité regne[a] et qui souffre   [a] *Jo. XIII,*
persecution, non celle qui persecute.[59] Le Loup n'est pas devoré de la   *35.*
Brebis [60] ny l'Aigle proye du Pingeon, mesmes les Animaulx d'une mesme
espece ne tyrannisent point sur leurs semblables, et nous qui somes douez
de la raison, les voulons nous surpasser en cruaulté a dominer non seule-
ment sur le corps, mais aussy sur les ames de noz prochains? Les | 26 |
Payens Grecs et Romains ont esté divisez en diverses sectes de Philosophes,
comme Stoiciens, Peripateticiens, Cyniciens, Epicuriens, Pyrroniens, Py-
thagoriciens et plusieurs aultres, Mais il ne se trouve es histoires anciennes,
qu'ilz se soyent laissez transporter si avant a leurs passions, jusques a
s'entremassacrer et persecuter: Et nous qui sommes enroolez soubz une
mesme baniere de nostre chef et Capitaine Christ, voulons nous surmonter
ces Ethniques en cruaulté, sans pouvoir supporter les infirmitez les uns
des aultres? nous dy je, qui tendons a une mesme fin, a scavoir au salut de
nostre ame et la vie eternelle. Si quelcung voyant un aveugle s'egarer sans
le remectre au droict chemin, merite malediction[a], combien plus celuy qui   [a] *Deut.*
le feroit mourir, tant seulement a cause qu'il s'est devoyé et a tresbuché   *XXVII,*
au chemin par faulte de veue,[61] *Ne scavez vous pas* (dict l'Apostre aux   *18.*
Corinthiens chap. 3. 16.) *que vous estes le Temple de Dieu et que l'Esprit*

Des. Erasmus, *Adagiorum chiliades quatuor*, dans *Opera omnia*, t. II Lugduni Batavorum 1703, c. 863: «Minus est malum absolvere nocentem, quam innocentem dam-
nare.»

[59] S. Franck, *Chronica*, 2. Teil, Fol. 209 vo.: «Decret. xxiij. quest iiij, ca. iiij Si
Ecclesia, da lauter steht, wann ein gmeyn die warhafftige kirch ist, so ist sy die, die
verfolgung leidet, nit die verfolgt.»
Du reste, Franck est un esprit trop clairvoyant pour ne pas voir que le fait de souffrir
des persécutions ne suffit point a garantir l'authenticité d'une Eglise quelconque. Il a
bien vu que les anabaptistes ne justifient guère que par cet argument leur hétérodo-
xie: «Sie geben schier dem Leiden zu, das die Papisten den Werken, Christen der
Gnad und Christo» (*Chronica*, 2. Teil, Fol. 194 vo.) ; de même, D.V. Coornhert
écrit dans *Wortel der Nederlantsche Oorloghen*: «Niet het lijden, maer de saecke
maeckt den martelaer» (*Wercken*, deel II, fol. 177b).

[60] Cf. S. Castellio, *De haereticis*, p. 134: «Leaena lupum et ovem persequitur:
lupus ovem, non leaenam persequitur: ovis est ultima, tantum patitur, tantum prodesse scit, non nocere. nihil enim habet infra se.»

[61] Ce fragment, depuis p. 25 «Le Loup n'est pas devoré ...» se trouve cité en
traduction néerlandaise chez P. Jansz. Twisck, *Religions Vryheyt*, blz. 133.

de Dieu habite en vous, si aucun destruict le Temple de Dieu, Dieu le destruira, car le Temple de Dieu est sainct, lequel vous estes, O que ceste procedure violente est esloignee de la nature de Dieu, autant que le Ciel est distant de la terre (*quo ruitis mortales* | 27 | *ebrii qui merum ignorantiae conbibistis* [62]) O que ceste vehemence est contraire a la vie et doctrine des Apostres, qui ont este remplis de l'Esprit de doulceur, patience, benignité, et mansuetude, qui ont connivé aux imperfections de leur freres, jusques a ce que Dieu les a remis au droict chemin, et puis se sont plus resjouys avec le Pere de famille, que la brebis esgaree est retournee au vray troupeau, que des nonante neuf non devoyees[a], bref ilz ont mis en oeuvre la Parole de Dieu pour glaive a estaindre les heresies, non point les heretiques, ne demandants point la mort du pecheur, de peur qu'en faisant mourir le corps, l'ame quant et quant ne perisse, Ilz ne faisoyent a leur prochain sinon ce qu'ilz vouloyent qu'on leur fyst[b]. Regardons maintenant enquoy leur resemblent ceulx qui se vantent leurs successeurs et tenir leur reng dedans l'Eglise, Ilz ne traictent que de vengeance, feu, sang et detraction, pour la moindre opposition qui leur puisse survenir es affaires de la Religion, et n'y a rien a quoy ilz soyent plus tenduz qu'a donner voye a leur opinions, encor qu'elles soyent faulses, tellement que tant s'en fault qu'on les jugeroit les reformateurs de l'Eglise, qu'au contraire il | 28 | semble que le Dyable se vueille servir d'eulx comme dernier instrument pour restablir une nouvelle tyrannye Papale, et que la derniere erreur sera plus grande que la premiere.[63] Mais scavez vous quand ceste furie infernale les a saisys? C'est depuis qu'ilz ont le vent en pouppe et aulcuns Princes et Magistrats a leur devotion. Car lors que leur Eglise estoit agitee ça et là soubz la croix des Tyrans on tenoit tout aultre langage, que c'estoit une grande tyrannye de dominer sur les consciences des hommes, que c'est a Dieu seul de juger du coeur et de l'ame, avec plusieurs aultres argumentz contraires a la punition des heretiques, dont des livres de voz premiers Docteurs Zwingle et Oecolampade [64] sont remplys, lesquelz ont

[a] *Matt. XVIII, 13.*

[d] *Matt. VII, 12.*

---

[62] *Mercurii Trismegisti liber de potestate et sapientia Dei, per Marsilium Ficinum traductus,* Venetiis 1493, fol. d vo. Je dois cette identification, ainsi que celle d'une autre citation d'Hermès Trismégiste (p. 111), à M. A. D. van Regteren Altena, à qui je tiens à renouveler l'expression de ma profonde reconnaissance.

[63] Fort commune au XVIe siècle, cette locution prend son origine dans Aristote, *De coelo,* I, v; 271B, 13: «τὸ ἐν ἀρχῇ μικρὸν ἐν τῇ τελευτῇ γένεται παμμέγεθες».

[64] On ne voit pas pourquoi l'auteur cite ces deux noms, surtout celui de Zwingli, dont la conception politique ne pouvait guère lui agréer. Le Gentilhomme allemand aurait-il ignoré les mesures du Conseil de Zurich contre les dissidents, lesquelles aboutirent, dès janvier 1527, à l'exécution de trois anabaptistes? Il est vrai qu'on ne saurait rendre Zwingli personnellement responsable de ces rigueurs, mais la *Mennonite Encyclopedia* fait remarquer à juste titre que «in view of his dominant role in Zürich's public life one can hardly conceive of these measures being taken against

tenu pour reigle infaillible, qu'il n'y avoit point de plus grande heresie, que
faire mourir les heretiques, auxquelz par la mort on retrenche le temps de
grace et repentance, a quoy ilz fussent par avanture parvenuz, s'ils eussent
peu vivre, a l'exemple de Sainct Paul, lors qu'il persecutoit l'Eglise[a], car
celui qui arriva le soir a la vigne obtint autant de salaire que celui, lequel
y avait travaillé tout au long du jour[b], Ceste loy Chrestienne qui nous
commande | 29 | que ne façions a noz prochains ce que ne desirons estre
faict a nous mesmes,[65] est elle plus estaincte en voz coeurs qui vous vantez
du nom Chrestien, qu'es coeurs des Payens qui disent *Quod tibi fieri non
vis alteri ne feceris*,[66] ne fay a aultruy ce que ne veulx qu'on te face? nous
devrions rougir de honte que ces gens là par la raison naturelle nous

[a] *Act. IX,
1–19.*

[b] *Matt. XX,
1–16.*

his will or without his approval» (Vol. IV, Newton – Scottdale – Hillsboro 1959, p.
1054).

Bien entendu, on peut citer des phrases du réformateur de Zurich qui semblent recommander la tolérance, mais à condition de les isoler de leur contexte, à la façon
de Castellion, qui, dans son *Traicté des hérétiques*, cite par ironie des phrases de
Calvin à l'appui de sa défense de Servet. Ainsi, on pourrait citer, de Zwingli, la
phrase suivante, qu'on lit dans le traité le plus complet qu'il ait consacré à l'expo-
sition du rôle de l'autorité séculaire en matière religieuse, *Uszlegen und gründ der
schluszreden oder articklen*, et qui s'accorde bien avec la pensée du Gentilhomme
allemand: «Doch halt all weg die mass, die got halt. Der ylt nit uff den tod des
sünders Ezech. 18., sunder das er sich beker und lebe. Thu im ouch also. Ist bess-
rung ze hoffen, so teil gnad mit» (*Huldrych Zwinglis sämtliche Werke*, 2.Bd. [*C.R.*
LXXXIX], S. 334), mais la phrase se termine: «ist das nit, so nimm den bösen hin
von dem volck», et à la même page Zwingli reprend le raisonnement de Caïphe que
l'auteur de l'*Antidote* dénonce dans son pamphlet (p. 133): «Ouch sol man nun den
mögen töden, der offentlich verergret; denn da obrer kanst nieman nach der boszheit
sines hertzens urteilen, bis dasz du sin hertz an den früchten erkennest. Und so du
inn dem lychnam Christi schädlich und der gmeind verderblich werden empfindest,
so verr du inn leben liessist, denn so magstu im den mülstein an hals hencken und in
die tieffe des meres vergraben. ... Wie wol nun die wort [Matt. V, 29; XVIII, 8-9]
fürnämlich uff den bann der gemeind reichend, sind sy doch ein klare leer den obren,
das sy ouch der gestalt halten söllend in der rüheren straff, namlich, das sy nach
gestalt der lastren etliche zum ersten früntlich manen söllend, ob sy sich beszretind.
Sobald aber der trost der beszrung nit da ist, sunder nun ze besorgen ist, man werde
noch böseren schaden an dem gantzen lychnam erlyden, so ist wäger, es verderbe ein
glyd weder der gantz lychnam» (*ibid.*, S. 334-335).

Pour ce qui est du réformateur de Bâle, Jean Oecolampade, plus conciliant que son
ami Zwingli, il tenait à garder à l'Eglise le droit de contrôle en matière religieuse.
Bien significative à cet égard est la lettre qu'il adresse à Zwingli, le 17 septembre
1530: «Intolerabilior enim erit Antichristo ipso magistratus, qui ecclesiis authorita-
tem suam adimit. Magistratus gladium gerit, et recte quidem. At Christus medicinam
et pharmacum dedit, quo curemus fratres lapsos» (*ibid.*, 11. Bd. [*C.R.* XCVIII], S.
129); mais, ici encore, il faut lire aussi le reste du passage: «Si ecclesiae manserit sua
dignitas, adhuc lucrifacere poterit, admonitionis suae remedio, etiamsi Satanae tradat
in carnis interitum, sin rei omnes magistratui sint offerendi, aut magistratus gladium
suum hebetabit, aut inutilem prorsus reddet paucis vel multis parcendo, aut saeviendo
evangelium invisum reddet» (*ibid.*) – Il n'est guère probable que ce soit là le genre
de tolérance auquel songeait notre Gentilhomme allemand.

[65] A propos de cette «règle d'or», on consultera L. Philippides, *Die «Goldene Regel» religionsgeschichtlich untersucht*, Eisleben 1929, et O. Hertzler, «On Golden
Rules», dans *International Journal of Ethics*, vol. XLIV (1933-1934).

[66] A. Otto, Nr. 70.

prescrivent nostre leçon comment nous avons a nous conduire a l'endroict de nostre prochain, Je scay bien que par vostre oultrecuidance vous mectrez icy en avant l'exemple de Sainct Pierre, aux actes des Apostres chap. 5. vers 5. lequel fyst mourir Ananias et Sapphira [67] sa femme d'une mort soudaine sans application d'aucun moyen exterieur ny materiel, par une vertu extraordinaire et efficace Divine, laquelle je croiray aussy estre en vous et en voz Docteurs, quand je voyray que par la vertu du Sainct Esprit sans feu, corde, ny espee, vous ferez mourir les Infideles et heretiques, lesquelz comme ilz pechent en esprit, ainsy ne peult on user d'aultre cousteau contre eulx que ceste espee trenchante a deux costez le Sainct Esprit,[68] pour faire mourir en eulx les erreurs et heresies,[69] Mais je vous oppose a ceste histoire celle des Disci- | 30 | ples de Christ en Sainct Luc. 9. là ou le Seigneur envoye des messagiers en une bourgade de Samarie pour luy preparer logis, laquelle ne le voulant recevoir ilz demandent au Seigneur, *veulx tu que nous disions que le feu descende du ciel et les consume comme aussy fyst Elie? Mais Jesus se retournant les tença et dict vous ne scavez de quel Esprit vous estes, car le fils de l'homme n'est point venu perdre les ames des hommes mais les sauver.*

Voire mais direz vous, qu'estez poulsé d'ung Zele a l'avancement de la gloire de Dieu et au bien de l'Eglise, qu'elle ne soit renversee par telles impostures, comme si Dieu avoit besoing de l'aide de ses Creatures pour deffendre son Eglise, Sainct Paul ne dict il pas es actes chap. 17. 24. parlant aux Atheniens, *Dieu n'est point servi par mains d'hommes comme ayant necessité d'aucune chose, veu qu'il donne a tous vie et respiration, et touttes choses.*[70] Il use d'aultres armes quand il veult punir son peuple

---

[67] Castellion, dans son *Traicté des hérétiques* (éd. Olivet, p. 166), puis Coornhert, dans son *Proces van 't Ketter-dooden* (*Wercken*, deel II, fol. 157c), ont relevé que c'est pour leur mensonge qu'Ananie et Saphyre ont été tués. Le Gentilhomme allemand néglige entièrement cet aspect; serait-ce pour éviter que son adversaire retourne contre lui cet argument? Les spiritualistes avaient la réputation de se réfugier facilement dans le mensonge; dans sa *Response apologeticque* Marnix écrit: «Je sçai bien que ces religieux spirituels ne font difficulté de renier leur foi, et changer d'escharpe, quand il est question de courir le moindre peril qui se puisse presenter. Car ils maintiennent que la confession exterieure de bouche n'est d'aucune importance» (*Corr. et Mél.*, p. 493).

[68] Cf. S. Castellio, *De haereticis*, pp. 47-48: «Primum quidem peccata sunt spiritualia, deinde quae vocant secularia. ... His duplicibus peccatis puniendis, duplicem quoque Deus instituit et poenam et gladium, videlicet spiritualibus spiritualem, quod est verbum Dei: secularibus vero et externis, secularem, nempe Caesaris gladium.» De même Coornhert, dans *Proces van 't Ketter-dooden*, deel I: «De straf zy de misdaat ghelijck. Deut. 25.2. Woordelijke straf verschuldtmen met woorden: dadelyke met daden» (*Wercken*, deel II, fol. 82d; également fol. 120c).

[69] Ce fragment, depuis p. 28 «Car lors que leur Eglise...», se trouve cité en traduction néerlandaise chez P. Jansz. Twisck, *Religions Vryheyt*, blz. 133-134.

[70] Cf. D.V. Coornhert, *Proces van 't Ketter-dooden*, deel II: «Bullinger beter verstaande dan Beza, dat Godt een volkomen ghoedt is dien niet en magh ontbreken

rebelle contre sa verité que de voz disputes, libelles diffamatoires, et exhortations sanguinaires, forgees de l'esprit de discorde Sathanique, a scavoir sa Parole vivifiante et penetrante jusques au vif du coeur de l'homme, qui le froisse et amollist tant | 31 | qu'il parvient a la cognoissance de soy mesmes et vraye repentance, là ou au contraire voz livres farçys de calumnies et invectives n'ont point seulement aulcun poix a convertir mais plustost rendre plus obstinez les heretiques en leur opinions conceues.

Vous dictes aussy que c'est chose dangereuse pour l'Estat quand on permect tant de licence aux heretiques, ainsy que l'on a peu veoir a la ville de Munster et la guerre Rustique en ce pays d'Allemagne,[71] lesquelz je n'entens aulcunement excuser, car ceulx qui se rebellent contre leurs Superieurs et troublent la tranquillité Publique meritent la punition condigne de leurs forfaictz, Mais j'ose dire librement (s'il vous plaist) que cest argument derive vrayement de l'esprit des Pharisiens (car si tost que Christ apparoist en quelque coing au Monde, aussy tost voicy Judas Cayphas et la Synagogue des Pharisiens se mectent au devant de luy [72]) lesquelz apres n'avoir sceu le convaincre d'aulcuns forfaictz contre le Magistrat l'accusent de tumulte, sedition, et qu'il se vouloit eslever Roy de Judee[a], ce que l'Eglise Romaine a assez souvent imité pour faire acharner les Princes de ce Monde sur les paovres Chres- | 32 | tiens, dont helas, nous n'avons que trop resenty l'experience depuis 70. ans en ça,[73] Mais quant a ceulx que

[a] *Luc.* *XXIII*, 2-5.

---

noch behoeven, ... zeyt also: (Dec. iij. serm. 10. f. 166.) *Tis wonder dat zyluyden, niet veel eer by zich zelf overweghen dit: dat Godt by zich zelf ende zonder ons ghenoegh heeft om zaligh te wezen: ende dat zijn glorie streckt boven alle Hemelen, al en waar daar noyt creatuur gheschapen. Is dan God niet al van eewigheyd? Nu is God al glorioos van eewigheydt. Daarom is hy al glorioos zonder ons. Wie zoude zo zot zijn, dat hy mochte vermoeden: dat het eeuwighe licht yet glories zoude moghen ontfanghen van onze duysternissen? van dese onze stancke? van onze zonden? zouder gheen glorie Gods zijn gheweest, het en waar dan door onze boosheyden?»* Voir aussi plus haut, p. 9: «Comme si Dieu avoit besoing du bras des hommes pour maintenir sa gloire».

[71] L'anabaptiste Thomas Müntzer a joué un rôle de premier plan dans la guerre des Paysans, en 1525, qui opposa le petit peuple des villes et de la campagne à la bourgeoisie et à la noblesse. Plus tard, en 1534, deux anabaptistes hollandais, Jan Matthijs et Jan van Leiden, voulant instaurer le royaume de Dieu sur la terre, s'emparent du pouvoir à Münster, en Westphalie; pendant plus d'un an ils y règnent en maîtres, jusqu'au moment où l'évêque de Münster réussit à faire entrer ses troupes dans la ville.
Lors du colloque de Bocholt, en 1536, David Joris réussit à faire rejeter par la majorité des anabaptistes les procédés terroristes des fanatiques, tels que Jan van Batenburg, qui prennent pour exemple la conduite des occupants de Münster.

[72] S. Franck, *Chronica*, 2. Teil, Fol. 82 ro.: «Wie das lamb von anfang ist getoedt worden, also wirt es bisz zum end gemetzigt, wu sich Christus nur regt, da findt sich Judas, Annas, Caiphas, Pilatus, und die gantz Passion allweg.»

[73] Le premier «placard» contre la doctrine et les disciples de Luther date de 1521 (G. Brandt, *Historie der Reformatie*, deel I, Amsterdam 1671, blz. 67-70); les premiers anabaptistes sont «rôtis plutôt que brûlés» à La Haye en 1527 (*ibid.*, blz. 102). Cependant, il n'est pas exclu que la mention des 70 ans soit destinée à rappeler l'exil

vous baptisez du tiltre d'heretiques pour interpreter la Saincte Escriture Spirituellement irritant le Magistrat contre eulx soubz semblable pretexte de tumulte, je m'asseure par le familier commerce que j'ay entretenu avec aulcuns d'iceulx, qu'ilz n'ont donné le moindre indice du monde d'aulcune sedition, desirantz tant seulement vivre en repos de leur conscience soubz la prudente conduicte et protection des Estatz, prestz d'exposer leurs personnes et biens a l'expulsion du commun Ennemy de la patrye, Car leur regne n'est pas de ce Monde[a], ains tendent nuict et jour a ung aultre Royaulme Spirituel, dirigantz touttes leur pensees et actions a reformer eulx mesmes et surmontantz le vieil Adam se revestir d'une nouvelle creature regeneree par le sainct Esprit en leur ames, qui leur faict mespriser toutte grandeur et domination mondaine, a laquelle ilz aiment mieulx obeir civilement en toutte modestie et reverence, que par ambition et voyes indirectes briguer ny usurper quelque lieu au Gouvernement de l'Estat.[74] Surquoy me souvient avoir leu ung tres- | 33 | beau passage, aux Epistres de Seneca a son amy Lucilius bien a propos et digne d'estre icy enregistré, là ou il dict. *Errare mihi videntur qui existimant Philosophiae fideliter deditos contumaces esse ac refractarios et contemptores Magistratuum ac Regum, eorumve per quos Publica administrantur, E contrario enim nulli adversus illos gratiores sunt, nec immerito, Nullis enim plus praestant quam quibus frui tranquillo otio licet. Itaque hi quibus ad propositum bene vivendi aditum confert securitas Publica, necesse est autorem huius boni, ut parentem colant, multo quidem magis quam illi inquieti et in medio positi qui multa Principibus debent, sed multa et imputant,*[75] c'est. *Ceulx là s'abusent qui estiment que les hommes qui s'adonnent a l'estude de la sagesse sont rebours desobeissants et contempteurs des Rois des Magistratz et de ceulx qui administrent les affaires Publiques, ains au contraire il n'y a point des plus recognoissantz ny qui soyent mieulx affectionnez en leur endroit et avec raison, Car aussy a qui font ils plus de bien qu'a ceulx ausquelz il est loisible de jouyr d'une tranquillite asseuree? partant il est necessaire que ceulx ausquelz l'asseurance Publique donne moyen de suivre la deliberation de bien vivre,*

---

de 70 ans dont souffrit le peuple d'Israel par la volonté du roi de Babylone, Nabuchodonosor: nous en voyons un exemple dans un des écrits qui répondent à l'attaque de Coornhert contre les davidjoristes, *Eenen Sendtbrief aen Dierck Volckertz. Cornhert: op syn boeck ghenaempt: Kleyn Munster*, z. pl. en j., qui se termine sur cette phrase: «Gheschreven mitter haest te Babilonien. Int jaer onser gevanckenisse 70. op den 10. dach des sevenden maents. By my: U gunstigher J. Theophilum, die minste onder den ghevanghenen».

[74] Ce fragment depuis p. 31 «Vous dictes aussy ... «se trouve cité en traduction néerlandaise chez P. Jansz. Twisck, *Religions Vryheyt*, blz. 134-135.

[75] Seneca, *Epistolae ad Lucilium*, LXXIII, 1-2.

recognoissent et reverent celuy qui leur est auteur de ce bien là comme leur Pere, voire beaucop plus que les hommes exposez a | 34 | *la veue du monde etc.*

Peult estre que vous tacherez de vous deffendre par la loy Mosaique en Deuteronome 13. laquelle ne touche en rien aux heretiques, et condamne seulement les seducteurs du Peuple, du vray Dieu aux Dieux estranges, les idolatres apostatz et blasphemateurs, qui se peuvent plustost appeller traistres qu'heretiques,[76] lesquelz l'on peult combattre par les armes de la Parole de Dieu, mais les apostatz la rejectent, et reprouvent du tout, aussy ceste loy est abolye [77] par la nouvelle alliance de Christ, et a servy de figure de la mort eternelle, qui est annoncee a ceulx qui ne croyent en luy, comme les anciens sacrifices ont signifié la mort et passion de nostre Seigneur, a la venue duquel ilz ont esté aneantys et la loy Mosaique moderee et convertye en une franchise Chrestienne, comme dict l'Apostre aux Romains chap. 7. 6. *Mais maintenant nous sommes delivrez de la loy estans mortz à celle en laquelle estions retenuz, afin que nous servions en nouveaute d'esprit et non point en ancienneté de lettre*, et comme Moise avoit charge de Dieu d'establir a son Peuple ung Royaulme temporel et visible en ce monde, il avoit besoing de loix de judicatu- | 35 | re pour le conduire et gouverner soubz son obeissance, non plus ne moings, que ce Royaulme Spirituel de Christ est fondé sur loix de semblable nature a luy, car en lieu que la loy ancienne condamne les adulteres a estre lapidez[a], ce dernier Legislateur Spirituel dict que celuy qui est sans peché jette la premiere pierre a la paovre femme surprinse en adultere[b], et si vous voulez du tout insister pour mectre aujourdhuy en practique ceste loy, pource qu'elle tend a effusion de sang, il s'ensuivroit que la loy de Bygamie en Deuteronome 21. avec plusieurs aultres defendues par le nouveau testament seroit aussy permise parmy les Chrestiens, ausquels au contraire est commandé de ne polluer leur corps des voluptez charnelles, et observer estroictement ce sainct lien de mariage[c].

[a] *Lev. XX, 10. Deut. XXII, 22–27.*

[b] *Jo. VIII, 7.*

[c] *Matt. V, 31–32 et XIX, 6. Marc. X, 9–12.*

---

[76] Un de ceux qui invoquent ce texte de Deutéronome est Jean Calvin (*Déclaration pour maintenir la vraye foy*, Genève 1554, pp. 47-48).

[77] Plusieurs spiritualistes ont proclamé que l'Ancien Testament n'avait plus d'autorité, depuis que la nouvelle alliance avait été accomplie par la naissance du Christ; ainsi David Joris, *Seer schoone Aenwysingen*, fol. 24 vo.; Sébastien Franck, *Paradoxa*, herausg. von S. Wollgast, Berlin 1966, S. 145 ff.; le même, *Chronica*, 2. Teil, Fol. 87 ro.; S. Castellion, *Traité des hérétiques*, Genève 1913, pp. 159-161; Jacques Aconce, *Les ruzes de Satan*, Bâle 1565, p. 111; D.V. Coornhert, *Proces van 't Ketterdooden*, deel II, dans *Wercken*, deel II, fol. 148d-149a.
Ronald H. Bainton, dans son étude sur *David Joris*, Leipzig 1937, fait remarquer que «die Polemik gegen das Alte Testament richtet sich eigentlich nur gegen die Verfolgungsgesetze im Deuteronomium» (S. 82); cette remarque nous paraît valable pour plusieurs parmi les auteurs que nous mentionnons ici.

Mais pour touttes ces raisons je n'entens en rien deroguer ny limiter icy au Magistrat Chrestien son autorité, comme s'il ne luy soit loisible d'user du glaive de Justice contre les mechantz, qui soubz le beau manteau de la Religion s'abandonnent a touttes sortes de dissolutions et meurdres contre leur prochain, mesmes qui troublent le repos Publique par leur remue-mentz et ma- | 36 | chinations, c'est a ceulx là qu'il doibt user de rigueur non pour leur heresie, mais pour leur mechancetez, qui portent leur condamnation sur eulx par les loix Divines et humaines, afin que par la connivence de la punition d'iceulx le repos et tranquillité des gens de bien ne soit inquieté. Je n'ignore pas que le Magistrat est comparé a la Mere nourrice[a] au respect de la defence et propagation de la loy de Dieu pour la proteger contre la violence des Lions rugissantz et Tyrans de ce monde, lesquelz tiennent leur gueule ouverte pour engloutir ce petit troupeau, s'il ne fust garanty de leurs pattes par la vigilance et magnanime resistence de son Pasteur exterieur et Magistrat legitime. Tant seulement je desire qu'il use de telle prudence, que rien ne soit empieté sur l'autorite de celuy qui luy a donné le glaive de justice en main pour la punition des mechantz et protection des bons, non pas pour s'attacher aux membres de son Eglise, ayant tousjours en memoire que le mesme Dieu, qui dict quiconque occist du glaive perira en iceluy[b], ne retire derechef a soy la liberté qu'il a eslargie aux Provinces unies, s'ils en abusoyent si avant de la denier a aultruy, et qu'ilz | 37 | auront ung jour a comparoistre devant le siege judicial du Souverain Juge, pour y rendre compte de l'administration de leur Justice. Acquiescons nous donc soubz la Saincte volonte de nostre Dieu, et ne pretendons estre plus sages que sa sagesse infinie, a vouloir detorquer sa loy et commandementz selon noz passions humaines, afin qu'il ne nous avienne comme a Saul quand il reservoit de la bataille les plus grasses bestes pour en faire sacrifice au Seigneur contre son commandement[a], et ce a bonne intention,[78] ainsy que son esprit charnel et presumtueux luy faisoit a croire. Que l'exemple de Jonas nous serve aussy d'instruction, lequel par son oultrecuidance et puante sagesse humaine s'avançoit de persuader le Seigneur d'user de cruaulté envers les Ninivites, non obstant qu'il les vouloit accueillir de sa misericorde, eu esgard a leur penitence[b], Enquoy Dieu n'a point voulu monstrer seulement sa clemence envers ceste grande Cité, mais aussy sa patience envers Jonas, en supportant sa presumption a vouloir prescrire limites a la benignité de son Seigneur

[a] *Is. XLIX, 23.*

[b] *Matt. XXVI, 52.*

[a] *I Sam. XV, 1–28.*

[b] *Jon, III, 10 et IV, 1.*

---

[78] Cf. S. Castellion, *Conseil à la France désolée*, p.p. Marius F. Valkhoff, Genève 1967, p. 42: «Car en cuidant bien faire, on se trompe quelquefois bien lourdement, comme il appert par le roy Saül, lequel pour avoir retenu les plus grasses bestes du butin pour en faire sacrifice à Dieu, en fut privé de son règne, à cause qu'il ne l'avoit pas faict par le commandement de Dieu, mais seulement à bonne intencion.»

et Maistre. Regardez icy si vous ne faictes aussy du Jonas, (s'il est permis de vous accomparer | 38 | a ce Sainct Prophete) quand vous compellez le Magistrat a la rigueur contre ceulx que vous nommez heretiques, et vous esvertuez d'esbranler la doulceur et clemence de Messieurs voz Maistres les Estatz Generaulx, vous dy je, qui avez tant besoing de la misericorde de Dieu pour obtenir remission de voz infirmitez et presumtion, et la voulez vous denier a voz freres en ce Monde? voire a ceulx qui ne vous ont en rien offencez ny en actions ny en parolles? comment les osez vous dedaigner et injurier de tant de paroles Dyaboliques pour une cause qui ne vous touche en rien, et leur procurer desgrace envers leurs Superieurs? Pensez vous faire sacrifice a Dieu, comme Saul en persecutant l'Eglise[a], quand vous presentez voz fagotz au Magistrat pour r'allumer les feux de persecution? Christ dict en sainct Mathieu 9. 13. *je veulx misericorde et non point sacrifice*, l'Ouvrier ne se peult gratifier par la ruine de son ouvrage, ne l'Architecte de la subversion de son bastiment.[79] Vous n'ignorez pas que le monde se gouverne par opinions [80] lesquelles se symbolisent aussi peu parmi les hommes que leurs visages,[81] quiconque entreprendra les fondre en une, s'y morfondra, et rendra | 39 | incompatible la societé humaine.[82] Touttes choses sont mises au bureau des disputes, comme l'on void non moings es facultez de la Medecine, loix Imperialles et touttes actions humaines, comme a la Theologie, et neantmoings encor qu'un Jurisconsulte ayt plaidé et debattu sa cause avec une chaulde vehemence contre sa partye adverse tout une matinee, au partir de là il ira soudain avaller ceste collere par ung verre de vin chez son Compagnon. Le Medecin Galieniste est en grande contestation contre la methode introduicte par le Parocelsiste, si usera il par foix de son conseil *in morbis acutis*, comme ilz l'appellent (les paroles se doibvent revencher seulement par paroles [83]). Il n'y a que ceste rage infernale de la haine immortelle qui tient garrotée les coeurs de ceulx qui traictent les choses divines, et qui devroyent sur toux humains preceller et reluire en patience longanimité et

[a] *I Sam. XIII, 8–12.*

[79] Montaigne, *Essais*, II, xii, p. 254, 1.17-18: «C'estoit une humeur farouche de vouloir gratifier l'architecte de la subversion de son bastiment.»
[80] S. Franck, *Chronica*, 1. Teil, Fol. 298 ro.: «Die welt musz doch durch won regiert werden.» *Id., Paradoxa*, S. 376: «*Mundus regitur opinionibus.* Die Welt wird mit eitel Wahn regiert.»
[81] Montaigne, *Essais*, II, xxxvii, p. 613, 1.10-11: «Et ne fut jamais au monde deux opinions pareilles, non plus que deux visages.»
[82] *ibid.*, 1.4-5: «... que je me rende incompatible à la société des hommes.»
[83] *ibid.*, II, xviii, p. 457, 1.11-14: «Nous voyons la liberté des invectives qu'ils font les uns contre les autres, je dy les plus grands chefs de guerre de l'une et l'autre nation, où les parolles se revenchent seulement par parolles et ne se tirent à autre consequence.»

doulceur,[84] lesquelz sont implacables envers ceulx qui mettent en dispute
leur creance, et ont incontinent leur recours a l'espee et aux fagotz quand
ilz ne peuvent emporter la victoire par leurs opinions, dont ilz ne rappor-
tent aultre profict qu'aiguiser les espritz des hommes, et les | 40 | enflam-
mer d'une curieusité a s'enquerir des opinions de ceulx qui sont ainsy
rigoureusement traictez, ausquelz en partye par compassion ilz commen-
cent a s'encliner et abhorrer les auteurs de ceste rigueur, considerantz
qu'elle ne peult proceder de vraye pieté ny foy Chrestienne. Tant s'en fault
que je m'effarouche de veoir si grande discordance de sectes et opinions,
qu'au rebours, comme c'est la plus generale forme que Dieu a suivy en la
nature des choses que la varieté, je trouve bien plus rare et plus nouveau,
de voir convenir nos humeurs et nos fantasies. Et a l'avanture ne fust il
jamais au monde deux opinions entierement pareilles, leur plus propre
qualité, c'est la diversité et discrepance.[85] C'est une grande imperfection
qu'a chasque opposition on ne regarde pas si elle est juste, mais a tort ou
a droict, comment on s'en deffera, au lieu d'y tendre les bras, nous y
tendons les griffes. Quand on me contrarie on esveille mon attention, non
pas ma collere. Il fault festoyer et caresser la verité de quelle main qu'elle
parte, et s'y rendre allegrement, luy tendant les armes vaincues.[86] A la
verité c'est une aigreur tyrannique de ne pouvoir souffrir une forme
diverse a | 41 | la sienne, Il n'est point de plus grande fadese, que de
s'esmouvoir des fadeses du monde, ny plus heteroclite.[87] La raison n'est
pas duicte a se courber et flechir comme les genoux [88] pour chesque humeur: Voire mais pourquoy sans nous esmouvoir rencontrons nous quelqu'un qui ayt le corps tortu et mal basty, et ne pouvons souffrir le rencontre d'un esprit mal rengé sans faire saillir le nostre hors des gons de la
raison? Ayons tousjours a la bouche ce mot de Platon: *ne suis je pas moy*
mesme en coulpe, mon advertissement se peult il pas contourner en moy?
Somme, il fault vivre entre les vivantz, et laisser chescun courre sa mode,

---

[84] Sans trop y insister, nous tenons cependant à relever la ressemblance de ce
fragment avec un passage de la *République* de Platon (I, xxi; 349e-350b), où on lit
que les savants, de quelque discipline que ce soit, ne cherchent pas à l'emporter sur
leurs semblables, mais qu'il n'y a que les ignorants et les injustes qui tiennent, en toute
occasion, à marquer des points et à l'emporter sur les savants aussi bien que sur les
ignorants.

[85] Montaigne, *Essais*, II, xxxvii, p. 613, 1. 3-12; chez Montaigne il n'est pas
question de «sectes et opinions», mais de «la discordance de mes jugemens à ceux
d'autruy», au lieu de «la plus generale forme que Dieu a suivy en la nature», on lit
chez Montaigne «que nature ait suivy».

[86] *ibid.*, III, viii, p. 177, 1. 15-18 et 28; p. 178, 1. 1 et 9-10.

[87] *ibid.*, p. 184, 1. 10-13.

[88] *ibid.*, p. 192, 1. 26-27.

sans nostre soing et sans alteration,[89] *Permitte Divis caetera.*[90] Je ne veulx pas du tout impugner l'opinion de ceulx qui tiennent avec Origenes l'Eglise de Dieu avoir ses pilliers et membres en touttes Religions,[91] Car qui est l'homme qui osera limiter sa misericorde immense en certain temps, place ou peuple? qui a oncques peu sonder sa clemence infinye? Il nous a donné son fils unique nostre Sauveur Jesu Christ si bien pour la redemtion des uns que des aultres. Il cognoit jusques ou nostre fragilité peult attaindre a comprendre sa divinité, C'est l'ouvrier, nous sommes son ou- | 42 | vrage[a], auquel il prend son plaisir moyennant qu'embrassions la vraye charité envers nostre prochain. Escoutons ce que l'Apostre nous dict aux Galates chap. 6. *Freres encores qu'un homme soit surprins en quelque faulte vous qui estes spirituelz restaurez un tel homme avec esprit de doulceur, et te considere toy mesme, que tu ne sois aussy tenté, portez les charges les uns des aultres et ainsi accomplissez la loy de Christ. etc.*

[a] *Eph. II, 10.*

Si vous jugez voz freres indignes de vostre charité pour leur erreurs selon vostre opinion, quelle et combien rigoureuse sentence prononcez vous contre vous mesmes, vous qui estes submergé dedans le bourbier d'ambition, haine, vengeance, et une ratelee d'aultres pechez. Pour surmonter lesquelz vous avez, certes, ung large champ, et assez de matiere dequoy passer vostre temps sans vous amuser a syndiquer et esplucher la vie et doctrine d'aultruy. *Oportet ut sine crimine vivat qui in alterum paratus est dicere,*[92] et qu'ayez premier arraché le poultre de voz yeulx devant que tirer le festu de l'oeil de vostre prochain[b], ce que cest Epigramma Latin nous enseigne,

[b] *Matt. VII, 3-5.*

> Iudicium fidei de causis ferre paratus,
> Tu primum fac sis integer atque pius. | 43 |
> Nulli iuratus quam Christo, singula recti
> Expendas humili pectore, verba Dei,
> Hunc ores supplex, et mens sit libera curis
> Rerum, atque alterius odio, amore tui,

---

[89] *ibid.*, p. 184, 1. 23-26 et 27-28; p. 185, 1. 1-2 et note 8. La parole de Platon vient de Plutarque [voir Pierre Villey, *Les sources des Essais* (tome IV de l'Edition municipale des *Essais*), p. 407].

[90] Horatius, *Carmina*, I, ix, 9. La citation se trouve chez Montaigne: t. III, p. 191, 1. 12.

[91] Origenes, *Contra Celsum*, VI, 48: «Dicimus ex divinis Scripturis totam Dei Ecclesiam esse Christi corpus a Dei Filio animatum, membra autem illius corporis, ut totius, eos esse omnes qui credunt.» (*P.G.*, XI, 1373).

[92] Nous n'avons pas trouvé la source de cette citation, à moins qu'il ne s'agisse d'une variante du texte de la Vulgate de *Tit.*, I,7: «Oportet enim episcopum sine crimine esse». La phrase se trouve, en version néerlandaise, dans un pamphlet d'inspiration davidjoriste, *Wederlegginghe, van de grove unbeschaemde unde tastelicke logenen van Ubbo Emmen*, z. pl. 1600, blz. 14: «die anderen wil straffen behooren selffz onstraffelick te wesen, immers daer in, daer zy anderen in bestraffen».

Ne damnes subito quod non intelligis ipse,
   Antea cuncta probes, sed meliora tene.
Nam Deus haud uno concedit tempore cuiquam
   Omnia dona sacri numinis aetherei.[93]

Venons maintenant a la seconde punition, de laquelle vous pourriez vous targuer avoir voulu exhorter les Estatz contre les heretiques, a scavoir le bannissement, voicy la mesme reigle d'estat, qui se presente non si cruelle mais bien autant pernitieuse et dommageable, que la precedente punition corporelle, Car si ainsy est que le nombre de ceulx que vous jugez heretiques surpasse de beaucop celuy des Reformez, quelle pitye sera ce que par l'exil de cent mille familles et des plus riches, ces Provinces tant frequentees et peuplees seront reduictes en une solitude? En lieu qu'elles sont maintenant tenues pour le principal port et receptacle de toutte l'Europe, le commerce en sera de bref transporté aux nations voisines, qui est le principal nerf de l'entretenement de vostre guerre, lesquelz moyens faillys les gens de guerre se | 44 | mutineront, et vous feront perdre quelques places frontieres, dont l'Ennemy pourra gaigner une entrée au Pays a l'exemple de Geertrudenberg,[94] et puis legerement venir a chef des Provinces desja auparavant de soy mesme demembrees, a quoy aucuns des bannis se sentantz offencez

---

[93] Dans notre introduction (pp. 50-51) nous avons traité le problème que pose l'origine de cet épigramme. Nous croyons ne pas nous tromper en disant que l'auteur s'est inspiré de l'avant-propos de la *Chronica* de Sébastien Franck, dont nous citons, en soulignant les endroits qui nous ont paru les plus significatifs, le passage où nous croyons avoir découvert la source du poème: *«lis es alles on gallen, on vorgeend urteil,* so wirstu wunder gewar werden. Dann wer ein jeden lesen kan, wirt wol sehen was frucht er dar aus bringen wirt, der merer theil aber der welt, ehe sie einen lesen, so nemen sie jnen vorfür, es musz recht oder unrecht sein, das sie lesen, nach dem sie dem schreiber hold oder aber hold sein, Seind sie im günstig und anhaengig, so musz es alles recht sein, wenn es eittel lügen weren, sein sie nicht seiner parth, so musz es voran eitel lügen sein, wenn es eitel warheit were. *Dise blindt jr affect also, das sie nichts lesen oder verstehen künden.* Ich kan, Gott hab lob, als ein unpartheischer, ungefangner, ein jeden lesen und bin keiner sect oder menschen auff erden also gfangen, das mir nit zu gleich alle frommen zu hertzen gefallen, ob sie schon in vil unnoetigen stucken ein faelgriff thund, *unnd bin in keines menschen wort geschworen, dann Christi* meines Gottes und mitlers, in des gehorsam ich mein vernunfft allein gefangen nimm. ... Darumb ist mir ein warheit ein warheit, und lieb sie, gott geb wer sie sag auch in ketzern. ... und wir woellen so gewis und sicher all unsers dings recht haben, und alles vertedigen. *Ich halt vil ehe, wir künden und wissens alle nit alles, dann das es einer allein alles wisz* (1. Teil, Fol. aiij vo. - aiiij ro.).
Dans l'édition de 1597 l'épigramme se termine sur le mot «aethereae». Nous avons corrigé cette coquille en établissant l'accord avec le substantif «numinis»; cependant, pour des raisons de symmétrie, on pourrait préférer «aetherea».
[94] Située sur la Meuse, cette ville était une des places fortes qui protégeaient la Hollande contre une invasion des Espagnols. Mécontente du retard dans le payement de la solde, la garnison, composée de troupes anglaises, s'était mutinée en 1588 et avait livré la ville au duc de Parme en avril 1589. Ce n'est que le 24 juillet 1593, après un siège resté fameux, que le prince Maurice réussit à reprendre la ville.

luy pourroyent de beaucop tendre la main, tant par la cognoissance des avenues et forces du Pays, que par les intelligences que les fuoruscitz [95] sont accoustumez entretenir avec leur Parens et amys qu'ilz ont laissez en leur Patrye. Je me taix la desolation de veoir le Gentilhomme, Marchant et Bourgeoix pleurer et regretter le dur partement de son Pere, Frere, Oncle, Fils, ou Nepveu, la condition desquelz (a scavoir des exilez) seroit neantmoings plus seure et heureuse que celle de ceulx qui ne bougeront de leur maison exposez a la prochaine invasion et touttes sortes de cruaulté de leur ennemy victorieux. Joinct que les maisons es villes demeureront inhabitees, les terres en friche, les denrees et manufacture entierement suspendues et de nulle valeur, ne sera ce pas une belle Metamorphose des Provinces les plus fleurissantes de l'Univers transfigurees en ung desert et Colonye de | 45 | ces *Christianos novos* [96] de Castille par les fruictz de ceste proscription? Concluons donc que vostre conseil, soit qu'il tende a la punition corporelle, ou au bannissement ne peult reuscir en effet que par la totale subversion, ruine et desolation de cest Estat si fleurissant et prospere,[97] lequel estant reduict en ceste misere (dequoy je prie Dieu le

---

[95] E. Huguet, *Dictionnaire de la langue française du XVIe siècle*, t. IV: «*forussi* – qui est sorti de son pays, banni.*»*

[96] «Cristianos nuevos» est le terme qui désigne, en Espagne, les Juifs nouvellement convertis à la religion catholique, qui sont toujours demeurés suspects aux autorités espagnoles. Le Gentilhomme allemand se sert du même terme apparemment en laissant de côté la question religieuse. Beaucoup de Juifs espagnols et portugais s'étaient réfugiés aux Pays-Bas, où ils avaient contribué à faire d'Anvers une des villes les plus prospères de l'Europe; grâce à leurs activités, Anvers dominait notamment le marché mondial des épices.
Poursuivis en Espagne pour leur religion, ils étaient protégés aux Pays-Bas par des «Lettres de sauvegarde et de passeport pour la Nation portugaise résidant dans ces Pays», que les Etats-Généraux leur avaient accordées le 22 octobre 1577. Par ce décret «tous les placards dirigés par Charles-Quint contre la Nation portugaise (Nouveaux-chrétiens) sont révoqués, tous les décrets éventuels de Philippe II à leur sujet sont déclarés d'avance de nulle valeur. ... C'était la liberté de religion» (J. J. Dalberg, «Verdrijving der Joden uit Spanje en Portugal, Marranen en Joden in de Nederlanden in de zestiende eeuw», dans *Geschiedenis der Joden in Nederland*, onder redactie van H. K. Brugmans en A. Frank, deel I, Amsterdam 1940, blz. 192).
Pour expliquer l'évidente jalousie du Gentilhomme allemand à l'égard des Juifs d'origine portugaise, il est utile de se rappeler que la découverte, en 1595, de la route des Indes par Cornelis de Houtman faisait des négociants hollandais les rivaux immédiats des membres de la Nation portugaise.

[97] En invoquant l'argument économique en faveur de la tolérance religieuse, le Gentilhomme allemand ne fait que reprendre un raisonnement qui, dans ce pays de commerçants et de navigateurs, a été tenu tout au long du conflit qui oppose d'abord les protestants aux catholiques, ensuite les calvinistes aux protestants d'orientation plus libérale: dès 1565, avant même que la révolte ait éclaté, on le voit apparaître dans le *Brief discours envoyé au Roy Philippe*, écrit par Franciscus Junius, et lorsque Marnix lui-même, en 1583, est sollicité d'exposer le point de vue du prince d'Orange et des Etats dans la *Seria de Reip. Christianae statu ... commonefactio,* qui s'adresse «ad potentissimos ac serenissimos Reges, Principes, reliquosque amplissimos Christiani orbis Ordines», il ne manque pas de se servir de l'argument économique, qu'il mêle très habilement aux théories juridiques et à la spéculation politique (*Corr. et Mél.*, pp. 378 et 380).

voulloir a jamais preserver) par les fruictz de vostre conseil et de ceulx qui luy adjousteront foy, je vous demande si ce Peuple n'aura occasion de se malcontenter de vous pour la paix Publique rompue, et une guerre intestine suscitée, laquelle sans doubte s'eleveroit si tost que ce peuple libre se sentiroit privé de la liberté de conscience si unanimement jusques ores maintenue, ne sera ce pas une belle recompençe pour l'hospitalité dont il a recueilly un estranger de Bourgoigne [98] aux mu-ailles de ses villes, et non seulement recueilly mais aussi honoré de beaucop de bienfaictz si mal recogneuz? Estimez vous que c'est pour delier ceste fraternelle concorde entretenue parmy une si grande bigarrure de diverses Religions, que l'on vous a depuis n'aguerres conferé ceste pention annuelle d'environ troix mille florins,[99] seroit ce bien afin que vous | 46 | serviez aux Provinces unies, du *Magister noster et haereticae pravitatis Inquisitor?* [100] non, ilz ont pieça banny de leurs limites tels garnimentz, et ne desirent entre eulx que personnes studieux a la Paix, qui s'esvertuent, entant qu'en eulx est, d'entretenir ceste boete de fleches liee et conjoincte ensemble en bonne union et correspondence.[101]

Il n'est pas question de s'informer en vostre Estat de quelle Religion l'on est pourveu qu'on soit bon Patriote, et bon citoyen, qui ne refuse point de contribuer le quart, le tiers, voire la moictie de ses facultez (s'il est besoing) pour la deffence de la patrye, qui ne tient sa vie si chere qu'il ne l'expose a toux dangers plustost que se rendre la corde au col esclave

---

[98] Dès 1579, un autre pamphlétaire, l'auteur de la *Lettre d'un gentilhomme, vray patriot à Messieurs les Estats Generaulx assemblez en la ville d'Anvers*, avait usé d'à peu près les mêmes termes pour noircir Marnix auprès des Etats: «n'estant d'aulcune extraction, et originelement estrangier», dont on a bien connu le «grand pere Bourgongnon, Secretaire et Thresorier de feu ma Dame de Savoye» (*Ecrits pol. et hist.*, p. 99). Dans la *Response à un libelle fameux* de la même année, Marnix avait réfuté cette affirmation (*ibid.*, pp. 81-84); de même, dans la *Response apologetique*, Marnix se défend d'être d'origine bourguignonne: «Et que je soie nai, nourri, eslevé et allié es pays de pardeça, est chose notoire. Comme pareillement mon pere y a esté nai, nourri et allié, de sorte que horsmis mon pere grand, et ses devanciers qui estoient de Savoie, tous mes ancestres et paternels et maternels, ont esté de ces pays bas» (*Corr. et Mél.*, p. 406).
Sur les ancêtres de Marnix, on consultera A. Elkan, *Philipp Marnix von St. Aldegonde*, Teil I, Leipzig 1910, S. 7-20, ainsi que l'article du même auteur dans *NNBW*, deel I.
[99] Marnix avait un traitement annuel de fl. 2400, plus une subvention pour les frais de logement de fl. 300. Il était dispensé de payer des accises, et en 1594, pour payer ses frais de déménagement, les Etats lui avaient accordé la somme de fl. 200. Si l'on compare cette somme au traitement du grand pensionnaire de Hollande, Oldenbarnevelt, qui était de fl. 1200, on se rend compte que Marnix était fort bien payé; sans doute faut-il conclure que l'importance de son traitement était destinée à compenser des injustices du passé (voir R. Fruin, *Verspreide geschriften*, deel IX, 's-Gravenhage 1904, blz. 92).
[100] C'était le titre des docteurs de théologie membres de l'Inquisition.
[101] Les armes de la République représentent un lion couronné tenant un faisceau de sept flèches reliées par une corde.

a ses ennemys, et qui ne murmure point contre les loix et commandementz
de ses Superieurs. Il y a des Catholiques, Anabaptistes, et d'aultres
opinions qui sont autant mal affectionnez au Gouvernement Espagnol,
qu'ilz auroyent plus cher de perdre leur vie, et biens, que recheoir en leur
tyrannye, et voulez vous faire mourir ou bannir ces gens de bien là? il
vauldroit mieulx desirer qu'ilz se multipliassent, et que voz villes en foison-
nassent en grand nombre. | 47 | L'on n'a jusques au jourdhuy apperceu
aulcun signe d'esmotion entre tant de differentes opinions en la Religion,
pour grandes que les daces et subsides soyent que l'on impose au peuple,
(grace singuliere de Dieu.) Par ou se peult recueillir, que tout ce fagotage
de diverses opinions sont d'accord en ce poinct, qu'ilz ne se lasseront
jamais de contribuer et supporter les incommoditez de la guerre contre les
Espagnolz, pourveu que par là ilz puissent achepter la liberté de leur
conscience.[102] Vostre Estat se peult apparier à une navire en mer plaine de
marchantz passagers de plusieurs diverses Religions, sectes, et factions,
(comme souvent avient ou il y a multitude d'hommes,) laquelle surprinse
de tourmente, ces hommes là seroyent tenuz pour insensez s'ilz s'amusoyent
a debattre leurs querelles et disputer de la Religion durant la tempeste,
lors qu'il est question de mettre la main au gouvernail et aultre equipage,
pour conserver le vaisseau et le conduire a l'abry d'ung bon port. N'estes
vous pas toux embarquez en une mesme guerre, et menaçez d'ung mesme
orage soit Reformé, Catholique ou aultre de quelle Religion que vous
soyez, qui avez porté les armes et | 48 | abjuré le Roy d'Espagne,[103] chassé
ses Gouverneurs et garnisons et commis mille aultres crimes de leze
majeste contre sa grandeur (ce sont les paroles qu'il vous objecte à toux
propos), lequel a arresté une sentence generale contre vous toux, sans qu'il
aura egard a Religion, Sexe, aage ny qualité quelconque, s'il peult parvenir a ses desseings.[104] Postposez donc touttes ces questions de la Religion
et mettez toux unanimement la main au Gouvernail, a ce que ce beau et

---

[102] Ce fragment, depuis p. 46 «Il n'est pas question . . .», se trouve cité en traduction néerlandaise chez P. Jansz. Twisck, *Religions Vryheyt*, blz. 135.

[103] Le 26 juillet 1581.

[104] Tel est, en effet, le jugement que prononça l'Inquisition espagnole le 16 novembre 1568, et qui fut ratifié par le Roi le 26 du même mois. Voici ce qu'en dit
l'historien Pieter Corneliszoon Hooft: «Noch verzocht hy 't gevoelen van de recht-
bank der Inquisitie, die, voor de vuist wegh, alle Nederlanders, uitgezeit de geenen,
de naamen der welke haar van hier toegezonden waaren, verklaarde voor kettersch,
oft kettergunstigh, en, door doen oft laaten, in Majesteitschenderye vervallen. Met dit
vonnis, gesprooken den zestienden van Sprokkelmaandt, vergeleek hy 't zyne op den
zessentwintighsten daar aan volghende, ende beval het zelve, zonder gunst, genaade,
aanschouw van sexe oft ouderdom, te werke te leggen. ... Aldus sloegh men daar
voort, met zoo grouwlyk een vonnis, als niet lichtelyk bevonden zal worden, van aan-
begin der wereldt, oover heele volken gevelt te zyn» (*Nederlandsche Historien*, Amsterdam 1677, blz. 170).

riche vaisseau ne perisse par ceste tempeste des grandes armees dont voz ennemis vous menaçent, contre lesquelz vous aurez fort a faire de vous deffendre sans qu'affoiblissiez encor voz forces par le bannissement ou persecution de ceulx, qui ont autant d'interest a la ruine de vostre Estat, que les Reformez, lesquelz sont le moindre membre de vostre Republique, comme il a esté dict cy devant. Regardez maintenant vous qui faictes profession de bon Politique si par voz exhortations vous ne disloquez et sejoignez entierement les joinctures et ancres, de ce bastiment de vostre Republique, plus estançonne sur les forces voisines, que sur ses propres fondamentz, lesquelz vous vous efforcez de miner, a scavoir | 49 | la bonne union et concorde entre les villes et Provinces, et l'affection des sujectz envers leurs Superieurs, laquelle, sans faulte se refroidiroit de beaucop, si l'on recommence derechef ouvrir la boutique aux sanglantes executions et proscriptions passees. Je scay bien que vous direz icy que je me sers trop de la reigle d'amplification, et que je prens la chose a l'extreme, mesmes que j'interprete voz escritz aultrement que vostre intention n'a esté en les publiant, mais il est ordinaire de veoir les bonnes intentions, si elles sont conduictes sans moderation, pousser les hommes a des effectz tres-vi-tieux,[105] et comme se dict, l'on prend les boeufs par les cornes, et les hommes par leurs paroles,[106] Les sentences que j'ay cy devant alleguees de vostre Epistre dedicatoire sont escrittes en si bon langage intelligible, qu'il n'y a point d'amphibologie et qu'un enfant de dix ans touchera du doigt, a quoy vous tendez soit a la correction corporelle, ou au bannisse-ment des heretiques. Car puis que vous exhortez le Magistrat a *la punition, suppression et aneantissement d'iceulx*,[107] et que vous estes estonné, *qu'il y a des hommes si delicatz ou tendres de coeur, qui mettent en dispute si le Magistrat doibt* | 50 | *mettre la main a punir par exterieures et cor-porelles punitions et amendes l'insolence commise au service de Dieu et de la foy*,[108] Item que vous admonestez voz Superieurs de leur devoir a ce,

---

[105] Montaigne, *Essais*, II, xix, p. 458, 1. 1-2.

[106] Ant. Loysel, *Institutes coutumières, ou Manuel de plusieurs et diverses regles, sentences et proverbes*, Paris 1607, t. I, p. 359: «C'est la traduction de ces vers rap-portés par la glose et les anciens commentateurs du droit romain:
Verba ligant homines, taurorum cornua funes.
Cornu bos capitur, voce ligatur homo.»
H. Walther, *Proverbia, sententiaeque latinitatis medii aevi*, t. I, Göttingen 1963, Nr. 2147:
«Bos cornu capitur, homines sermone ligantur.»

[107] *Ondersoeckinge*, blz. VII: «Sy behooren daer op toe te leggen, dat een sulck boos ende moortdadich fenijn geenen voortganck en habbe, maer werde gheheelick t'onder gedrucket ende te niet gebracht.»

[108] *ibid.*, blz. X: «dewijle sommige teere menschen sick daer voor schijnen te schroomen, als dat de Overicheyt van ongebondene dertelheyt ende moetwillicheyt der menschen, in saken die den dienst Godes ofte het geloove aengaen, met uytwendige lichaemelijcke straffen ende boeten niet en soude mogen matigen oft bedwingen.»

qu'il est plus que temps, qu'ilz regardent de deffendre l'honneur de Dieu en ce monde. etc.[109] (considerez ung peu l'esprit Apostolique de cest homme) doibt on encor revoquer en doubte si vous prononcez la sentence diffinitive de mort, ou pour le moings de bannissement contre ceulx que vous condamnez pour heretiques? et sur toux aultres les Zelateurs Spirituelz, lesquelz vous estimez surpasser *les aultres en dissolution, mechanceté et impieté,*[110] pour lesquelz il n'y a point de grace en voz yeulx, Car vous pourriez inferer que les Catholiques ny Anabaptistes ne sont point comprins au nombre des heretiques que voulez icy denoter et exposer a la persecution, tant qu'ilz se comportent quoyement soubz les loix et obeissance du Magistrat, desquelz esperez triompher aisement au point de leur doctrine, Mais que c'est seulement a ces Libertins et Zelateurs spirituelz a qui vous en avez, ce sont eulx qui gastent tout le pottage, qui parlent si nouveau langage que vous ne les entendez pas, *qui rejectent tout tesmoi-* | 51 | *gnage de l'Escriture, ostent tout remors de conscience des coeurs des hommes,*[111] *Ils ne cognoissent aultre Dieu ne Christ que celuy que les hommes s'imaginent en leur fantasie, et que partant il n'y a point de resurrection a esperer.*[112] *Item qu'ilz sont entachez de concussion, meurdres, voleries, et paillardise,*[113] (se sont voz paroles) on ne doibt pas seulement mettre en deliberation si l'on peult mettre à mort des hommes si mechans. C'est l'office du Magistrat (s'il ne veult tomber en l'ire de Dieu) d'user toutte rigueur de justice contre ces malheureux, qui renversent tout ordre Politique, et ce d'autant plus que l'execution s'en rend facile sans descouldre ny troubler l'Estat, veu qu'ilz sont encor en petit nombre espars çà et là par les villes pourtant *periculum est in mora,*[114] il les fault prevenir, devant qu'ilz croissent en si grande multitude qu'ilz vous pourroyent donner loy. Voilà comme en lieu d'estaindre le feu, vous apportez de ceste huile pour enflammer non seulement les Superieurs, ains aussi tout le monde a l'encontre de ces bonnes gens, de sorte que c'est quasi un crime d'en parler seulement, je me taix de les vouloir excuser, Mais croyez que

---

[109] *ibid.,* blz. XI: «Daeromme ist hooge tijdt, Mijne Edele ende weerde Heeren dat u. E.E. toesien ende Godes eere hier op dese werelt voorstaen.»

[110] *ibid.,* blz. VII: «eene nieuwe Secte ofte Ketterije van menschen . . ., die alle d'andere in overdaet van boosheyt ende godtloosheyt verre te boven gaet.»

[111] *ibid.*; «mits sy . . . dese twee voorgemelde hooftstucken ende rechtsnoeren [i.e. de getuygenisse der Schrift, ende het wroegen der conscientie] ganschelick soecken omme te stooten ende geheelick te benemen.»

[112] *ibid.,* blz. VIII: «datter anders geenen God noch Christus en zij dan 'tgene dat de menschen sick selven in hare fantasyen laten voorstaen, ende datmen daeromme geen ander leven naer dit leven noch geen verrijsenisse en behoeft te verwachten.»

[113] *ibid.,* blz. IX: «overlasten, moorden, straetschenderijen, alle boeven- ende hoeren-stucken, alle oncuyssche ontuchtichheden.»

[114] T. Livius, *Ab urbe condita,* XXXVIII, xxv, 13.

a *Jo. XIX,
34.*

le jugement de Dieu est bien esloigné du vostre, lequel vous fera ung jour | 52 | cognoistre, a qui vous avez donné le coup de la lance[a], Christ dict, *mon Esprit est contraire a toutte chair* [115] et en sainct Jan 7. 7. *Le monde me haist, pourtant que je ren tesmoignage de luy que ses oeuvres sont mauvaises,* partant je m'asseure que les sages ne seront en rien esbranlez ny scandalisez par voz calumnies, et se rapporteront a la bonne vie et paisible qu'ilz voyent mener ces hommes, lesquelz bien qu'ilz fussent en plus grand nombre que les Reformez, a Dieu ne plaise qu'ilz attentent jamais chose prejudiciable a l'Estat, et leur Magistrat. Au nombre duquel je m'asseure il se trouve des membres et personnes d'honneur et reputation, a qui Dieu par sa misericorde a revelé la cognoissance de sa verité. Touchant les Catholiques et Anabaptistes je veulx croire que pour ceste foix vous ne les ayez voulu entraver en vostre conseil de persecution ou bannissement, car se seroit trop embrasser a un coup pour bien estraindre, mais qui leur demeurera cautionnaire, que quand vous voirez reuscir a vostre souhait ce premier dessaing, que ne les vouldriez aussi faire passer par les mains du bourreau, ou pour le moings envoyer en exil, veu qu'il y a si peu de temps que vous avez chas- | 53 | sé ceulx là de voz villes en Brabande et Flandres sans user d'aultre voye de justice qu'un petit buletin de troix moctz de lettre, contenant qu'ilz eussent a vuider les villes en 24. heures ensuivantz.[116] Et ceulx cy, quelle grace peuvent ilz esperer de vous

---

[115] Bien qu'en général les citations du Gentilhomme allemand soient assez exactes, le texte qu'il cite ici, et qui revient encore une fois dans le pamphlet (p. 116), ne se trouve pas dans la Bible. Bien entendu, il s'inspire d'une manière très reconnaissable de la parole du Christ de l'évangile selon saint Jean III, 6: «Ce qui est nay de chair, est chair: et ce que est nay de l'Esprit, est esprit», mais ni à cet endroit, ni à aucun autre il n'est question dans les Evangiles d'une opposition aussi immédiate de l'Esprit et de la chair. Il est vrai qu'on peut invoquer *Gal.*, V, 17: «Car la chair convoite contre l'esprit, et l'esprit contre la chair: et ces choses sont opposees l'une à l'autre: tellement que vous ne faites point les choses que vous voudriez», mais là il ne s'agit plus, ainsi que l'annonce le Gentilhomme, d'une parole du Christ. Chez les auteurs spiritualistes, et notamment chez Sébastien Franck et chez David Joris, la formule dont l'auteur se sert ici est assez fréquente. Chez le premier, on lit: «Was der lebendige Gott ist, nämlich ein Geist und deshalb seiner Art nach wider das Fleisch, davon spricht die Welt, es sei der Teufel» (*Paradoxa*, S. 4), et «Der lebendige Gott aber, der ein Geist ist und dieser Dinge und des Lebens Widerspiel, kommt seiner Art nach mit einem Sturm, Krachen und feurigem Geist wider alles Fleisch» (*ibid.*, S. 42); de David Joris, nous ne citerons que cette phrase, tirée de son *magnum opus*: «T'vleysch ist niet dat men hier haedt, maer den Gheest unde dat verstandt Godes in den Mensch, dat weder alle vleysch of Mensch ter Werlt is» [*Twonder-boeck*, z. pl. 1551 (Vianen 1584), deel I, fol. 93b].

[116] Dans la *Response apologeticque*, Marnix se défend contre cette accusation, dans la mesure où elle est dirigée contre lui en personne: «tout le monde me peut tesmoigner, que je n'avoie ne moien ne volonté de le faire» (*Corr. et Mél.*, p. 436); en effet, Marnix paraît avoir été partisan d'une application loyale des clauses de la Pacification de Gand, puis de la Religionsfrid. Du reste, on peut douter qu'il s'agisse ici d'un reproche personnel à l'adresse de Marnix; puisque le Gentilhomme parle de «voz villes», au pluriel, n'entend-il pas accuser les calvinistes en général? Que les

si voz exhortations fussent receuez (dont je me confie du tout au contraire) puis qu'ilz ont desja senty les feux de persecution en aulcuns Pays, ou vostre Religion tient le Souverain Magistrat? lesquelz ne seront icy nommez pour certains respectz. J'estime que vous desirez mettre en practique le Stratageme duquel la Duchesse de Parme jadis vostre maistresse [117] se servist aux premiers mouvementz de voz troubles a l'an 66. quand elle s'apperceust que le nombre des Reformez et Martinistes liguez ensemble estoit trop puissant pour les accabler par ses petittes forces qu'elle avoit lors en main, que fyst la bonne Dame? elle trouva en son conseil convenable d'amadouer et nourrir de bon espoir les Martinistes, qu'ilz jouiroyent de leur exercice de Religion a condition qu'ilz eussent a se separer de la confederation de ces Gueux sacramentaires Calvinistes,

---

pratiques que l'auteur de l'*Antidote* dénonce ici aient eu lieu, Marnix lui-même ne songe pas à le nier, mais, écrit-il, «on ne sçauroit alleguer un seul exemple, pour monstrer que cecy ait esté practiqué en Brabant, jusques à ce que les exemples de cela reiterez par une infinité de fois en Arthois et en Hainaut, altererent tellement le peuple de Brabant et de Flandres, qu'il n'estoit plus possible de le tenir en bride» (*ibid.*). En effet, G. Brandt, dans son *Historie der Reformatie*, mentionne également des actes semblables perpétrés contre les protestants par le peuples des villes à majorité catholique. L'auteur des *Mémoires anonymes sur les troubles des Pays-Bas* parle du bannissement des étrangers et des prêtres jésuites par le peuple de Douai, en octobre 1578, «comme d'aultre costé sortent desdictes villes de Lille et Tournay . . . ceulx de la religion réformée, craindant les menaches et mauvais bruit desdictz de la religion romaine y estans» (T. III, Bruxelles-La Haye 1861, pp. 151-152). Si Marnix a peut-être raison de dire que, dans les Pays-Bas du Sud, les catholiques ont été les premiers à user de ces pratiques, il est certain que les calvinistes ont continué dans cette voie après la période trouble de la séparation des provinces du Nord et du Sud; ainsi, G. Brandt rapporte le renvoi hors d'Utrecht de plusieurs membres du magistrat en août 1586: «Leicesters aanhang [hadt] daer korts te vooren etlijke van de voornaemste Regeerders, ten deele Sint Jacobs- ten deele Roomschgesinden, . . . uit de stadt geleit, of belast binnen sonneschijn te vertrekken» (*Historie der Reformatie*, deel I, blz. 718).

[117] Cette insinuation est fausse, et Marnix, dans sa *Response apologeticque*, n'y prête aucune attention, se contentant de nier le fait. Qu'on lise la biographie d'Elkan: «Der Staatsdienst war ihnen [c.-à-d. aux frères Marnix] natürlich durch ihre Religion verschlossen. Staats- oder Kirchendienst wäre sonst das Natürlichste für die Söhne des kaiserlichen Beamten gewesen. . . . Davon war . . . keine Rede; vielmehr haben sie sich beide bis 1566 verborgen gehalten. . . . In der Tat finden wir die Brüder in keinem Aktenstück, keinem Brief eines Regierungsmitgliedes auch nur erwähnt. . . . Nur ein privates Leben also haben die Brüder in diesen Jahren geführt; sein Hauptinhalt war das Wirken für ihre Religion und ihre Kirche» (*Philipp Marnix von St. Aldegonde*, 1. Teil, S. 108-109).
L'origine de cette fausse insinuation serait-elle la même que pour l'allusion à l'origine bourguignonne de Marnix? En effet, dans la *Lettre d'un gentilhomme, vray patriot* de 1579, il est question de «Mre N. de Marnix son grand pere Bourgongnon, Secretaire et Thrésorier de feu ma Dame de Savoye» (*Ecrits pol. et hist.*, p. 99). Si l'on songe qu'il y eut deux Marguerite d'Autriche gouvernantes des Pays-Bas à peu de distance, d'abord «ma Dame de Savoye», soeur de l'empereur Charles-Quint, de 1506 à 1531, ensuite la fille naturelle de Charles-Quint, épouse du duc de Parme, de 1559 à 1567, on comprendra qu'un esprit négligent (ou mal intentionné!) ait pu prendre l'une pour l'autre et attribuer à Philippe de Marnix les fonctions au service de Marguerite de Parme que son grand-père exerça auprès de Marguerite de Savoie.

(selon son dire) parmy lesquelz elle scavoit qu'une haine inveteree s'estoit desja | 54 | eslevee, partant se servoit de certains instrumentz qualifiez pour enjoler les Lutheriens de ceste benevolence, lesquelz furent si avisez de ne croire qu'un Prince qui persecutoit leurs freres a toutte oultrance en ses aultres Provinces, leur voulsist elargir quelque liberté es Pays bas. Et quand on les eust peu endormyr de cest espoir, elle se persuada de pouvoir en bref extirper les uns apres les aultres.[118] Y a il homme de si petit jugement qui ne voye d'un clin d'oeil que voz conseilz sanguinaires contre les

---

[118] S'il est certain qu'officiellement la position de la Gouvernante à l'égard des luthériens n'a pas été différente de celle qu'elle prenait vis-à-vis des calvinistes, on peut affirmer qu'il y a eu, pendant un certain temps, une hésitation, chez la Gouvernante aussi bien que chez les luthériens, au sujet de la ligne de conduite à suivre. Pour ce qui est de la Gouvernante, il faut songer tout d'abord qu'elle considérait les calvinistes et anabaptistes comme bien plus dangereux que les luthériens, ne fût-ce que pour des raisons d'ordre numérique. Elle a bien vu, d'ailleurs, que les luthériens sont divisés: le 13 novembre 1566, elle rapporte au Roi que des pourparlers sont en cours entre les calvinistes et les luthériens: «ilz se sont liguez contre Vostre Majesté et les Catholicques en cas que l'on ne veuille souffrir leur liberté de religion; me disans aulcuns que ceulx que favorisent la confession d'Augsbourg tiennent mauvais ceste alliance et que cela les rendra plus odieulx en Allemaigne» (*Correspondance française de Marguerite d'Autriche, duchesse de Parme, avec Philippe II*, éd. J. S. Theissen, t. I, Utrecht 1925, p. 208). Sans doute à cause des scrupules de la part des luthériens, les catholiques d'Anvers croient utile de concentrer leurs attaques sur les calvinistes; un indicateur, Philippe d'Auxy, écrit à la Gouvernante, le 21 décembre1566: «Hier au soir sont les Catholicques en grant nombre esté au conclave, . . . ils troeuvent bon que à present l'on ne se bende que contre les Calvinistes; réservant les Confessionistes jusque à la venue du Roy, car ne sont sy céditieulx, et serient trop fort à deux» (cité par A. A. van Schelven, «Verklikkersrapporten over Antwerpen in het laatste kwartaal van 1566», dans *Bijdragen en Mededeelingen van het Historisch Genootschap*, deel L (1929), blz. 279-280). De leur côté, les luthériens se détournent des calvinistes pour se rapprocher des catholiques: le 29 décembre, D'Auxy écrit à la Gouvernante: «Gillis de Grave, principal du consistoire confessioniste, s'est ce jourdhuy trouvé pres du chanoisne Doncker, luy mestant au devant certein moyen d'accordt d'entre eulx et les Catholicques, pour ainsi enchasser les Calvinistes et beaucoup d'aultres propos; et que, attendu que ledict chanoisne y pourroit labourer fruict, luy a prié d'y penser; lequel me l'a communicqué, par quoy, pour eslire de deux mauvais le meilleur, je ne trouverois point mal de les tollérer près de nous et dissimuler sans faire contract, jusques à la venue du Roy; pour ce pendant comme les plus forts enchasser ces Calvinistes et Ambabtistes, les quels se fortifient fort» (*ibid.*, blz. 297). Le conseil de cet indicateur a-t-il été suivi? A-t-on fait miroiter aux luthériens la liberté du culte pourvu qu'ils s'abstiennent de faire cause commune avec les calvinistes? Ce qui est sûr, c'est que, le 13 mars 1567, quand un détachement de troupes calvinistes, dirigé par Jean de Marnix, le frère de Philippe, arrive devant Anvers après une tentative manquée de s'emparer de Flessingue, et que les calvinistes insistent auprès du magistrat et du gouverneur de la ville pour qu'on ouvre les portes, les luthériens refusent d'appuyer cette demande et se rangent du côté des catholiques, qui s'y opposent. Ce qui est sûr aussi, c'est que les luthériens sont consternés quand ils s'aperçoivent que la Gouvernante renouvelle les placards contre les protestants sans faire aucune exception en leur faveur. Voici ce qu'écrit Hooft à ce sujet: «In deeze draay der dingen, ging het den Luitherschen niet luttel uit hunn' gissing; dewyl zy voor den dienst, in de laatste moeite beweezen, en 't zwakken der Onroomsche partye door hunne tweedraght met den Calvinischen, zich eenigh danklyk onthaal, en blyvende plaats hadden toegeleit» (*Nederlandsche Historien*, blz. 145-146).

Zelateurs Spirituelz aspirent a mesme fin, pour commencer ses effectz a l'encontre d'eulx et en apres faire porter la folle enchere au surplus de voz putatifz heretiques. Je prie icy les Reformez Politiques [119] qu'ilz ne s'entremeslent de la dispute que j'ay a debattre contre mon auteur, car mon intention n'est en sorte quelconque de les vouloir comprendre au nombre de ces espritz chatouilleux, lesquelz je scay estre beaucop inferieurs au grand nombre des gens de bien et pacifiques, dont voz Eglises sont composees, contre lesquelz tant s'en fault que je vueille nourrir aulcune amertume, ains au contraire je prie Dieu leur vouloir de plus en plus impartir son esprit de clemence, | 55 | doulceur et charité, mais je les supplie, de bien ponderer, puis que vous et aulcuns de voz adherentz commencez desja dresser voz cornes et descouvrir vostre dent de laict a l'encontre de ceulx, que jugez heretiques, tandis que l'Ennemy commun vous tient quasi le pied sur la gorge, par maniere de dire, et que n'avez encor du tout l'espee du Magistrat a vostre costé, que seroit ce de vostre insolence si le pays jouissoit d'une plaine paix et si Messieurs les Estatz vous prestassent l'oreille a touttes voz demandes et exhortations, et que par longue succession de temps vostre autorité fust esté mieulx corroboree, et rafermye? comme celle de l'Eglise Romaine a esté et est encor en plusieurs endroictz de l'Europe. Les Provinces unies ne tarderoyent gueres qu'ilz ne suivissent en peu de temps le pas et vestiges des paovres Provinces desolees de Brabande et Flandres, lesquelles l'on trouvera si on y regarde de pres, n'avoir este perdues par aultre moyen, que par la trop grande insolence et autorité qu'aulcuns Precheurs et aultres espritz seditieux y avoient usurpé,[120] de sorte qu'ung homme quelque peu Politique ou pacifique n'y pouvoit tenir aulcun lieu au Gouvernement, | 56 | Surquoy me souvient

[119] Le sens que l'auteur attribue au mot «politique» se précise à la page suivante, où il l'associe au terme «pacifique». Il s'agit dans l'esprit du Gentilhomme allemand de politiques modérés, comme le furent, dans son pays et à son époque, le prince d'Orange ou le bourgmestre d'Amsterdam, C. P. Hooft, qui estiment que l'ordre politique et l'ordre religieux, dans la vie publique, ne doivent pas se mêler; ainsi que l'écrit un représentant de ce courant, l'auteur anonyme du *Discours contenant le vray entendement de la Pacification de Gand* (s.l. 1579): «les auteurs d'une religion ne se doivent mêler de la police, ains tant seulement du cultivement divin, se contentant de l'ordre politique qu'ils trouvent, comme aussi de l'autre côté, ce n'est point le fait des législateurs ou gouverneurs politiques de se mêler de religion, quant à la substance d'icelle, ou de contraindre quelqu'un à tenir l'une ou l'autre, mais leur doit suffire que tous les bourgeois de la ville puissent vivre en repos et amitié» (cité par J. Lecler, *Histoire de la tolérance*, t. II, p. 185).
[120] Parmi les pasteurs auxquels on fait ici allusion, il faut citer d'abord Petrus Dathenus, de Gand: à Gand également, les seigneurs de Ryhove et d'Hembyse se comportent à l'égard des catholiques et des protestants modérés avec une violence qui a beaucoup contribué à la séparation entre les provinces catholiques et les provinces protestantes, dont le résultat fut la conquête de tout le territoire du Brabant et de la Flandre par le duc de Parme.

ce qui m'a esté raconté en voyageant par la France, qu'ung certain Prestre
concluant sa dispute contre ung Ministre luy dict, Mais que vostre marmite aye autant bouillye que la nostre, vous serez aussi pervers que nous
aultres sommes.[121] Et quand bien la persecution et bannissement des heretiques fust utile a vostre Estat, dequoy les argumentz prealleguez ont faict
foy du contraire, si ne convient il pas au Chrestien de separer l'utile de
l'honeste,[122] signament ou l'utile tire en consequence les vies de si grand
nombre de peuple, dont les Grecs et Romains nous ont laissé, certes, des
beaux et religieux patrons en la sentence de Flaminius a l'encontre du
Medecin de Pirrhus [123] et au maistre d'escole des enfans des Mamertins.[124]
Themistocles ne vouloit marchander le party de faire brusler ceste armee
redoutable de Xerxes qui estoit preste pour envahir toutte la Grece, disant
qu'il estoit bien utile, mais malhonneste de veincre ses ennemis par fraulde
et perfidie. A qui ne doibt elle estre detestable puis que ce chien de sang
Tybere la refusa a si grand interest? selon Tacitus.[125] Quand on luy manda
d'Allemaigne que s'il le trouvoit bon, on le defferoit d'Arminius | 57 |
par poison: c'estoit le plus grand ennemy que les Romains eussent lors qui

[121] De ce prêtre il est également question dans la lettre de Marnix du 31 mars
1577 à Gaspar van der Heyden: «... dictum Monachi, qui nuper hic adfuit, excipientis ad ea quae tum sibi objiciebantur, haud aeque diu nostrorum ollam calefactam fuisse, atque illorum quos tantopere incesseremus, videre se plane, antequam par
saeculorum intervallum labatur, parem utrobique imperii Ecclesiastici fore rationem»
(*Corr. et Mél.*, p. 228); nous avons montré dans notre introduction (p. 71) l'importance de cette remarque pour l'identification de l'auteur du pamphlet.
[122] Bien que ce soit à l'époque un lieu commun (voir Erasmus, *Adagia,* dans *Opera
omnia,* t. II, c. 1121; Conradus Lycosthenes, *Apophthegmata,* Genevae 1633, p.
759), nous pensons que cette remarque est dirigée contre Jean Bodin, qui, dans son
Methodus de facili historiarum cognitione, admet le contraire: «si quis malit repudiata Stoicorum disciplina, honestum ab utili, turpe ab inutili distingere, non repugnabo» (*OEuvres philosophiques*, éd. Pierre Mesnard, t. I, Paris 1951, p. 122;
au même endroit se trouve l'exemple de Thémistoclès, que le Gentilhomme allemand
allègue ici).
[123] Seneca, *Epistolae ad Lucilium,* CXX, 6: «Fabricius Pyrrhi regis aurum reppulit
maiusque regno iudicavit regias opes posse contemnere. Idem medico Pyrrhi promit-
tente venenum se regi daturum monuit Pyrrhum, caveret insidias. Eiusdem animi fuit
auro non vinci, veneno non vincere.»
Du reste, l'auteur emprunte cet exemple à Montaigne, *Essais,* III, i, p. 11, 1. 19-20;
en effet, dans l'édition de 1588 on lit Flaminius pour Fabritius, erreur qui a été
corrigée dans l'édition de 1595.
[124] C'est Falisci qu'il faudrait lire ici: le gouverneur des enfants des notables de
ce peuple avait entraîné ses élèves par ruse loin de la ville, afin de les livrer à
Camille, le chef de l'armée romaine. Celui-ci lui répond: «non ad similem tui nec
populum nec imperatorem scelestus ipse scelesto munere venisti. Nobis cum Faliscis
quae pacto fit humano societas non est: quam ingeneravit natura utrisque est eritque.
Sunt et belli sicut pacis iura, iusteque ea non minus quam fortiter didicimus gerere»
(T. Livius, *Ab urbe condita,* V, xxvii, 5-6). A un autre endroit de son ouvrage,
Tite-Live joint cet événement à titre d'exemple à celui de la trahison manquée du
médicin de Pyrrhus (XLII, xlvii); on les trouve également combinés chez saint Jérôme, *Epistola LVII (P.L. XXII,* 570).
[125] *Annales,* II, lxxxviii: «Non fraude, neque occultis, sed palam et armatum populum Romanum hostes suos ulcisci.»

les avoit si vilainement traictez a la deffaicte de Varus, et qui seul em-
pechoit l'accroissement de sa domination en voz provinces Belgiques. Il
fist responce que le peuple Romain avoit accoustumé de se venger de ses
ennemis par voye ouverte non par fraude ny en cachette, il quicta l'utile
pour l'honneste.[126] Combien que ces exemples soyent passez d'un ennemy
a l'aultre, et qu'ilz semblent icy appropriez mal en son lieu, si sont ilz de
mise ou se delibere de l'utile et honneste. Voyons un peu, veu qu'il n'y a
rien d'utile en vostre conseil, si nous en pouvons cueillir l'honneste. Mais
quelle honnesteté peult on alambiquer de la cruaulté de l'homme
a l'homme, je ne dy pas d'un Chrestien sur l'autre, mais entre
les concitoyens, alliez, parens, et voisins d'une mesme nation? lesquelz ont courru si longues annees tant de fortunes que bonnes qu'ad-
verses, en une commune querelle, qui sont membres conjoinctz ensemble
en un corps si estroictement que l'un ne peult estre pinsé du doigt que
l'aultre ne crie ou s'en resente. A vostre avis ne seroit ce pas violer la
foy et serment de fidelité que vous avez mutuelle- | 58 | ment jurez de
maintenir a l'encontre de toux voz ennemis externes, si l'on mist en oeuvre
voz dures propositions? Puis donc que ny l'utile ny l'honneste, ne la loy de
Dieu, ny le repos de l'Estat, ny la charité Chrestienne, ny la societé humaine, permectent aulcun lieu a voz conseils, il les fault renvoyer a leur
auteur, afin qu'il en faç bon pottage, et qu'il les aille estaller en vente
aux Turcs, Tartares, Marrans, ou aultres nations Barbares, car ilz ne
trouveront point d'acces, point d'audience, point d'adresse envers une
nation tant benigne et gratieuse qu'est la Hollandoise avec ses voisines.

Pour le regard de la troisiesme punition exercee de tout temps en
plusieurs Eglises, par l'excommunication, il n'est vraysemblable, considerant vostre esprit bouillant par ceste lettre plaine de feu, que vous aspiriez
a une reprimende trop doulce pour vostre naturel, veu mesmes que vous et
voz Docteurs se garderont bien de deferer aux Magistratz ceste autorité
par eulx occupee des la naissance de vostre Eglise,[127] les Ministres et
Recteurs de laquelle reservent a eulx ce pouvoir comme dependance de
leur charge, et partant ne daigneront d'induire leurs Superieurs à ceste
| 59 | punition, laquelle il est vray qu'on trouve a la Primitive Eglise avoir
esté la paine ordinaire, et plus severe qu'on aye usé envers les heretiques.[128]
Mais par quelle voye? retrenchoit on ung membre de l'Eglise, pour quelque poinct leger ou different en la doctrine comme vous faictes? voire bien

---

[126] Montaigne, *Essais*, III, i, p. 1, 1. 9-10; p. 2, 1. 1-7.
[127] Cf. J. Lecler, *Histoire de la tolérance*, t. I, p. 310: «Ce n'est pas Calvin qui
eût permis aux autorités civiles, comme l'usage s'en répandait à Zurich et en Allemagne, de s'annexer aux dépens des pasteurs le droit d'excommunication.»
[128] S. Castellion, *Traité des hérétiques*, p. 84: «Nous voyons aux Evêques anciens,
que la dernière peine dont ils punissaient, c'était l'excommunication.»

souvent pour des ceremonies institutions humaines et opinions inventees et songees des premiers fondateurs de vostre Eglise? et apres leur resipiscence les contraignoit on de faire penitence publique et confession de leur erreur par une imperieuse tyrannye enflee, du tout contraire a l'Esprit de Dieu? ilz furent admonestez par une doulceur et compassion fraternelle deux ou troix foix en secret, de desister de leur faulses opinions, et puis, quand on sentoit touttes exhortations amiables infructieuses et desesperees, le Seigneur commande de les eviter et fuir leur conversation^a. Voilà la plus rigoureuse peine que ce Legislateur Eternel a imposé aux heretiques,[129] mais vous non content de ceste Loy tant gratieuse voulez interpreter ce passage (comme je croy) qui sonne en langue latine selon l'ancienne interpretation *Haereticum devita*,[130] a l'imitation d'ung Docteur de l'Eglise Romai- | 60 | ne qu'on doibt oster la vie a l'heretique,[131] c'est bien la plus briefve voye mais non la plus salutaire ny Chrestienne. Mais considerons un peu les fruictz de ceste excommunication, Ceulx qui se sentent ainsy deboutez bien souvent a tort et *Indecisa causa*,[132] sont forcez comme personnes perdues et desesperees se bender et faire sectes, chose plus dangereuse que la peste, dont les grandes inimities et haines irreconciliables ensuivent par l'instigation de Sathan, qui se tient par telles occasions aux escoutes, pour tousjours faire provigner son venin de discorde et tenir le monde en combustion. Qui pis est que l'on excommunie bien souvent ceulx qui devant Dieu sont plus justes, que ceulx qui usurpent ceste autorité en l'Eglise devant qu'avoir faict apparoir aultre espreuve de leur vocation legitime, si non qu'ilz se proposent les charges Ecclesiastiques des leur aage pueril comme le salaire et recompense de leur estudes, applicantz leur esprit aux lettres Divines sans interpellation du sainct Esprit, tout ainsy qu'a quelque aultre faculté, art, ou mestier, pour ce seul

^a *Tit. III, 10.*

---

[129] Ce fragment, depuis «ilz furent adminestez . . . «se trouve cité en traduction néerlandaise chez P. Jansz. Twisck, *Religions Vryheyt*, blz. 135-136.

[130] *Tit.*, III, 10: «Haereticum hominem post unam et alteram correptionem devita.»

[131] Des. Erasmus, Μωρίας' Ἐγκώμιον, *sive Stultitiae Laus*, dans *Opera omnia*, t. IV, col. 495: «Cum quispiam exigeret, quae tandem esset Divinarum Litterarum auctoritas, quae juberet Haereticos incendio vinci, magis quam disputatione revinci: Senex quidam severus, et, vel supercilio teste, Theologus, magno stomacho respondit, hanc legem tulisse Paulum Apostolum, qui dixerit: *Haereticum hominem post unam et alteram correptionem devita.* Cumque ea verba identidem intonaret, et plerique demirarentur quid accidisset homini, tandem explanavit, *de vita* tollendum Haereticum.»

Dans le *Traité des hérétiques*, Castellion insère un passage – qui manque dans l'édition latine *De haereticis an sint persequendi* – de Jean Agricola Isleben, qui reprend la même idée (Ed. A. Olivet, Genève 1913, p. 121). Pareillement, le Gentilhomme allemand a pu la rencontrer chez Coornhert, soit dans *Wortel der Nederlantsche Oorloghen* (*Wercken*, deel II, fol. 175c), soit dans *Proces van 't Ketter-dooden*, deel II (*ibid.*, fol. 154b).

[132] Cf. *Corpus iuris civilis*, Dig. XLVIII, 17 (1): «inaudita causa.»

but d'y gaigner leur vie, dont ilz deviennent Mercenaires[a] a l'Eglise,[133]   [a] *Jo. X, 12.*
et pour donner quelque couleur a ceste vocation, apres | 61 | qu'ilz ont
ung peu proficté a la Rhetorique et Dyalectique jusques a contrefaire
l'Orateur et trencher en troix poinctz leur oraison, l'on y use quelques
ceremonies cingeresques,[134] de les choisir par les anciens et dyacres, les
appeller et confirmer par le peuple, et leur imposer les mains. Et les voilà
aussi tost qualifiez d'excommunier, censurer, fulminer sur la chaire contre
les Magistratz de leur trop grande indulgence aux heretiques, descoscher
mille calumnies et injures sur ceulx qu'ilz ont condamnez pour telz, et
retrencher les membres du corps de l'Eglise, lesquelz pourtant ne sont
separez de l'Eglise de Christ, qui est interieure et invisible, le grand
Pasteur de laquelle ne forclost ny excommunie personne, ains appelle toux   [a] *Matt. IX,*
hommes a soy, voire les plus manifestes Pecheurs et Publicains[a], touttes   *11–13.*
les foix qu'ilz reviennent a recognoissance de leur faultes, et fust ce sep-   *Marc. II,*
tante sept foix en ung jour[b], Il n'est pas descendu en ce Monde pour les   *15–17.*
   Luc. V,
sains ains pour guarir les malades, ny demande la mort du Pecheur, mais   *30–32.*
qu'il vive et se repente, aussy ne veult il pas estre servy d'ames forcees a   [b] *Matt.*
croire en sa verité, ains d'ung coeur libre et franc a l'exemple de l'enfant   *XVIII, 22.*
de la maison | 62 | non point des esclaves servilement, ny par constraincte.
Et nous aultres chetifz humains voulons nous user de plus grande severité
envers noz freres, que le Createur ne faict indifferemment a touttes ses
Creatures, qui faict luire le Soleil et descendre la pluye si bien sur les   [a] *Matt. V,*
mechantz que sur les Esleuz[a]? Je diray bien plus qu'il semble, que par sa   *45.*
providence il aye tellement disposé de son Eglise, qu'il permect et estime
necessaire qu'il y ayt des heresies au milieu d'icelle, afin que les Pasteurs
demeurent esveillez es sainctes meditations, et les gens de bien diligentz
a scruriner les Escritures sans s'abandonner a la paresse et fetardise. Car
il dict en St. Mathieu chap. 18. *Il est necessaire que scandales aviennent*
touttefoix malheur a l'homme par qui scandale advient, et la verité estant
mise en monstre contre la mensonge apparoist tant plus claire devant les
yeulx des hommes, que si elle se pourmenoit seule au monde. Quand il
est permis a chescun membre de l'Eglise par une amiable conference dire
librement son opinion sur toux differentz survenantz a la religion, et
proferer les dons de grace que Dieu luy aura participez sans que le moindre
nombre des opinions soit assujecty de suivre le plus grand, | 63 | l'on
retrenche et suffoque beaucop de scysmes, erreurs, heresies et scandales

---

[133] La source pourrait être la *Theologia deutsch*, Kap. 38: «Und wer Kristi leben
dar umb hat, das er dâ mit etwas uberkomen oder verdienen wil, der hât es als ein
lôner und nicht von liebe und hât sîn ouch zu mâle nicht. Wan wer es nicht von
liebe hât, der hât sin nicht» (herausg. von F. Pfeiffer, Gütersloh 1900, S. 142).
[134] C.-à-d. «singeresses.»

des leurs premiere naissance. Ce seroit chose aucunement tollerable si vous borniez vostre excommunication et persecution, sans plus, entre les limites de vostre congregation, sans la fouldroyer sur les aultres opinions, qui n'ont rien de commun avec vous, et qui vous laissent en paix a condition que leur permectiez le mesme repos qu'ilz vous octroyent. N'est ce pas chose ridicule et feminine, de veoir un Pere de famille se mesler du mesnage de son voisin, combien plus monstrueux est il de veoir une Secte vouloir asservir l'aultre soubz ses loix, constitutions et disciplines? *Duci sed non trahi volunt homines* [135] ne fault il pas qu'ung chescun porte son propre fardeau? Certes si le monde consideroit bien ce poinct qu'une Republique, une Eglise, et une famille ne s'efforçast a gouverner, conduire et reformer celle de son voisin et prochain, la Chrestienté jouiroit de plus grand repos en ses membres, qu'elle n'a faict jusques au jourdhuy.[136]

Or quel aultre fruict esperez vous tirer (je vous prie) par voz livres, sinon descouvrir au monde vostre ignorance es sainctes lettres au | 64 | paravant aulcunement voilee de quelque apparence de doctrine, car il se trouve des hommes qui par la morgue et bonne mine qu'ilz tiennent sont estimez sages tandis qu'ilz se taisent, rendant aussi tesmoignage de vostre coeur sanguinolent vous donnerez matiere a voz adversaires d'escrire aultres livres contre les vostres, et vous a repliquer, par ainsy *nunquam dicendi neque scribendi finis*.[137] Ce n'est pas ce que l'Apostre nous enseigne aux Romains chap. 14. depuis le commencement jusques a la fin, *Recevez a vous celuy qui est debile en foy et non point pour debattre par disputes*. Il ne dict pas persecutez, bannissez, excommuniez, et condamnez vostre frere, qui est debile en foy, ains au contraire peu apres, *qui es tu toy qui condamnes le serviteur d'aultruy, il se tient ferme ou trebuche a son Seigneur, mesmement il sera affermy, car Dieu est puissant de l'affermir*. C'est perdre ce tresor pretieux et irrecouvrable du temps qu'on consume a composer et lire ces livres plains de disputes, calumnies et invectives, à la mienne volonté que noz foires et Librairies par deça n'en fussent si fertiles, ilz ne rendroyent tesmoignage a la posterité de la corruption de ce siecle. Salomon les comprend entre les vanitez de ce | 65 | monde, là ou il donne ceste instruction a son filz en Ecclesiaste chap. 12. 12. *Mon fils garde outre ce de plus enquerir. Car de faire plusieurs livres il n'y a fin aucune, et beaucop d'estude n'est qu'affliction de chair.* Sainct Augustin dict. *Tacendum semper est nisi quum taciturnitas proximis*

---

[135] Cf. le vers de Cleanthe cité chez Seneca, *Epistolae ad Lucilium*, CVII: «Ducunt volentem fata, nolentem trahunt.»

[136] Ce fragment, depuis «Ce seroit chose...», se trouve cité en traduction néerlandaise chez P. Jansz. Twisck, *Religions Vryheyt*, blz. 136.

[137] Cf. *Ecclesiastes*, XII, 12: «Faciendi plures libros nullus est finis.»

noceat aut oratio aliis prosit,[138] c'est, *L'on doibt tousjours se taire sinon quand le taire nuict au prochain, ou le parler proficte aux aultres*. Partant je vous conseille de vous mettre desormais en repos, et appliquer mieulx ceste reste du temps que Dieu vous octroyera en ceste vie, qu'a enfanter des livres si monstrueux et de petite edification, dont vous menaçez le monde, vous en esperez acquerir une renommée immortelle, mais ce sera avec celuy qui brusla jadis le Temple de Dyane à Ephese.[139] Qu'il vous suffise d'avoir trempé vostre plume en encre bien piquant, sans la tremper en sang si cher pour la redemtion duquel Dieu n'a point espargné le sang pretieux de son fils unique nostre Sauveur Jesu Christ.

Ce poinct est encor a remarquer en vostre lettre *que vous craignez que le Magistrat n'attire a soy la tres-horrible punition de Dieu*, en ce qu'il permect la vendition publique aux boutiques des livres *meurdriers et envenimez des Ze-* | 66 | *lateurs spirituelz*,[140] enquoy (vous conformant a la discipline Ecclesiastique projectee en voz synodes) se descouvre derechef la nouvelle Inquisition que pretendez introduire es Provinces unies, esperant renouveller les placcatz rigoureux de l'Empereur Charles cinquiesme a celle fin emanez, ce qu'ayant obtenu, je croy que vostre esprit inquiet ne cessera, jusques a ce qu'ayez aussi gaigné ce poinct de faire deffence aux personnes layques de la lecture du vieil et nouveau Testament, d'autant que la multitude des sectes et heresies en procedent,[141] et ainsy lier la bouche au boeuf[a] afin qu'il ne puisse pasturer. N'est ce pas contrepreter de poinct en poinct les procedures de l'Eglise Romaine contre les commençementz de Luther, qu'on persecutoit, bannissoit, excommunioit, et fyst deffence de ne lire ny imprimer les livres sur paine de la vie,[142]

[a] *Deut. XXV, 4. I Cor. IX, 9. I Tim. V, 18.*

---

[138] Des. Erasmus, *Lingua, sive De Linguae usu atque abusu*, dans *Opera omnia*, t. IV, col. 674.

[139] Valerius Maximus, *Facta et dicta memorabilia*, VIII, xiv, Ext. 5: «Illa vero gloriae cupiditas sacrilega: inventus est enim qui Dianae Ephesiae templum incendere vellet, ut opere pulcherrimo consumpto nomen eius per totum terrarum orbem dissiceretur, quem quidem mentis furorem eculeo impositus detexit, ac bene consuluerant Ephesii decreto memoriam taeterrimi hominis abolendo, nisi Theopompi magnae facundiae ingenium historiis eum suis comprehendisset.»

[140] *Ondersoeckinge*, blz. X: «Dewijle men nu dan siet, mijn Heeren, ... dat de voorstanders der selver haer niet en ontsien hare vergiftige ende moordadige boexkens te doen drucken, ende inde boeckvercoopers winckelen openbaerlijck te veylen. So vereyscht u. E.E. ampt ende officie by tijts daerinne toe te sien ende te waecken, op dat eene alsoodanige smettelijcke infectie niet voort en gae omme also Godes aller grouwelicxste straffen over dese landen te halen.»

[141] S. Franck, *Paradoxa*, S. 3: «Haereses et Sectae ex Secta litera scripturae.» *ibid.*, S. 11: «Demnach, weil der Buchstabe der Schrift gespalten und mit sich selbst uneins ist, kommen alle Sekten daraus.»

[142] *Corpus documentorum inquisitionis haereticae pravitatis Neerlandicae. Verzameling van stukken betreffende de pauselijke en bisschoppelijke inquisitie in de Nederlanden uitgegeven door P. Fredericq en zijne leerlingen*, deel IV, Gent-'s-Gravenhage 1900, blz. 43-45 et 58-76.

esperant par ce moyen estaindre des le commencement ce grand feu qui la menaçoit de sa cheute? Je vous prie qu'est ce qu'ilz y ont proficté? ne void on pas par tout le monde espars un nombre infiny des livres, qui ont descouvert les plus grossieres erreurs de leur Eglise? mesmes devant qu'on eust quelque seure retraicte, ou on les pouvoit impri- | 67 | mer, les desertz et forestz servoyent d'Imprimeries, pensez vous proficter d'avantage par voz deffences de l'Impremerye, que ceulx là, qui tenoyent soubz leur Jurisdiction quasi toutte l'Europe? Il fault croire, que c'est aussi la mesme peur qui les avoit saisy le coeur, que le pot aux roses ne fust descouvert (comme l'on dict) qui vous faict maintenant si fort insister sur la prohibition de ne vendre les livres contraires a vostre opinion, mais c'est en vain que vous travaillez icy. Car quand Dieu veult reveler sa verité au monde, il fera plustost parler les pierres[a] que sa parole demeure suffoquée, laquelle l'on peult icy accomparer a la vessie remplie de vent, plus que l'on s'efforce de la plonger soubz les ondes plus elle rebondira pour floter par dessus l'eau, et ne fust ce que la curieuseté des hommes, qui sont tousjours halenant apres choses nouvelles, et le gain particulier, vous ne scauriez empecher aux Imprimeurs au hazard de leur personnes d'imprimer les livres qui se presentent. Mais scavez vous quelz livres l'on est accoustumé de deffendre et en punir les auteurs es Republiques bien policees? les pasquilles, libelles diffamatoires et les escritz qui esmeuvent le peuple a sedi- | 68 | tion, division et effusion de sang semblables a vostre preface, et non les livres des Zelateurs Spirituels, ausquelz vous ne trouverez une syllabe qui se resente, tant soit peu, de commotion, rebellion, ou qui vueille prescrire loix au Magistrat de quelle façon il doibt punir les Chrestiens, ains au contraire ilz sont escritz d'ung style umble, grave, plain de bonnes doctrines tendantes a la regeneration de l'homme, et cognoissance de son createur,[143] qui nous instruisent l'humilité, paix, patience, et souffrance, que la foy ne consiste point en choses exterieures, mais en la craincte de Dieu et l'amour de son prochain.[144] Si ce n'est que vous teniez avoir commis crime de leze Majesté a quiconque entreprint par ung bon zele d'es-

Le premier placard, du 28 mars 1521, se contente de stipuler la confiscation des livres proscrits, jointe à une amende, comme punition des hérétiques, mais dès le deuxième placard de l'Empereur contre la doctrine luthérienne, du 8 mai 1521, la peine corporelle est décrétée contre les libraires et imprimeurs qui auraient imprimé ou vendu des écrits luthériens.

[143] Ce fragment, depuis p. 67 «Car quand Dieu ...» se trouve cité en traduction néerlandaise chez P. Jansz. Twisck, *Religions Vryheyt*, blz. 136-137.

[144] Cf. *Matt.* XXII, 37-40: «Et Jesus luy dit: Tu aymeras le Seigneur ton Dieu de tout ton cueur, et de toute ton ame, et de toute ta pensee. Cestuy-ci est le premier et le grand commandement. Et le second semblable à iceluy, est: Tu aymeras ton prochain comme toymesme. De ces deux commandemens dependent toute la Loy et les Prophetes.»

[a] *Luc. XIX,* 40.

crire ung livre et le faire imprimer contre voz erreurs et invectives, dont vous n'avez donné que trop de suject aux bons espritz de se jouer de leur plume. Quant a ce que vous honorez les Zelateurs Spirituelz du tiltre en vostre langage *Gheest-dryvers,* ilz vous en sont beaucop obligez. Car quel plus grand honneur leur scauriez vous faire, que de dire qu'ilz sont poulsez ou conduictz par l'Esprit en leur parolles, escritz, et actions, qui leur sert de | 69 | guide et Precepteur pour les instruire de la volonté de Dieu et sa Parolle. En recompense dequoy ilz sont bien marrys, qu'ilz sont contrainctz vous attribuer le tiltre d'esclave de la lettre, d'homme charnel, lequel bien content de son aage pueril et de la nourriture du laict[a], ne s'esvertue de passer par l'adolescence a cest aage viril, ou l'on a besoing d'estre repeu de viandes plus fermes, solides et noutritives a l'ame, Dieu par sa grace revelera un jour aux hommes, laquelle des deux aura donné meilleure digestion en leurs coeurs, et envoyera ceste faim au monde, laquelle le Prophete Amos predict en son chap. 8. 11. *Voicy les jours qui viennent (dict le Seigneur) que j'envoyeray la famine en la terre, non point la famine de pain, ne la soif d'eau, mais d'ouir la Parole du Seigneur.*

    [a] *I Cor. III, 1–2.*

Mais pour ne donner trop longue carriere a ce discours qui requireroit plustost ung volume que la constructure d'une lettre, je vous prie vous representer devant les yeulx a quoy l'homme se laisse seduire, quand il prend pour guide principal de ses actions son sens charnel reprouvé et corrompu, et que soubz ombre de pieté il tend a son ambition plus qu'a la gloire de Dieu et son salut, dont il est | 70 | tellement battu d'aveuglement et d'ignorance, que ce qu'il approuve au jourdhuy, demain il le reprouve et qu'en lieu de membre de l'Eglise il devient persecuteur des membres d'icelle. Retirez vous donc de ceste sanglante opinion, et priez en mercy au Dieu de toutte misericorde, a celle fin que la pierre que vous avez jettee en air ne tombe sur vostre teste[a], et que la sentence prononcee par vous contre les heretiques, ne soit executee par le feu eternel contre vostre ame, suivant la loy de Dieu donnee a l'encontre des meurdriers[b], car s'il condamne au feu eternel celuy qui appelle son frere Racha[c], et qu'il appelle meurdrier en Sainct Jan celuy qui hayst son frere[d], comment pensez vous echapper le juste jugement de ce grand Juge, qui punist non moings les pensees meurdrieres, que l'execution du meurdre mesmes. Entrez en vous mesmes, et confessez vous a Dieu, que ceste lettre escritte d'encre rouge vous a esté inspiree de Sathan vray meurdrier et ennemy juré du genre humain. Car comme dict sainct Jerosme *l'homme charnel persecute le spirituel mais celuy qui est regeneré en esprit ne persecute point.*[145] Bref

    [a] *Eccli. XXVII, 26.*

    [b] *Num. XXXV, 16–31.*

    [c] *Matt. V, 22.*

    [d] *I Jo. III, 15.*

---

[145] *Comm. in Epistolam ad Galatias,* II, v: «Is qui secundum carnem natus est, persequitur spiritualem. Numquam enim spiritualis persequitur carnalem» (*P.L.,* XXVI, 476).

ᵉ *Eph. II, 8.*

ᵃ *Gen. I,*
26–27 et IX,
6.
ᵇ *Luc. IX,*
56.

considerez que la foy est ung don de Dieuᵉ ¹⁴⁶ et ne veult estre prechee de l'hom- | 71 | me a l'homme l'espee en main, mais empraincte du doigt de Dieu dedans son coeur, lequel il a cree a son imageᵃ pour le sauver, et non point pour le destruireᵇ. Il est meshuy temps que passions oultre au second poinct a refuter en vostre lettre dedicatoire, a scavoir que vous condamnez pour heretiques les Zelateurs Spirituelz de ce qu'ilz cerchent une interpretation Spirituelle en la saincte Escriture, et non selon la lettre.

Quand Dieu crea l'homme au commencement du monde, il fust composé du corps et de l'ame, de chair et d'esprit, laquelle ame les Philosophes ont distinguée en quatre, la sensitive, vegetative, minerale et Intellective,¹⁴⁷ mais d'autant que les trois premieres nous sont communes aux animaulx, herbes, plantes, arbres, pierres et metaulx, et qu'elles sont terrestres ne tenantz rien du Divin, nous les laisserons ramper au limon de la terre, et nous esleverons plus hault a l'intellective, c'est a dire au principal esprit de l'homme, lequel recevant sa nourriture du sang, espritz vitaulx et influence Divine, tient son siege au coeur et en partye en la cervelle, servant comme d'organe et instrument a regir ce *Mycrocosmus*, c'est celuy lequel devant le peché originel | 72 | avoit esté cree en l'homme de l'Esprit de Dieu semblable a luy parfaict et non corrumpu, dont depuis par suggestion de Sathan il est decheu et transmué de sa premiere parfaicte naissance a la corruption, laquelle tient tellement saisye tous hommes qu'ilz ne peuvent juger du bien ny du mal, n'est que par la grace Divine cest esprit soit restauré en nousᵃ et ramené a sa premiere nature accomplie et incorruptible, ce qui est ceste regeneration en Esprit dont l'Escriture parleᵇ, a

ᵃ *I Cor. II,*
14–15.
ᵇ *Jo. III,*
3–6.

---

¹⁴⁶ Marnix, *Response a un petit livret* (1578): «puis que la Religion est un don de Dieu, et que par force ni par armes elle ne peut estre plantée ny empreinte aux coeurs des hommes» (*Ecrits pol. et hist.*, p. 41).

¹⁴⁷ Rien que l'ordre dans lequel l'auteur présente les quatre âmes, montre qu'il ne peut pas s'agir d'un emprunt direct. La distinction qui est faite ici n'a rien de commun avec les quatre facultés de l'âme que distinguent Aristote [*De anima* II, 2 (413b)] et Plotin (*Enneades* VII); en revanche, la division en quatre éléments correspond à l'idée que se faisait au début du siècle Carolus Bovillus de l'hiérarchie de l'existence humaine (*Liber de sapiente*, Ambianis 1510, reproduit dans: Ernst Cassirer, *Individuum und Kosmos in der Philosophie der Renaissance*, Leipzig-Berlin 1927, voir surtout S. 303 et 306), mais à l'époque où paraît l'*Antidote*, si on distingue encore quatre degrés de choses dans la nature: «qui sont, qui vivent, qui sentent, qui entendent» (Ph. du Plessis de Mornay, *De la vérité de la religion chrestienne*, Anvers 1582, p. 4; de même, P. Charron, *Les trois veritez*, Bordeaux 1595, p. 38), on n'admet plus l'existence d'une âme minérale (J. Fernellius, *Universa medicina*, Aureliae Allobrogum 1604, p. 164: «Sic philosophi praestantissimi et animam vita definierunt, et ex his vitae differentiis animae genera protulerunt. Quos et nos hic sequuti, ... tres viventium differentias mente complectimur, naturale, sentiens, et intelligens: tres quoque animae species iisdem nominibus insignitas.» La première édition de l'ouvrage de Fernel est de 1567), pas plus qu'on n'admet la présence simultanée de plus d'une âme dans un seul corps (*ibid.* «Quinimo eidem nequeunt pariter insidere intelligens et sentiens, vel sentiens et naturalis». De même Jean Bodin, *Le théâtre de la nature universelle*, traduit du latin par F. de Fougerolles, Lyon 1597, pp. 713-714).

quoy il fault que l'homme parvienne, s'il veult, tant soit peu, attaindre
et approcher a la cognoissance de son Createur, et comprendre le vray sens
de l'Escriture Saincte, a nous laissee par son fils Jesu Christ, ses Sainctz
Prophetes, Apostres et Evangelistes, en Paraboles Mystiques et obscures
a la chair afin qu'elle ne fust mesprisee ny jectee devant les pourceaulx,
ains seulement entendue par ceulx, qui par assiduelles prieres sont regenerez en Iceluy, l'ayant tenu cachee aux sages et grands de ce monde,
pour la reveler aux petitz, paovres d'esprit, et vrays brebis de son troupeau
cognoissantz la voix de leur Pasteur^c. Ce non obstant l'homme charnel ^{c} *Jo. X, 3–4.*
par certaine curieusite et cupidité de sca- | 73 | voir, receue en heritage
par sa premiere Mere Eva a taché de s'emparer par son esprit immonde
du Royaulme de Dieu sans invocation du Sainct Esprit, enquoy touttes ses
estudes, meditations, et travaulx luy sont reuscies en vain, et en lieu que
ceste petite semence du bon Esprit ou estincelle de lumiere^a (comme dict ^{a} *I Jo. I, 5.*
Sainct Jan) qui luy est demeuree, devroit germer et accroistre en iceluy,
l'outrecuidance, propre-sagesse,[148] arrogance, et obstination l'ont tellement
suffoquee, qu'il est tombé d'une erreur et ignorance en l'aultre, dont le
nombre infiny des sectes et heresies se sont espandues et inondees en
l'Eglise de Dieu, desquelles chescune a voulu interpreter l'Escriture selon
sa fantasie, et en tirer par les oreilles quelque passage, pour donner vogue
a son opinion, ainsy que l'on a peu veoir aux Arriens, lesquelz avoyent
infecté la meilleure partye de l'Asie, Europe, et toutte l'Affrique, munyz
de beaucop de sentences de l'Escriture, si bien qu'Erasme dict qu'ilz
avoyent la lettre tant a leur commandement, que par la lettre il estoit
impossible de les convaincre de leurs erreurs.[149] Je ne me veulx icy arrester
d'ammener beaucop d'exemples semblables du temps passé, | 74 | puis
que nostre siecle, helas, ne nous a produict que trop de Scysmes et divisions
en l'Eglise, car en lieu qu'aux aages passez une heresie suivoit l'aultre par

---

[148] Ce terme, qui figure à plusieurs endroits du pamphlet, correspond à un des
termes-clés de David Joris, «*eyghen-wijsheyt*» (voir F. Nippold, «David Joris von
Delft. Sein Leben, seine Lehre und seine Secte», dans *Zeitschrift für die historische
Theologie*, 1868, S. 514-520).

[149] S. Franck, *Chronica*, 2. Teil, Fol. 89 ro.: «hett in summa ir ketzerey ein solch
ansehen und schein, das sy nit schlecht leüt, sunder beyde gelert unnd ungelert auff
ir meynung beredten, und das alles mit schrifften, so gar, das ihnen auch Erasmus in
Apologia ad Episcopum Hispa. den buchstaben der schrifft zugibt, das sy gleich
damit triumphiert haben, und spricht frei, das die Arriani leügnen oder verneynen, sehe
er nit wie mans probieren moeg, dann ratiocinatione, das ist, mit bewerlichen an-
geben, ursachen und volg (in lib. de modo orandi) das er doch meer dann gnugsam
acht. Aber mit dem buchstaben stolziert er frech, als vil der unsern, die da meynen
man künd gar kein eynred wider ir gefasszte schrifft auffbringen.»
L'écrit d'Erasme auquel Franck se réfère, est *Apologia adversus articulos aliquot,
per monachos quosdam in Hispaniis exhibitos*, qui est dédié «Alfonso Maurico Ar-
chiepiscopo Hispalensi»; l'endroit auquel il est fait allusion ici, se trouve dans *Erasmi
Opera omnia*, t. IX, Lugd. Bat. 1706, 1035-1036.

entrejectz de plusieurs annees, il semble que le Dyable s'est au jourdhuy
voulu dechainer tout a coup, pour faire renaistre ensemble touttes les
faulses opinions, et qui est plus a deplorer, qu'il se trouve des sectes si
esloignees de la verité, qu'ilz osent se servir de l'Escriture comme de leur
maquereau, pour couvrir leur vilaines, et ordes paillardises, incestes, et
adulteres.[150] Aultres la veulent appliquer a l'usage d'espandre le sang
humain, exhortantz le Magistrat a faire mourir les heretiques, voire aulcuns pour deffendre leurs meurdres privez commis a leur prochains,
comme a la primitive Eglise les Donatistes,[151] lesquelz du temps de noz
Peres sont resuscitez en certaine secte, nommée les Batenbourgois,[152] qui
soustenoit estre loisible au Chrestien d'exterminer les Infideles, ou ceulx
qui n'adheroyent a leur resveryes. Ne s'est il pas trouvé a Sainct Gal en
Swisse ung homme si perdu, lequel a osé maintenir par ung passage de
l'Escriture le Parricide perpetré a son propre frere, qu'il fyst agenouiller
devant luy et luy trencher | 75 | la teste? [153] Encor y en a il qui veulent
coulorer de ceste belle couleur leur songes, et fantasies, si avant qu'il les
fault recevoir et croire comme la Parole de Dieu mesmes, bref l'Escriture
nous a en ce siecle depravé introduict telle confusion Babilonienne, que
la verité de Dieu (pour le regard des hommes) est convertye en pure
mensonge, tellement que l'on peult a bon droict demander avec Christ en
sainct Luc. 18. 8. *Quand le fils de l'homme viendra pensez vous qu'il
trouvera foy en la terre?* Voilà comme chescun a qui mieulx mieulx va
plastrant et confortant sa creance receue de ce que peult sa raison imaginer, qui est un outil souple et contournable a toutte figure. Ainsi le
monde se remplit et confict et fadeses et mensonges,[154] tellement qu'on
ne doubte plus de mettre en avant telles fantasies farouches que l'humaine

---

[150] Cf. S. Franck, *Chronica*, 2. Teil, Fol. 144 ro.: «Item alle die, welche die
schrifft falsch deüten und auslegen, nit nach dem sinn Christi, sunder nach dem
anmut des fleischs, nach dem buchstaben, und nit nach dem geyst, und doch Evan-
gelisch woellen gnant sein.»

[151] S. Franck, *Chronica*, 2. Teil, Fol. 203 ro.: «über ir ketzerei, deren kein ver-
derblichere war, verwundten sy vilfeltig die Christen, und mit vermengtem kalck mit
essig, verblendten sy vil, etlich erwürgten sy, etlich bezwungen sy ausz forcht des tods,
zutodtschlagen, zumoerden, und ihn anzuhangen.»

[152] Sur cette secte, voir l'article «Jan van Batenburg», dans *The Mennonite Encyclopedia*, vol. I, Hillsboro-Newton-Scottdale 1955, p. 247-248.

[153] S. Franck, *Chronica*, 2. Teil, Fol. 201 vo.: «Es soll ein bruder in Schweitz zu
S. Gallen, zu seim leiblichen bruder gesagt haben, knie eilends nider, ich hab des
herrn befelch, dir den kopff abzuhawen. Da sei der bruder gedultig und willig nider
gekniet, und sich lassen enthaupten. Der ander darumb von dem Podestat angriffen,
ist darauff gestorben, er wisz und wehne nit anders, dann der Herr hab ims bevolhen.»
Voir aussi sur cet acte de violence de Thomas Schugger ce qu'écrit Zwingli, dans
In Catabaptistarum strophas elenchus, dans *Huldreich Zwinglis sämtliche Werke*,
Band VI, 1. Teil, S. 89-95 (*Corpus Reformatorum*, vol. XCIII, pars I).

[154] Montaigne, *Essais*, II, xii, p. 278, l. 20-23.

phrenesie peult produire: non point que la coulpe en soit a imputer a l'Escriture (laquelle surpasse toux les tresors du Monde en son sens Spirituel), mais a nostre entendement charnel, par lequel nous ne pouvons comprendre l'intelligence Spirituelle, non plus ne moings (selon Sainct Paul) *qu'ung homme ne peult scavoir ce qu'un aultre homme a au coeur si non l'hom-* | 76 | *me mesmes, ainsy l'on ne peult entendre ce qui est de Dieu sinon le seul Esprit de Dieu*[a],[155] ce que nostre Sauveur Jesu Christ nous a donné a entendre par ceste sentence en Sainct Jan, *c'est l'esprit qui vivifie la chair ne proficte rien, les paroles que je vous dys sont Esprit et vie*[b]. Escoutons donc ce Maistre d'Escole Spirituel, afin qu'il nous enseigne sa Parole, et nous conduise a la droicte voye de salut par son Sainct Esprit et non point par l'Escriture selon la lettre, encore moings par la predication de l'homme menteur, qui veult tousjours enseigner devant que luy mesmes soit instruict[c], marcher devant qu'avoir des piedz, voler jusques au Ciel avec ses aisles charnelles, devant qu'estre revestu des aisles de l'Esprit, selon Salomon en Sapience 9. 17. *Qui est celuy qui a entendu ton conseil si tu ne luy as donné sapience, et ne luy as envoyé ton sainct esprit des lieux treshaultz.* Il seroit a desirer a l'homme qu'il attendist sabbathant en patience, avec assiduelles prieres, l'heure que Dieu le vouldra illuminer de son Sainct Esprit, afin qu'il luy serve de clef pour luy ouvrir les tresors Spirituelz, cachez soubz ceste lettre escritte, sans laquelle tant s'en fault qu'il puisse, tant soit peu, proficter a l'estude de Sapience, (comme dict Salomon au mes- | 77 | me lieu *que la sagesse n'entre point en l'esprit corrumpu et perverty*[a]) qu'au contraire a mesure qu'il se sent ung peu avancé en doctrine de l'Escriture, autant il s'enfle en orgueil, arrogance, et Philauthie, vrays empechementz pour le destourner du tout de la cognoissance de son Createur et de soy mesmes, et par ainsy il se laisse conduire par son sens charnel et reprouvé, jusques a persecuter et se former ennemy mortel de ceulx, qui par l'Esprit de Dieu tachent d'eslever leurs coeurs par dessus les choses terrienes aux Celestes, et abandonner la lettre qui occist pour embrasser l'Esprit qui vivifie[b]. C'est ce qui vous a causé en vostre lettre dedicatoire de vous ruer par une infinité de calumnies sur ceulx qui s'esvertuent par l'invocation du nom de Dieu parvenir a la vraye intelligence de sa parole, et selon icelle reigler leurs actions et pensees. Pour denigrer lesquelz d'avantage, vous les accusez a tort, *qu'ilz rejectent le tesmoignage de l'Escriture et aneantissent tout remors de la conscience.*[156] Quant au premier poinct je scay que les Zela-

a I Cor. II, 11

b Jo. VI, 63.

c Rom. II, 21.

a Sap. I, 4.

b Jo. VI, 63.

---

[155] Ce texte n'est pas cité d'après la Bible de Genève.
[156] *Ondersoeckinge*, blz. VII: «... sy onder den schijn van geestelijck ende van Christelijcke geduldicheyt, dese twee voorgemelde hoofdstucken ende rechtsnoeren (als

teurs Spirituelz lisent et relisent incessamment l'Escriture, et prient Dieu nuict et jour pour obtenir la droicte intelligence d'icelle, par la communication | 78 | de son Sainct Esprit, scachantz tresbien, que de leur sens charnel ilz ne peuvent comprendre la parole Divine selon Sainct Paul, *Qu'il n'y a que l'Esprit de Dieu qui puisse comprendre les choses Divines, et que le sens de l'homme n'y peult attaindre, pour autant qu'elles luy semblent folie, mais luy qui a l'Esprit de Dieu discerne touttes choses*[a],[157] et en Sainct Jaques chap. 1. 17. *Toutte bonne donation et tout don parfaict est de Dieu*, lequel Apostre dict aussi, *que l'on demande la vraye Sagesse a Dieu*[b],[158] laquelle ayant acquise, nous n'avons besoing d'aultre moyen, predication, Interpretes, ny Glosseurs pour nous instruire en sa parole. Car puis que tout homme est menteur[c] et que nous sommes toux decheuz sans que personne soit demeure bon[d], selon le Psalmiste, quel bien ou bonne doctrine a salut pouvons nous esperer de l'homme non regeneré? si non qu'estantz aveugles et menez par les aveugles[e], nous tombions toux dedans la fosse, ce que nous ne voyons avenir que trop souvent devant noz yeulx, quand nous considerons quel profict nous ont apporté jusques au jourdhuy tant de preches, exhortations, disputes, celebration des Sacrementz, lecture et expositions sur l'Escriture, s'est il bien trouvé | 79 | ung seul homme qui en aye resenty la vraye regeneration en esprit, mortification du vieil Adam, et que la charité en soit embrasee en son coeur? Je voy encor la haine, vengeance, ambition, mesdisance, cruaulté, avarice, orgueil, Paillardise, et toux pechez autant predominer es coeurs des hommes qu'ilz ne fyrent oncques du temps de noz Peres, d'ou vient cela? C'est que l'Esprit charnel de la pluspart de voz Docteurs [159] (je n'entens icy gratigner que ceulx qui se sentiront roigneux) n'a ceste efficaçe vivifiante comme l'Esprit de Dieu, d'attendrir le coeur de l'homme et le rendre si souple qu'il vienne a la cognoissance de ses pechez. Ils sont comme le feu painct a la paroye, qui n'a ceste vertu chalereuse de cuire ny chauffer comme le feu materiel. Ils nous veulent

[a] *I Cor. II, 11 et 14–15.*

[b] *Jac. I, 5.*

[c] *Ps. CXVI, 11.*

[d] *Ps. XIV, 3 et LIII, 4.*

[e] *Matt. XV, 14. Luc. VI, 39.*

namelick de getuygenisse der Schrift, ende het wroegen der conscientie) ganschelick soecken omme te stooten ende geheelick te benemen.»

[157] Ce texte n'est pas cité d'après la Bible de Genève; il est à remarquer que le texte de I Cor. II, 11 est cité p. 76 dans une traduction différente qui n'est pas non plus celle de la Bible de Genève.

[158] Ce dernier texte n'est pas cité d'après la Bible de Genève.

[159] Pour sa diatribe contre les pasteurs réformés, le Gentilhomme allemand a pu trouver des modèles dans le traité *De calumnia* de Castellion, ainsi que chez Herman Herberts (*Corte verclaringhe over die Woorden Pauli, geschreven totten Romeynen, cap. II. vs. 28.*, z. pl. en j. (Vianen 1584), fol. a v ro. – a vj vo., et *Bekentenisse des Gheloofs*, Gouda 1591, fol. 94 ro. – 106 vo. et 348 vo.-354 vo.). Du reste, dans son *Ondersoeckinge*, Marnix raille la vanité des pasteurs qui aiment à faire étalage de leur savoir (blz. 198-203); évidemment, son attaque est loin d'avoir le mordant et la violence qui caractérisent l'attaque du Gentilhomme allemand.

vendre pour vraye Parole de Dieu, leur commentaires et expositions en grand nombre sur la Bible, leur Cathegismes, preches et oraisons qu'ilz prononçent sur la chaire en se gendarmant et s'escrimant des mains par une fastueuse arrogance, apres qu'ilz ont fueilleté les livres de leur Glosseurs une nuict entiere, lesquelz leur servent d'esprit pour les illuminer de leur parole de Dieu. S'ilz y ont bien | 80 | estudié, ilz en rendent bon comte a leurs auditeurs, si mal, ilz toussent, crachent, beguent, repetent une sentence et se contredisent dix fois en une heure, tirantz ceste paovre Escriture par les cheveulx jusques a mouvoir l'estomach a leurs auditeurs plus delicatz et cler voyantz. L'on ne les peult mieulx accomparer qu'a ung puis ou fossé depourveu de sources vifves, duquel ne se peult espuiser plus d'eau, que n'y a esté mis au paravant. Ilz ne sont pas ceulx là desquelz Christ dict en Sainct Jan chap. 7. 38. *Qui croit en moy comme dict l'Escriture il decoulera fleuve d'eau vive de son ventre.* Je me taix encor des propos scandaleux, calumnies, invectives, plaines de sedition et rebellion contre leur Superieurs, mesmes des doctrines non moings repugnantes contre le sens de la lettre, que contre la vraye intelligence spirituelle de l'Escriture, dont leur preches se trouvent entrelardees, lesquelles ilz finissent par la benediction qu'ilz donnent au peuple devant qu'eulx mesmes l'ayent receue du Seigneur. Et puis, il fault que leur Disciples avallent tout cecy pour vraye Parole de Dieu, sans y contredire au moindre poinct du monde, s'ilz ne veulent estre declairez pour Anathe- | 81 | ma et heretiques selon la reigle *noli tangere Christos meos*[a]. Il est vray qu'il s'en trouve d'entre eulx qui sont ung peu mieulx douez d'eloquence et memoire, deduisantz leur matiere proposee plus disertement, pour desservir leur salaire annuel, en donnant quelques instructions morales, dont ilz peuvent mal evader l'envye de leurs compagnons et l'arrogance en leur coeurs, pour l'affluence du peuple qui accourt a leur Predications. Mais quoy? ilz demeurent neantmoings les vrays aveugles conducteurs des aveugles[b], les sepultures painctes par dehors[c], mercenaires[d], esclaves de la lettre[e], et non point affranchys par l'esprit[f]. Ilz reforment les vices de l'apparence, ceulx de l'essence ilz les laissent là, s'ils ne les augmentent. Ilz ont le miel aux levres et le fiel au coeur[g]. Quand ilz montent en chaire ilz commencent leur prieres (qui ne passent pas les dentz[h]) par l'invocation du sainct Esprit avec une bouche sanglante et affamee sur la chair humaine, lesquelles ilz estendent d'une longue halaine en supplications a Dieu pour santé, prosperité aux voyages, plantureuse moisson, que la peste, guerre, et famine soyent esloignees de noz limites avec beaucop d'aultres commoditez mon- | 82 | daines, et ne considerent point que Dieu nous les pourroit octroyer quelque foix a nostre dommage. Car tout ce qui nous

[a] *Ps. CV, 15.*

[b] *Matt. XV, 14. Luc. VI, 39.*
[c] *Matt. XXIII, 27.*
[d] *Jo. X, 12.*
[e] *II Cor. III. 6.*
[f] *Rom. VIII, 2.*
[g] *Prov. V, 3-4.*
[h] *Is. XXIX, 13.*

est agreable ne nous est pas tousjours salutaire: Si en lieu de la guerison il nous envoye la mort ou l'empirement de noz maulx, il le faict par raisons de sa providence, qui regarde bien plus certainement ce qui nous est necessaire, que nous ne pouvons faire, partant nous devons prendre en bonne part et biens et maulx qu'il nous envoye, comme d'une main tressage,[160] et nous contenter de l'oraison qu'il nous a enseignee, *ta volonté soit faicte*[a]. Davantage ilz ne font que precher contre les Pharisiens et Scribes et sont si stupides, qu'ilz ne sentent point que ceulx là les representent en figure, Car s'ilz pouvoyent rencontrer ung Pylate, ilz ne cederoyent en cruaulté aux aultres a persecuter Christ en ses membres, et aux Scribes a l'intelligence de l'Escriture selon la lettre. Je croy que sainct Paul les a voulu depaindre a l'Epistre aux Romains chap. 3. ou il dict, *leur gosier est un sepulchre ouvert, ils ont frauduleusement usé de leurs langues, il y a venin d'aspid sous leurs levres, desquelz la bouche est plaine de malediction et d'amertume, destruction et misere est en leurs | 83 | voyes, et n'ont cognu la voye de paix, la craincte de Dieu n'est point devant leurs yeulx.* Comment est il possible que l'Esprit de Dieu puisse habiter en des coeurs si plains d'oultrecuidance, qui pensent avoir avallé toutte la sagesse Divine et humaine, qui sont farcys d'orgueil et arrogance, jusques a oser entreprendre la reformation du Monde, sans que l'on n'y puisse rien trouver a redire ny ajouster, Il fault tout prendre pour argent comptant, recevoir pour Oracle et article de foy tout ce qui nous a esté laissé par escrit de leurs premiers fondateurs, leur autorité c'est le but, au delà duquel il n'est pas permis de s'enquerir. Il ne fault point debattre pour mettre en doubte leurs opinions, mais pour les deffendre des objections estrangeres, comme si Dieu les avoit seuls inspirez de sa verité, doué de la sapience de Salomon a donner sentence du bien et mal, et orné comme les Apostres du don des langues a pouvoir translater la Bible touttes les foix que la fantasie leur en prend,[161] ne se contentantz point de ceste fameuse translation des septante Docteurs et de plusieurs aultres tant estimees et receues a l'Eglise, et ne considerent point que la diversité de touttes ces interpretati- | 84 | ons dissipe la verité et la confond. Qui ne diroit point que ces glosses

a *Matt. VI, 10.*

---

[160] Montaigne, *Essais*, II, xii, p. 332, 1. 16-23. Cf. S. Franck, *Paradoxa*, S. 73: «Pestilenz, Hunger, Krieg, Verblendung des Pharao und der Juden und alle Flüche (3. Mos. 26; 5. Mos. 28. 29 erzählt) sind vor Gott nicht böse, sondern gut, eine Strafe und gnädige Heimsuchung der Sünde und ebensowohl ein Werk seiner Gnade, Liebe und Güte, als wenn er uns alles voll gibt, und benedeit und vor Sünden bewahrt; sie werden aber nach der Achtung unseres Herzens in der Schrift (die auf unser Herz sieht und ein Ding nennt, nicht wie es vor Gott und in Gott, sondern in und vor uns ist) ein Fluch und Zorn Gottes genannt, während doch Gott nicht zürnen, uns hassen, noch sein Werk verfluchen mag (Weish. 11).

[161] Manifestement, cette remarque s'adresse directement à Marnix, qui, en septembre 1594, avait été nommé traducteur de la Bible.

augmentent les doubtes et l'ignorance, puis qu'il ne se void aulcun livre soit humain soit divin, auquel le monde s'embesoigne, duquel l'interpretation façe tarir l'obscurité?[162] Le centiesme commentariste renvoye la difficulté a son suivant plus espineuse et plus scabreuse, que le premier l'avoit trouvee.[163] Ilz ont plus affaire d'interpreter les interpretations qu'a interpreter les choses, et font plus de livres sur les livres que sur le principal suject.[164] Trouvons nous pourtant quelque fin au besoing d'interpreter? s'y voit il quelque progres et advancement vers la tranquillité? Au rebours nous obscurcissons et ensevelissons la vraye intelligence[165] de plus en plus, Il n'y a point de fin en leurs inquisitions et disputes. Ce n'est pas en ces coffres plains ou le sainct Esprit veult estre enserré, Il cerche les coeurs umbles demis, mesprisez, et vuides de toutte sagesse humaine, ignorantz et folz selon le Monde, A qui enseignera il sa cognoissance, *aux sevrez du laict de la mamelle* dict Esaye 28. chap 11. vers, c'est a dire ceulx qui laissans la chair desirent estre repeuz de viandes Spirituelles, partant nostre Seigneur dict en St Mathieu | 85 | chap. 11. 25. *O Pere sainct du Ciel et de la terre je te rens graces que tu as caché ces choses aux sages et entenduz et les as revelees aux petitz enfans*, et par l'Apostre aux Corinthiens, chap. 1. 27. *Dieu a eleu les choses foles de ce monde pour confondre les sages, et Dieu a eleu choses foibles de ce monde pour confondre les fortes, et Dieu a eleu les choses viles de ce monde et les mesprisees et celles qui ne sont point, afin d'abolir celles qui sont, afin que nulle chair ne se glorifie devant luy.* Que le Seigneur est patient et longanime d'endurer si long temps que les sainctz reliques de son Temple sont foulez aux piedz de ces Usurpateurs des charges Ecclesiastiques. Mais il fault croire qu'il est autant juste que patient[a], et qu'il leur a prescrit les limites de leur domination, (*omne violentum non perpetuum*[166]) car leur cheute est desja menaçee approcher et semble qu'elle soit devant la porte, quoy qu'ilz regimbent, par la multitude des institutions, loix, disciplines, et ceremonyes, dont ilz accablent

[a] *Ps. CXVI, 5.*

---

[162] Montaigne, *Essais*, III, xiii, p. 363, 1. 15-16 et 28-30.
[163] *ibid.*, p. 364, 1. 1-2.
Le Gentilhomme allemand conserve la graphie des adjectifs «espineux» et «scabreux» qui, chez Montaigne, se rapportent au substantif «livre» de la phrase précédente. Nous nous sommes permis de rétablir l'accord avec le mot «difficulté», qui ne figure pas dans le texte des *Essais*.
[164] *ibid.*, p. 365, 1. 19-20.
[165] *ibid.*, p. 364, 1. 6-7 et 9-10.
[166] W. Gurney Benham, *Cassell's Book of quotations*, London, Paris, New York & Melbourne 1907, p. 659: «Quod est violentum, non est durabile. PROVERB.»
Bien que l'idée soit assez commune (cf. par exemple Seneca, *Ep. ad Luc.* XCIV: «Optimam doloris esse naturam, quod non potest nec qui extenditur, magnus esse; nec qui est magnus, extendi»; Estienne Pasquier, *Les recherches de la France*, Paris 1596, p. 359: «nature ne porte rien de violent»), nous n'avons pu déterminer la source de la citation.

leur adherentz, la force et violence, qu'ilz veulent user sur les consciences
des hommes, ne considerantz point, que la Religion Chrestienne ne veult
estre restraincte par reigles, ains jouyr de la franchise Spirituelle, et que
l'Esprit de Dieu y veult | 86 | estre l'unique Docteur et Legislateur, lequel
ne permect pas qu'on luy impose loix, ains delivre et commect les siens
par dessus toux les Loix au faict de la Religion, voire les esleve au dessus
des Loix de Dieu (selon l'Apostre aux Gal. chap. 5. *que si vous estes menez
de l'Esprit vous n'estes point soubz la Loy*) leur imprimant la charité aux
coeurs, tellement qu'ilz luy obeissent d'une franche affection, non par
constraincte ny restriction de loix chargez aux hommes par les hommes, ce
que l'Apostre nous enseigne aux Colossiens chap. 2. 20. *si vous estes donc
mortz avec Christ quant aux rudimentz du monde, pourquoy vous charge
on d'ordonnances, comme si vous viviez au monde? ne mange ne gouste
ne touche point, touttes lesquelles choses ordonnees par les commandementz et les doctrines des hommes perissent par l'usage.* Je ne dy pas cecy
pour aucun mal que je veulx a ces Messieurs (Dieu m'en soit tesmoing)
mais a celle fin qu'ilz soyent avertyz de n'enseigner devant qu'eulx mesmes
soyent instruictz par le sainct Esprit. Qu'ilz ne vendent plus leur preches
recueilliz en leur memoire par leur estudes laborieux, au Peuple, pour la
parole de Dieu, mais qu'ilz le renvoyent aux prieres a Dieu pour son
sainct | 87 | Esprit, qui le conduira en toutte verité. Voilà en bref les
raisons du peu de fruict que leur preches ont apporté jusques au jourdhuy
a l'Eglise, dont les sages peuvent juger si ceste reformation n'a besoing
d'estre derechef reformee et refondue. Mais nous n'entendons pas comprendre au nombre de ces Docteurs de la lettre aucuns personnages ornez
de pieté et instruictz a la vraye Escolle de Christ par son sainct Esprit,
lesquelz enseignent la paix interieure au Peuple selon l'Apostre aux Romains, chap. 10. 15. *O que les pieds de ceulx qui annoncent paix sont
beaux de ceulx, dy-je, qui annoncent les choses bonnes.* Ilz s'esvertuent
de faire usure sur la chaire du talent que le Seigneur leur a donné en
garde[a], lequel je prie vouloir benir leur labeur tellement que son nom soit
de plus en plus glorifié, et le regne de l'Antichrist renversé, qui se glisse
de nouveau en l'Eglise enombré de l'Escriture selon la lettre, car il ne tient
pas seulement son siege a Rome, ains s'est estendu les limites de sa domination par tout le monde es coeurs des faulx Docteurs et infideles qui
enseignent et vivent contre la doctrine de Christ.[167] Mais ces gens de bien

a *Matt.
XXV,
14–30.
Luc. XIX,
11–27.*

---

[167] S. Franck, *Chronica*, 2. Teil, Fol. 3 ro.: «. . . nit das darumb alles recht sei was
nit baeptisch ist, gleichsam der Bapst alleyn der Teüfel und Antichrist wer, und der
teüfel kein larven meer wiszte, darein er sich verkappet und verbutzt, dann die
gantz welt ist voll Antichristen, und nit allein das bapstumb, sunder alle secten aus-
serhalb des Christenthumbs und gmeyn Gottes auff ein hauffen seind eitel ketzerei.»

sont esclairez de si pres par leur adversaires, | 88 | qu'ilz n'osent librement deployer l'escrain de leur dons Spirituelz, de peur que l'on ne crie incontinent sur eulx Crucifige. Car l'Esprit a esté tousjours combattu par la chair, ainsy que l'on a peu veoir aux Pharisiens et Scribes, lesquelz scavoyent l'Escriture par coeur selon la lettre, et pourtant n'ont peu souffrir l'Esprit de Dieu espandu au Monde par son fils Jesu Christ, comme dict Jeremie. *Gens de col roide et incircumcis de coeur et d'oreilles, vous vous opposez tousjours au sainct Esprit, comme voz Peres ont faict aussy faictes vous.*[168]

Vous pourriez icy demander si Dieu ne peult encor en ce temps present susciter des Sainctz personnages pour dogmatiser a l'Eglise soit par livres ou predications, comme par cy devant il s'est servy de ses Sainctz Prophetes, Apostres et Evangelistes, je le vous avoue, mais il fault qu'ilz soyent remplyz du sainct Esprit premier que le pouvoir communiquer a d'aultres,[169] car c'est en Esprit et verité que le Seigneur veult estre adoré[a] et   [a] *Jo. IV, 24.*

Herman Herberts a écrit un traité *Een corte ende grondige verclaringe vanden Antichrist. waerinne angewesen wordt, dat die Paus niet alleene een Antichrist sy, maer oock een yegelijc mensche by hem selven (vervreemdet zijnde vanden Geest Christi),* Vianen z. j.; de même, on lit dans une lettre du schwenckfeldien Aggaeus Albada à Adriaen van der Myle, du 1er septembre 1584: «Ex altera parte agnoscimus Antichristum, sed in nostra nondum ita notus est, et est tamen» (*Illustrium et clarorum virorum epistolae selectiores,* Lugd. Bat. 1617, p. 960). L'idée que le Pape était l'Antichrist était propagée par les calvinistes les plus violents; qu'on lise à ce sujet ce qu'écrit Grotius: «Nimirum eorum qui schisma esse perpetuum volunt, qui ad ipsum unitatis Ecclesiae ac concordiae nomen contremiscunt, interest Papam credi Antichristum, ac non posse non esse talem usque ad Domini adventum» (*Appendix ad interpretationem locorum N. Testamenti quae de Antichristo agunt, aut agere putantur,* Amstelodami 1641, p. 4).

[168] L'auteur se trompe dans l'attribution de cette citation, qui est tirée du livre des Actes VII, 51; cependant, il est vrai que ce texte rappelle deux passages de Jeremie: «A qui parlerai je, et qui sommerai je, afin qu'ils escoutent? voici, leur oreille est incirconcise, et ne peuvent entendre: voici, la parole de l'Eternel leur est un opprobre, ils n'y prenent point de plaisir» (VI, 10), et «Mais ils ne m'ont point escouté, et n'ont point encliné leur oreille: ains ils ont roidi leur col, ils ont pis fait qui leurs peres» (VII, 26).

[169] Les spiritualistes accentuent tous la nécessité de la vocation particulière dont parle l'Epître aux Romains (X, 15). Coornhert distingue une vocation générale, qui vaut pour tous les croyants, et une vocation particulière; à propos de celle-ci il écrit: «Dese houde ick te wesen een Godlijck bevel, last ofte beroepinghe (om die woorden wil ick niet twisten) gheschiedende aen bequame persoonen, omme door Gods woordt ghetrouwelyck ende te recht bedient zijnde, een ghemeynte op te richten, oft te reformeren, oft gants te vernieuwen met veranderinghe, oft voorts te telen door onderwysinghe ende voedinghe. Van welcke vier verscheyden diensten der ghesondene dienaren Godes men klare exempelen vindet inde Heylighe Schriftuere, als vander kercken oprichtinghe aen Moysen, van hare reformatie, aen Heliam, van hare vernieuwinghe, aen onsen Heere Jesum Christum ende zijnen Apostelen, ende vande voorttelinghe ende voedinghe aen den selven Apostelen met der selver navolgheren» (*Vande Zendinghe der Lutheranen, Swinglianen, ende Mennonisten,* dans *Wercken,* deel III, fol. 391a; voir aussi *Toetzsteen der Ware Leeraren,* dans *Wercken,* deel I, notamment fol. 47c-d).

Il convient de remarquer que pour Sébastien Franck aucun homme n'a le droit de

enseigné, non point par encre, papier, ny tables gravees, ains par le doigt de Dieu au plus profond du coeur.[170] Ilz ne seront pas appellez a ceste vocation par l'imposition des mains ou approbation des hommes, ny par | 89 | beaucop de langues estrangeres, lecture des commentaires ou longues estudes, mais par la vertu du sainct Esprit, que le Seigneur par singuliere grace aura espandue sur iceulx, selon sainct Jan 15. 16. *Vous ne m'avez point eleu, mais je vous ay eleus, et vous ay ordonnez, afin que vous alliez et apportiez fruict et que vostre fruict soit permanent.* Car encor que la saincte escriture comprenne en soy tout ce qui sert a nostre salut, si ne s'en peuvent ilz point deuement servir, n'est qu'ilz soyent premierement bien embeuz de sa vraye intelligence par l'Esprit de Christ, lequel leur donnera sagesse, discretion, entendement, charité, misericorde, obeissance a la foy et grace pour la remission de leurs pechez, qui les fera resplendir et cognoistre par leur bonne vie, et par les fruictz de leur labeur. Mais
[a] *Jo. X, 12.* d'aultant que plusieurs mercenaires[a] et non appellez s'avancent eulx mesmes aux charges ecclesiastiques, lesquelz sont mal aisez a discerner, par les simples, d'entre les legitimes successeurs des Apostres, il les fault escouter avec ceste circumspection, qu'ilz sont hommes, et que par consequent ilz peuvent faillir, que c'est l'homme qui le donne, et l'homme qui le reçoit, c'est une mortelle main qui | 90 | nous le presente, c'est une mortelle main qui l'accepte. Les choses qui nous viennent du ciel ont seules droict et autorité de persuasion, seules marque de verité, Aussi celle là ne la voyons nous pas de noz yeulx, ny ne la recevons par noz moyens. Ceste saincte et grande image ne pourroit entrer en un si chetif domicile, si Dieu pour cest usage ne le prepare, s'il ne le reforme et fortifie par sa faveur et impulsion particuliere et supernaturelle.[171] Ceulx qui se sentent ainsy divinement douez de la grace d'enseigner ne se poulseront pas temerairement en avant premier qu'estre appellez du Seigneur, ains y procederont sobrement par une craincte, obeissance et humilité d'Esprit non plus avant que l'Esprit de Dieu (leur guide) ne les inspire. Ilz n'enjamberont pas ceste autorité sur Christ et ses Apostres (je me dispenceray

---

«dogmatiser a l'Eglise». A. Hegler l'a bien expliqué: «Jede äusserliche Auktorität, es sei Schrift oder geschichtlicher Christus, ist nur insofern berechtigt, als sie nicht mehr als 'Zeugnis' geben will. Es liegt zugleich die Forderung darin, ... dass kein Schüler Christi 'Rabbi' sein und mit Lehrauktorität auftreten, sondern nur 'Zeuge' sein soll» (*Geist und Schrift bei Sebastian Franck*, Freiburg i.B. 1892, S. 195). Bien significatif est sous ce rapport le titre du chap. 13 du traité posthume de Franck, *Van het rycke Christi* (Goude 1611, fol. 52 vo.): «Hoe in het rijcke Christi gheen Boecken, Schrift ofte Predicatie en zy, maer die H. Gheest is het alles, Schrift ende Leeraer».

[170] S. Franck, *Paradoxa*, S. 285: «Novum Testamentum spiritus sanctus, non liber atramento scriptus, sed digito dei in cordis tabulis.»

[171] Montaigne, *Essais*, II, xii, p. 312, 1.27-28; p. 313, 1. 1-7.

d'aller icy un peu a gauche de mon theme [172]) de charger son Eglise
d'aultres loix ceremonies et disciplines, qu'il ne nous a laissé, considerantz
que le monde penche tellement envers la corruption que par laps du temps
ce qui semble au commencement institué pieusement et a bonne intention,
tourne bien souvent au mespris de la parole de Dieu et a pure Idola- | 91 |
trie, et qu'en fin les institutions humaines sont receues pour loix et commandementz du Seigneur, dont l'Eglise Romaine nous donne prou
d'exemples premierement par les Images, lesquelles ont esté au commencement erigees pour servir d'ornement en leur Temples,[173] et esmouvoir
a devotion le simple peuple en voyant un crucefix, et aultres martirs repre-
sentez devant leurs yeulx, lesquelz on appelloit les livres des ydiotz.[174]
Mais a quel abus et Ethnique superstition elles sont aujourdhuy appli-
quees, est assez notoire, sans qu'il soit besoing de l'estendre icy plus avant.
Pareillement la premiere fondation des Monasteres a, sans doubte, prins
son origine d'aulcuns hommes touchez d'un bon Zele envers la Religion,
a laquelle ilz se vouloyent du tout vouer et se retirer de la presse du monde,
pour n'estre allechez et destournez par les voluptez mondaines du service
de Dieu, mais a quoy sont parvenues ces religieuses demeures? ne sont ce
pas les vrays bourdeaulx de toutte paillardise et Sodomye, hostelleryes
d'yvrognerye et gourmandise et escoles d'heresie? Le sacrament de l'autel
a esté par les vieulx Peres pour un temps exercicé selon la lettre a peu pres
sui- | 92 | vant l'institution de Christ et des Apostres, mais les Papes et
Conciles en ont forgé un sacrifice [175] et l'ont depuis tellement appiecé
ensemble de mille lopins, qu'il est reduict au jourdhuy a pure cingerye
semblable a un jeu de basteleur, destournantz par là les hommes de Christ
aux elementz pour les faire honnorer et adorer comme Dieu mesmes. Ces

---

[172] *ibid.*, II, xxvii, p. 497, l. 12: «Mais je m'en vais un peu bien à gauche de mon
theme.»

[173] *Dictionnaire de théologie catholique*, t. VII, Paris 1927, pp. 796-797: «Une
utilité préalable des images, si on peut lui donner ce nom, c'est d'être un ornement
pour les églises, l'ornement qui leur convient. Cette vue artistique ne semble pas
toutefois avoir été celle des défenseurs des images, ou du moins elle n'a joué qu'en
fonction des utilités proprement dites qui reviennent au peuple chrétien de la fré-
quentation des images.»

[174] Gregorius I, *Epistolarum liber XI*, ind. IV, xiii (*P.L.* LXXVII, 1128): «Quod
legentibus scriptura, hoc idiotis praestat pictura cernentibus, quia in ipsa etiam igno-
rantes vident quid sequi debeant, in ipsa legunt qui litteras nesciunt. Unde et praeci-
pue gentibus pro lectione pictura est.»
Jo. Damascenus, *Oratio de imaginibus* I, 17 (*P.G.* XCIV, 1248): «ὅπερ τοῖς γράμ-
μασι μεμνημένοις ἡ βίβλος τοῦτο καὶ τοῖς ἀγραμμάτοις ἡ εἰκών· καὶ ὅπερ τῇ ἀκοῇ ὁ
λόγος, τοῦτο τῇ ὁράσει ἡ εἰκών».

[175] *Eyn Brieff van Sebastiaen Franck van Weirdt, gheschreven over etlicken jaren
int Latijn, tho synen Vriendt Johan Campaen*, z. pl. en j., fol. Aiiij ro.: «Dat Nacht-
mael des Heeren is verandert gheweist in een offerande.»
De cet ouvrage excessivement rare, nous n'avons pu consulter que la traduction néerlandaise, faite par Pieter de Zuttere (Petrus Hyperphragmus Gandavensis).

troix exemples parmy une infinité d'aultres nous suffiront, pour vous faire
veoir a cest instant, a quoy serviront d'icy a cinquante ans voz loix et
disciplines (si elles sont en vogue pour autant de temps). Je vous prie ceste
confession que voz freres font au Ministre, de leur creance devant qu'ilz
sont admis a la communication de la cene.[176] ne s'ecoulera elle pas en une
aultre confession auriculaire? La reformation en la mesme Cene que vous
avez introduict en voz Eglises tient bien quelque image du rompement
exterieur du pain et communication du calice comme Christ en a usé
avec ses Apostres, mais le mal est que vous insistez tant envers voz disciples
sur cest exercice et signe materiel, sans leur desnouer le vray neud de la
chose signifiee par ce Sacrament, qu'il est fort a craindre qu'avec le temps
vos successeurs ne quictent la chose | 93 | fondamentale de l'institution de
la Cene, pour s'accrocher et arrester au sacrament externe et le convertir
en Idolatrye et superstition. Voz pepinieres des escoliers de la Theologie
qu'on commence a fonder ça et là aux Universitez ne representent ilz pas
les Novices des Moneteaulx des anciens cloistres? ou plustost les seminaires
des Jesuites du temps present? Item que toux Ministres et Maistres d'Escole seront premier advouez et examinez par voz classes avant qu'ilz
puissent enseigner le peuple [177] et instruire la jeunesse,[178] Peu s'en fault

---

[176] Le règlement des Eglises réformées des Pays-Bas, élaboré par le synode national de 1581, stipule dans l'article 43: «Men sal niemandt ten Avondtmale toelaten,
dan die na de ghewoonheijt der kercke tot dewelcke hy hem voecht, belydenisse der
ghereformeerde Religie ghedaen heeft, mitgaders hebbende ghetuijghenisse eens
vromen wandels, sonder welcke oock die ghene die vut anderen Kercken comen niet
toeghelaten sullen werden.
Nemo ad sacrae coenae communionem admittetur, nisi puram seu reformatam religi-
onem, ex recepto ecclesiae cui se adiungit more, professus, cum probatae vitae testi-
monio, sine quo neque ii qui ex aliis ecclesiis veniunt admittentur» (Acta van de
Nederlandsche synoden der zestiende eeuw, uitg. door F. L. Rutgers, 's-Gravenhage
1889, blz. 392).
[177] *ibid.*, blz. 377-378: «4. De wettelicke beroepinghe der ghenen, die te voren
inden Dienst niet gheweest zijn bestaet ten eersten inde Verkiesinghe, dewelcke ghe-
schieden sal door den Kerckenraedt ende Diaconen, mitgaders het oordel der Classe,
... Ten anderden int Examen ofte ondersoeckinghe beyde der leere ende des levens,
dewelcke bijden selven staen sal vanden welcken zij vercoren werden.
Legittima eorum, qui ante in ministerio verbi non fuerunt, vocatio constat electione,
quae a presbyterio et diaconis, adhibito classis ... iudicio, ... fieri debet. Secundo
examine tum doctrinae tum vitae, quod ab iis fiet, a quibus deliguntur.»
[178] *ibid.*, blz. 390: «37. De dienaers des Woordts, Ouderlinghen ende Diaconen,
item de Professeurs inder Theologie (twelck oock den anderen Professoren wel be-
taemt) ende de Schoolmeesters sullen de Belijdenisse des gheloofs der Nederlandtschen
Kercken onderteijckenen.
Pastores, Seniores et Diaconi, professores etiam Theologiae (quod reliquos quoque
decet) et ludimagistri belgicarum ecclesiarum confessioni fidei subscribent.»
ibid., blz. 404 (Synodale besluiten, nr. 8): «Hoemen die Schoelmeysteren examinee-
ren sal?
Ant. Overmits der steden gelegentheyt verscheyden is: soe sal het Classis letten, wat
best hier in te doene ende byder Overheyt te vercrijgen sal zyn, op dat getrouwe
ende bequaeme persoonen in dien dienst gestelt werden.»

que n'ayez obtenu aussi ce poinct que nuls Estatz Magistratz ny offices ne
se pourront conferer, si non a personnes cogneues et approuvees par vous
aultres pour bons piliers de voz Eglises[a].[179]   [a] *Gal. II, 9.*

Que sera ce aultre chose qu'une nouvelle Inquisition, et que vous
tachez eslargir vostre domination tant sur le Spirituel que temporel, si
que finalement tout depende de vous. Le mesme se pourra conjecturer de
touttes voz aultres institutions en grand nombre, qu'elles se changeront de
mal en pis, car ceulx qui vous succederont d'icy a quelques annees voul-
dront y entremesler de leur oultrecuidance, et ne se contenteront pas de
voz | 94 | ordonnances, sans en forger des nouvelles, ou adjouster quelques
nouveaultez aux vostres, jusques a ce que l'Eglise en demeure du tout
accablee et submergee, et que tomberons de fiebvre en chauld mal. Car
nous sommes advertyz que le massif se desment quand nous voyons fendre
l'enduict et la crouste de noz parois.[180] *Ex ungue Leonem.*[181] Nous nous
contenterons a cest heure de ces exemples en lieu de beaucop d'aultres,
qui seront preteriez pour la briefveté. Les sages Legislateurs Politiques ont
esté plus considerez en ce poinct, que ceulx qui tiennent aujourdhuy le
hault lieu aux Eglises, en ce qu'ilz ont eu l'oeil autant sur leur posterité,
qu'au temps present, quand ilz vouloyent emologuer quelques loix ou
coustumes, afin que ce qui semble maintenant profictable ne redonde par
succession de temps au detriment de leur Republique. Combien plus
prudentz se devroyent contenir en cest endroict es marches de la pre-
voyance noz Dogmatistes, tenantz pour chose infaillible, que plus que la
parole de Dieu est simplement traictee et representee au peuple, plus
qu'elle aura d'efficace pour gaigner les coeurs des hommes, et esloigner
| 95 | de soy toutte obscurité. Il ne fault rien ajouster, oster ny exceder
l'instruction[a] que ce Roy des Rois a laissé a ses Embassadeurs, lesquelz   [a] *Eccl. III,*
auront tousjours imprimé en leur memoire ce que l'Apostre dict a la   *14. Apoc.*
premiere aux Corinthiens 11. 23. *J'ay receu du seigneur ce qu'aussi je*   *XXII,*
vous ay baillé. Ilz se fortifieront en touttes leur actions du tesmoignage de   *18–19.*

---

[179] Il nous semble que le Gentilhomme allemand fait allusion au conflit qui opposa, entre 1579 et 1582, les réformés et le magistrat de Leyde. L'enjeu du différend
était la question du pouvoir religieux du magistrat. Le droit de celui-ci de contrôler
les autorités ecclésiastiques, ainsi que le devoir de modérer des revendications susceptibles de troubler le repos de l'Etat étaient proclamés par le pasteur Caspar
Coolhaes et par Coornhert. Ce dernier publia en 1582 une *Remonstrance of ver-
toogh by die van Leyde*, dans laquelle il reproche aux pasteurs réformés de vouloir
gouverner les magistrats par des résolutions synodales. Les pasteurs répliquent que,
loin de vouloir imposer aux Etats des résolutions synodales, ils ne tiennent qu'à sauver
leur Eglise du contrôle de magistrats libertins (voir G. Brandt, *Historie der Reformatie*, deel I, blz. 677-681).
[180] Montaigne, *Essais*, I, xliii, p. 347, 1. 16-18.
[181] Plutarque, *De defectu oraculorum*, c. III, dans la traduction de G. Xylander:
«id quod Alcaeus ait, *ex ungue leonem pingere.*»

l'Escriture saincte, laquelle ilz estiment sur toux les tresors du monde, mais ilz en font distinction d'avec la Parole de Dieu, laquelle est vivifiante et eternelle, ne se pouvant proferer de bouche ny reduire en escrit, pource qu'elle consiste en Esprit et non point en la lettre. Voire elle est Dieu mesmes, qui l'ente en noz coeurs par sa main Divine, là ou au contraire l'Escriture n'est pas si necessaire au salut de l'homme (encor qu'elle y soit bien utile comme luy servant d'instrument et tesmoignage) que sans elle il ne se puisse sauver, comme dict St Jan chap. 5. 39. *Enquerez vous deligement des Escritures. Car vous estimez avoir par icelles vie eternelle et ce sont elles qui portent tesmoignage de moy. Et si ne voules point venir a moy pour avoir vie.* Car si nostre salut en dependoit il s'ensuiveroit, qu'il n'y auroit que les gens doctes, Scribes, et ceulx qui ont apprins a li- | 96 | re qui seroyent sauvez, Elle n'a vertu aulcune de corriger le coeur de l'homme, mais bien de le rendre plus scavant, presumptueux, et obstiné, Elle sert aux fideles comme touttes aultres choses au bien et aux Infideles a damnation, bref j'ose dire avec l'Eglise Romaine, que c'est le livre des heretiques,[182] quand elle est prinse selon la lettre, et maniee par hommes charnelz, Mais au contraire, si le Sainct Esprit l'accompagne, il n'y a au

---

[182] Pontien Polman, *L'élément historique dans la controverse religieuse du XVIe siècle*, Gembloux 1932, pp. 286-287: «Tous les polémistes du XVIe siècle ... ont mis en vive lumière ce qu'on pourrait appeler la réceptivité de l'Ecriture sainte qui est susceptible de plusieurs interprétations même contradictoires; pour illustrer cette thèse, ... Pighius, au grand scandale des protestants, parle du «nez de cire qu'on peut façonner à son gré.»
Effectivement, on trouve chez plusieurs polémistes catholiques des théories qui, sur ce point, se rapprochent assez de celles des spiritualistes; ainsi Jo. Eckius écrit dans son *Apologia pro Reverendiss. et Illustriss. Principibus catholicis ... adversus mucores et calumnias Buceri* (Antverpiae 1542, fol. 56 ro-vo): «Verbum scriptum dicere vivum, in patribus nondum didici: Quin Origenes testatur etiam in novo testamento esse literam occidentem: Id quod experimur quotide, in haereticis et Iudaeis; qui mortem capiunt ex scripturis, ut pulchre Augustinus tradit»; de même, on lit chez B. Latomus, dans *Adversus M. Bucerum de capitibus quibusdam catholicae religionis altera plenaque defensio* (dans *Corpus Catholicorum*, t. VIII, éd. Keil, Münster 1924, p. 112): «Hic igitur Eccius docet te, quantum inter Scripturam, hoc est fluxam caducamque literam, intersit, quae et corrumpi ab haereticis, sicut de quibusdam proditum est, maleque interpretando perverti in alium sensum potest, et inter vivum illud aeternumque Domini verbum, quod non pictum in membranis, neque in tunicarum manicis inauratum, sed digito Dei in cordibus sanctorum scriptum est. ... Hoc verbum, Bucere, nullius interpretis indiget, per se clarum ac lucidum haeret in animis eorum, quoscunque hoc dono Spiritus sanctus praeditos esse voluit». Du reste, on trouve ces opinions déjà chez les Pères de l'Eglise catholique, chez saint Jérôme (*Comment. in Ep. ed Galatas*, III, v; *P.L.* XXVI, 407): «Haereses quoque magis de carnali Scripturae intelligentia, quam de opere carnis nostrae, ut plurimi aestimant, substiterunt», ou bien chez saint Augustin (*In Joannis Evangelium Tractatus* XVIII, i; *P.L.* XXXV, 1536): «Neque enim natae sunt haereses, et quaedam dogmata perversitatis illaqueantia animas et in profundum praecipitantia, nisi dum Scripturae bonae intelliguntur non bene; et quod in eis non bene intelligitur, etiam temere et audacter asseritur». Sébastien Franck ne dit donc rien de bien nouveau, quand il met en tête de ses *Paradoxa* la phrase «Haereses et Sectae ex Secta litera scripturae».

monde perles ny joyaulx si pretieux, qui la puissent tant soit peu egaler.
Et qu'il soit notoire que les Esleuz peuvent estre enseignez en la foy et
Parole de Dieu sans escriture ou predication, nous l'apprenons par l'histoire d'Abraham, Isaac, et Jacop et aultres Patriarches, lesquelz ont eu
cognoissance de la verité de Dieu et sa parole par la foy, devant qu'aucune
Escriture ayt esté couchee en escrit.[183] *Spiritus ubi vult spirat*[a], et ne veult   [a] *Jo. III, 8.*
estre limité du temps ny restrainct en villes ne Provinces, encor moings
enserré en livres, elle a faict ses operations des le commencement du
monde au coeur des fideles. Je vous prie ne sommes nous pas miserables
que nous pensons apprendre la Parole de Dieu par estudes aux univer-
sitez, lecture des livres, predications | 97 | et la cercher oultre mer es Pays
estranges, pendant que la negligons en noz coeurs? [184] C'est en nous ou le   [a] *II Cor.*
Seigneur veult tenir son domicile[a], ou nous pouvons vaincre la mort, le   *VI, 16.*
Dyable, et l'Enfer, ou nous sentons les commencementz de la joye du
Royaulme des cieulx selon sainct Luc. 17.[185] C'est là ou il fault lire et relire
la parole de Dieu, des yeulx spirituelz et non point des yeulx corporelz, ou
l'on doibt se laisser instruire de nostre grand Maistre d'Escole, non point
des vaines doctrines humaines, si ne voulons estre seduictz. Nostre devoir
est tant seulement, que nous nous preparions et rendions capables a recevoir en nous ceste Divine essence par la cognoissance de nostre vilité,
foiblesse, et nullité, il fault que retournions nuds, degarnys d'humaine

---

[183] Cf. Herman Herberts, *Bekentenisse des Gheloofs*, fol. 35 vo.: «Ten besluyte so
moet ic dit daer by noch segghen. hoe dat de Gheest Christi tot der gemeynten seyt:
*Siet ick sta voor de deure ende cloppe aen. Ist dat yemandt mijne stemme hooren sal,
ende de deure (zynes hertens) opendoe, tot dien sal ick ingaen ende dat Avontmael
met hem houden ende hy met my.* Apocal. 3. vers. 20. Dese aencloppinghe die ghe-
schiet wel dickmael sonder 't middel van de schrift, oock den ghenen welcke de
schrift niet connen lesen: waer wt dan te verstaen is, dat het verstandt des heylighen
Gheestes wel sonder t'neerstich lesen der Schrift ghegheven wert.»
Voir aussi S. Franck, *Paradoxa*, S. 196-197: Dieses Bild [c.-à-d. l'image de Dieu] ist
nichts anders als ein Licht und Funke, darin Gottes Erkenntnis glänzt, zu erleuchten
allen Menschen eingepflanzt, aber durch den Ausgang des Fleisches verfinstert. Als
nun einige, als ob sie es nicht wussten, sich vor dem Willen Gottes entschuldigen
wollten, gab er ihnen nach 3684 Jahren (soviel verflossen von Adam bis Moses nach
der Berechnung von Joseph Eusebius und Philon; in diesen Jahren gab es keine
Schrift und dennoch reichliche Gotteserkenntnis) das geschriebene Gesetz.»
[184] Il semble que le Gentilhomme allemand veuille retourner contre Marnix le
reproche que celui-ci fait aux spiritualistes aussi bien qu'aux catholiques d'obscurcir
la parole des Ecritures: «Wy hooren dat Franck aen eener zyden segt, dat de schriften der Propheten ende Apostelen is een boeck met seven segelen toegesloten ende
enckele duysternisse. Aen d'ander zyde roepen ons de Papen ende Monicken nae, dat
de Schrift duyster is, quaet om verstaen ende eenen wassen neuse heeft, ende der-
halven en willen niet toelaten dat se yemant lese dan die menige jaren in een
hooge schole gestudeert heeft, ende Doctoor ofte Licentiaet geworden is» (*Ondersoeckinge*, blz. 175-176).
[185] *Luc.*, XVII, 21: «Et ne dira on point: Le voicy, ou le voilà. Car voicy le
royaume de Dieu est dedans vous.»

ᵇ *Gen. II,*
17.

science, humbles, obeissantz, dociles,¹⁸⁶ et destituez des fruictz de l'arbre
de science du bien et du mal ᵇ, si voulons estre participantz a ceste vie
nouvelle, enfans du second Adam, qui est Christ. Tant que nous pensons
avoir quelque moyen et force de nous mesmes, jamais nous ne recognois-
trons ce que devons a nostre Maistre, nous ferons tousjours de noz oeufs
poules, (comme l'on dict,) il nous fault mettre du tout en chemi- | 98 |
se,¹⁸⁷ et que soyons une carte blanche preparee a prendre du doigt de Dieu
telles formes qu'il luy plaira y graver. Plus nous nous renvoyons et commettons a luy et renonçons a nous, mieulx nous en valons.¹⁸⁸ Si voulons
guerir de l'ignorance il la fault confesser et cognoistre.¹⁸⁹ *Accepte* dict
l'Ecclesiastique, *en bonne part les choses au visage et au goust qu'elles se
presentent a toy, du jour a la journee: le demeurant est hors de ta cognois-*

ᵇ *Eccli. III,*
23-24.

*sance*ᵃ.¹⁹⁰ La science humaine ne nous peult eslancer plus avant qu'a la
cognoissance de nostre ignorance et infirmité, ce que les Philosophes Aca-
demiques ont bien cogneu apres leur longue queste et recerche, que la
verité ne se pouvoit recevoir par noz moyens,¹⁹¹ concluant par ainsy que
le beaucop scavoir apporte occasion de plus doubter.¹⁹² Voilà pourquoy
Pline dict *solum certum nihil esse certi et homine nihil miserius aut super-*

---

¹⁸⁶ Montaigne, *Essais,* II, xii, p. 231, 1. 23; p. 232, 1. 2 et 5. Chez Montaigne le
texte continue: «ennemi juré d'haeresie, et s'exemptant par consequant des vaines et
irreligieuses opinions introduites par les autres sectes» (p. 232, 1. 6-7)!
¹⁸⁷ *ibid.,* p. 209, 1. 7-10.
¹⁸⁸ *ibid.,* p. 232, 1. 7-10.
L'image de la «carte blanche» se rencontre déjà avant Montaigne chez H. Cornelius
Agrippa ab Nettesheym (*De incertitudine et vanitate scientiarum,* s.l. 1539; fol.
bbiij ro.): «Ideoque Christus abscondit hanc [sc. veritatem] a sapientibus et pruden-
tibus, et revelat eam parvulis: qui videlicet sunt pauperes spiritu, nullos scientiarum
thesauros possidentes: qui sunt mundi corde, nullis scientiarum opinionibus inquinati,
et in quorum corde tanquam in tabula rasa nihil adhuc depictum est humanarum
traditionum», et chez Sébastien Franck (*Paradoxa,* S. 105-106): «When unser Herz
wird ausgewischt wie eine reine lautere Tafel und ein jungfräuliches Pergament von
allen menschlichen Künsten, so wir haben von dem Baum des Wissens des Guten und
des Bösen gegessen, und wenn wir alles entlernen, das wir vor Gott gelehrt und ge-
lernt haben, . . . so will Gott in uns schreiben seines heiligen Wortes Inhalt und sich
ja selbst in unser ungeformtes, zunichtiges, zerflossenes, weiches Herz drücken, wie ein
Siegel in ein folgsames Wachs».
Marnix lui-même l'a utilisée dans l'*Ondersoeckinge*: «Om een recht ende onver-
valscht verstant der H. Schrift te becomen, is ons van nooden . . . dat wy ons geens-
sints en vermeten onse eygen licht inde lanteerne der schriften (also Franck ende
dese geest-dryveren voirgeven) te willen insteecken. Maer ter contrarien dat wy van
onsen twegen zijn als een wit suyver ende onbeschreven pampier, op dat Godes geest
zijn woirt ende zijne waerheydt in onse herten schrijve ende drucke» (blz. 178).
¹⁸⁹ Cf. Montaigne, *Essais,* II, xii, p. 226, 1. 12-13: «L'ignorance que se sçait qui
se juge et qui se condamne, ce n'est pas une entiere ignorance: pour l'estre, il faut
qu'elle s'ignore soy-mesme.»
¹⁹⁰ *ibid.,* p. 232, 1. 10-13.
Dans le texte des *Essais* il est question de l'Ecclesiaste, erreur que le Gentilhomme
allemand a corrigée.
¹⁹¹ *ibid.,* p. 225, 1. 25-26.
¹⁹² *ibid.,* p. 233, 1. 16-17.

bius, qu'il n'est rien certain que l'incertitude, et rien plus miserable et plus fier que l'homme.[193] Il est escrit. *Je destruiray la sapience des sages et abbattray la prudence des prudentz. Ou est le sage? ou est l'escrivain? ou est le disputateur de ce siecle? Dieu n'a il pas abesty la sapience de ce monde*[b]? [194] et en sainct Paul *les simples et ignorantz s'elevent et se saisissent du Ciel* | 99 | *et nous a tout nostre scavoir, nous plongerons aux abismes infernaulx*.[195] Somme l'Escriture ne nous preche aultre chose, quand elle nous inculque si souvent de fuir la mondaine Philosophie[a], que nostre sagesse n'est que folie devant Dieu[b]: que de touttes les vanitez la plus vaine c'est l'homme: que l'homme qui presume de son scavoir ne scaist pas encor que c'est que scavoir[c], et que l'homme qui n'est rien, s'il pense estre quelque chose, se seduict soy mesmes[d] et se trompe.[196] Partant j'estime entre les non regenerez ceulx là plus capables et duictz pour se soubmectre a la discipline de Christ, qui demeurent en suspens sans s'infrasquer en tant de sectes que l'humaine fantasie a produictes,[197] qui tiennent en surseance leur jugement, se servant de leur raison pour enquerir, mais non pour arrester et choisir, ayantz un jugement sans pente et sans inclination a quelque occasion que ce puisse estre, jusques a ce que Dieu commence besoigner en eulx par la foy.[198] Que ceulx,[199] dy je, qui par leur scavoir scolastique pensent avoir

[b] *I Cor. I, 19–20.*

[a] *Col. II, 8.*
[b] *I Cor. III, 19.*
[c] *I Cor. VIII, 2.*
[d] *Gal. VI, 3.*

---

[193] *ibid.*, II, xiv, p. 380, 1. 9-10.
La citation est de C. Plinius Secundus (Maior), *Historiae naturalis libri triginta septem*, II, vii.
[194] Cette citation, dont le texte n'est pas conforme à celui de la Bible de Genève, est empruntée aux *Essais* de Montaigne (II, xii, p. 223, 1. 8-10).
[195] *ibid.*, p. 219, 1. 8-10.
Pierre Villey, dans son commentaire de l'Edition municipale des *Essais*, renvoie à Cornelius Agrippa, *De incertitudine et vanitate scientiarum*, c. I: «Vidit haec Augustinus et timuit, exclamans illud Pauli surgunt indocti et rapiunt coelos, et nos cum scientia nostra mergimur in infernum».
[196] *ibid.*, p. 155, 1. 12-18.
Montaigne ne parle pas explicitement de «l'Escriture»; la phrase commence: «Que nous preche la verité . . .»; il est vrai que, dans la phrase suivante, on lit: «Ces sentences du sainct esprit expriment si clairement et si vivement ce que je veux maintenir . . .».
[197] *ibid.*, p. 228, 1. 11-13.
Chez Montaigne on lit seulement: «Vaut il pas mieux demeurer en suspens que de s'infrasquer en tant d'erreurs qui l'humaine fantasie a produictes?»; le mot «sectes». manque chez lui, de même que la mention des «non regenerez». Ce dernier terme est d'une importance capitale pour le Gentilhomme allemand, ainsi que le montrent les passages de la page 72, où il est question de la régénération, et de la page 78.
[198] *ibid.*, p. 230, 1. 3-7.
Il est à remarquer que l'attitude que le Gentilhomme allemand recommande ici, Montaigne ne fait que la décrire, avec une sympathie évidente, il est vrai, mais en même temps avec réserve, ainsi que le montre le mot «fantasie» dont il se sert à propos du pyrrhonisme dans la phrase suivante.
[199] Cette phrase est le deuxième terme de la comparaison entamée dans la phrase qui précède: «plus capables et duictz pour se soubmectre . . .».

monté jusques au cabinet de Dieu,²⁰⁰ qui jugent, arrestent, reforment, concluent, resolvent, condamnent tout, et mesurent ce qui est au Ciel selon l'aulne de leur sens et capacité | 100 | charnelle, ne considerantz point que l'opinion de science est une dangereuse peste a l'homme.²⁰¹ J'aime pourtant et honnore le scavoir autant que ceulx qui l'ont, et en son vray usage est un noble, et puissant acquest aux hommes, mais en ceulx là, (et il en est un nombre infini de ce genre) qui en establissent leur fondamentale suffisance et valeur, qui se rapportent de leur entendement a leur memoire, et ne peuvent rien que par livre, je n'y trouve nul goust. Il y en a ausquelz la doctrine enfle la cervelle, amende la bourse, rarement l'ame. C'est chose de qualité indifferente, utile et accessoire a une ame bien nee, pernitieuse a une corrumpue, en quelque main elle est un sceptre, en quelque aultre une marotte. Il s'en fault servir pour devenir plus sage, non plus scavant.²⁰² A quoy faire la science, s'il n'y a point de conscience, il ne la fault point attacher a l'ame, il l'y fault incorporer, il ne l'en fault pas arrouser, il l'en fault taindre, et si elle ne la change, et amende son premier estat imparfaict, certainement il vault beaucop mieulx la laisser là, comme un dangereux glaive, qui empeche et offence son Maistre mesme, s'il est possedé d'une main foible, et qui n'en sçache le vray | 101 | usage.²⁰³ Je veulx bien que nous nous appuyons quelque peu sur elle, non pas que nous nous y couchions si lourdement, que n'apprenions a n'en estre non plus avides que n'en sommes capables. Il ne nous fault gueres de doctrine pour bien vivre, l'Escriture nous apprend, qu'elle est en nous, et la maniere de l'y trouver, et de s'en aider. Toutte ceste nostre suffisance, qui est au delà de la commune, et naturelle, est vaine et superflue, c'est beaucop si elle ne nous charge, et trouble plus qu'elle ne nous sert.²⁰⁴ Car plus que nous nous y rongeons les ongles, moings nous nous en trouvons satisfaictz.²⁰⁵ Il nous est avis que nous voyons encor du pays au délà, et

---

²⁰⁰ L'expression «entrer au cabinet des dieux» est employée par Montaigne dans l'Apologie de Raimond Sebond, mais seulement dans un passage ajouté en 1595 et que le Gentilhomme allemand n'a pas connu (II, xii, p. 319, 1. 16); sans doute celui-ci a-t-il utilisé à cet endroit, en la variant, la phrase de l'essai III, x: «Qui en sçait les devoirs et les exerce, il est vrayement du cabinet des muses; il a attaint le sommet de la sagesse humaine et de nostre bon-heur» (p. 284, 1. 10-12).

²⁰¹ Montaigne, *Essais*, II, xii, p. 207, 1. 4.

²⁰² *ibid.*, III, viii, p. 182, 1. 3-10, 12-14, 16-17, 1-2.

²⁰³ *ibid.*, I, xxv, p. 181, 1. 8 et 11-16.

²⁰⁴ *ibid.*, III, xii, p. 325, 1. 15-19.
Montaigne écrit: «Socrate nous aprend . . .».

²⁰⁵ *ibid.*, I, xxvi, p. 187, 1. 11-13: «Mais d'y enfoncer plus avant, de m'estre rongé les ongles à l'estude de Platon, ou d'Aristote, ou opiniatré apres quelque science solide, je ne l'ay jamais faict.»
ibid., p. 188, 1. 17-18: «quand je suis allé le plus avant que je puis, si ne me suis-je aucunement satisfaict.»

ce d'une veue trouble comme en nuage, dont ne nous pouvons des-
mesler.[206] Mais entrant en nous mesmes, regardons nous, estudions nous,
et n'ayons affaire qu'a nous, controllons nous,[207] et nous y trouverons de
la besoigne taillee pour toutte nostre vie. (*Nemo in sese tentat descen-
dere.*)[208] Nous y descouvrirons nostre laideur et difformité, laquelle nous
fera hayr noz passions. Si nous mettons en memoire l'exces de nostre
collere passe, et jusques ou ceste fiebvre nous a emporté, nous voirons
ceste ordure mieulx en | 102 | nous, qu'en toux les livres des Philo-
sophes.[209] Si nous considerons la haine et coeur vindicatif que portons a
nostre prochain, il nous sert d'apprentissage, que nous offençons grandement Dieu, si ne nous reconcilions de coeur et volonté avec nostre frere.
Qui se souvient de s'estre tant et tant de foix mescomté de son propre
jugement, est il pas un sot de n'en entrer pour jamais en deffiance? [210]
Personne ne nous cognoist mieulx interinsiquement que nous mesmes. Il n'y
a que nous qui scavons si nous sommes laches, cruels, couragieux, loyaulx,
devotieux, infideles, larrons, ou mechantz, les aultres ne nous voyent point,
ilz nous devinent par conjectures incertaines: ne nous arrestons pas a leur
sentence et opinion qu'ilz ont de nous, mais tenons nous a celle de nostre
conscience,[211] laquelle nous servira de mille tesmoings et de tresbonne
discipline a descouvrir le mal et donner tesmoignage du bien, qui nous
est enjoinct d'ensuivre, pourveu qu'ayons la suffisance de nous espier de
pres. Le peché n'est si tost commis, qu'il ne laisse une cicatrice engravee
en nostre ame, comme une ulcere a la chair, et plante la repentance en
nostre coeur tousjours nous esgra- | 103 | tignant et demengeant,[212] ainsy
que nous sentons apres l'accointanse des fecces,[213] laquelle verifie l'ancien dire, que la repentance talonne de pres le peché.[214] De maniere que
si tout homme entreprenoit de former un homme de bien chez soy, le
monde auroit en peu de temps attainct au siecle d'or et sommet de toutte
reformation et bonté. Mais le mal est qu'il regarde tousjours vis a vis de
soy,[215] chescun regarde devant soy,[216] d'ou il advient qu'il y a plus de

[206] *ibid.*, p. 188, 1. 18-20.
[207] *ibid.*, II, xvii, p. 444, 1. 1-2.
[208] A. Persius Flaccus, *Satyrae*, IV, 23.
Le même vers se trouve cité par Montaigne, *Essais*, II, xvii, p. 444, 1. 5.
[209] Montaigne, *Essais*, III, xiii, p. 372, 1. 16-18, où la phrase se termine: «... que
dans Aristote».
[210] *ibid.*, p. 373, 1. 2-3.
[211] *ibid.*, III, ii, p. 25, 1. 9-13.
[212] *ibid.*, p. 23, 1. 12-14.
[213] *ibid.*, p. 30, 1. 18-19.
[214] *ibid.*, p. 25, 1. 16.
[215] *ibid.*, II, xvii, p. 443, 1. 23-24.
[216] *ibid.*, p. 444, 1. 1.

censeurs des actions d'aultruy, que reformateurs de leurs propres imperfections. Si nous passons oultre de l'estude de nous mesmes a l'estude de la Deyté, nous en appercevrons les petitz rayons par ceste machine du monde, laquelle nous representera quelques marques de la main de ce grand Architecte, car il a laissé en ces haultz ouvrages le caractere de sa Divinité et omnipotence, et par ses oeuvres visibles, nous manifeste ses operations invisibles. Le ciel, la terre, les elementz, le soleil, les estoilles, la mer, les montaignes sablonneuses qui remparent la terre contre ses diluvions, la diversité des animaulx et plantes, voire nous mesmes en la miraculeuse constitution de nostre | 104 | corps, tout y est de mise,²¹⁷ et nous instruict qu'il y a un surintendent qui conduict et gouverne touttes ces choses selon sa providence, mais ce n'est pas tout, car nous ne pouvons remarquer que quelques traces de sa divinité par ses creatures, et ne voyons que l'ordre et la police de ce petit caveau ou nous sommes logez, au moings si nous la voyons. Sa toutte-puissance a une jurisdiction infinie,²¹⁸ pourtant ceste leçon ne sert que de premiere guide ou Grammaire aux apprentifs, pour les acheminer a la voye de la vraye cognoissance de Dieu,²¹⁹ qu'il nous donne par grace: il fault penetrer plus avant, par quel moyen il se veult communiquer a nous, pour nous adopter ses enfans et heritiers de son Royaulme Spirituel. A quel effect il nous a envoyé son fils Jesu Christ pour estre intercesseur et mediateur entre luy et nous, et nous delivrer des liaisons du peché, nous coronant des triomphes de la victoire, qu'aurons gaignee sur nous mesmes. Comment il a espandu sa benignité, clemence, et misericorde paternelle sur tout le genre humain pour le sauver de la mort eternelle (a laquelle il estoit condamné depuis sa cheute) par la foy qu'il est prest a participer a toux ceulx | 105 | qui ont faim et soif apres son Royaulme et cognoissance de sa verité. A cest etude nous n'avons besoing d'aulcun livre, ny philosophie humaine, *pour estre servante inutile*, selon Chrisostome, *et pieça bannie de l'escole saincte, indigne de veoir seulement en passant le sacraire des sainctz tresors de la doctrine celeste.*²²⁰ Mais je laisseray ce discours qui m'engageroit plus avant que je ne pourroy suivre, et en diray seulement encor ce moct, que c'est la seule obeissance qui peult effectuer un homme de bien,²²¹ c'est par elle qu'Abraham a esté benist avec toutte sa generationᵃ, c'est la premiere loy que Dieu donna jamais a l'homme qu'il n'eust a toucher a l'arbre de scienceᵇ. Aussi au rebours, ce fust la premiere tentation par ou Sathan

ᵃ *Gen. XII, 1–2. Hebr. XI, 8.*
ᵇ *Gen. II, 17.*

²¹⁷ *ibid.*, II, xii, p. 151, 1. 27-28 et 30; p. 152, 1. 1, 3, 6-8.
²¹⁸ *ibid.*, p. 257, 1. 9-11.
²¹⁹ *ibid.*, p. 153, 1. 3-5.
²²⁰ *ibid.*, I, lvi, p. 415, 1. 20-23.
²²¹ *ibid.*, II, xii, p. 206, 1. 14-16.

attaqua l'humaine nature, sa poison s'insinua en nous par les promesses de science et cognoissance. *Eritis sicut Dü scientes bonum et malum*[c]. Voilà pourquoy la simplicité et ignorance nous sont tant recommandees par les sainctes lettres [d] pour contrepoison, comme pieces propres et convenables a la foy, subjection, et obeissance.[222] Ne sommes nous pas doncques miserables que nous cerchons la vraye sapience aux sages et docteurs de ce monde, et que voulons establir | 106 | une science humaine de la doctrine spirituelle de Christ? la formantz en reigles et institutions que baptisons du tiltre magnifique, La faculté de la Theologie, et pour la faire apprendre a noz enfans, les envoyons aux Universitez, dont ilz retournent honorez de grades de Docteur, Licentié, ou quelque Maistre Jan, bien scavantz en presumtion et oultrecuidance.[223] Mais du vray grade de l'homme Chrestien, qui est l'humilité, charité et obeissance, il n'en est nulles nouvelles, ce sont resveryes et fantasies frivoles pour eulx, et de ce pas ilz sont admis sur la chaire pour anoncer la Parole de Dieu au peuple, jusques a ce que Christ les viendra chasser de son Temple sainct, ainsy qu'il fist aux usuriers et banquiers du Temple de Jerusalem[a]. Mais quoy, je voy que le monde veult estre trompé, nous sommes au temps des tenebres,[224] et cerchons la verité es hommes lettrez et scavans, croyans qu'eulx seulx entendent les choses Divines. Nous n'escoutons point Christ ou il nous enseigne tout au contraire, comme si c'estoyent fables, ou si Dieu eust changé sa nature en embrassant et exaltant la sagesse humaine, laquelle il a tousjours condamné pour folie et tresper- | 107 | nitieuse devant sa Majesté. Qui pis est l'Escriture tesmoigne, que les sages mondains ont de tout temps resisté a la verité, comme se void en Iannes et Iambres, qui se sont opposez contre Moyse 2. Timoth. 3. 7. et aux Chaldeens, qui ont esté si rigoureusement repris pour la mesme cause par Esaye 47. 9. Que dirons nous des Scribes et Pharisiens? qui est celuy qui ignore leur obstination, dont ilz ont combattu la doctrine de Christ? voire jusques a la comparer aux oeuvres de Belzeboub, quand le peuple louoit Dieu de ses miracles. Jan. 7. 48. Si ces exemples ne suffisent qu'on lise les troix pre-

[c] *Gen. III,* 5.

[d] *II Cor. XI, 3.*

[a] *Matt. XXI, 12–13. Marc. XI, 15–18. Luc. XIX, 45–48. Jo. II, 13–16.*

---

[222] *ibid.*, p. 206, 1. 21-23 et 26-28; p. 207, 1. 1-2 et 4-6.
[223] Plus directement qu'à la page 96, le Gentilhomme allemand se tourne contre un passage de l'*Ondersoeckinge* (blz. 175-176), retournant contre Marnix l'attaque que celui-ci dirigeait contre les spiritualistes et les catholiques. Ceux-ci s'accordent à estimer que la parole de l'Ecriture est obscure; aussi les catholiques défendent, dit Marnix, que personne ne la lise, à l'exception de ceux qui sont devenus docteurs ou licenciés dans quelque université: «en willen niet toelaten dat se yemant lese dan die menige jaren in een hooge schole gestudeert heeft, ende Doctoor ofte Licentiaet geworden is».
[224] S. Castellio, *De calumnia*, publié dans le recueil *Dialogi IIII*, Aresdorfii 1578, p. 122: «Tempus est tenebrarum.»

miers chapitres de sainct Paul a la premiere aux Corinthiens.[225] Mais le temps viendra, et nous est prochain, que nous n'aurons non plus de secours, ny consolation de ces docteurs de la lettre, que par cy devant Pharao[a] Nabuchadnesar[b] ou Balthasar[c] n'eurent de leurs sages, et serons en fin constrainctz, de prendre nostre refuge envers ceulx, que nous estimons maintenant pour ignorantz et les faisons mourir pour heretiques.[226] C'est grand merveille, que le monde ne commence pas de s'appercevoir, que ces propre-sages n'avancent rien au bastiment du Temple de Dieu, | 108 | mais plustot qu'ilz amassent les pierres pour dresser une tour de Babel[a] plaine de division, discorde et confusion entre eulx mesmes. Or reprenons la routte laissee. Quand ce champ sterile de nostre ame se trouve ainsi cultivé et elabouré de l'ignorance mondaine et obeissance, y conjoinct noz continuelles prieres a Dieu, c'est alors qu'il y seme la semence de sa Foy et parole, laquelle fructifiera tellement en nous, que de rien, ignorantz et enfans qu'avons esté au paravant, nous deviendrons hommes parfaictz deifiez, exemtz de peché, idoines a touttes bonnes oeuvres, scavantz en la doctrine de Christ et de ses Apostres. Car le livre des sept seaulx nous sera ouvert[b] par la clef du Sainct Esprit, qui nous acheminera a la pure et occulte intelligence de la saincte Escriture, de laquelle si vous ne voulez admectre aulcune interpretation ou allegorye Spirituelle, ainsi que maintenez par vostre livre [227] avec plusieurs de voz Docteurs, Je vous demande comment vous entendez ce passage en Sainct Jan chap. 3. ou Christ dict a Nycodeme, *en verité en verité je te dy que qui n'est né derechef, ne peult veoir le Royaulme de Dieu,* surquoy Nycodeme se fondant sur la lettre, demande *comment peult* | 109 | *l'homme renaistre quand il est ancien? peult il derechef entrer au ventre de sa Mere et naistre?* il n'entendoit point que Christ parloit de la regeneration du vieil homme en la nouvelle creature, non obstant l'exposition qui suict peu apres, *ce qui est né de*

a. Gen. XLI, 8.
b Dan. I, 20 et II, 10–11.
c Dan. V, 8.

a Gen. XI, 1–9.

b Apoc. V, 6.

---

[225] *ibid.*, pp. 93-94: «Igitur primum omnium illud perspicuum est, homines literatos semper restitisse veritati. ... Testes sunt ... Ioannes et Membres, qui Mosi repugnarunt (2. Tim. 3.). Itemque Chaldaei, in quos invehitur Esaias (Esa. 47.) ... Quid dicam de scribis et Pharisaeis? qui quam pertinaciter Christo repugnaverint, quis ignorat? usque adeo ut cum populus ipse Deum ob Christi miracula collaudaret (Ioan. 7.), illi eius factum tribuerent Beelzebuli ... Denique legat qui volet diligenter tria prima capita prioris ad Corinthios.»

[226] *ibid.*, p. 123: «Sed tempus erit, et brevi erit, cum vobis non plus erit in istis doctis praesidii, quam olim vel Pharaoni, vel Nabucodonosori, aut Balsasari fuit in suis magis, tandemque ad eos, quos nunc non solum nihili facitis verum etiam occiditis, recurrere cogimini.»

[227] *Ondersoeckinge*, blz. 235: «Ten laetsten moeten wy oock toesien, ... dat wy niet en volgen het exempel onser geestdryveren, die van de Schrift een eewige allegorie willen maecken, ende alle dingen op eenen verborgen sin uytleggen, verwerpende den historisschen ende letterschen sin, als kinderlijck wesende.» Il est à remarquer que les interprétations allégoriques de l'Écriture ne manquent pas dans l'*Ondersoeckinge*; voir notamment blz. 204.

chair est chair et ce qui est né de l'Esprit est Esprit. Pareillement là ou il
dict, *si ton oeil te scandalise arrachez le et le jecte arriere toy*[a].[228] Il semble
que ces paroles representent la vraye sentence, et neantmoins l'intention
de l'Esprit est tout aultre,[229] car voicy le vray sens, Tout ce qui t'empeche
de proficter en l'Evangile ostez le. Car il vault mieulx estre privé de telle
chose, que d'estre destourné de la grace Evangelique. Ainsi s'est il trouvé
une secte qui a entendu ces moctz, *verbum caro factum est*[b], comme si la
parole eust esté convertye en chair.[230] Et vous aultres exposez les paroles
a la Cene, *Hoc est corpus meum*[c], non selon le sens charnel, mais Spirituellement.[231] Pourquoy ne voulez vous permectre aux Zelateurs Spirituelz
d'entendre l'Escriture selon l'Esprit? Pensez vous que le Sainct Esprit ne
les peult esclairer aux aultres passages de l'Escriture, comme vous croyez
avoir esté illuminé en cestuy cy, quand Dieu leur en veult donner l'ouver-
ture? Quoy, vous a | 110 | il mis en main les clefs et derniers resorts de sa
puissance? s'est il obligé à n'oultre passer les bornes de vostre science?
Pourquoy Tout puissant comme il est, auroit il restrainct ses forces selon

[a] *Matt. V, 29.*

[b] *Jo. I, 14.*

[c] *Matt. XXVI, 26. Marc. XIV, 22. Luc. XXII, 19.*

[228] Le texte de cette citation n'est pas conforme à celui de la Bible de Genève.
[229] Cf. Herman Herberts, *Bekentenisse des Gheloofs*, fol. 3 vo.: «Al ist dat die
schrift geen tweederley verstant (ten respecte vanden geeste) in haer begrijpt, datse
nochtans altemet een ander aensien na t'verstandt des gheestes (van binnen) heeft,
als die letter daer van wterlick luydet ofte wtdrucket.»
[230] S. Franck, *Chronica*, 2. Teil, Fol. 187 vo.: «Zur zeit Bonifacii. I. sagt Timotheus, ein Bischoff, das Christus wol were warer Gott und mensch, aber die goettlich
natur sei verwendt und verkoert in die menschliche. Johan. 1. Das wort ist fleysch
worden. ... Timotheus ein Bischoff zu Alexandria nach Protereo des entleibten,
hielt gleich das gegentheyl des nechsten erzoelten Timothei, nemlich, das das fleysch
Christi also wer vergott, und zum wort worden, das das wort in seiner substantz, und
der mensch in seiner natur, allein ausz gselschafft der person, nit ausz vermischung
der natur und wesens sey ein person Christi herfür kummen. ... Diser meinung an-
haengige, heyssen noch heüt Timotheani.»
Puisque le Gentilhomme allemand parle d'une secte, on est en droit de penser qu'il
a confondu les passages concernant les deux Timothée, à moins qu'il pense, non pas
aux timothéens, mais aux anabaptistes, sur lesquels Marnix écrit: «Heden ten dage de
Doopsgesinde roepen eewelijck: *Het woort is vleesch geworden*, meynende dat vleesch
te werden nootsakelijck medebrenget, dat het woort zijne goddelijcke nature in
vleesch soude verandert hebben, ende of men se met hondert getuygenissen uyt der
Schrift overstrede, dat deselve Christus Godes Sone gebleven is, ende niettemin heeft
het Saet Abraham aengenomen ende is een Sone des Menschen geworden: sy slaen
het al in den wint, ende en weten anders niet te roepen, dan dat het Woort Vleesch
geworden is» (*Ondersoeckinge*, blz. 221).
[231] *Ondersoeckinge*, blz. 181-182: «... alle Sacramenten tweederley wesen hebben,
namelick het eene natuerlick wesen, voor so veel als sy zijn natuerlicke schepselen
Godes, te weten, water, broot oft wijn, oft yet anders diergelijcke, ende het ander
Sacramentelick, voor so veel als sy ingestelt ende gebruyct worden om yet anders dan
geestelick is te bedieden ende voor oogen te stellen. ... Dat het broot nu niet en zy
het lichaem Christi of zijn natuerlick wesen, bekent een yegelick van wat gesintheyt
oft gevoelen hy oock wesen mach. ... So volgt dan nootsakelick daeruyt, dat het broot
het lichaem Christi niet anders wesen en can dan na zijn Sacramentelick wesen, oft
also men gemeynlick spreeckt *Sacramentaliter*, dat is, voor so veel als het is een
Sacrament ende gedenckteycken zijns lichaems, daerdoor wy totte waere gemeenschap
desselfs gebracht ende gevoert worden.»

la mesure de vostre capacité? sa main benigne n'est non plus raccourcie[a] envers ceulx cy qu'envers vous: peult on bien vous accomparer aux Pharisiens? ausquelz Christ dict en Sainct Mathieu chap. 23. 13. *Malheur donc sur vous scribes et Pharisiens hypocrites, d'aultant que vous fermez le Royaulme des Cieulx au devant des hommes, Car vous n'y entrez point, et ne souffrez point a ceulx qui y entrent d'y entrer.*

Il est vray que l'on vous peult excuser comme homme charnel, que vous vous tenez ferme a la lettre escritte, sans passer oultre au vray sens spirituel, Car ceste potence ostee au boiteux il tombera dedans la fosse, et ce fondement sappé de vostre Eglise, elle seroit de bref destruicte et ruinee. Ce sage Philosophe Moral Seneca s'est trouvé plus cler voyant en cest endroit que vous, quand il dict. *O quam contemta res est homo, nisi supra humana se erexerit,*[232] *O que l'homme est chose abjecte et mesprisable, s'il n'esleve son entendement par dessus les choses humaines,* et un aultre an- | 111 | cien Philosophe dict, *Quicunque propter benignitatem generationis quae secundum Deum est, sensum amittit corporeum, seipsum cognoscit ex divinis compositum, factusque indeclivis tota mente laetatur.*[233] Qui pour la benignité de la generation qui est selon Dieu perd son sens corporel il cognoist soy mesmes qu'il est divinement composé et devenu immuable, se resjouissant de tout son coeur. Vrayement la malheureuse condition de l'homme seroit bien a deplorer s'il n'avoit cest espoir de comprendre par le Sainct Esprit une aultre Parole de Dieu, que la simple lettre de l'Escriture ne luy represente. L'autorité de laquelle je n'entens en rien diminuer, par ce que dict est, Car je confesse qu'elle a esté dictee du sainct Esprit es coeurs des Prophetes, Apostres et Evangelistes, et par eulx redigee en escrit, afin qu'elle servist d'instrument et tesmoignage aux hommes de la volonté de Dieu, mesmes que nous y trouvons inseré tout ce qui nous est necessaire de scavoir a nostre salut, si le vray sens nous en est declos par la clef du Sainct Esprit, et que soyons remply de celuy duquel elle a esté proferee, Si au contraire, il est a craindre, que ne commettions idolatrye, quand luy attribuons | 112 | plus qu'il ne convient, c'est a dire si nous egalons la Creature au Createur et eslevons l'instrument autant que l'ouvrier. Car ceulx qui font plus de comte de l'Escriture, que

---

[232] Seneca, *Naturales quaestiones,* Praefatio, § 5.
Montaigne cite la même phrase, mais seulement en français, et dans une traduction différente de celle que donne le Gentilhomme allemand, à la fin de l'Apologie de Raimond Sebond: «O la vile chose, et abjecte, que l'homme, s'il ne s'esleve au dessus de l'humanité» (II, xii, p. 370, l. 10-11).
[233] *Mercurii Trismegisti liber de potestate et sapientia Dei, per Marsilium Ficinum traductus,* Venetiis 1493, fol. h ro.

du Sainct Esprit, honnorent le serviteur par dessus le Maistre[a] et sont contempteurs de Dieu et sa Parole.[234]

Mon intention n'est pas aussy de luy imposer deux intelligences, car comme il n'y a qu'ung Dieu, ung Christ, et un Sainct Esprit, ainsy n'y a il qu'ung sens de l'Escriture selon la verité. Mais elle peult estre leue par deux sortes d'hommes, l'ung charnel, l'aultre Spirituel, lesquelz l'exposent et entendent chescun selon sa nature.[235]

Je pense maintenant vous avoir faict cognoistre superficiellement qu'a tort vous condamnez pour heretiques ceulx qui cerchent la vraye entente Spirituelle en l'Escriture Saincte, et que malitieusement les accusez, comme s'ilz rejectoyent tout tesmoignage d'Icelle, ce que je vous eusse peu verifier plus amplement si bien par plusieurs passages de la Bible, que par les escritz des Zelateurs Spirituelz, mais pour eviter prolixité, nous nous contenterons de ce qui a esté dict, pour passer oultre a vostre seconde accusation, a | 113 | scavoir qu'ilz ostent tout remors de conscience, surquoy entendrez.

Que j'ay peur que vous mesmes serez trouvé coulpable, en ce dequoy pretendez inculper aultruy. Car je vous prie ceste doctrine de la Predestination, laquelle vous et voz Precheurs, soustenez si opiniastrement, ne tend elle point pour enlever tout remors de conscience des coeurs des hommes? depuis que vous les enseignez, qu'ilz sont predestinez les uns a salut, les aultres a damnation eternelle, devant qu'ilz soyent esté nez, ou qu'ilz ayent faict bien ny mal, d'ou s'ensuict, que les mechantz ne peuvent evader leur damnation, encor qu'ilz se repentent et retournent a la cognoissance de leurs pechez. Voire les Ministres deputez du Synode d'Hollande pour debattre certains articles de la foy contre un aultre Ministre audict Pais,[236] traictantz la similitude en Sainct Paul du vaisseau d'honneur et deshonneur[a], ont esté si eshontez de maintenir, Que Dieu en

[a] *Matt. X, 24. Jo. XV, 20.*

[a] *Rom. IX, 20–21.*

[234] Herman Herberts, *Bekentenisse des Gheloofs.* fol. 70 vo.: «Die ghene welcke van die letter der Schrift meer houden ende hoogher achter als den H. Gheest, waer van sy tot dienste der menschen is beschreven, die eeren den knecht boven den Heere, ende zijn verachters van Godt, ende zijnen Gheeste.»

[235] *ibid.*, fol. 3 vo.: «Want het-ghene dat van my gherefereert wort opt onverstant der vleyschelicker onverstandigher menschen, dat legghen U.L. my te laste, dat ick de heylighe schrift t'selvighe soude toe eyghenen, gelijck of die selvighe in haer selven soude begrijpen tweederley sin ende verstant, het welcke noch in mijn schrijven, noch oock in mijn ghevoelen is. want also daer niet dan een God ende een gheest Gods is, 1. Cor. 12 v. 6. zo en mach hem die selvige God, noch in zijns gheestes, ofte int vocale ofte stemmelicke woordt, twelck hy Gheb. tot dienste der menschen ghebruyckt heeft, niet verscheyden, dat is, contrarie van sinne ofte verstande zijn. Maer datter tweederley, ja menigerley sin ende verstant wt genomen wort, dat gheschiet niet door schulde van de heylighe schrift, maer doort onverstant der vleyschelicker menschen, etc. want hoedanich de mensche is, t'zy vleeschelick of gheestelick, so verstaet hy oock de schrift.»

[236] C.-à-d. Herman Herberts, pasteur de l'Eglise réformée de Gouda.

predestinant aucuns hommes a salut et les aultres a damnation, n'a pas
tant voulu regarder au │ 114 │ salut ou damnation de l'homme, comme a
l'honneur et gloire de son Sainct nom,[237] imputantz a nostre Dieu tout
juste et bon, qu'il a cerché son honneur et gloire a creer aulcuns hommes
a leur damnation, lequel a creé Adam avec toux ses descendantz a son
image, juste et parfaict, afin que par luy il soit glorifié eternellement, non
point qu'il aye prins plaisir en sa cheute et desobeissance, a laquelle il est
tombé par son libre arbitre et induction de Sathan. Ceste doctrine oultre
ce qu'elle est entierement blasphematoire contre Dieu auteur de tout bien,
et non point Createur du mal, tire en consequence, que les hommes mes-
priseront toutte craincte de Dieu, jecteront au vent tout remors de conscience, et finalement s'abandonneront a toutte dissolution et impieté,
ainsy que l'histoire Ecclesiastique tesmoigne estre avenu du temps du Pape
Honorius l'an de grace 314. par certaine secte, qu'on nommoit les Predestinez, lesquelz soustenoyent aussi, que tout estoit predestiné de Dieu, et
pourtant que la foy, ny penitence ne servoyent de rien, si l'homme estoit
predestiné a l'enfer,[238] dequoy j'aurois assez de matiere de discourir plus
au long, mais pource qu'il vault mieulx en par- │ 115 │ ler sobrement avec
reverence, et que cecy ne touche a nostre argument proposé, joinct que ce

---

[237] Herman Herberts, *Bekentenisse des Gheloofs*, fol. 285 ro-vo.: «(Synod. cxxij.
Berispinghe) Ten laetsten seyt hy [saint Paul dans l'Epître aux Romains, ch. IX] vs.
22. Of God willende toorne bewijsen, ende zijn moghentheyt bekent maken, heeft de
vaten des toorns (ten verderve bereyt) met groote lanckmoedicheyt verdraghen, oock
om te kennen te geven den schat zijner heerlickheyt teghens de vaten der genaden,
welcke hy van te voren ter heerlickheyt bereyt heeft, dewelcke hy oock gheroepen
heeft, etc. Hier gheeft d'Apostel te kennen welcke het voorneemste eynde zy waer
op God heeft ghesien, wanneer hy eenighe ten verderve ende eenighe totter heerlickheyt heeft verordineert ende bereyt, niet eyghentlicken het verderf ofte de salicheyt
der menschen, maer veel meer zijns naems eere ende glorie: want hy aen de vaten
des toorns zijn toorne bewijsen ende zijne moghentheyt bekent wil maecken.»
Cette opinion du synode est également formulée plus brièvement fol. 254 ro-vo.
Signalons que, dans son dialogue «De electione», Castellion formule, par ironie, le
même raisonnement: «Debetis non ex me quaerere, cur vos creaverim: possum enim
respondere, libuit et licuit: sed mihi gratias agere, quod creaverim: et quidem ad
felicitatem: quod si peritis, vestra causa est. quam culpam ego vobis puniendis in
gloriam meam convertam: non quia vos eo consilio creaverim, ut punirem (est enim
hoc mihi non gloriosum, punire quos ad poenam creassem) sed quia vos irritum red-
dentes consilium meum, poenas estis commeriti, quas a me vobis irrogari, mihi gloriosum est eos punienti, qui a me ad iustitiam creati, iniustos se praestiterint. Haec, inquam, si sic loquatur Deus, Ludovice, nonne tibi, quamvis paulo morosiori, satisfecerit? LUD. Nondum, Federice ... F. Bene dicis, Ludovice, credamus igitur, eum
sapientis esse figuli similem» (*Dialogi* IIII, Aresdorfii 1578, pp. 142-143).
[238] S. Franck, *Chronica*, 2. Teil, Fol. 182 ro.: «Im Jar. ccc.xiiij. under Honorio
und Zozimo dem Bapst, erregt sich die ketzerei Predestinatorum, die sagten es wer
all ding fürsehen und gemacht. Derhalb sey yemandt zur Hell fürsehen, so helff im
nicht, ob er glaub oder busz thu, sey er aber zum leben verordnet, so schadt im kein
sünd wie grosz sy ymmer sein moeg. Dise ketzerey geht auch yetz gwaltig auff der ban
umb bey vilen. Welche proposytz die guten von dem guten ab leyt, und die boesen
zum boesen reytzt.»

poinct a esté assez confondu et refuté par aultres,[239] nous le passerons
soubz silence, et vous demanderay, quel remors de conscience vous peult
rester au coeur, a vous dy je, qui avez si grand soif apres le sang de voz
freres, exhortant le Magistrat a leur persecution? En lieu que devriez supporter leurs infirmitez, cacher leur imperfections, avoir compassion de
leurs erreurs, quand ilz en sont convaincuz, et les admonester d'ung esprit
de mansuetude et humilité selon la doctrine de la charité, vous les pour-
suivez et dechirez de mille injures et opprobes, comme cy devant a esté
allegué, a scavoir qu'ilz ne cognoissent aultre Dieu ne Christ, que celuy
que les hommes s'imaginent en leur fantasies, et que partant il n'y a point
de resurrection a esperer,[240] Item vous les accusez de concussion, meurdres,
voleries et paillardise,[241] avec touttes les qualitez d'un homme mechant.
C'est beaucop dit a un coup avec peu d'espreuve, partant j'ay estimé la
plus part de voz calumnies indignes de responce, lesquelles je prens pour
certain tesmoignage, que ces bons hommes ainsy dechiquetez ne resem-
| 116 | blent en rien a vous, en ce qu'estes du tout charnel, mondain,
ambitieux et garny d'une langue envenimee a mesdire de vostre prochain,
me consolant en ce que Christ dict *que ce vous soit horreur quand les
hommes vous prisent*[a],[242] *mon esprit est contraire a toutte chair*.[243] Car   [a] *Luc. VI,
tout ainsy que c'est chose louable d'estre estimé des gens de bien, ainsy   26.*
est ce deshonneur d'estre loué des personnes reprouvees, Comme dict
Seneca ad Gallionem de remediis fortuitorum, lequel se peult bien alleguer
entre les meilleurs auteurs. *Male de te loquuntur homines sed mali, Mo-
verer si de me Marcus Cato, si Laelius sapiens, si alter Cato, si duo
Scipiones ista loquerentur. Nunc malis displicere laudari est. Non potest
ullam autoritatem sententia ubi qui damnandus est damnat.*[244] C'est, si
des mauvaix hommes parlent mal de toy, dy, que tu en serois esmeu, si
Marcus Cato, ou Laelius, ou l'aultre Caton, ou les deux Scipions en
parloyent ainsy, mais que c'est louange d'estre blasmé de telles gens. La
sentence ne peult estre valable, ou celuy condamne, qui doibt estre con-

---

[239] L'auteur aura songé en premier lieu à Castellion, sans doute à Sébastien Franck
et à Coornhert, et peut-être aussi à Justus Velsius et a Gellius Snecanus.

[240] *Ondersoeckinge*, blz. VIII: «... datter anders geenen God noch Christus en zij
dan 'tgene dat de menschen sick selven in hare fantasyen laten voorstaen, ende datmen
daeromme geen ander leven naer dit leven noch geen verrijsenisse in behoeft te verwachten.»

[241] *ibid.*, blz. IX: «... ende is onnoodich te verhalen wat sy ... hebben aengericht, ... alle overlasten, moorden, straetschenderijen, alle boeven- ende hoeren-
stucken, alle oncuyssche ontuchticheden.»

[242] Ce texte n'est pas cité d'après la Bible de Genève.

[243] Voir ce que nous avons remarqué sur ce texte dans la note 115.

[244] Seneca, *De remediis fortuitorum*, VII, i.
Ce traité, qui a longtemps été tenu pour un écrit de Sénèque, a été compris dans la
plupart des éditions des oeuvres de cet écrivain.

damné. Ce n'est pas science de parler mal de son frere, mais c'est une vertu de cognoistre les faultes d'iceluy, et les scavoir couvrir et cacher soubz le manteau de cha- | 117 | rité[a]. Bien est vray que je ne veulx excuser aucuns hommes dissoluz, lesquelz s'attribuent une liberté et franchise d'esprit, tandis qu'ilz sont encor serfs et esclaves du peché, couvrantz leurs voluptez charnelles de ceste belle sentence, *qu'aux purs touttes choses sont pures*[b].[245] Ilz ne sentent point, qu'ilz sont encor plongez jusques aux oreilles dedans le bourbier d'impurité, sainct Pierre dict en sa seconde Catholique 2. 19. *Car en prononçans fort arrogantz propos de vanité, ilz amorsent par concupiscences de la chair, et par insolences ceulx, qui vrayement avoyent evité ceulx qui conversent en erreur, leur promectant liberté, comme ainsy soit qu'eulx mesmes soyent serfs de corruption: car on est reduict en la servitude de celuy, par lequel on est vaincu.* Ceulx qui sont purifiez en Christ par la nouvelle regeneration et cognoissance de leur impurité, produisent fruictz de chasteté, justice et innocence, a mesure de la grace que Dieu leur aura communiquée, soubz ceste ferme confiance, qu'ilz seront cy apres participantz de la joye et vie eternelle promise a ses enfans, laquelle ilz sentent en ceste vie en partye operer et fructifier en leur ame, par ung vray repos de conscience, tranquillité d'esprit et mespris de touttes choses mon- | 118 | daines et transitoires. Et d'autant que vous establissez le principal fondement de vostre accusation contre les Zelateurs spirituelz, sur ceste faulse calumnie, comme s'ilz ne cognoissoyent aultre Dieu ne Christ, que celuy que les hommes s'imaginent en leurs fantasies, et que partant il n'y a point de resurrection a esperer etc. (ce qui de vray est le plus abominable blaspheme qu'on sauroit inventer au monde), il sera bien necessaire d'en toucher icy quelque moct, car s'il y en a d'entre lesdictz Zelateurs, qui soyent infectez de semblable opinion damnable (ce que je n'espere point, au moings ilz ne sont point venuz a ma cognoissance jusques aujourdhuy) qu'ilz sachent, que tant s'en fault que je vueille icy entreprendre la deffence de leur cause, qu'au contraire je proteste devant le Toutpuissant ne vouloir a jamais rien avoir de commun avec eulx, mais je m'asseure, que ces blasphemes ne se pourront verifier par leurs escritz, si ce n'est par certaine ruse practiquée de toux faulx accusateurs, lesquelz pour donner lustre a leurs mensonges, ne font que tergiverser, contourner et interpreter sinistrement les sentences de leur adverse partye,[246] et en obmettre ce qui prece- | 119 |de, ou ensuit,

[a] *I Cor. XIII, 7. I Pierre IV, 8.*

[b] *Tit. I, 15.*

---

[245] Ce texte n'est pas cité d'après la Bible de Genève.

[246] Cf. Montaigne, *Essais*, II, xi, p. 121, 1. 7-9: «... ces disputateurs qui, pour combatre Epicurus et se donner beau jeu, luy font dire ce à quoy il ne pensa jamais, contournans ses paroles à gauche.». S. Castellio, *Defensio ad Authorem libri, cui titulus est, Calumniae Nebulonis*, publié à la suite des *Dialogi IIII*, Aresdorfii 1578, p. 30: «ut solent [calumniatores] omnia in sinistram partem detorquere ...»

pour mieulx obscurcyr le vray sens et intention de l'auteur, a la mode des araignes, lesquelles ne sucçent que venin,[247] des plus soefves et odoriferantes fleurs que la terre peult produire. Ceste poison que vous dictes avoir tiré des escritz des Zelateurs, regarde plus loing, et tend a choses plus haultes, elle vous servira de preparatif pour descrier et proclamer leur nom si execrable devant les yeulx de toux hommes, a celle fin qu'on n'ose plus mettre en dispute, si l'on doibt persecuter a la mort des hommes si perduz, qui arrachent a un coup les principes et fondamentz de nostre salut et de la religion Chrestienne, non comme simples heretiques, ains comme blasphemateurs, renieurs et contemteurs de Dieu et sa Parole. Y a il homme si hebeté et privé d'entendement, qui voulsist prester l'oreille a doctrines si alienees de la verité Chrestienne, nommement d'entre ceulx, lesquelz meus d'un bon Zele, cerchent le salut de leur ame par la frequente lecture des escritures et investigation des docteurs et opinions humaines? Au contraire j'ay apprins, non seulement par le symbole Apostolique, ains aussi par grace Divine, et par la doctrine des Zelateurs | 120 | spirituelz, qu'il n'y a point d'aultre voye a la vie eternelle, que de croire en Dieu createur du ciel et de la terre, et en son seul fils Jesu Christ, qui a esté conceu de la vierge Marie, est ne a Betleem, et crucifié a Jerusalem, est mort, resuscité et monté aux cieulx, ou il sied a la dextre de Dieu son Pere, jusques a ce qu'il viendra juger les vivantz et les mortz, qui a esté de toutte eternité, est, et vivra a jamais es coeurs des fideles.[248] Mais d'aultre part je cognoy que le simple scavoir de ceste description historiale de la conception, naissance, vie, mort et passion de Christ, me sera entierement infructueuse, si je ne conçoy en mon ame un Christ spirituel par la foy, lequel me regenere et vivifie en la nouvelle creature, me rendant ennemy du peché, Sathan et enfer, par ou je me puisse en fin glorifier d'estre enfant de Dieu, frere de Christ et coheritier du Royaulme des cieulx.[249] Si vous appellez ceste confession de foy une fantasie des hommes

---

[247] Des. Erasmus, *Lingua, sive De Linguae Usu atque Abusu*, dans *Opera omnia*, t. IV, 741: «Vertit in venenum, quicquid exsuxerit araneus.»
S. Franck, *Paradoxa*, S. 53: «Die Blume steckt voller Honig; zieht aber die Spinne den Honig in sich, so wird er Gift. Aber der Biene ist und wird es allzeit Honig.»

[248] Il est remarquable que, dans cette confession de foi, le Gentilhomme allemand ne parle pas de l'Esprit saint comme de la troisième personne de la Divinité.

[249] Sur le rôle que le Gentilhomme allemand attribue au Christ, on peut dire ce qu'on a dit à propos de Sébastien Franck: «Alles Heil ist durch Christus ermittelt, aber es ist nicht der geschichtliche, sondern der ideale Christus, der es spendet» (A. Hegler, *Geist und Schrift bei S.F.*, S. 199); «Franck löst die geschichtlich-objektiven Vorgänge in die ewigen ihnen zu Grunde liegenden Gedanken auf, das Fleisch Christi tritt ganz hinter seinen Geist zurück, Christus weist uns nur hin auf den durch die Sünde in uns zurückgedrängten, göttlichen Grund unserer Seele, zeugt von dem Geist Gottes in uns, wirkt aber selbst als geschichtliche Persönlichkeit in unserem Innern nichts. Und doch kann andererseits wieder alles Göttliche in uns allein auf Christum zurückgeführt werden, denn Christus ist ja der ewige Logos, von ihm

et une imagination d'un aultre Christ, que le fils de Dieu tesmoigné par l'Escriture saincte, je vous confesse avec la plus saine partye des Zelateurs spirituelz, que ceste doctrine soit heretique, erronee et blasphematoire contre Dieu et sa loy. Mais si | 121 | au rebours vous consentez avec eulx en ce poinct, (comme je scay que vous confesserez de bouche [250] sans en sentir pourtant la vraye efficace au coeur), pourquoy les rejectez vous pour voz freres, et les diffamez comme les plus infames, monstrueux et detestables hommes que la terre aye oncques porté? Certes si vous regardez de pres a vostre faict, vous serez pour le moins aiguillonné quelque peu en vostre conscience, de ce que vous proclamez les Zelateurs spirituelz deffaillantz de tout remors de conscience, et blasphemateurs de Dieu et son fils Jesu Christ. N'est ce pas aussi par grand remors de conscience que voz freres de par de ça tiennent au jourdhuy divisé en factions ce beau, riche, et fleurissant Empire pour l'exposition des quatre paroles a la Cene, *cecy est mon corps*[a], si avant qu'il tient a bien peu, que l'espee ne soit degainee, pour nous entretuer et mettre tout en feu et flamme,[251] si l'Ennemy commun de la Chrestienté, ne nous tenoit la bride courte,[252] et ce par l'instigation et opiniastreté seule des Precheurs d'une part et

a Matt. XXVI, 26. Marc. XIV, 22. Luc. XXII, 19.

stammen alle göttliche Funken im Menschen, nur sind sie nicht durch sein geschichtliches Wirken, sondern durch sein dauerndes Einwohnen von Ewigkeit her in den Herzen aller Menschen» (R. H. Grützmacher, *Wort und Geist*, Leipzig 1902, S. 179-180).

Du reste, cette idée du Christ spirituel est tellement essentielle pour la doctrine des spiritualistes qu'on la trouve exprimée chez la plupart d'entre eux; nous ne citerons que *Theologia deutsch*, Kap. 3 et 9; David Joris, *Twonder-boeck* (1551), deel III, kap. xxi; D. V. Coornhert, *Liet-boeck* II, 22. Sébastien Franck la formule à plusieurs reprises dans ses *Paradoxa*, notamment S. 195, 213 et 245-246.

[250] Cf. Marnix, *Ondersoeckinge*, blz. 142-143: «Het rechte geloove is een enckel gave des heyligen Geests, ende en can van geene menschen int herte ingedruckt werden, maer moet vanden H. Geest vergezelt werden, welcke dies-halven genoemt wort den pandt ofte den vesthalm onser verlossingen. So wie deur desen geest Godes niet beroert en wort, ende Gods Majesteyt, gerechticheyt ende bermherticheyt, met de oogen des Geestes inde Schriftuere deur een overnatuerlick licht niet aen en schouwt, die can wel met den monde seggen dat hy de Schriftuere gelooft ende deselve voir Gods woirt houdet, maer zijn eygen herte moet hem nootsakelick beliegen. Want hy en heeft de waerheyt Gods in het herte niet verzegelt, welcke niemandt verzegelen can dan God alleene deur zijnen Geest.»

[251] En Allemagne, en effet, au lieu d'être unis contre les catholiques, luthériens et calvinistes s'entredéchiraient dans des écrits sans nombre. Bien qu'à la vérité il s'agît d'une banale lutte politique, on prenait pour prétextes les différends religieux, notamment ceux qui se rapportaient à la prédestination et à la Cène. On consultera à ce sujet Joh. Janssen, *Geschichte des deutschen Volkes seit dem Ausgang des Mittelalters*, 5. Band, 15. Auflage, Freiburg im Breisgau 1902, S. 141-150 et 509-550.

[252] Voir *ibid.*, S. 120-131.

En 1594, l'armée turque s'était emparée de l'importante forteresse de Raab (actuellement Gyoer), à quelque 150 km. de Vienne. Du reste, plutôt que d'oublier les conflits internes, l'electeur palatin Frédéric IV, le plus influent parmi les princes calvinistes, utilisait le danger commun comme un levier pour sauvegarder les intérêts de ses coreligionnaires (S. 123).

d'autre, lesquelz voulantz maintenir leurs opinions, enferrent leurs freres
a l'escorce sans annoncer la vraye moelle, et negligent | 122 | du tout les
causes de l'institution de la Cene. Car en lieu de nous inculquer la memoire
et communion de la passion de Christ par le renoncement a nous mesmes
et crucifier nostre vieil homme[a]. Que c'est a nous d'incorporer et recevoir
par la foy et mortification de la chair son corps. Que l'espreuve de la vraye
communion a la Cene ne consiste point en quelle façon Christ est dedans
le pain, mais par quel moyen il se peult communiquer a nous et nous a
luy par son sainct Esprit. Que le pain composé de plusieurs espys de blé
et pestry en une masse de paste represente a l'Eglise qu'elle est bastie de
plusieurs membres, lesquelz doibvent estre unys en concorde et fraternelle
charité au corps de Jesu Christ: Vous appliquez ce symbole tout a rebours
a faire Scysmes a l'Eglise, diffamer pour libertins et Atheistes ceulx qui ne
veulent avoir part au gasteau de ceste fraternité, et semer, nourrir, et
fomenter la discorde et inimitie irreconciliable a la Chrestienté, duquel il
vauldroit mieulx n'user point du tout, que d'en abuser en sorte que la
charité en demeure enfraincte et exterminee des ceurs des hommes, la-
quelle nous est par toutte l'Escriture beaucop plus recommandee, | 123 |
que la simple et materielle communication de la Cene du Seigneur sans
la chose signifiee par icelle,[253] ce que sainct Paul nous enseigne, voyant que
le Baptesme avoit causé dissention a l'Eglise de Corinthe. *Il rendoit graces
a Dieu de n'avoir nul baptisé, sinon Crispe et Caye.* 1. Corinth. 1. 14. et
aux Galates chap. 6. 15. *En Jesu Christ ne circumcision ne prepuce ne
vault aucune chose ains la nouvelle creature.* Certes si voz premiers fon-
dateurs fussent encor vivants, et qu'ilz eussent quelque remors de conscience, ilz devroyent a bon droict regretter d'avoir jamais celebré la Cene,
veu leur vocation doubteuse, et les grandes calamitez, scandales, guerres,
et persecutions, qui en ont esté espanduz quasi par toutte l'Europe, c'est a
eulx auxquelz l'Apostre dict aux Corinthiens Ep. 1. chap. 3. *comme ainsy
soit qu'il y ait entre vous envie et noises et partialitez, n'estes vous pas
charnelz, et ne cheminez vous pas selon l'homme? car quand l'un dict je
suis de Paul, et l'aultre, je suis d'Apollos n'estes vous pas charnelz?* Au
demeurant je ne scay de quel visage ilz peuvent pallier leur obstination
es affaires de la religion. Car encor qu'on les face toucher du doigt leurs
erreurs au point de la Justification avec plusieurs aultres,[254] | 124 | ilz ne

[a] *Rom. VI, 6.*

---

[253] Cf. Herman Herberts, *Bekentenisse des Gheloofs*, fol. 348 ro.: «Soudt ghy
niet willen toestaen, datter wel menschen zijn, welcke de Sacramentelicke teyckenen
met ons niet ontfangen, ende nochtans door t'gheloove dat beteyckende wel ontfangen? insghelijcken sodanighe welcke de teyckenen sonder t'beteyckende, dat doode
lichaem sonder t'levende wel ontfangen ofte ghebruycken?»
[254] Le Gentilhomme allemand aurait-il connu le traité *De Justificatione* de Castel-

cederont point d'un pas a leur faulses opinions, et les continueront d'enseigner au peuple contre le tesmoignage de leur conscience, craignantz que s'ilz se confessoyent convaincus en un ou deux poinctz de leur doctrine, que tout le surplus seroit revoqué en doubte et mis en dispute. Mais leur conscience (s'ilz en ont une) les jugera un jour, quand ilz auront a respondre de la dispensation de leur talent[a]. Une chose je vous demande, quel signe de mauvaise conscience vous ont donné les Zelateurs Spirituelz, (Car tout ainsy que vous comprenez au tiltre de Zelateurs spirituelz toux ceulx qui aiment mieulx porter le surnom de Chrestien, que de Reformé, Martiniste, Catholique, ou Anabaptiste,[255] je n'en ay voulu faire icy distinction, ja-soit qu'elle soit bien remarquable), vous ont ilz jamais voulu persecuter, et calumnier si injurieusement comme vous et voz Docteurs faictes de toux costez? ont ilz taché d'irriter le Magistrat contre vous? leurs livres enseignent ilz aultre chose que charité, Paix, Temperance, humilité, obeissance au Magistrat, patience et vraye regeneration en esprit? vous ne trouverez point qu'ilz soyent sanguinaires, ny | 125 | vindicatifz, scachantz que c'est contre la doctrine de Christ, qui les enseigne par son exemple la doulceur, paix, clemence, et misericorde et de cheminer tousjours a la craincte de Dieu, qui les destourne de mal faire, leur servant de Precepteur a bien vivre. Mais scavez vous ou gist le mal, qu'ilz n'ont point de conscience en voz yeulx, pource qu'ilz preferent les commandementz de Dieu a voz loix et traditions humaines, pour jouyr de la liberté

[a] *Matt. XXV, 15–28. Luc. XIX, 11–27.*

lion? Celui-ci ne sera publié, à Gouda, qu'en 1613 (voir F. Buisson, *Sébastien Castellion*, t. II, Paris 1892, p. 373).

[255] Bien qu'on trouve cette volonté de rester neutre au milieu des luttes religieuses chez les spiritualistes – voir p. ex. S. Franck, *Paradoxa*, S. 23: «Alle Kinder Gottes ... mögen von nichts anderem Gottes Kinder heissen als vom Glauben. Darum haben sie allein einen gemeinsamen Namen, nämlich dass sie Christen, Glaubende oder Gottes Kinder heissen», ou Coornhert, qui, dans un de ses dialogues, *Consistorie* (dans *Wercken*, deel I, 353-364), donne au personnage qui défend ses propres idées, le nom de «Job van ghenen Parten» – elle ne leur est pas particulière. J. Lindeboom cite Guillaume Pressius, pasteur à Alost, qui écrit en 1584: «Je ne suis ni Martiniste, ni Calviniste, ni Anabaptiste, ni Papiste, ayant seulement appris la doctrine de Jésus-Christ et de ses Apôtres» (*De confessioneele ontwikkeling der reformatie in de Nederlanden*, 's-Gravenhage 1946, blz. 109). Un pamphlet de 1600, *Ratelwachts ende Torenwachters waerschouwinge*, dit, en parlant d'un pasteur réformé de Rotterdam: «'t Is moghelick oock een pertydich Calvinist ofte Catechissemist, die alleene de opinie van Calvinus ofte van de Nederlantsche Catechismus verkiest, ende geen neutrael Christ, die alleen de partie van de waerheyt verkiest, ghelijck een recht Christen schuldich is te doen» (publiée dans Paul Fredericq, *Het Nederlandsch proza in de zestiendeeuwsche pamfletten uit den tijd der beroerten*, Brussel 1907, blz. 369). Le pasteur Donteclock parle même à ce propos de la secte de loin la plus nombreuse: «Ende dit is wel de aldergrootste Secte, die hier te lande te vinden is, der gheener namelijck, die gheen werck en maken van eenighe uyterlijcke Religie, nochte professie daer van en doen» (*Proeve des Goudschen Catechismy*, Delft 1608, blz. 41, cité par B. Becker, «Nederlandsche vertalingen van Sebastiaan Franck's geschriften», dans *Nederlandsch Archief voor Kerkgeschiedenis*, deel XXI (1928), blz. 160).

et franchise Spirituelle, de laquelle parle Sainct Paul, aux Romains chap.
8. 2. *La Loy de l'Esprit de vie qui est en Jesu Christ m'a affranchy de la
Loy de peché et de mort,* Qu'ilz s'opposent a voz Doctrines charnelles
pour guider les hommes au vray sentier de la vie Eternelle, par la Parole
de Dieu, laquelle ilz disent ne consister point en la lettre mais en esprit et
vie, et qu'en leur conversation ilz menent une vie irreprehensible et non
fardee d'hypocrisie et superstition, laquelle les enfans du monde ne peuvent
souffrir, tout ainsy que les yeulx chaçieux sillent aux clers rayons du
Soleil.

Nous prendrons aussi pour une marque de vostre bonne conscience
(afin que venions a la conclusion du dernier poinct a re- | 126 | futer) que
vous jugez sans appel voz freres heretiques, pource qu'ilz cerchent la
droicte intelligence Spirituelle en la Saincte Escriture, enquoy vous n'en-
suivez la doctrine de Christ, qui dict en Sainct Mathieu chap. 7. *Ne jugez
point afin que ne soyez jugez, car de tel jugement que vous jugerez vous
serez jugez et de telle mesure que vous mesurerez, on vous mesurera.* De
faict le bon Chrestien sera tousjours sobre d'asseoir son jugement sur les
opinions d'aultruy, de peur qu'il ne juge mal, et que son jugement pro-
nonçé a l'encontre de son frere ne tombe sur sa propre teste. Comment est
il possible que l'homme charnel puisse bien juger du Spirituel, qu'il ne
cognoist point interieurement, non plus que l'aveugle ne peult juger des
couleurs? Puis que la verité, de touttes choses est engoufree dans des
profonds abysmes, ou la veue humaine ne peult penetrer [256] sans le secours
d'une lumiere plus supernaturelle, et que nostre jugement est si lubrique,
et roulant sans cesse, qu'il ne se peult establir rien de certain de l'un a
l'aultre, le jugeant et le jugé estantz en continuelle mutation et bransle,[257]
l'homme ne se pipera en rien plus, que de son propre jugement, s'il s'en
laisse trop flater. Il confes- | 127 | sera bien la foiblesse de sa memoire, son
ignorance es sciences, et l'indisposition de son corps, avec touttes ses aultres
deffaillances externes, mais de son jugement il ne veult pas qu'on en
doubte aulcunement. Car le plus sot homme pense avoir autant d'entendement, que le plus habile,[258] et ne se trouve portefaix ny filoire, qui ne
croye avoir asses de sens pour sa provision a decider les querelles de deux
Monarchies, ce qui procede de la presumtion,[259] dangereuse Syrene pour
nous endormir en noz folies. De là naissent deux chambrieres ordinaires
a sa suicte, l'amour aveuglé de nous mesmes, et le desdaing et mespris des

---

[256] Montaigne, *Essais*, II, xii, p. 310, 1. 1-2.
[257] *ibid.*, p. 366, 1. 25-28.
[258] *ibid.*, II, xvii, p. 442, note 19).
[259] *ibid.*, p. 442, 1. 5-6: «Il ne fut jamais crocheteur ny femmelette qui . . .».

actions d'aultruy,[260] que nous ne cognoissons rien digne d'admiration, si non ce qui se couve en nostre cervelle, par ou ce peu de raison que l'entendement humain peult loger, est du tout estouffé en nous, laquelle nous doibt instruire, que de juger et condamner ainsy resoluement les opinions d'aultruy pour faulses et impossibles, c'est se donner temerairement l'avantage, d'avoir dans la teste les bornes et limites de la volonté de Dieu,[261] qui est un vice ordinaire de ceulx qui pensent avoir quelque scavoir oultre la commune.[262] Il n'y a point de | 128 | plus notable folie au monde, que de les ramener a la mesure de nostre capacité et suffisance.[263] Il fault juger des choses avec plus de reverence de ceste infinie puissance de Dieu, et plus de recognoissance de nostre foiblesse et ignorance.[264] Lors nous commencerons au primes a veoir les petitz raions de sa sagesse divine. La gloire et curiosité sont deux fleaux de nostre ame. Ceste cy nous conduict a mettre le nez par tout, et celle là nous deffend de rien laisser irresolu, injugé, et indecis.[265] Deportez vous donc desormais de ces jugementz precipitez, et renvoyez les au souverain Juge, lequel nous apprend par l'Apostre aux Romains chap. 2. *Pourquoy o homme quiconque tu sois qui juges d'aultruy, tu te condamnes toy mesme, veu que toy qui juges fais les mesmes choses*, et a la mesme Epistre cha. 14. *Mais toy pourquoy condamnes tu ton frere, ou toy aussi pourquoy deprises tu ton frere? certes nous comparaistrons toux devant le siege judicial de Christ*, de qui vous ferez bien de vous laisser instruire par son Sainct Esprit, et croire, que tout ce que vous avez apprins des hommes jusques a cest'heure, et par voz livres, commentaires, predications, et moyens exterieurs, n'est que vanité, charnel, humain, et | 129 | mensonge, ce qu'il fault du tout desapprendre et oublier, devant qu'ung aultre meilleur esprit puisse gaigner pied en vostre coeur, selon l'Apostre aux hebrieux 5. ver. 12. *Pource que là ou vous devriez estre Maistre, veu le temps, vous avez derechef besoing, qu'on vous enseigne, quelz sont les rudimentz du commencement de la Parolle de Dieu, et estes devenuz telz, que vous avez besoing du laict et non point de viande ferme.* Ne vous opposez point contre l'oeuvre de Dieu encommencé, de peur qu'il ne vous avienne comme a Dathan et Abiron Nomb. 16. considerant que ce qui n'est point de Dieu, perira de soy mesme[a], sans que les hommes y mettent la main, et ce qui derive de la

[a] *Act. V, 38-39.*

---

[260] *ibid.*, p. 409, 1. 27-p. 410, 1. 1: «Il y a deux parties en cette gloire, sçavoir est, de s'estimer trop, et n'estimer pas aussez autruy.»
[261] *ibid.*, I, xxvii, p. 233, 1. 9-11.
[262] *ibid.*, p. 232, 1. 13-14.
[263] *ibid.*, p. 233, 1. 12-13.
[264] *ibid.*, p. 234, 1. 13-14.
[265] *ibid.*, p. 237, 1. 7-9.

vive fontaine de Christ, ne peult estre destruict par aulcunes forces humaines, quelle violence qu'ilz y employent. Considerez l'instruction de Plato ad amicos Dionis, *vir prudens ea mente circa patriam sese debet praestare, ut ne reprehendat errores civitatis, quando frustra sit reprehensurus, aut ob reprehensionis studium periturus, sed quietem aget, votoque praecabitur optima sibi et patriae.*[266] Amplectons toux ensemble unanimement la charité, afin que ceulx qui portent le nom de Christ soyent par icelle discernez d'entre les Infideles, comme nostre | 130 | Sauveur dict en Sainct Jan chap. 15. 12. *c'est mon commandement, que vous aimiez l'ung l'aultre, comme je vous ay aymez, a cela cognoistra l'on, que vous estes mes disciples*, et en Sainct Paul aux Philippiens, chap. 2. 14. *Faictes tout sans murmures et questions, afin que soyez sans reproche, et simples enfans de Dieu irreprehensibles au milieu de la nation tortue et perverse, entre lesquelz luisez comme flambeaux au monde, qui portent au devant la Parole de vie.* Prions les uns pour les aultres, et le plus fort supporte le foible, ainsy que nous desirons que Christ nous supporte toux en nostre imbecillité. Le Dyable peult contrefaire en tout le bon Chrestien, sauf en ce seul poinct, qu'il ne peult exercer la vraye charité.[267] Enclinons tousjours en touttes noz actions plus a la misericorde, clemence, et compassion envers nostre prochain (qualitez peculieres au vray Chrestien) qu'a la rigueur, severité, et tyrannye (marques de l'homme mondain) si voulons esperer aulcune misericorde de nostre Dieu. Jugeons nous mesmes plustost, que nostre frere quand nous voulons juger, selon l'Apostre a la 1. Epistre

---

[266] C'est la traduction de *Epistula* VII (331 c6-331 d5), traduction qui s'inspire visiblement de celle de Marsile Ficin, mais qui n'est pas sans présenter des différences avec celle-ci (*Divini Platonis opera omnia Marsilio Ficino interprete*, Lugduni 1557, p. 634).
Dans les *Essais*, on trouve la version française du même fragment de cette lettre, mais elle y paraît seulement dans l'édition de 1595, que le Gentilhomme allemand n'a pas connue: «Platon de mesme ne consent pas qu'on face violance au repos de son païs pour le guerir, et n'accepte pas l'amendement qui couste le sang et ruine des citoïens, establissant l'office d'un home de bien. En ce cas, de laisser tout la; seulement de prier Dieu qu'il y porte sa main extraordinaire» (III, xii, p. 330, 1. 21-25).
[267] S. Franck, *Chronica*, 2. Teil, Fol. 163: «Alles das die Christen in der warheit haben, moegen auch die teüfels knecht haben im schein, dann der teüfel hat auch sein sennftmuetige keüsche leüt, allmusengeber, die da fasten. Also hat alle gestalt des gueten der Teüfel auch eingefuert, zur verfuerung und verwirrung, das kein underscheyd zwischen den warhafftigen und falsch guten erschin, und die unfürsichtigen in des teüfels verfuerung fielen. Aber die lieb des heyligen geysts kan diser unreyn geyst nit nach thun.» De même Fol. 197: «Aber der Teüfel gottes Aff, kan es alles nachthun, anmassen, und sich ueberaus frümblich stellen, allein recht lieben und glauben, wie Chrysost. sagt, kan er nicht.»
L'idée remonte à un texte, *In Matthaeum homilia IV*, qui fut longtemps attribué à Chrysostome (*P.G.* LVI, 660: «Omnes enim species justitiae, quas habent servi Dei in veritate, possunt habere et servi diaboli in simulatione. . . . Solam autem caritatem sancti Spiritus non potest immundus spiritus imitari»).

aux Cor. chap. 11. ver. 31. *car certes si nous nous jugions nous mesmes, nous ne serions point jugez. Mais quand nous sommes ju-* | 131 | *gez, nous sommes enseignez par le seigneur, que nous ne soyons condamnez avec le monde.*

Mais avant que mettre la derniere main a ce petit discours je ne me puis desprendre de ce papier, sans dire encor ce moct pour conclusion, que je scay qu'aulcuns m'accuseront de trop de vehemence en mes escritz, par lesquelz il semble que j'enfrains les loix de charité, que j'escrys aultrement, que je ne fay icy profession, et que je reprens en aultruy ce qui se peult reprendre en moy mesmes, lesquelz je prie considerer, que c'est une juste et doulce revenge de se deffendre de la langue, et parer avec la plume aux coups d'espee, au feu, et licols. Les Medecins sont accoutumez appliquer remedes ung peu aspres et vehementz aux fiebvres chauldes et maladies violentes, pour trencher la vie dedans le vif, et oster la racine du mal. *Qui quae vult dicit, quae non vult audiet.*[268] Que ces delicates oreilles poisent a egale balance contre la doulceur de mon style, les calumnies execrables, dont ceste lettre dedicatoire charge les Zelateurs Spirituelz, et les pervers conseils tendantz a la persecution, ilz trouveront que je demeure beaucop de retour (s'il est permis de payer mal pour mal a poix e- | 132 | gal) a la fulminante vehemence de l'auteur de cest Epistre. Pour respondre a laquelle plus par le menu, j'avoy encor prou d'argumentz et marques de sa vie passee, lesquelles j'ay voulu icy enterrer, afin de fuir la note de mesdisance contre mon prochain, et me suis tant seulement servy de ce que j'estimoy necessaire a la matiere proposee. Car comment pouvoy je divertir Messeigneurs les Estatz du conseil de persecution sans depaindre un peu de ses couleurs ce conseilier et le rendre *reum* et non recevable devant toux juges equitables?[269] Comment eusse je peu leur presenter en veue, que les Rois Princes et Magistratz ont esté enfarinez de toux siecles par les fauls Prophetes, Evesques sangsues, et Precheurs, soubs ombre de

---

[268] A. Otto, Nr. 205.

[269] *Corpus iuris civilis; Dig.* XLVIII, 4: «Is, qui iudicio publico damnatus est, ius accusandi non habet, nisi liberorum vel patronorum suorum mortem eo iudicio vel rem suam exequatur. sed et calumnia notatis ius accusandi ademptum est.» *Dig.* XLVIII, 8: «Qui accusare possunt, intelligemus, si scierimus, qui non possunt. itaque prohibentur accusare alii propter sexum, vel aetatem, . . . : alii propter delictum proprium, ut infames.» Iosse de Damhoudere, *Practique Judiciaire es causes criminelles*, Anvers 1564, pp. 31-32: «(Chap. xxxii. De Respondre par Exception) *1*. En matiere criminelle, soit capitale, ou autre, le deffendeur peut proposer, et alleguer, ou par advocat, ou procureur faire proposer et alleguer toutes exceptions declinatoires, dilatoires, et peremptoires, ainsi qu'es causes civiles. . . . *4*. Delayant . . . peut rejecter sa partie adverse, et alleguer qu'elle n'est habile, ou qualifiée pour accuser, pour ce qu'elle est infame.»

saincteté a ceste damnable opinion de persecuter les Chrestiens, sans leur refrechir la memoire des beaux chiefs d'oeuvre commis a Geneve, Berne et ailleurs, ou l'on n'a point exemté de tyrannye les sepultures et corps morts pieça pourriz soubz terre,[270] mesmes a quoy les Recteurs de leurs Eglises tendent encor toux les jours par la discipline Ecclesiastique, leurs invectives, requestes, et violentes Preches. Oultre ce j'ay cest honneur d'estre Gentil- | 133 | homme Alleman et par consequent libre et non suject aux opinions forcees des hommes. Qui me peult donc deffendre d'user de la franche et libre condition de ma Patrye, pour aider (en tant qu'en moy est) a maintenir aussi en ceste liberté une nation, a laquelle je me trouve beaucop obligé pour l'hospitalité, courtoisye, et benevolence, dont j'ay esté recueilly quelques annees, pendant que j'ay frequenté parmy Icelle? De la benignité, humanité et bon Zele a la foy de laquelle, je ne sens ma plume assez forte pour en chanter les louanges. Enquoy je ne pretens aultre loyer ny recompence, si non que le salutaire conseil de Gamalael[a] cy devant annoté,[271] puisse avoir acces aux oreilles des Princes et Magistratz, plustost que celuy de Cayphas[b] et de sa sequelle sanguinaire,[272] et qu'en lieu de Saul persecuteur[c], vostre coeur se puisse convertir en Paul conservateur de l'Eglise de Dieu[d]. Mais comme la verité engendre haine envers ceulx qui luy sont ennemis jurez, je scay que je m'auray concilié beaucop de malveillance envers ceulx qui se sentiront icy touchez et descouvertz en leur faultes, lesquelz plus qu'ilz s'opposeront a cest escrit par faulses interpretations et ca- | 134 | lumnies, plus se donneront ilz a cognoistre d'estre touché icy au vif et depaintz de leurs couleurs. Ilz ne se convainqueront par aultre tesmoignage, qu'en ce qu'ilz prennent en male part, qu'on reprend les iniques en leur iniquité. Car celuy qui ne peult souffrir que l'injustice soit descouverte pour le bien et salut des justes, il se faict tesmoing de sa propre injustice. Voilà pourquoy je me

[a] *Act. V, 38–39.*
[b] *Jo. XI, 49–50.*
[c] *Act. VIII, 3.*
[d] *Act. XIII, 2 et 9.*

---

[270] Marnix, *Response apologeticque*, p. 492: «Quand il blasme les villes de Geneve, de Berne, de Zurich, et notamment se plaint de ce que l'on a desterré des morts, que veut dire cela, sinon qu'il estime que l'on aie faict tort à ce grand heresiarche David George, lequel aiant predit à ses disciples que dedans le troisiesme jour il devoit resusciter du sepulchre, en a esté tiré hors, la troisiesme année par le magistrat, et jetté au feu et bruslé, pour servir d'exemple à d'autres semblables faux Prophetes?» En effet, l'histoire ne faisant pas mention du déterrement de morts dans les villes que cite le Gentilhomme allemand, on est bien obligé de conclure que celui-ci pense au procès posthume que le magistrat de Bâle a intenté à David Joris, qui se termina par le déterrement et l'incinération du cadavre et des écrits de l'hérésiarque.

[271] Voir p. 12 et p. 129: «Ce qui n'est point de Dieu, perira de soy mesme.»

[272] *Jo.*, XI, 49-50: «Alors un certain d'entr'eux appelé Caïphe, qui estoit le souverain Sacrificateur de ceste annee la, leur dit, Vous n'y entendez rien: Et ne considerez point qu'il nous est expedient qu'un homme meure pour le peuple, et non point que toute la nation perisse.»

console en ce que le petit troupeau et gens de bien jugeront sans affection
de ma bonne volonté, et que la plus saine partye (mesmes d'entre les
Reformez) reprouveront avec moy ceste archiheresie la persecution, Lors
j'estimeray mon petit labeur bien employé, lequel j'ay permis de mettre
en lumiere par l'instance de mes amys, non pour aulcun espoir de louange,
ny pour espandre mon nom, (Car je scay que c'est ung trop menu ouvrage,
qui n'a ny corps ny vie et partant ira s'esvanouyssant en la premiere main,
voire ne se pourmeinera que huict jours d'un carrefour de rue a l'aultre,
chose que j'estime autant qu'une bouffee de vent) ains pour le service
repos et liberté de toux Chrestiens. Il y a encor d'aultres qui pourront dire,
que je devoy espargner ma paine, *quia nihil dixi quod non* | 135 | *dictum
sit prius*,[273] veu que je n'ay rien dict qui n'aye esté dict auparavant, et
plus heureusement que ma plume mal polye n'a peu produire, et que
Messeigneurs les Estatz sont si prudentz et avisez a la moderation de leur
Gouvernement, qu'ilz n'ont que faire d'emprunter de moy (qui suis
estrangier, et par consequent mal embeu de la disposition de leur Estat),
le conseil qu'ilz auront a prendre en chose de si grand moment pour leur
Republique, ausquelz je donne en partye cause gaignee, car je me confesse
trop mal instruict pour instruire aultruy, mais ilz recevront pour responce,
que je confesse ceste matiere avoir ja esté traictee non moings amplement
que doctement par aultres, mais d'autant qu'elle est de telle importance a
la Chrestienté, pour autant qu'il y va de la vie de tant d'hommes, je dy,
qu'on ne la peult trop souvent reiterer et imprimer es ceurs des Superieurs,
ja soit que ce fust par ung style bas et non equipolent a l'exigence du
suject. Un portefaix qui s'employe au bastiment d'un grand edifice merite
autant son salaire et y est aussi requis, que le Maistre Architecte. Ceulx
qui ne trouveront en aulcuns endroictz de cest escrit l'ordre Dyalectique
as- | 136 | sez distinctement observé, m'excuseront sur ce que la minute
m'a esté ravye des mains, devant que je l'aye peu du tout revoir et qu'une
bonne partye a esté soubministrée par intervalles a l'Imprimeur sur la
presse. Je prie mes Tresillustres Seigneurs Estatz Generaulx, qu'ilz interpretent benignement ces miens advertissementz procedans d'ung ceur
tresaffectionné au service de leur Republique, laquelle je prie Dieu vouloir
plusieurs siecles recevoir soubz sa saincte protection, et tellement boucher
les oreilles a toux Regentz et Magistratz de la Chrestienté contre ces
exhortations sanguinaires, que son courroux soit par là appaisé, les playes
des longues guerres sanglantes destournees arriere de noz testes, et que les

---

[273] A. Otto, Nr. 526.

enfans de Dieu puissent jouir d'une vie paisible et tranquille en ce monde soubz les aisles de clemence de leur sage et pacifique Magistrat. Amen.[274]

Proverbes Chap. 29. 10.
Les hommes meurdriers ont en haine l'homme entier
mais les droictz ont son ame chere.

---

[274] Ce dernier fragment, depuis «Je prie...» se trouve cité en traduction néerlandaise chez P. Jansz. Twisck, *Religions Vryheyt*, blz. 137.

EST-CE JOACHIM VAN LIER OU BIEN EMMERY QUI A ACCOMPAGNÉ LE COMTE GUILLAUME-LOUIS DE NASSAU EN ANGLETERRE?

Dans son édition des *Archives ou Correspondance inédite de la maison d'Orange-Nassau*,[1] G. Groen van Prinsterer publie la lettre, que nous avons mentionnée,[2] où, le 8 mars 1578, la comtesse Marie de Nassau rend compte à son oncle, le comte Jean de Nassau, frère aîné de Guillaume d'Orange, de la décision que celui-ci a prise de joindre le jeune comte Guillaume-Louis [3] à l'ambassade des Etats qui va partir pour l'Angleterre afin de demander à la reine Elisabeth un appui substantiel dans la guerre contre les Espagnols. «Le marquis d'Havré doit partir pour l'Angleterre demain ou après-demain, et il serait heureux que mon cousin, le comte Guillaume, partît avec lui. Comme Monseigneur mon Père voit que mon cousin a bien envie de visiter l'Angleterre, pour voir et apprendre des choses nouvelles, et que l'occasion se présente de le faire partir en si bonne compagnie, Monseigneur lui a donné sa permission et l'a placé sous la garde de Lier.» Dans une note Groen van Prinsterer fait remarquer que ce dernier personnage est «apparemment Joachim van Lier, député par le Comté de Zutphen aux Etats-Généraux. Il venoit de remplir une mission de leur part en Hollande».

En effet, dans les *Resolutiën der Staten-Generaal*,[4] on lit que le 13 janvier 1578 Joachim van Lier et Adolf Blyleven, échevin d'Anvers, sont désignés pour remplir une mission auprès des Etats de Hollande et de Zélande, «affin de les induire à practicquer les moyens généraulx que par les dicts députéz leur seront proposéz». Dans une autre publication [5] on trouve une lettre, du 15 janvier, où les Etats-Généraux demandent au magistrat de Zutphen la permission d'employer leur député, Joachim van Lier, dans une mission en Hollande. Le 18 février, Van Lier rend compte au magistrat de Zutphen de sa mission, qui l'a occupé pendant une quinzaine de jours et dont il vient de rentrer à Anvers.[6] Groen van Prinsterer avait donc raison d'écrire qu'il était

---

[1] Tome VI, Leide 1832, pp. 301-302.
[2] Voir notre introduction, pp. 92-93.
[3] Né le 13 mars 1560, le Comte allait avoir 18 ans. A partir de 1584 il sera stathouder de Frise jusqu'à sa mort en 1620; comme son cousin, le comte Maurice, il excellera dans l'art militaire.
[4] Publiées par N. Japikse, deel II, 's-Gravenhage 1917, blz. 268.
[5] P. Bondam, *Verzameling van onuitgegeevene stukken, tot opheldering der vaderlandsche historie*, deel IV, Utrecht 1781, nr. 77.
[6] *ibid.*, deel V, nr. 72.

disponible pour une nouvelle mission comme celle d'accompagner le jeune comte de Nassau en Angleterre.

Quant aux personnes qui ont composé cette ambassade qui part pour la Cour de la reine Elisabeth, nous sommes renseignés grâce à la présence, dans le *Calendar of State Papers*,[7] de la liste des personnes dans la suite du marquis d'Havré; nous y voyons mentionnés «Count William of Nassau, the Sieur Yeman, M. de Berck, M. de Ghibersi, M. le Docteur, M. de Liere, M. Butkens, Sieur Vanderstrepen». Une chose est à remarquer à propos de cette liste: elle ne nous fournit aucune donnée supplémentaire quant à l'identité de «M. de Liere», sauf par l'ordre dans lequel les différents personnages sont mentionnés, et qui est sans doute significatif: le comte de Nassau est cité en premier lieu à cause de son rang; «the Sieur Yeman» est en réalité le deuxième homme de l'ambassade. Député de Bruges aux Etats-Généraux, il est désigné officiellement par ceux-ci pour l'ambassade: le 3 mars, dans une lettre semblable à celle qui fut adressée au magistrat de Zutphen à propos de la mission de Van Lier quelques semaines plus tôt, les Etats-Généraux prient le magistrat de Bruges de trouver bon que son député soit employé pour plaider la cause des Etats auprès de la reine d'Angleterre.[8] Si vraiment il s'agissait dans la liste de Joachim van Lier, député comme Yman et noble par surcroît, il serait bien étonnant de le trouver mentionné presque au bout de la liste. Que «M. de Liere» n'ait pas fait le voyage dans sa qualité de député, c'est ce qui ressort des résolutions des Etats-Généraux du 1er mai, où nous lisons: «Le marquis de Havrech, mons. de Fama [9] et le pensionnaire Iman ont faict rapport que Sa Mté. Réginale d'Angleterre ... n'estoit d'intention, etc.». On peut se demander si le député du comté de Zutphen aurait obtenu l'autorisation de participer à une ambassade autrement qu'à titre officiel.[10] Mais il y a plus: dans les résolutions des Etats-Généraux on lit que le 23 avril Joachim van Lier accepte d' «interpréter» une lettre de l'Empereur d'Allemagne, écrite en haut-allemand.[11] Or, bien qu'il soit impossible de suivre jour après jour le marquis d'Havré dans ses négociations à la Cour d'Angleterre, il est certain que celles-ci ont pris plus de temps que les dix jours qu'on avait estimés suffisants avant le départ de l'ambassade: [12] arrivé à Londres le 20 mars,[13] Havré s'y trouve encore le 19 avril,[14] et le 22 avril il

[7] *Foreign series, 1577-1578*, nr. 761.

[8] 's-Gravenhage. Algemeen Rijksarchief. *Staten-Generaal* 3791, fol. 185.

[9] Charles de Liévin, seigneur de Famars, militaire et diplomate au service des Etats.

[10] Ni dans l'Algemeen Rijksarchief de La Haye, ni dans le Rijksarchief d'Arnhem ou dans le Gemeentearchief de Zutphen on ne trouve aucune trace d'une demande de la part des Etats-Généraux. Du reste, il est évident que l'absence de cette demande ne prouve en aucune sorte que celle-ci n'a jamais existé.

[11] *Resolutiën der Staten-Generaal*, deel II, blz. 118.

[12] *ibid.*, blz. 92.

[13] *Relations politiques des Pays-Bas et de l'Angleterre sous le règne de Philippe II*, publié par Kervyn de Lettenhove, t. X, Bruxelles 1891, p. 357. Le docteur à William Davison: «The marquis is cumme this night to London, but how hy wyl speede, I knowe not».

[14] *ibid.*, p. 417. Promesse du marquis d'Havré de faire délivrer par les Etats l'obligation relative à la somme de cinq mille livres sterling qu'il a reçue, datée «En la ville de Londres, ce xixe jour d'apvril 1578».

n'a pas encore quitté l'Angleterre.[15] Qu'il soit rentré à Anvers très peu avant
le premier mai, cela ressort des *Mémoires anonymes sur les troubles des Pays-
Bas*,[16] où on lit: «Ce pendant vint de retour ledict marquis de Havré de son
voyage d'ambassadeur en Angleterre, audict Anvers près Son Altèze; . . . Lors
le premier jour de may dudict an 1578, se faisoit grande recréation et allégrie
audict Anvers». Evidemment, pour être présent à l'assemblée du 23 avril
Van Lier a pu rentrer plus tôt que le reste de l'ambassade, ramenant le jeune
comte de Nassau; cependant, sans compter que nous n'avons trouvé aucun
document pour appuyer une telle hypothèse, il ne faut pas oublier que, d'après
la letre de la comtesse Marie, c'est le marquis d'Havré qui a eu le premier
l'idée de se faire accompagner par le Comte; sans doute a-t-il tenu aussi à
rentrer en compagnie de celui-ci.

Ce qui rend surtout improbable l'idée que ce soit Joachim van Lier qui
ait accompagné le comte Guillaume-Louis, c'est la phrase de la comtesse
Marie «undt hat im Lier mit geben». N'ayant aucune autorité sur les députés
des différentes provinces, le Prince n'avait pas le pouvoir de décider d'une
telle mesure, ce qui rend invraisemblable que la Comtesse se fût exprimée
dans ces termes, s'il s'était agi du député du Comté de Zutphen. Il faut croire,
en effet, que la personne désignée par la Comtesse comme «Lier» était au
service personnel du Prince; sous ce rapport, nous croyons intéressant de faire
un rapprochement avec une autre lettre, écrite de Windsor et antérieure à
celle de la comtesse Marie de quelque six mois, et où il est question d'un
«M. de Lyra» qui est apparemment aussi un serviteur du prince d'Orange:
«Songez à vous comporter à l'égard des rebelles ainsi que je l'ai écrit, et
prenez conseil du Prince, que je vous prie d'assurer de ma sympathie. Veuillez
m'excuser auprès de lui de ne pas écrire en ce moment. Quand M. de Lyra
viendra (qui demeure ici), je ne manquerai pas d'écrire à Son Excellence».[17]
Bien que tout ne soit pas clair dans cette lettre – que signifie «qui demeure
ici»? – il nous semble que nous ne nous trompons guère si nous pensons que
«M. de Lyra», que l'auteur de la lettre a l'intention de charger d'une lettre
pour le Prince, est au service personnel de celui-ci. Quoi de plus plausible que
de penser que les deux personnages n'en font qu'un, et comment ne pas penser
à Emmery de Lyere, que le Prince «a souventes-foix estimé digne . . . d'employer en commission et voyages assez honorables»[18] et qui a été nommé
écuyer après avoir servi le Prince pendant quelques années comme «Gentilhomme domestique»?[19] Or, nous savons, par l'article de E. J. Haslinghuis sur
«Hofstaat en hofleven van prins Willem I», que De Lyere est mentionné comme

---

[15] *Calendar of Letters and State Papers relating to English Affairs, preserved principally in the Archives of Simanca*, vol. II, London 1894, p. 577. Bernardino de
Mendoza to the King: «M. d'Havrey has left here but is still at Gravesend, ships being
ready at Dover to take him across. – London, 22nd April 1578».
[16] T. II, Bruxelles-La Haye 1860, pp. 238-239.
[17] *Calendar of State Papers, Foreign series, 1577-1578*, p. 208. Wilson to Davison,
29 September 1577: «Remember to deal against the rebels as I have written, and take
advice of the Prince, to whom I pray you make known my affection and excuse my not
writing at this time. When M. de Lyra comes (who remains here), I will not fail to
write to his Excellency».
[18] *Defence d'Emmery de Lyere*, fol. B2 vo.
[19] *ibid.*, fol. B2 ro.

écuyer sur le «Rolle van domestiquen» des années 1577-1578,[20] si bien qu'il est permis de conclure qu'il avait déjà fait ses preuves au service du Prince. Puis, nous avons montré que De Lyere a eu des relations avec des personnalités anglaises, et que dans ses lettres au chancelier Walsingham il se réclame d' «honneurs receuz ... au temps passe».[21] Bien qu'aucun document ne permette de préciser la nature, ni la date de ce contact,[22] le moins qu'on puisse affirmer c'est qu'au moment de l'ambassade du marquis d'Havré, l'homme qui était chargé d'assurer la sécurité du jeune neveu du prince d'Orange, ne pouvait guère ne pas entrer en contact avec le chancelier Walsingham.

Sans doute, pris isolément, aucun argument n'est assez solide pour désigner de façon catégorique Emmery de Lyere comme celui à qui fut confié le jeune comte de Nassau; cependant nous croyons que, considérés ensemble, ils rendent plus que plausible l'hypothèse que c'est de lui que la comtesse Marie parle dans sa lettre, plutôt que de son frère Joachim, en faveur de qui, nous semble-t-il, on ne saurait invoquer aucun argument.

---

[20] L'article a été publié dans *Prins Willem van Oranje, 1533-1933*, Haarlem 1933; le passage auquel nous faisons allusion se trouve p. 283.

[21] Voir notre introduction, p. 107.

[22] Dans le *Journal of Sir Francis Walsingham, from Dec. 1570 to April 1582* (*Camden Miscellany*, vol. VI, 1871), le nom de De Lyere ne figure ni parmi ceux des visiteurs, ni parmi ceux des correspondants. Il est vrai que. pour ce qui est de ceux-ci, le *Journal* ne mentionne que les noms anglais, n'indiquant quant au reste que le pays d'origine ou de destination.

DEUX POÉSIES NÉERLANDAISES DU GENTILHOMME ALLEMAND

Ainsi que nous l'avons écrit dans notre introduction, on trouve dans *Religions Vryheyt* de Pieter Jansz. Twisck deux poésies néerlandaises de la main du Gentilhomme allemand. La première, qui se trouve tout au début du livre, porte la mention explicite:

Een gedicht van een duytschen Edelman.

Ghy Princen en Heeren wiltse doch niet gheloven,
Die u Raden die Conscientie te dwinghen,
Sy soecken u van slants welvaren te beroven,
Dus volcht haer raet niet in allen dingen
Maer geeft vryheyt des Geloofs het sal u gelingen,
En straft alleen die quaetdoenders in alle percken,
Soo sal vreed en vrientschap wt den slaep ontspringen,
En ghy sult die verbetering sien en mercken,
Want des geloofs saken en zijn geen wercken,
Over niemants conscientie heeft u Godt gestelt,
Maer den vromen te beschermen, het recht te stercken
Den oprechten te verlossen van cracht en gewelt,
Dus siet geen Perssoon aen om geleert-heyt noch om gelt ,
Want ghy zijt geset tot voorstanders der goeden,
En of u eenighe saken worden vertelt,
Daer doormen u toebracht eenich quaet vermoeden,
Volcht Christus Raedt wilt dat oncruyt niet wtroeden:
Eer den dach des Oogst is, of ghy blijft verloren,
Ick meen in geloofs saecken moet ghy u hoeden
Dat ghy u handen niet en slaet aen Godts vercoren,
Of anders soude den Heer op u verstoren,
Die u zijn wil voor heen heeft laten verconden,
Och heer laet u stemme van uwen Hemel hooren
En laet haer lasteringe eens comen te gronden,
Die u woort niet hebben noch niet en zijn ghesonden.

L'autre poésie se trouve blz. 137, faisant suite aux fragments de l'*Antidotus* néerlandais. Elle est surmontée de la mention:

Zyn gedicht.

Wat wilt ghy veel het ketterdoden bewysen,
Ghy die daer self eerst sterck tegen hebt geweest
Daermen u voor ketters hout gaet ghijt misprysen,
Zoomen in u Martelboeck en belydinge leest,
Of hebt ghy nu ghecregen een anderen Geest,
Dat ghijt blat ommekeert en anders gaet kallen,
Denckt ghy niet achterwaerts, zijt ghy niet bevreest,
Want hier mede sterct ghy s'Vyants muyren en wallen,
Merct ghy niet dat u veel herten hierom afvallen,
Die weer opslocken dat sy hadden wtgespogen,
Zoo dat het eyndelijck met haer wort vant mallen,
Siende dat sy nu als voormaels oock zijn bedroghen:
Als haer dan niet beters en comt voor ogen,
So stellen zijt sevenmael erger int wilde,
En comen wederom tot die Papistige logen,
Wiens giericheyt ghy misprijst, selfs zijt ghy niet milde
Hoewel men oock vint menich goethertighe gilde,
Die tot slants welvaren geven menich ponden:
Och Godt of ghy dees onruste geesten stilde,
En dat sy van haer quaet voornemen afstonden,
Die u woort niet en hebben noch niet en zijn ghesonden.

QUELQUES DONNÉES SUR LES DEUX FEMMES ET LES ENFANTS D'EMMERY DE LYERE

Croyant qu'il valait mieux concentrer notre attention sur le pamphlet et son auteur, nous nous sommes abstenu de parler des deux femmes que De Lyere a épousées successivement, et des enfants qu'il a eus. Cependant il n'est sans doute pas inutile de publier ici l'essentiel des données que nous avons rassemblées sur eux.

La première femme d'Emmery était Maria Smit (ou Smits), dame de Baarland. Certains l'appellent Maria van Bourgogne; quoique inexact, le nom s'explique parce que sa mère était Anna van Bourgogne van Fontaines. Son père, Jacob Smit, était un des premiers qui adhéraient à la cause de Guillaume d'Orange. La preuve que le Prince lui accordait sa confiance, est la nomination de gouverneur de Flessingue qu'il reçut en 1572. Maria, la plus jeune de trois filles,[1] devint la femme d'Emmery de Lyere en 1586.[2] Elle eut deux enfants, un fils, Willem, et une fille, Sabine. Nous ignorons la date de sa mort; Gerard Schaep affirme qu'elle est morte et a été enterrée à La Haye,[3] mais nous n'avons trouvé aucune mention de son enterrement.

Le 25 août 1593, De Lyere fait dresser un contrat de mariage avec Elisabeth Booms.[4] De ce mariage il eut cinq enfants. La deuxième femme d'Emmery a survécu à son mari; elle est décédée le 16 avril 1632.[5] Malheureusement, nous ne savons rien de sa famille. Est-elle la fille d'Adriaan Sebastiaensz. Booms, qui fut le premier pasteur réformé de Nieuwerkerk, dans l'île de Duiveland? [6] Il nous semble probable qu'elle fut de plus basse extraction que la première femme d'Emmery.

[1] Nous empruntons ces données à F. Nagtglas, *Levensberichten van Zeeuwen*, deel II, Middelburg 1893, blz. 650-652.

Dans le testament d'Emmery de Lyere, ainsi que dans le manuscrit généalogique de Gerard Schaep et les *Trophées* de Butkens, elle est désignée comme Maria van Baerland (ou Beerland). Cependant Schaep l'appelle Maria Smits à un autre endroit de son manuscrit ('s-Gravenhage. Hoge Raad van Adel. M.S. 543, blz. 11).

[2] Klundert. Gemeentearchief 1484/7. Le Prince Maurice aux bourgmestre et échevins de Nijervaert. 13 août 1586: «Dat oock die ordre aldaer te houden ontwijffelick midts des voorsz. Lyeren presentie als hem begheven hebbende tot huwelick merckelick staet ende apparent is te beteren».

[3] *Loc. cit.*

[4] 's-Gravenhage. Algemeen Rijksarchief. *Aanwinsten 1891*, nr. 28, XIV e.

[5] La dalle qui couvrait sa tombe dans le temple de Willemstad, se trouve actuellement dans le cimetière qui entoure le temple, à gauche de l'allée qui mène à l'entrée.

[6] *De Navorscher XXXVII*, blz. 338-340.

Nous n'avons pas réussi à interpréter les armes qu'on voit sculptées sur la dalle dont nous venons de parler.

En ce qui concerne les enfants, nous avons eu moins de peine à retrouver leurs traces. Plusieurs ont fait carrière, ou sont entrés, par leurs mariages, dans les meilleures familles du pays. Qu'il y ait eu sept enfants, c'est ce qui ressort d'un acte de naturalisation des trois fils, daté du 18 décembre 1612, et dans lequel ce nombre est spécifié.[7] Butkens ne cite que six enfants, mais Schaep en mentionne sept: Willem et Sabine du premier lit, du deuxième lit Costijn, Frederic, Eleonora, Anna et Emerentiana.[8]

Willem, l'aîné, a fait la carrière la plus honorable. Né en 1588, il a fait des études à l'Université de Leyde, où il fut inscrit, le 31 mai 1603, à la faculté des Lettres.[9] En 1626, il devint conseiller à la Cour de Hollande; dès l'année suivante il fut nommé ambassadeur des Etats à Venise. En 1636, il fut envoyé comme ambassadeur en France, où il demeura jusqu'en 1648. Il mourut en 1657. Il épousa successivement Maria van Leefdaell, en 1614, et Agatha van Zuylen van Nyeveld, en 1627.[10]

Sabine épouse en 1626 Caesar van Cruningen, capitaine au service des Etats-Généraux, commandant de Terneuzen et bailli de Biervliet.[11] Devenue veuve, elle se remarie en 1644 avec Jacques de Chantraine, dit Brouxsault.[12] Chose curieuse, la belle-fille de Sabine, Maria de Chantraine, épouse Guillaume de Liévin, seigneur de Famars et de Mont Sainte-Aldegonde, le petit-fils de Philippe de Marnix.[13]

Sur Costijn (ou Constantijn) nous n'avons rien appris, pas plus que sur Emerentiana.

Frederic devient capitaine dans l'armée des Etats et gouverneur de Brielle; il épouse Dorothée de Bye.[14]

Eleonora épouse Henric van Tuyl van Bolckestein, capitaine et commandant de Bois-le-Duc.[15]

Anna se marie avec le richissime Cornelis van Watervliet, seigneur de Sirheinskinderen.[16]

---

[7] 's-Gravenhage. Algemeen Rijksarchief. *Aanwinsten 1891*, nr. 28, XIV a.

[8] M. S. Schaep, blz. 127.

[9] *Album studiosorum Academiae Lugduno Batavae MDLXXV-MDCCCLXXV*, Hagae Comitum 1875, col 70.

[10] 's-Gravenhage. Algemeen Rijksarchief. *Aanwinsten 1891*, nr. 28, XIV f.

[11] A. W. E. Dek, «Genealogie der Heren van Cruijningen», dans *Jaarboek van het Centraal bureau voor genealogie*, deel XI, 's-Gravenhage 1957, blz. 106-107.

[12] 's-Gravenhage. Algemeen Rijksarchief. *Aanwinsten 1891*, nr. 28, XIV f.

[13] *De Navorscher* XXVI, blz. 305-306.

[14] M. S. Schaep, blz. 127.

[15] *ibid.*

[16] *ibid.*

BIBLIOGRAPHIE

MANUSCRITS ET OUVRAGES CONSULTES

I. Manuscrits

Amsterdam. Universiteitsbibliotheek. *Collectie Diederichs,* 27 Y 1 et 27 Y 2. Emmery de Lyere à Christian Huygens; 17 avril et 5 décembre 1590.

Antwerpen. Staatsarchief. *Breede Raad van Antwerpen Meirschen* 1581, fol. 107 v°, Emmery de Lyere aux Etats de Brabant.

Antwerpen. Staatsarchief. *Breede Raad van Antwerpen Meirschen* 1581, fol. 108 v°, le prince d'Orange aux Etats de Brabant, 17 février 1581.

Antwerpen. Staatsarchief. *Gemeentelijk Archief Berchem,* 30: Verschillende stukken.

Antwerpen. Stadsarchief. *Notaris St. Cleys-van Loemel;* nr. 548, fol. 4-5. Codicille du testament de Margriete le Begge, 16 juin 1569.

Antwerpen. Stadsarchief. *Tresorie* 1381, fol. VII. Achat, par «vrouwe gheertruyt noris», de rentes viagères pour quatre fils de Corneille van Liere.

Basel. Universitätsbibliothek. Jorislade, *David Joris Briefe* φ 7. Corneille van Liere à Joachim von Berchem, 1er août 1558.

Bruxelles. Archives générales du Royaume. *Cour féodale de Brabant,* Registre de recette des droits de reliefs, No. 357, fol. 223 et 224. Lettres patentes de l'Empereur, du 19 juillet 1545, par lesquelles il cède à Jean van Liere la seigneurie de Berchem.

Bruxelles. Archives générales du Royaume. *Cour féodale de Brabant.* Registre de recette des droits de reliefs, No. 357, fol. 441 v°-445 r°: Actes concernant la liquidation forcée de la mortuaire de Jean van Liere.

's-Gravenhage. Algemeen Rijksarchief. *Aanwinsten 1891,* nr. 28; Port. XIV. Documents concernant la famille Van Lier.

's-Gravenhage. Algemeen Rijksarchief. *Archief Nassausche Domeinraad,* inv. II 603-609, «Mémoire pour Monsieur le Conseilier Keermans».

's-Gravenhage. Algemeen Rijksarchief. *Staten-Generaal* 4890. Emmery de Lyere aux Etats-Généraux, 28 avril 1599.

's-Gravenhage. Archief der Nederlands-Hervormde Kerk. *Acta der classicale vergaderingen, classis Dordrecht.*

's-Gravenhage. Archief der Nederlands-Hervormde Kerk. *Archief Classis*

Dordrecht, 33-13, Kerkeraad van Willemstad aan de Classis [Dordrecht], 17 avril 1599.

's-Gravenhage. Gemeentearchief. *Transportregister,* fol. 62, nr. 556. Vente d'une maison «t'eijnde de Nobelstraat» à Emmery de Lyere, 13 juin 1612.

's-Gravenhage. Hoge Raad van Adel. Nr. 543, M. S. Schaep.

Klundert. Gemeentearchief, 1484. Documents concernant le «serviesgeld» d'Emmery de Lyere.

Leeuwarden. Provinciale Bibliotheek van Friesland. *Gabbema-archief,* Cod. I.

Leiden. Bibliotheca Thysiana. Album amicorum Samuel Backer.

Leiden. Universiteitsbibliotheek. *Papenbroek* 2. Emmery de Lyere à Pieter Schaep, 20 décembre 1604.

London. Public Record Office MSS, *S.P.* 78/17. La Noue à La Pree, 9 octobre (1587).

London. Public Record Office. State Papers MSS. *Holland* III, 43 et 44. Emmery de Lyere à Walsingham; . . . août et 16 octobre 1585.

London. Public Record Office. State Papers MSS, *Holland* III, 44. Secret Advertissement d'ung bon patriot d'Anvers, (août 1585).

London. Public Record Office MSS, *Holland* IV, 101. Villiers à Walsingham, 2 novembre 1585.

Nijmegen. Universiteitsbibliotheek. Handschriftenafdeling, *Archief Juten,* 269-270 et 272. Documents concernant le «serviesgeld» d'Emmery de Lyere.

Strasbourg. Archives Municipales, Série V, 14/19. Gilles le Clerck à Cornelius vom Liere, 1er avril 1571.

II. Imprimés

Les éditions qui ont servi au contrôle des citations latines de l'*Antidote* n'ont été relevées dans notre bibliographie que dans la mesure où il s'agit de textes peu communs.

Aa, A. J. van der, *Biographisch woordenboek der Nederlanden,* 20 dln. + suppl., Haarlem, 1852-1878.

Ablaing van Giessenburg, W. J. d', *Bannerheeren en Ridderschap van Zut-phen,* deel II, 's-Gravenhage 1885.

Aconce, Jacques, *Les ruzes de Satan,* Bâle 1565.

Agrippa, H. Cornelius, *De incertitudine et vanitate scientiarum,* s.l. 1539.

Album studiosorum Academiae Lugduno Batavae MDLXXV - MDCCCLXXV, Hagae Comitum 1875.

Alfen, H. J. P. van, «Dagregister van 's Prinsen levensloop», dans *Prins Willem van Oranje 1533-1933,* Haarlem 1933.

Backer, J. F.
    voir J. F. B.

Bainton, Ronald H., *David Joris, Wiedertäufer und Kämpfer für Toleranz im 16. Jahrhundert,* Leipzig 1937.

Bainton, Roland H., «The parable of the Tares as the Proof Text for religious Liberty to the end of the 16th Century», dans *Church History,* vol. I (1932).

Bakhuizen van den Brink, J. N., «Marnix als godgeleerde», dans *Marnix van*

Sinte Aldegonde, officieel Gedenkboek, Brussel-Amsterdam z.j. (1939).

Bas, F. de
    voir: Raa, F. J. G. ten

Bayle, P., *Dictionnaire historique et critique*, 5me édition, 4 vol., Amsterdam-Leide-La Haye-Utrecht 1740.

Becker, B., *Bronnen tot de kennis van het leven en de werken van D. V. Coornhert*, 's-Gravenhage 1928.

Becker, B., «Coornhert, de 16e eeuwsche apostel der volmaakbaarheid», dans *Nederlandsch Archief voor Kerkgeschiedenis*, XIX (1926).

Becker, B., «Latijnsche vertalingen van Coornhert's geschriften», dans *De Gulden Passer*, N.R. XIV (1936).

Becker, B., «Nederlandsche vertalingen van Sebastiaan Franck's geschriften», dans *Nederlandsch Archief voor Kerkgeschiedenis*, XXI (1928).

Becker, B., «Sebastien Castellion et Thierry Coornhert», dans *Studia bibliographica in honorem Herman de la Fontaine Verwey*, Amsterdam 1968.

Becker, B., «De 'Theologia Deutsch' in de Nederlanden der 16e eeuw», dans *Nederlandsch Archief voor Kerkgeschiedenis*, XXI (1928).

Berler, *Fragments de la chronique*, Strasbourg 1901 (*Fragments des anciennes chroniques d'Alsace*, vol. IV).

Beza, Th., *Annotationes maiores in Novum Dn. Nostri Jesu Christi Testamentum*, s.l. 1594.

Beza, Th., *Epistolarum theologicarum liber unus*, Genevae 1575.

Blesdikius, Nic., *Historia vitae, doctrinae ac rerum gestarum Davidis Georgii Haeresiarchae*, Daventriae 1642.

Bloys van Treslong Prins, P. C., *Genealogische en heraldische gedenkwaardigheden in en uit de kerken der provincie Noord-Brabant*, 2 dln., Utrecht 1924.

Bloys van Treslong Prins, P. C., *Genealogische en heraldische gedenkwaardigheden in en uit de kerken der provincie Zuid-Holland*, 2 dln., Utrecht 1922.

Boase, A. M., *The fortunes of Montaigne*, London 1935.

Bodin, Jean, *Œuvres philosophiques*, p.p. P. Mesnard, vol. I, Paris 1951.

Bodin, J., *Le théâtre de la nature universelle*, trad. du latin p. F. de Fougerolles, Lyon 1597.

Boer, C., *Hofpredikers van Prins Willem van Oranje; Jean Taffin en Pierre Loyseleur de Villiers*, 's-Gravenhage 1952.

Bondam, P., *Verzameling van onuitgegeevene stukken, tot opheldering der vaderlandsche historie*, deel IV-V, Utrecht 1781.

Bonger, H., *D. V. Coornhert. Studie over een nuchter en vroom Nederlander*, Lochem 1941.

Bonger, H., *De motivering van de godsdienstvrijheid bij Dirck V. Coornhert*, Arnhem 1954.

Bor, P., *Oorsprongk, begin en vervolgh der Nederlandsche oorlogen, beroerten en borgerlijke oneenigheden*, 4 dln., Amsterdam 1679-1684.

Bovillus, Carolus, *Liber de sapiente*, Ambianis 1510 (reproduit dans Cassirer, Ernst, *Individuum und Kosmos in der Philosophie der Renaissance*, Leipzig-Berlin 1927).

Brandt, G., *Historie der Reformatie*, 4 dln., Amsterdam 1677-1704.

Briefwechsel Landgraf Philipp's des Groszmüthigen von Hessen mit Bucer, herausg. von Max Lenz, II. Teil, Leipzig 1887.

Brieven uit onderscheidene kerkelijke Archieven, verzameld en uitgegeven door H. Q. Janssen en J. J. van Toorenenbergen, dans *Werken der Marnix-vereeniging*, serie III, deel 2-5, Utrecht 1878-1885.

Brugmans, H. K., et A. Frank, *Geschiedenis der Joden in Nederland*, deel I, Amsterdam 1940.

Bucer, Martin
voir: *Briefwechsel*

Buchell, Arend van, *Diarium*, uitg. door G. Brom en A. L. van Langeraad, Amsterdam 1907.

Büheler, Sebald, *La chronique strasbourgeoise*, Strasbourg 1887 (*Fragments des anciennes chroniques d'Alsace*, vol. I).

Buisson, F., *Sébastien Castellion*, 2 tomes, Paris 1892.

Burckhardt, P., «David Joris», dans *Basler Biographien*, Bd. I (1900).

Burckhardt, P., «David Joris und seine Gemeinde in Basel», dans *Basler Zeitschrift für Geschichte und Altertumskunde*, Bd. XLVIII (1949).

Burger, C. P.
Voir: Moes, E. W.

Busson, H., *Le rationalisme dans la littérature française de la Renaissance (1533-1601)*, nouv. édition, Paris 1957.

Butkens, Chr., *Trophées tant sacrés que profanes du Duché de Brabant*, 4 vol., La Haye 1724-1726.

Calendar of Letters and State Papers relating to English Affairs, preserved principally in the Archives of Simanca, vol. II, London 1894.

Calendar of State Papers. Foreign Series, of the reign of Elizabeth, vol. XII (1577-1578), XIX (1584-1585), XX (1585-1586), XXI, part I (1586-1588), London 1901-1927.

Calvin, J., *Defensio orthodoxae fidei de sacra trinitate*, dans *Opera Calvini*, vol. VIII, Brunsvigae 1870.

Castellion, S., *Conseil à la France désolée*, p.p. Marius F. Valkhoff, Genève 1967.

Castellio, S., *Dialogi IIII*, Aresdorfii 1578.

Castellio, S., *De haereticis an sint persequendi*, ed. S. van der Woude, Genève 1954.

Castellion, S., *Traicté des heretiques*, édition nouvelle, p.p. A. Olivet, Genève 1913.

Catalogue of the Library of Philips van Marnix van Sint-Aldegonde, reproduction photomécanique, Nieuwkoop 1964.

Catalogue d'une fort riche et tres-belle Collection de Livres ... Recueillis ... par le Comte Charles de Proli, Anvers, chez J. Grangé, 1785.

Catalogue de la Bibliothèque de M. C. P. Serrure, Bruxelles, chez Fr. J. Olivier, libraire, 1872.

Cerutti, F. F. X., «De heerlijkheid en het dorp Niervaart en de stad Klundert in het verleden», dans *Gedenkboek Niervaart*, z. pl. en j. (1939).

Chais van Buren, C. A., *De staatkundige beginselen van Ph. van Marnix, Heer van St. Aldegonde*, Haarlem 1859.

Charron, P., *Les trois veritez*, Bordeaux 1595.

Coolhaes, Caspar
  voir: Franck, Sebastian
Coornhert, Dirck Volckertsz., *Epitome Processus de occidendis haereticis et vi
  conscientiis inferenda*, Goudae 1597.
Coornhert, Dirck Volckertsz., *Wercken*, 3 dln., Amsterdam 1630.
«Correspondance inédite de Robert Dudley, comte de Leycester, et de Fran-
  çois et Jean Hotman», p.p. P. J. Blok, dans *Archives du Musée Teyler*,
  série II, vol. XII, 2me partie (1911).
Correspondance de Guillaume le Taciturne, prince d'Orange, p.p. L. A.
  Gachard, t. II, Bruxelles-Leipzig-Gand 1850.
«Correspondance entre le conseiller Richardot et Philippe de Marnix, seigneur
  de Sainte-Aldegonde, premier bourgmestre de la ville d'Anvers, touchant
  la réconciliation de cette ville avec Philippe II: 8 juin-15 juillet 1585», p.p.
  L. A. Gachard, dans *Bulletin de la Commission royale d'histoire*, 3me série,
  tome IX (1867).
Dalberg, J. J., «Verdrijving der Joden uit Spanje en Portugal, Marranen en
  Joden in de Nederlanden in de zestiende eeuw», dans Brugmans, H. K. en
  A. Frank, *Geschiedenis der Joden in Nederland*, deel I, Amsterdam 1940.
Damhoudere, Josse de, *Practique Judiciaire es causes criminelles*, Anvers 1564.
Dane, K., *Willemstad. Historisch overzicht van stad en polder*, Klundert 1950.
Davidis Georgii Heresiarchae vita et Doctrina, Basileae 1559.
Dédéyan, Ch., *Montaigne chez ses amis anglo-saxons*, 2 vol., Paris 1944.
Dek, A. W. E., «Genealogie der Heren van Cruijningen», dans *Jaarboek van
  het Centraal Archief voor genealogie*, deel XI, 's-Gravenhage 1957.
Dietz, Alexander, *Frankfurter Handelsgeschichte*, Band II, Frankfurt a. Main
  1921.
Dorp, Jhr. Arend van, *Brieven en onuitgegeven stukken*, uitg. door Mr. J. B.
  J. N. Ridder De van der Schueren, 2 dln., Utrecht 1887-1888.
Droz, E., «Hendrik van Schor et autres traducteurs de David Joris», dans
  Studia bibliographica in honorem Herman de la Fontaine Verwey, Am-
  stelodami 1968.
Du Plessis de Mornay, Ph., *De la vérité de la religion chrestienne*, Anvers
  1582.
Eckius, Jo, *Apologia ... adversus mucores et calumnias Buceri*, Antverpiae
  1542.
Elkan, A., «Zwei Episoden aus Marnix' letzten Lebensjahren», dans *Oud-
  Holland*, XXIX (1911).
Elkan, A., *Philipp Marnix von St. Aldegonde*, Teil I: *Die Jugend Johanns
  und Philipps von Marnix*, Leipzig 1910.
Ellinger, G., *Geschichte der neulateinischen Literatur Deutschlands im sech-
  zehnten Jahrhundert*; 3. Teil, Band I: *Geschichte der neulateinischen Lyrik
  in den Niederlanden vom Anfang des fünfzehnten bis zum Beginn des sieb-
  zehnten Jahrhunderts*, Berlin 1933.
Emmius, Ubbo, *Den David-Jorischen Gheest ... ontdect*, 's-Gravenhage
  1603.
Erasmus, Des., *Adagiorum chiliades quatuor*, dans *Opera omnia*, t. II, Lugduni Batavorum 1703.

Erasmus, Des., *Lingua, sive De Linguae usu atque abusu,* dans *Opera omnia,* t. IV, Lugduni Batavorum 1703.

Erasmus, Des., Μωρίας 'Εγκώμιον, *sive Stultitcae Laus,* dans *Opera omnia,* t. IV, Lugduni Batavorum 1703.

Essen, L. van der, *Alexandre Farnèse,* 5 tom., Bruxelles 1933-1937.

Essen, L. van der, «Marnix van Sinte Aldegonde en de verdediging van Antwerpen in 1584-1585», dans *Marnix van Sinte Aldegonde, Officieel Gedenkboek,* Brussel-Amsterdam z.j. (1939).

Fernellius, J., *Universa medicina,* Aureliae Allobrogum 1604.

Franck, Sebastian, *Apologia Sebastiani Vranck* (traduit par Caspar Coolhaes), z. pl. 1598.

Franck, Sebastian, *Eyn Brieff . . . tho synen Vriendt Johan Campaen,* z. pl. en j.

Franck, Sebastian, *Chronica, Tytboeck ende gheschietbibel,* z. pl. 1558.

Franck, Sebastian, *Chronica, Zeitbuch und Geschichtbibell,* 2 Bde, o.O. 1536.

Franck, Sebastian, *Die Guldin Arch,* o.O. 1538.

Franck, Sebastian, *Paradoxa,* herausg. von S. Wollgast, Berlin 1966.

Franck, Sebastian, *Van het rijcke Christi,* Goude 1611.

Frederichs, J., *De secte der loïsten of Antwerpsche Libertijnen (1525-1545),* Gent - 's-Gravenhage 1891.

Fredericq, P., *Corpus documentorum inquisitionis haereticae pravitatis Neerlandicae,* deel IV, Gent - 's-Gravenhage 1900.

Fredericq, P., *Het Nederlandsch proza in de zestiendeeuwsche pamfletten uit den tijd der beroerten,* Brussel 1907.

Fruin, R., «De aanstelling van Marnix tot bijbelvertaler», dans *Verspreide geschriften,* deel IX, 's-Gravenhage 1904.

Fruin, R., «Herinnering aan Marnix van St. Aldegonde», dans *De Gids,* 1898.

Fruin, R., *Tien jaren uit den Tachtigjarigen Oorlog, 1588-1598,* 6e uitgaaf, 's-Gravenhage 1904.

Gelder, H. A. Enno van, *Revolutionnaire reformatie,* Amsterdam 1943.

Gelder, H. A. Enno van, *Vrijheid en onvrijheid in de Republiek,* deel I, Haarlem 1947.

Gherus, Ranutius (ps. de Janus Gruterus), *Delitiae poetarum Belgicorum, huius superiorisque aevi illustrium,* 4 part., Francofurti 1614.

Goethals, F. V., *Lectures relatives à l'histore des sciences, des arts, des lettres, des moeurs et de la politique en Belgique,* t. I, Bruxelles 1837.

Gouthoeven, W. van, *D'oude Chronycke ende Historien van Holland (met West-Vriesland) van Zeeland ende van Utrecht,* 's-Gravenhage 1636.

Groen van Prinsterer, G., *Archives ou Correspondance inédite de la Maison d'Orange-Nassau,* 1re série, 8 tomes avec suppl., Leide 1835-1862.

Groot-Placaet-Boeck van de Staten-Generaal en van de Staten van Holland en Zeeland, deel I, 's-Gravenhage 1658.

Grotius, H., *Appendix ad interpretationem locorum N. Testamenti quae de Antichristo agunt, aut agere putantur,* Amstelodami 1604.

Grützmacher, R. H., *Wort und Geist,* Leipzig 1902.

Hallema, A., *Geschiedenis van de gemeente Dinteloord en Prinsenland in de zeventiende eeuw,* Breda 1955.

Hallema, A., «Tien jaren uit de geschiedenis der Hervormde Kerk te Breda en in West-Brabant», dans *Nederlands Archief voor Kerkgeschiedenis*, XL (1954).

Ham, W. van, «De Mark-Vlietverbinding, een historisch kanaalplan», dans *Brabantia*, 1966.

Haslinghuis, E. J., «Hofstaat en hofleven van prins Willem I», dans *Prins Willem van Oranje, 1533-1933*, Haarlem 1933.

Havelaar, Paulina W., «Marnix van St. Aldegonde als verdediger van Antwerpen 1584-1585», dans *Bijdragen voor Vaderlandsche Geschiedenis en Oudheidkunde*, VIIe reeks, deel VII (1936).

Hegler, A., *Geist und Schrift bei Sebastian Franck*, Freiburg i.B. 1892.

Herberts, Herman, *Bekentenisse des Gheloofs*, Gouda 1591.

Herberts, Herman, *Corte verclaringe over de woorden Pauli, geschreven totten Romeynen, cap. II vs. 28.*, z. pl. en j. (Vianen 1584).

Hertzler, O., «On Golden Rules», dans *International Journal of Ethics*, vol. XIV (1933-1934).

Hessen, Philipp von
voir: *Briefwechsel*

Hoeven, G. G. van der, *Geschiedenis der vesting Breda*, Breda 1868.

Hooft, Corn. Pietersz., *Memoriën en Adviezen*, deel II, uitg. door H. A. Enno van Gelder, Utrecht 1925.

Hooft, P. Cornelisz., *Nederlandsche Historien*, Amsterdam 1677.

Hullu, J. de, *Bescheiden betreffende de Hervorming in Overijssel*, Deventer 1899.

Huygelmumzoon, D:Andr:, *Wederlegginghe vande grove onbeschaemde ende tastelicke Logenen van Ubbo Emmen*, z. pl. 1600.

Huygens, Constantijn, *Gedichten*, uitg. door J. A. Worp, 9 dln., Groningen 1892-1899.

Huygens, Constantijn
voir: Worp, J. A.

Illustrium et clarorum virorum epistolae selectiores, Lugduni Batavorum 1617.

Janssen, Joh., *Geschichte des deutschen Volkes seit dem Ausgang des Mittelalters*, 5. Band (15. Aufl.), Freiburg i. Br. 1902.

J. F. B. (Backer, J. F.), «Bijdrage tot eene geschiedenis van het geslacht Schaep», dans *Amsterdamsch Jaarboekje voor geschiedenis en letteren*, Amsterdam 1889.

Joris, David, *Seer schoone Aenwijsingen unde grondige ontdeckingen van die verborghen wijsheydt Godes, ... wtghegaen int jaar 1550*, z. pl. en j.

Joris, David, *Christlijcke Sendtbrieven*, deel I en II, z. pl. en j.; deel III z. pl. 1611.

Joris, David. *Twonder-boeck*, z. p. 1551 (Vianen 1584).

Juste, Th., *Vie de Marnix de Sainte-Aldegonde*, La Haye 1856.

Kervijn de Lettenhove, *Relations politiques des Pays-Bas et de l'Angleterre sous le règne de Philippe II*, t. XI, Bruxelles 1900.

Kiliaen, Corn. *Etymologicum Teutonicae Linguae*, 2 tomi, Traiecti Batavorum 1777.

Knappert, L., *Geschiedenis der Nederlandsch Hervormde Kerk*, deel I, Amsterdam 1911.

Knuttel, W. P. C., *Catalogus van de pamfletten-verzameling berustende in de Koninklijke Bibliotheek*, deel I, 's-Gravenhage 1889.

Koyré, A., «Mystiques, spirituels, alchimistes», dans *Cahiers des Annales* 10, Paris 1955.

Kühn, J., *Toleranz und Offenbarung*, Leipzig 1923.

Lacroix, A. et F. van Meenen, *Notices historique et bibliographique sur Philippe de Marnix*, Bruxelles 1858.

La Fontaine Verwey, H. de, «De geschriften van Hendrik Niclaes», dans *Het Boek*, XXVI (1942).

La Fontaine Verwey, H. de, «Trois hérésiarques dans les Pays-Bas du XVIme siècle», dans *Bibliothèque d'Humanisme et Renaissance*, t. XVI (1954).

Latomus, B., *Adversus M. Bucerum de capitibus quibusdam catholicae religionis altera plenaque defensio*, Münster 1924.

Lecler, J., *Histoire de la tolérance au siècle de la Réforme*, 2 tomes, Paris 1955.

Lennep, M. F. van, *Gaspar van der Heyden*, Amsterdam 1884.

Lettre contenant un avis de l'estat auquel sont les affaires des Païs-bas, Reims 1578.

Leycester, Robert Dudley, comte de
voir: Correspondance.

Linde, A. van der, *David Joris. Bibliographie*, 's-Gravenhage 1867.

Lindeboom, J., *De confessioneele ontwikkeling der reformatie in de Nederlanden*, 's-Gravenhage 1946.

Lindeboom, J., *Stiefkinderen van het Christendom*, 's-Gravenhage 1929.

Lipsius, J., *Liber de una religione adversus dialogistam*, Lugduni 1594.

Lipsius, J., *Politicorum sive civilis doctrinae libri sex*, Lugduni Batavorum 1589.

Loysel, Ant., *Institutes coutumières, ou Manuel de plusieurs et diverses regles, sentences et proverbes*, t. I, Paris 1607.

Lycosthenes, Conr., *Apophthegmata*, Genevae 1633.

Lyere, Emmery de, *Defence d'Emmery de Lyere, Gouverneur de Willemstadt*, La Haye 1599.

Marnix, Ph. de, *Brief aengaende de kerckelijcke tucht ende het danssen*, Dordrecht 1649.

Marnix, Ph. de, *Godsdienstige en kerkelijke geschriften*, uitg. door J. J. van Toorenenbergen, 3 dln., 's-Gravenhage 1871, 1873, 1891.

Marnix, Ph. de, *Godsdienstige en kerkelijke geschriften. Verscheidenheden uit en over de nalatenschap*, uitg. door J. J. van Toorenenbergen, 's-Gravenhage 1878.

Marnix, Ph. de, *Œuvres; Correspondance et Mélanges*, Paris-Bruxelles-Genève 1860.

Marnix, Ph. de, *Œuvres; Ecrits poltiques et historiques*, Bruxelles 1859.

Marnix, Ph. de, *Ondersoeckinge ende grondelycke wederlegginge der geestdryvische leere*, 's-Gravenhage 1595.

Marnix, Ph. de, *Ontschuldinghe Gestelt antwoordischer wijse*, Leyden 1599.

Marnix, Ph. de, *Response apologeticque, a un libelle fameux*, Leyden 1598.

Marnix, Ph. de,
voir: Correspondance.

Marnix van Sinte Aldegonde, officieel gedenkboek, Brussel-Amsterdam z.j. (1939).

Maronier, J. H., *Het inwendig woord*, Amsterdam 1892.

Meenen, F. van
voir: Lacroix, A.

Mellink, A. F., *De Wederdopers in de Noordelijke Nederlanden 1531-1544*, Groningen-Djakarta 1953.

Mémoires anonymes sur les troubles des Pays-Bas, 1565-1580, 5 tomes, Bruxelles-La Haye 1859-1866.

The Mennonite Encyclopedia, 4 vols., Hillsboro-Newton-Scottdale 1955-1959.

Mercurii Trismegisti liber de potestate et sapientia Dei, per Marsilium Ficinum traductus, Venetiis 1493.

Meteren, Emanuel van, *Belgische ofte Nederlandsche Historie, Van onsen tijden*, Delft 1599.

Miraeus, A., *Notitia ecclesiarum Belgii*, Antverpiae 1630.

Moes, E. W. en C. P. Burger, *De Amsterdamsche boekdrukkers*, deel IV, Amsterdam-'s-Gravenhage 1915.

Montaigne, Michel de, *Les Essais*. 4 vol., Bordeaux 1906-1920.

Mosselveld, J. H. van, «De slotjes te Oosterhout», dans *De Oranjeboom*, 1964.

Nagtglas F., *Levensberichten van Zeeuwen*, 2 dln., Middelburg 1890-1893.

Nassau, Lodewijk van, *Correspondentie*, uitg. door P. J. Blok, Utrecht 1887.

Nieuw Nederlandsch Biografisch Woordenboek, onder red. van P. C. Molhuysen, P. J. Blok en Fr. Kossmann, 10 dln., Leiden 1911-1937.

Nippold, Fr., «David Joris von Delft», dans *Zeitschrift für historische Theologie*, 1863, 1864 et 1868.

Nippold, Fr., «Heinrich Niclaes und das Haus der Liebe», dans *Zeitschrift für historische Theologie*, 1862.

Nuñez, Hernan, *Refranes o proverbios en romance*, Salamanca 1555.

Orange, Guillaume d'
voir: Correspondance.

Orange, Guillaume d'
voir: Villiers, Pierre l'Oyseleur de

Otto, A., *Die Sprichwörter der Römer*, Leipzig 1890.

Papenbrochius, Dan., *Annales Antverpienses*, t. II, Antwerpen 1845.

Parme, Marguerite d'Autriche, duchesse de, *Correspondance française avec Philippe II*, p.p. J. S. Theissen, 3 tomes, Utrecht 1925-1942.

Pasquier, Est., *Les recherches de la France*, Paris 1596.

Pastorius, Johann Martin, *Kurze Abhandlung von den Ammeistern*, Strassburg 1761.

Pater, J. C. H. de, «Godsdienstige verdraagzaamheid bij Marnix van St. Aldegonde», dans *Antirevolutionaire Staatkunde, driemaandelijks orgaan*, XII (1938).

Peuckert, W. E., *Sebastian Franck*, München o.J. (1943).

Philippides, L. J., *Die «Goldene Regel» religionsgeschichtlich untersucht*, Eisleben 1929.

Plato, *Opera Marsilio Ficino interprete*, Lugduni 1557.

Politische Correspondenz der Stadt Strassburg im Zeitalter der Reformation, Band III (1540-1545), bearbeitet von Otto Winckelmann, Strassburg 1898.

Polman, Pontien, *L'élément historique dans la controverse religieuse du XVIe siècle,* Gembloux 1932.

Praestantium ac eruditorum virorum epistolae ecclesiasticae et theologicae. Amstelodami 1648.

Prims, Fl., *Geschiedenis van Berchem,* Berchem 1949.

Prins, J., «Leven van Philips van Marnix, Heer van St. Aldegonde», dans *Leven der Nederlandsche dichters en dichteressen,* deel I, Leiden 1782.

Raa, F. J. G. ten en F. de Bas, *Het Staatsche Leger 1568-1795,* Deel I-III, Breda 1911-1915.

Raymond, M., «Entre le fidéisme et le naturalisme – à propos de l'attitude religieuse de Montaigne», dans *Festschrift für Ernst Tappolet,* Basel 1935.

Raymond, M., *Génies de France,* Neuchâtel 1942.

Register van Holland en Westvriesland, z. pl. en j. (Années 1583-1586 et 1597).

Reitsma, J. en S. D. van Veen, *Acta der provinciale en particuliere synoden,* deel I (Noord-Holland 1572-1608), et III (Zuid-Holland 1593-1620), Groningen 1892-1894.

Resolutiën der Staten-Generaal, bew. door N. Japikse, dln. I-V, VIII et X, 's-Gravenhage 1915-1930.

Reyd, E. van, *Voornaemste Gheschiedenissen in de Nederlanden ende elders,* Arnhem 1626.

Richardot, Jean
voir: Correspondance.

Roget, A., *Histoire du peuple de Genève, depuis la Réforme jusqu'à l'Escalade,* 4 tom., Genève 1870-1883.

Rogge, H. C., *Caspar Janszoon Coolhaes,* 2 dln., Amsterdam 1856-1858.

Rogier, L. J., *Geschiedenis van het Katholicisme in Noord-Nederland,* deel I, Amsterdam 1945.

Romein, J. en A. Romein-Verschoor, *Erflaters van onze beschaving,* 4 dln., 6e édition, Amsterdam 1947.

Rooses, M., «Een libertijn uit de XVIe eeuw», dans *De Gids,* 1896.

Rutgers, F. L., *Acta van de Nederlandsche synoden der zestiende eeuw,* 's-Gravenhage 1889.

Sanderus, Ant., *Chorographia Sacra Brabantiae,* T. III, Hagae Comitum 1717.

Sasse van Ysselt, A. F. O. van, *De voorname huizen en gebouwen van 's-Hertogenbosch,* deel II, z. pl. en j.

Schelven, A. A. van, *Marnix van Sint Aldegonde,* Utrecht 1939.

Schelven, A. A. van, «Verklikkersrapporten over Antwerpen in het laatste kwartaal van 1566», dans *Bijdragen en Mededeelingen van het Historisch Genootschap,* deel L (1929).

Schonaeus, Corn., *Comoediae sex,* Harlemi 1592.

Senatus Populique Antverpienses. Nobilitas sive septem tribus patriciae Antverpienses, 2me édition, s.l. 1687.

Eenen Sendtbrief aen Dierck Volckertz Cornhert: op syn boeck ghenaempt: Klein Munster, z. pl. en j.

Sepp, Chr., *Drie evangeliedienaren uit den tijd der Hervorming*, Leiden 1879.

Smit, J., «Nogmaals Dierck Mullem», dans *Het Boek*, XXV (1938-1939).

Specklin, Daniel, *Les Collectanées*, Strasbourg 1890 (*Fragments des anciennes chroniques d'Alsace*, vol. II).

Sterck, J. G., *Bronnen en samenstelling van Marnix' Biënkorf der H. Roomsche kercke*, Leuven 1952.

Stiasny, Hans H. Th., *Die strafrechtliche Verfolgung der Täufer in der freien Reichsstadt Köln, 1529 bis 1618*, Bonn 1961.

Strada, F., *De bello belgico*, Decades I et II, Romae 1643-1648.

Studia bibliographica in honorem Herman de la Fontaine Verwey, Amsterdam 1968.

Sylloge epistolarum, cur. P. Burmannus, t. I, Lugduni Batavorum 1727.

Tadama, R. W., *Geschiedenis der stad Zutphen*, Arnhem-Zutphen 1856.

Taffin, J., *Onderwysinghe, teghens de dwalinghe der Wederdooperen*, Haarlem 1590.

Theologia deutsch, herausg. von F. Pfeiffer, Gütersloh 1900.

Tjalma, G., *Philips van Marnix, Heer van St. Aldegonde*, Amsterdam 1896.

Troeltsch, Ernst, *Die Soziallehren der christlichen Kirchen und Gruppen* (*Gesammelte Schriften*, Bd. I), Tübingen 1912.

Tukker, C. A., *De classis Dordrecht van 1573 tot 1609*, Leiden 1965.

Tunderman, J. W., *Marnix van St. Aldegonde en de subjectivistische stroomingen in de Nederlanden der 16e eeuw*, Goes z.j. (1940).

Twisck, P. Jansz., *Chronijck van den ondergang der Tyrannen*, 2 dln., Hoorn 1617-1620.

Twisck, P. Jansz., *Religions Vrijheyt*, z. pl. 1609.

Uytenbogaert, Io., *Kerckeliicke historie*, Rotterdam 1647.

Veen, S. D. van
  voir Reitsma, J.

Verantwoordinghe van Sebastiaen Franck, z. pl. en j.

Verantwoordinghe ende onpartydich onderscheyt: gedaen teghen Dirck Volckertsen Cornherts Kleyn Munster, z. pl. en j.

Villey, P., *Montaigne devant la postérité*, Paris 1935.

(Villiers, Pierre l'Oyseleur de), *Apologie ou Defence de tresillustre Prince Guillaume par la grace de Dieu Prince d'Orange*, Delft 1581.

Voetius, G., *Politicae Ecclesiasticae pars secunda*, Amstelodami 1669.

Vossius, G. J., *Opera*, t. VI. (*Tractatus theologici*), Amstelodami 1701.

Vries van Heekelingen, H. de, *Genève pépinière du calvinisme hollandais*, t. I, Fribourg 1918, t. II, La Haye 1924.

Walsingham, Sir Francis, *Journal, from Dec. 1570 to April 1582* (*Camden Miscellany*, vol. VI, 1871).

Walther, H., *Proverbia, sententiaeque latinitatis medii aevi*, t. I, Göttingen 1963.

Water, J. W. te, *Historie van het Verbond en de Smeekschriften der Nederlandsche edelen*, 4 dln., Middelburg 1776-1796.

Wessel, J. H., *De leerstellige strijd tusschen Nederlandsche Gereformeerden en Doopsgezinden in de zestiende eeuw*, Assen 1945.

Wiarda, J., *Huibert Duifhuis, de prediker van St.-Jacob*, Amsterdam 1858.

Worp, J. A., «Fragment eener Autobiographie van Constantijn Huygens», dans *Bijdragen en Mededeelingen van het Historisch Genootschap*, XVIII (1897).

Wulp, J. K. van der, *Catalogus van de tractaten, pamfletten, enz. over de geschiedenis van Nederland, aanwezig in de bibliotheek van Isaac Meulman*, 3 dln., Amsterdam 1866-1868.

Zülch, W. K., *Frankfurter Künstler 1223-1700*, Frankfurt a. Main 1935.

Zwingli, Huldrych, *In Catabaptistarum strophas elenchus* (*Sämtliche Werke*, Band VI, Zürich 1961).

Zwingli, Huldrych, *Uszlegen und gründ der Schluszreden oder articklen* (*Sämtliche Werke*, Bd. II, Leipzig 1908).

INDEX BIBLIQUE

Les chiffres renvoient aux pages du pamphlet. Nous utilisons des italiques pour désigner les textes auxquels il est fait allusion de façon indirecte.

INDEX DES NOMS PROPRES

Nous ne mentionnons qu'exceptionnellement les personnes de l'antiquité biblique ou classique qui sont citées à titre d'exemple dans les textes que nous utilisons.